Elisabeth Noelle-Neumann

Öffentliche Meinung

Gewidmet meinen Studenten
in Mainz und Chicago,
die über die Schweigespirale
gearbeitet haben.

Vorwort

Die Schweigespirale – zehn Jahre später

Das Ballett war von Gian-Carlo Menotti. Es wurde an einem Sonntag im International House an der 59. Straße in Hyde Park, Chicago, aufgeführt. Cris Miller, Doktorandin in Amerikanischer Literatur an der University of Chicago, hatte mir davon erzählt in der täglichen Konversationsstunde, zu der wir uns trafen, um mein Englisch zu verbessern. Sie hatte das Ballett mit einer Freundin zusammen einstudiert, außerdem sang sie im Chor mit, und sie hatte auch eine Tanzrolle übernommen. Natürlich ging ich hin zu der Aufführung.

Das war im Frühjahr 1980, als ich zum zweiten Mal als Gastprofessorin für politische Wissenschaften an der University of Chicago lehrte. Wenige Wochen vorher war in Deutschland das Buch, an dem ich 15 Jahre gearbeitet hatte, erschienen: »Die Schweigespirale. Öffentliche Meinung – unsere soziale Haut«.[1] Die Theorie der öffentlichen Meinung – das war auch das Thema meiner Chicagoer Vorlesung. Warum denke ich jetzt an dieses Ballett? Das letzte, was ich damals, als ich zu der Aufführung ging, erwartete, war eine Lektion in öffentlicher Meinung. Und doch war es genau das. Es war noch mehr. Der Kritiker, der die Aufführung später in der Studentenzeitung Chicago Maroon rezensierte, schrieb, es seien ihm die Tränen in die Augen gestiegen. Ich muß sagen, es ging mir ähnlich. Aber ich will die Fabel des Balletts erzählen, damit man sieht, was ich meine.

Irgendwo, vielleicht in Italien, gab es eine kleine Stadt mit redlichen Bürgern und einem Grafen und einer Gräfin aus ortsansässigem Geschlecht. Etwas außerhalb auf einer Höhe lebte allein für sich in einer Burg ein Sonderling, der die seltsamsten Einfälle hatte. Die Leute konnten sich nicht genug über ihn wundern; vielleicht sollte man besser sagen, teils ärgerten sie sich, in jedem Fall hielten sie auf Abstand.

Eines Sonntags erschien dieser Mann in der Stadt und führte ein Einhorn spazieren. Die Leute konnten nur den Kopf über ihn schütteln. Etwas später aber sah man den Graf und die Gräfin in der Stadt, und sie führten ebenfalls ein Einhorn mit sich. Das war das Zeichen, daß jetzt jeder in der Stadt ein Einhorn haben mußte.

An einem späteren Sonntag tauchte der seltsame Mann von der Burg plötzlich mit einem Gorgonen auf. Die Leute fragten ihn, wo denn das Einhorn geblieben sei. Er sei es leid geworden, sagte der Mann, und habe es gepfeffert und gegrillt. Alle waren schockiert. Als aber Graf und Gräfin ebenfalls mit einem Gorgonen kommen, breitet sich diese Mode reißend aus, und jeder, der sich einen Gorgonen leisten kann, wird beneidet.

An einem dritten Sonntag hatte der sonderbare Mann von der Burg ein Manticore bei sich und erklärte den Leuten, der Gorgon sei ermordet worden. Es war ein Skandal. Aber es ging wie zuvor, erst der Graf und die Gräfin und dann einer nach dem anderen schaffte seinen Gorgonen heimlich weg, und nun war das Manticore große Mode.

Es verging einige Zeit. Der Sonderling von der Burg war nicht mehr zu sehen. Man nahm allgemein an, daß nun auch das Manticore umgebracht worden sei. Da formte sich eine Bürgerinitiative, um den Verbrechen auf der Burg ein Ende zu bereiten. Die Leute marschierten hinauf zur Burg. Sie drangen ein, hielten aber erschrocken inne bei dem Anblick, der sich ihnen bot. Sie sahen den Mann im Sterben liegen, und um ihn herum saßen seine drei Tiere, das Einhorn, der Gorgon und das Manticore, und leisteten ihm Gesellschaft. Das Einhorn, das waren die Träume seiner Jugend, der Gorgon – das war die Mitte seines Lebens, das Manticore das Alter. Die Leute aus der Stadt griffen seine Ideen auf und ließen sie genauso schnell als Modelaune wieder fahren. Für den Mann auf der Burg aber waren sie das Herzstück seines Lebens. Der Titel, den Gian-Carlo Menotti seinem Ballett gab, lautet: »Das Einhorn, der Gorgon und das Manticore, oder: die drei Sonntage eines Dichters«. Ich will erklären, warum ich finde, es hätte auch heißen können: »Die öffentliche Meinung«.

Wir nehmen alle Partei für den Dichter. Sogar der Kritiker des Chicago Maroon weinte. Der Dichter: das ist der Mensch, wie wir ihn uns wünschen, stark, unabhängig, gedankenvoll, von den Bildern seiner Phantasie geleitet. Der Graf und die Gräfin aber – wer kennt sie nicht, diese oberflächlichen, tonangebenden Figuren, die keine eigenen Gedanken haben, aber überall die ersten sein wollen. Vor allem aber verabscheuen wir diese albernen Leute, diese Mitläufer, die nacheinander einen Menschen verspotten, weil er anders ist als sie, die dann aber jede Mode aufgeregt mitmachen und sich schließlich am Ende noch als moralische Instanz aufspielen. So sieht es von der einen Seite aus, so haben es die Einzelgänger, die Künstler und die Wissenschaftler aller Zeiten empfunden.

Und nun will ich Partei nehmen für den Grafen und die Gräfin und für die Leute aus der Stadt. Ich behaupte, wir verleugnen unsere soziale Natur. Wir denken nicht einmal darüber nach, wieviel Anstrengung es Menschen, die in einem Verband leben, kostet, ein Gemeinwesen zusammenzuhalten. Wir tun so, als ob es genüge, historische und kulturelle Gemeinsamkeit und durch das Recht geschützte Institutionen zu besitzen – als müsse dies alles nicht durch tagtägliche Anpassung, ja: »Konformität« mit Leben erfüllt werden, um als Gesellschaft handlungs- und entscheidungsfähig zu bleiben.

Es gibt viele Indizien dafür, daß wir unsere soziale Natur, die uns zu einem ausreichenden Grad von Konformität zwingt, nicht anerkennen wollen.

John Locke sprach vom Gesetz der Meinung, Gesetz der Reputation, Gesetz der Mode, das mehr als jedes göttliche und jedes staatliche Gesetz von den Individuen befolgt werde, weil der Verstoß gegen das Gesetz der Mode sich sofort räche, sofort Verlust der Sympathie und Anerkennung der Umwelt für den einzelnen nach sich ziehe. Aber warum dieses Verhalten für den Bestand einer sozialen Gemeinschaft lebenswichtig ist, das hat durch die Jahrhunderte hindurch wenig Interesse gefunden; statt dessen belegen wir alles, was mit Mode zu tun hat, mit negativen Vorzeichen: modisch, Modetorheit, Modelaunen, Schicki-Micki. Das Einhorn, den Gorgon, das Manticore spazierenzuführen, bloße Mode war das.

Heute läßt sich nachweisen, daß Menschen auch dann, wenn sie hellwach sehen, daß ein Weg falsch ist, doch in Schweigen verfallen, wenn sie sich mit Reden isolieren würden, wenn nämlich die öffentliche Meinung – Meinungen und Verhaltensweisen, die man öffentlich zeigen kann, ohne sich zu isolieren –, wenn also der allgemeine Konsens, was guter Geschmack und was die moralisch richtige Ansicht ist, dagegensteht.

Ich nehme die Partei von Graf und Gräfin, weil ohne sie die Ideen des Dichters nie ausgebreitet worden wären. Sie nämlich sind die Moderatoren gewesen: Graf und Gräfin, das sind die für eine Gesellschaft notwendigen Meinungsführer, die die Einfälle der Dichter, der Künstler übernehmen, die durch die Medien, die Journalisten weiter verbreitet werden. Und die Bürger, diese Mitläufer, die Leute in der Stadt? Was wissen wir von ihren Gefühlen, ihren Träumen, was wissen wir von ihnen, wie sie nach innen gewandt sind? Aber in der Öffentlichkeit wollen sie sich nicht isolieren. Nicht einer unter

Zehntausenden ist unempfindlich gegenüber der Mißachtung seiner Umwelt, sagte John Locke. Wie sollte man noch mit einem Einhorn gehen, wenn niemand sonst mehr ein Einhorn spazierenführt? Stellen wir uns eine Gesellschaft vor, die nur aus Einzelgängern besteht, jeder ein Sonderling aus der Burg. Wir sehen gleich, daß es eine solche Gesellschaft von Menschen ohne soziale Natur, ohne Isolationsfurcht nicht geben kann. Sympathie werden wir für die soziale Natur des Menschen wohl nicht empfinden, aber verstehen sollten wir sie, um nicht ungerecht gegenüber dem Mitläufer zu sein.

So etwa versuchte ich den Studenten von der Universität von Chicago am Tag nach der Aufführung in der Vorlesung »Öffentliche Meinung« das Ballett zu interpretieren. In der Bereitschaft, die soziale Natur des Menschen ohne Verachtung anzuerkennen, gibt es wahrscheinlich kulturelle Unterschiede; so erscheint es den Japanern nicht als Schwäche, die Auffassungen der Umwelt sorgfältig zu berücksichtigen, während nach Allensbacher Umfragen seit vielen Jahren eine Mehrheit der Deutschen sagt: »Ich kümmere mich nicht darum, was die Leute um mich herum sagen . . .« Eine klare Verkennung der sozialen Natur des Menschen.

Aber insgesamt erscheinen mir die Gemeinsamkeiten in der Rolle der öffentlichen Meinung zu verschiedenen Zeiten und an verschiedenen Orten bei weitem zu überwiegen. Dafür spricht auch, daß »Die Schweigespirale« 1984 in englischer und 1988 in japanischer Buchausgabe erschienen ist.

Das zuerst 1980 veröffentlichte Buch wird hier weitgehend unverändert in einer neuen Ausgabe vorgelegt, ergänzt um neue Schlußkapitel, die von den Fortschritten der Forschung erzählen.

Der Titel des Buches ist verändert. Warum, wenn es doch eigentlich das gleiche Buch ist?

Seit 1980 hat der Begriff öffentliche Meinung eine fast 2000 Jahre weiter zurückführende Ahnenreihe erhalten. Cicero spricht in einem Brief an Atticus 50 v. Chr. von öffentlicher

Meinung. Er entschuldigt sich für einen Irrtum mit dem Hinweis, er sei nur der öffentlichen Meinung – »publicam opinionem« – gefolgt. Zusammenstehende Schriftzeichen für »öffentlich« und »Meinung« wurden sogar in chinesischen Texten des vierten Jahrhunderts gefunden. So konnte auch der ursprüngliche Titel des VII. Kapitels »Der Schöpfer des Begriffs ›öffentliche Meinung‹: Jean-Jacques Rousseau« nicht einfach stehenbleiben. Aber seinen ruhmvollen Platz in der Begriffsgeschichte der öffentlichen Meinung hat Rousseau dabei behalten. Durch ihn ist öffentliche Meinung im 18. Jahrhundert zu einem Wort geworden, das alle Gebildeten benutzten.

Die Wirksamkeit der öffentlichen Meinung, dieser gewaltigen Kraft, die Konflikte löst und dabei Regierungen stürzt und das Individuum, das sich widersetzt, bedrückt, bis es »tot aus der Gesellschaft fällt« – die Wirksamkeit dieser öffentlichen Meinung ist in immer neuen Räumen entdeckt worden: in den Erzählungen der Bibel und bei Homer, in den ungeschriebenen Gesetzen der Antike, in den Märchen, in der Nibelungensage. Jetzt mußte auch im Titel des Buches Ernst gemacht werden mit der Einsicht, daß die Schweigespirale nur wie ein kleiner Finger an der ganzen Hand ist.[2] Die ganze Hand, das ist die soziale Kontrolle, die Gewalt, genannt öffentliche Meinung.

Man fürchtet sich weniger vor dieser Gewalt, wenn man sie versteht. Man wiegt sich weniger in der Illusion, »mündig« zu sein, ganz unabhängig vom Druck der öffentlichen Meinung. Und man urteilt weniger hochmütig über die Menschen, die sich unter verschiedenen Zeitumständen mit der öffentlichen Meinung einrichten mußten.

Allensbach am Bodensee,
im Juli 1989 E. N. N.

Zum Vorwort (S. I–VI)

1 Der Begriff »Schweigespirale« erscheint – neben den Bezeichnungen »Spiralmodell«, »Spiralprozeß« und »Schweigehypothese« – erstmals in einer Veröffentlichung von 1973:
Noelle-Neumann, Elisabeth, 1973: »Kumulation, Konsonanz und Öffentlichkeitseffekt. Ein neuer Ansatz zur Analyse der Wirkung der Massenmedien.« Publizistik, 18. Jg., Heft 1, S. 26–55, hier: S. 43, vgl. S. 40, 48 u. ö.

2 Vgl. die Einleitung zur Taschenbuchausgabe von 1982, S. XIII

Inhalt

I. Die Schweige-Hypothese wird aufgestellt

Für den Wahlsonntagabend von 1965 hatte man sich im Zweiten Deutschen Fernsehen etwas Neues ausgedacht, eine »Wahlparty« in der Beethovenhalle in Bonn. Ein Revueprogramm auf der Bühne, mehrere Tanzorchester, die Partygäste saßen an langen Tischen, der Saal war brechend voll. Vorne rechts, etwas unterhalb der Bühne, war ein kleines Podium mit einer Schiefertafel aufgebaut, dort sollte nach sechs Uhr der Notar Daniels die bei ihm zwei Tage zuvor hinterlegten Briefe mit den Wahlprognosen von Allensbach und Emnid öffnen. Auf der Schiefertafel war der Tabellenrahmen vorgezeichnet, in den die Institutsleiter ihre Prognose weithin sichtbar eintragen würden. Ich schrieb, das unruhige Publikum, die Geräusche von Essen, Trinken, Stühleschieben im Rükken: »Erststimmen CDU/CSU 49,5 Prozent, SPD 38,5 Prozent ...«. In dieser Sekunde brach hinter mir ein Aufschrei von Hunderten von Menschen zugleich los und dann ein tobender Lärm. Wie betäubt endete ich: » ... F.D.P 8 Prozent, Andere 4 Prozent«. Der Saal kochte vor Empörung, der Verleger der ZEIT, Gerd Bucerius, rief mir zu: »Elisabeth, wie soll ich Sie jetzt noch verteidigen?!«

Hatte Allensbach arglistig die Öffentlichkeit getäuscht, ihr seit Monaten ein Kopf-an-Kopf-Rennen vorgespielt? Erst zwei Tage zuvor hatte die ZEIT ein Interview von mir gebracht unter der Schlagzeile: »Ich würde mich gar nicht wundern, wenn die SPD gewänne ...«[1] Später an diesem Wahlsonntagabend, als die amtlichen Ergebnisse näher und näher an die Allensbacher Prognose rückten, gab es auch noch einen CDU-Politiker, der verschmitzt lachend im Fernsehen zu verstehen gab, er hätte die wirkliche Lage natürlich gekannt, aber klug für sich behalten – »eine kleine Kriegslist«.

Das Zitat in der ZEIT war echt, genauso hatte ich es gesagt, aber das Interview hatte in der Redaktion über zwei Wochen in der Schublade gelegen. Anfang September hatte es noch ausgesehen wie ein völlig offenes Rennen. Was das Publikum im Beethovensaal zu sehen bekam, was wir in Allensbach am Schreibtisch drei Tage vor der Wahl bestaunten und dennoch nicht mehr veröffentlichen konnten, weil es dann erst recht nach dem Versuch einer massiven Wahlbeeinflussung ausgesehen hätte, war ein Phänomen öffentlicher Meinung. Hier gab sich eine Erscheinung zu erkennen, für die schon vor Jahrhunderten der Name gefunden worden war, aber greifen konnte man sie nicht. Unter dem Druck der öffentlichen Meinung hatten Hunderttausende, wohl mehr als eine Million Wähler etwas bewirkt, was wir später einen »last-minute swing« nannten, es war ein Mitläufereffekt letzter Minute, der die CDU/CSU anschwellen ließ, bis an die Stelle ebenbürtiger Stärke der beiden großen Parteien ein Vorsprung für die CDU/CSU von mehr als acht Prozent im amtlichen Erststimmenergebnis getreten war *(Schaubild 1)*.

»Unser Verständnis hinkt weit hinter unseren Messungen zurück«

Wir hatten damals, 1965, den Schlüssel für die dramatische Wählerbewegung bereits in der Hand, aber wir wußten es nicht. In einem Artikel über öffentliche Meinung, erschienen 1968 in der International Encyclopedia of the Social Sciences, schrieb der Professor für Kommunikationsforschung und

Ein Rätsel im Wahljahr 1965

Schaubild 1

Die Wahlabsichten bleiben über viele Monate fast unverändert, ein Kopf-an-Kopf-Rennen von CDU/CSU und SPD. Gleichzeitig aber breitet sich die Ansicht aus, die CDU/CSU werde siegen. Wie kommt das?

Am Schluß gibt es einen Mitläufereffekt in der Richtung des erwarteten Wahlsiegers.

Wahlabsicht: CDU/CSU SPD

Erwartungen: Wer gewinnt die Wahl? CDU/CSU gewinnt SPD gewinnt

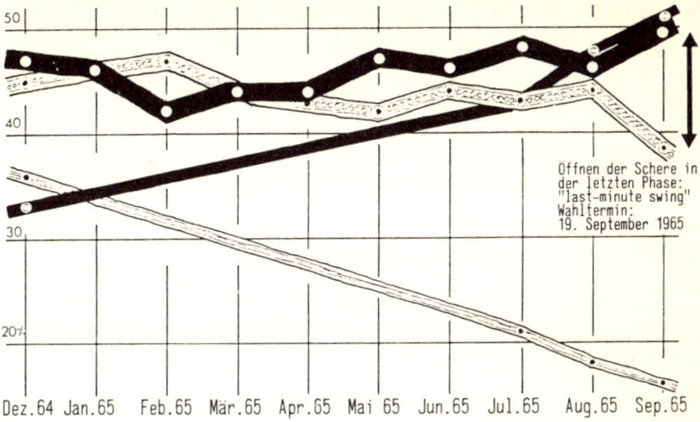

Quelle: Allensbacher Archiv, IfD-Umfragen 1095.1097.1098.2000.2001.2002.2003.2004.2005 und 2006

Journalismus an der Columbia University New York, W. Phillips Davison: »Unser Verständnis hinkt weit hinter unseren Messungen zurück.«[2] Das war genau unsere Lage 1965: wir hatten viel mehr gemessen, als wir verstanden. Während nämlich die beiden großen Parteien vom Dezember 1964 an und bis fast zum Wahltag im September 1965 unablässig in der Stärke ihrer Anhängerzahlen Kopf an Kopf lagen – und diese Zahlen wurden von April bis Ende August regelmäßig im STERN veröffentlicht –, gab es eine andere Zahlenreihe, die sich völlig unabhängig davon bewegte. »Wissen kann das natürlich niemand, aber was glauben Sie, wer die Wahl gewinnt?« lautete die Frage. Im Dezember waren es ungefähr gleich viele, die einen Sieg von CDU/CSU oder einen Sieg der SPD erwarteten, die SPD hatte einen leichten Vorsprung.

Aber dann begannen sich die Resultate zu bewegen, unaufhaltsam stieg die Siegeserwartung für die CDU/CSU und fiel für die SPD, schon im Juli 1965 hatte die CDU/CSU einen ganz klaren Vorsprung, im August erreichte sie fast 50 Prozent. Es war, als ob die beiden Messungen, die Messung der Wahlabsicht und die Messung der Siegeserwartung, auf verschiedenen Planeten vorgenommen worden seien. Und dann ganz am Ende erst kam der Mitläufereffekt. Wie von einer Strömung wurden drei bis vier Prozent der Wähler in der Richtung der allgemeinen Siegeserwartung getragen.

Jede Forschung beginnt mit einem Rätsel

Wie sich bei gleichbleibenden Wahlabsichten die Erwartungen, wer die Wahl gewinnt, so völlig anders entwickeln können, blieb uns rätselhaft. Erst bei der vorgezogenen Bundestagswahl 1972 mit dem auf wenige Wochen verkürzten Wahlkampf, für Beobachtungen dieser Art nicht so günstig, richteten wir die demoskopischen Beobachtungsgeräte mit aufgefächertem Frageprogramm vorsätzlich zur Aufklärung ein, und nun schon mit einer auf dem Internationalen Psychologen-Kongreß in Tokio, Sommer 1972, vorgetragenen ausformulierten Hypothese.[3]

Tatsächlich trug sich im Wahlkampf 1972 alles so zu wie 1965. Die beiden großen Parteien lagen Kopf an Kopf bei der Frage nach der Wahlabsicht, und gleichzeitig wie in einer zweiten, davon abgelösten Wirklichkeit erhob sich eine Siegeserwartung für die SPD und nahm von Woche zu Woche zu, unterbrochen nur von einem einzigen Rückschlag, und ganz am Ende gab es einen »last-minute swing«, einen Mitläufereffekt in der Richtung der anschwellenden Siegeserwartung, also diesmal für die SPD *(Schaubild 2)*.

Das Phänomen von 1965 wiederholt sich 1972 Schaubild 2

Bei gleichbleibenden Wahlabsichten - CDU/CSU und SPD Kopf an Kopf - verändert sich das Meinungsklima: Abnahme der Siegeserwartungen für CDU/CSU, Zunahme für SPD.

Am Schluß Mitläufereffekt in der Richtung der stärker werdenden Siegeserwartungen.

Wahlabsicht: CDU/CSU ▬ SPD ▭

Erwartungen: Wer gewinnt die Wahl? CDU/CSU gewinnt ▬ SPD gewinnt ▭

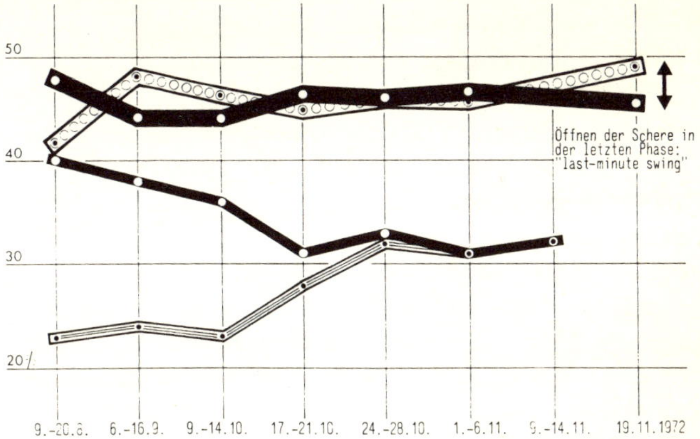

Quelle: Allensbacher Archiv, IfD-Umfragen 2084, 2085, 2086/I, 2086/II, 2087/I, 2087/II und 2088

Reden und Schweigen entscheidet über Meinungsklima

Die Hypothese verdankte ich in erster Linie den Studentenunruhen am Ende der 60er und Anfang der 70er Jahre; vielleicht ganz besonders einer bestimmten Studentin. Ich traf sie eines Tages im Vorraum vor dem Hörsaal mit einem CDU-Abzeichen am Jackenaufschlag. »Ich wußte gar nicht, daß Sie CDU sind«, sagte ich zu ihr. »Bin ich auch nicht«, antwortete sie. »Ich habe das Abzeichen nur einmal angesteckt, um zu sehen, wie das ist ...« Mittags traf ich sie wieder. Ohne Abzeichen. Ich erkundigte mich. »Ja«, sagte sie, »ich habe es abgemacht, es war zu furchtbar.«

In der großen Erregung, die die Jahre der neuen Ostpolitik erfüllten, konnte man es plötzlich verstehen: die Anhänger von SPD und CDU/CSU mochten der Zahl nach gleich sein, aber der Energie nach, der Begeisterung, mit der sie ihre Überzeugung zeigten, waren sie überhaupt nicht gleich. Öffentlich sah man nur SPD-Abzeichen, es war kein Wunder, daß das Kräfteverhältnis von der Bevölkerung falsch eingeschätzt wurde. Und nun entwickelte sich eine eigentümliche Dynamik. Wer von der neuen Ostpolitik überzeugt war, spürte, wie das, was er dachte, von allen gebilligt wurde. Und also äußerte er sich laut und voll Selbstvertrauen und zeigte seine Ansichten; diejenigen, die die neue Ostpolitik ablehnten, fühlten sich alleingelassen, zogen sich zurück, verfielen in Schweigen. Und eben dieses Verhalten trug dazu bei, daß die ersteren stärker schienen, als sie wirklich waren, und die letzteren schwächer. Diese Beobachtungen in ihrem Umkreis veranlaßten wieder andere, sich laut zu bekennen oder ihre Ansichten herunterzuschlucken und zu schweigen, bis wie in einem Spiralprozeß die einen öffentlich ganz dominierten und die anderen aus dem öffentlichen Bild völlig verschwunden und »mundtot« waren. Das also ist der Vorgang, den man als »Schweigespirale« bezeichnen kann.

Zuerst war es nur einfach eine Hypothese. Die Beobachtungen von 1965 ließen sich gut damit erklären. In der Öffentlichkeit hatte damals im Sommer des Wahljahres die Kombination von Ludwig Erhard und englischer Königin zu einer Hochstimmung für die Regierung geführt, der populäre Erhard bereitete sich auf seinen ersten Bundestagswahlkampf als Kanzler vor, und die englische Königin reiste bei strahlendem Wetter und hier und da immer wieder von Erhard begrüßt, durch die deutschen Lande. Bei fast Stimmengleichheit von CDU/CSU und SPD war es ein Vergnügen, sich zur CDU zu bekennen, zur Regierungspartei in aller öffentlicher Sichtbarkeit, der steile Anstieg der Erwartung: die CDU/CSU gewinnt die Bundestagswahl, spiegelte das Meinungsklima.

Mitläufer in letzter Minute

Weder 1965 noch 1972 wurden die Wahlabsichten gleich mitgerissen, sie blieben in beiden Fällen bis fast zum Wahltag wie unberührt vom Hoch und Tief im Meinungsklima. Man wird das als gutes Zeichen auslegen können, daß sich wenigstens Wahlabsichten nicht wie Wetterfahnen im Winde drehen, daß sie erhebliche Stabilität besitzen. Der österreichisch-amerikanische Sozialpsychologe und Wahlforscher Paul F. Lazarsfeld hatte einmal von einer Hierarchie der Stabilitäten[4] gesprochen und Wahlabsichten ganz an die Spitze dieser Hierarchie gesetzt, besonders fest seien sie, folgten nur langsam neuen Erfahrungen, Beobachtungen, Informationen, Meinungen. Am Ende wirkt sich das Meinungsklima dann allerdings doch aus, zweimal war der »Schlenker der letzten Minute« in der Richtung des Klimadrucks mit erheblichem Stimmengewinn von drei bis vier Prozent zu beobachten gewesen. Lazarsfeld hatte das schon bei der amerikanischen Präsidentschaftswahl 1940 beobachtet und »bandwagon effect«[5] genannt, dem Wagen mit der Kapelle an der Spitze des Zuges nachlaufen. Es wolle jeder auf der Seite des Siegers sein, zu den Siegern gehören, so pflegt man das zu erklären.

Auf der Seite des Siegers sein? So anspruchsvoll sind die meisten Menschen wahrscheinlich gar nicht. Sie hätten ja auch kaum wie etwa die Führungsschicht davon Ämter und Macht zu erwarten. Es geht wohl um etwas viel Bescheideneres, um das Bemühen, das anscheinend alle Menschen miteinander teilen, sich nicht zu isolieren. So allein wie 1972 die Studentin mit dem CDU-Abzeichen will niemand sein, so allein, daß die Augen der Nachbarn im Treppenhaus ausweichen, oder die Arbeitskollegen den Platz neben einem frei lassen ... Wir beginnen gerade erst tastend die Hunderte von Zeichen einzusammeln, die einem Menschen bedeuten, daß er nicht von Sympathie gewärmt wird, sondern daß ein Ring der Vermeidung um ihn liegt.

Diejenigen, die sich zwischenmenschlich isoliert fühlen – im demoskopischen Interview erkennbar an der Antwort: »Ich habe kaum Bekannte« –, beteiligen sich am ehesten am »last-minute swing«, das ließ sich 1972 durch wiederholte Befragung derselben Personen vor und nach der Wahl zeigen. Und diejenigen mit schwachem Selbstbewußtsein und geringem Interesse an Politik waren besonders am Zulauf der letzten Minute beteiligt. Die Absicht, auf der Seite des Siegers zu sein, auf dem Musikwagen zu stehen und Trompete zu spielen, liegt den meisten dieser Mitläufer aus Schwäche sicher fern. »Mit den Wölfen heulen«, das trifft schon viel besser die Situation der Mitläufer. Oder besser: die Situation des Menschen. So sehr leidet er, wenn er meint, daß sich andere von ihm abkehren, daß man ihn leicht an dieser Empfindlichkeit wie an einem Zügel führen kann.

Die Furcht vor Isolation erscheint als die treibende Kraft, die den Prozeß der Schweigespirale in Gang setzt. Mit den Wölfen heulen, ist der glücklichere Zustand, aber wenn man das nicht über sich bringt, weil man offenbar allgemein verbreitete Überzeugungen nicht zu teilen vermag, so kann man doch noch immer schweigen, als zweitbeste Möglichkeit, gut gelitten zu bleiben. Schweigen, hat der englische Sozialphilosoph Thomas Hobbes in seinem 1650 veröffentlichten Buch »The Elements of Law«[6] geschrieben, Schweigen könne man als Zeichen von Zustimmung auslegen, denn es sei ja so leicht, nein zu sagen, wenn man nicht zustimme. Daß es so leicht sei, nein zu sagen, darin irrte er sich sicher, aber was das Schweigen verlockend macht, nämlich, daß man es als Zustimmung auslegen kann, das kommt doch aus dem Text von Hobbes richtig heraus.

Die Erscheinung an das Tageslicht ziehen

Wenn ein solcher Prozeß wie die Schweigespirale als Hypothese vor Augen tritt, dann gibt es, um die Wirklichkeit, die Gültigkeit zu prüfen, zwei Möglichkeiten. Wenn so etwas wirklich existiert, wenn dies der Ablauf ist, wie sich Überzeugungen durchsetzen oder wie sie untergehen, dann müßte das von vielen Autoren früherer Jahrhunderte auch schon bemerkt worden sein. Es ist äußerst unwahrscheinlich, daß ein solches Geschehen den feinfühligen und nachdenklichen Beobachtern, die als Philosophen, Juristen, Historiker über die Menschen und die Welt geschrieben haben, entgangen ist. Beim Aufbruch zur Suche in der Vergangenheit erschien es mir darum als ein überaus hoffnungsvolles Zeichen, als ich in der 1856 von Alexis de Tocqueville veröffentlichten Geschichte der Französischen Revolution eine präzise Beschreibung der Dynamik der Schweigespirale fand. Tocqueville schilderte den Niedergang der französischen Kirche in der Mitte des 18. Jahrhunderts und wie die Religionsverachtung damals unter den Franzosen eine allgemeine und herrschende Leidenschaft geworden sei. Eine wesentliche Ursache sei das »Stummwerden« der französischen Kirche gewesen: »Leute, die noch am alten Glauben festhielten, fürchteten die einzigen zu sein, die ihm treu blieben, und da sie die Absonderung mehr als den Irrthum fürchteten, so gesellten sie sich zu der Menge, ohne wie diese zu denken. Was nur die Ansicht eines Theiles der Nation noch war, schien auf solche Weise die Meinung Aller zu sein und dünkte eben deßhalb diejenigen unwiderstehlich, die ihr diesen trügerischen Anschein gaben.«[7]

Rückwärts tastend, fanden sich eindrückliche Beobachtungen und Bemerkungen dazu überall verstreut. Bei Jean-Jacques Rousseau und David Hume, bei John Locke, bei Martin Luther, bei Machiavelli, bei Johannes Hus und schließlich auch in der Antike. Es waren nie Hauptkapitel, eher Randnotizen, die Suche erinnerte an eine Schnitzeljagd. Aber die Realität der Schweigespirale verdichtete sich.

Die zweite Möglichkeit, den Wirklichkeitsgehalt einer Hypothese zu prüfen, liegt in der empirischen Untersuchung. Wenn es ein Phänomen wie die Schweigespirale gibt, so muß man es auch messen können. Heute jedenfalls, mit den seit etwa fünfzig Jahren weitgehend gebrauchsfertigen Instrumenten der repräsentativen Umfrageforschung sollten sich sozialpsychologische Erscheinungen nicht mehr der Beobachtung entziehen. Das folgende Kapitel beschreibt, welche Art von Instrumenten ausgedacht wurde, um den Vorgang der Schweigespirale ans Tageslicht zu ziehen.

II. Prüfung mit demoskopischen Instrumenten

»Instrumente« klingt vielleicht etwas merkwürdig, man denkt dabei an sichtbare Apparate von winziger Feingliedrigkeit bis hin zu Mammutkonstruktionen der Solarspiegel. Aber was da in den Fragebogen steht, im Interview als Frage gestellt wird und oft genug wie ein Spiel aussieht – das sind Beobachtungsinstrumente. Die Reaktionen des repräsentativen Querschnitts auf diese Fragen zeigen die Existenz von Motiven und Verhaltensweisen an, also auch das, worauf ein Prozeß wie die Schweigespirale gegründet sein müßte.

Mit der Hypothese von der Schweigespirale wird behauptet, daß die Menschen ihre Umwelt beobachten, wachsam wahrnehmen, wie die meisten anderen Menschen denken und wie die Tendenzen sind, welche Einstellungen zunehmen, was sich durchsetzen wird. Läßt sich das nachweisen?

«Woher soll ich das wissen?«

Im Januar 1971 beginnen die Versuche mit Allensbacher Umfragen, die Schweigespirale zu greifen. Die erste Frageserie umfaßt drei Fragen und lautet:

> Eine Frage zur DDR: Wenn Sie zu entscheiden hätten – sollte die Bundesrepublik die DDR als zweiten deutschen Staat anerkennen oder nicht anerkennen?
> Jetzt einmal abgesehen von Ihrer eigenen Meinung:

TABELLE 1: **Umweltbeobachtung über das Meinungsklima**

Die meisten Menschen trauen sich ein Urteil zu, auf welcher Seite in einer Streitfrage die Mehrheit der Bevölkerung steht.
Unter rund 50 Tests auf der Basis von repräsentativen Bevölkerungsumfragen mit 1000 oder 2000 Interviews zwischen 1971 und 1979 zeigt die Tabelle zwölf Beispiele zur Illustration. Der Fragetext für das erste Thema lautete: »Jetzt einmal abgesehen von Ihrer eigenen Meinung: Was glauben Sie: sind die meisten Leute in der Bundesrepublik für oder gegen die Anerkennung der DDR?« Analog war er für die anderen Themen formuliert.

Themen, für die eine Schätzung »wie die meisten Menschen darüber denken« im Interview erbeten wurde:	Anteil der Befragten, die eine Schätzung abgaben %
Anerkennung der DDR (Januar 1971)	86
Etwas gegen die Ausbreitung von Haschisch und LSD tun? (Januar 1971)	95
Für schärfere Gesetze zur Reinhaltung von Luft und Wasser? (März 1971)	75
Unterbrechung der Schwangerschaft? (April 1972)	83
Für oder gegen die Todesstrafe? (Juni 1972)	90
Mehr politischer Einfluß für Franz Josef Strauß? (Oktober/November 1972)	80
Für oder gegen Zwangsernährung von Gefangenen? (Februar 1975)	84
Soll ein DKP-Mitglied als Richter eingestellt werden? (April 1976)	82
Gefällt die CDU/CSU? (August 1976)	62
Gefällt die SPD? (August 1976)	65
Für oder gegen den Bau neuer Kernkraftwerke? (September 1977)	85
Rauchen in Gegenwart von Nichtrauchern? (März 1979)	88
Durchschnitt konkreter Schätzungen für 55 Themenbereiche	82

Quelle: Allensbacher Archiv, IfD-Umfragen 2068, 2069, 2081, 2083, 2087, 3011, 3028, 3032/II, 3032/I, 3047, 3065

Was glauben Sie: sind die meisten Leute in der Bundesrepublik für oder gegen die Anerkennung der DDR? Was meinen Sie, wie es weitergeht, wie die Ansichten in einem Jahr sein werden: werden dann *mehr* Leute als heute oder *weniger* Leute als heute für die Anerkennung der DDR als zweiten deutschen Staat sein?

»Einmal abgesehen von Ihrer eigenen Meinung – was glauben Sie, sind die meisten Leute für oder gegen ...« – »Was meinen Sie, wie es weitergeht, wie die Ansichten in einem Jahr sein werden ...« Es hätte gut sein können, daß die Mehrzahl der Befragten darauf antwortete: »Wie soll ich das wissen, was die meisten Menschen denken, wie es weitergeht? Ich bin doch kein Prophet!« Aber so antworten Menschen auf diese Art von Fragen nicht. Als sei es das Selbstverständlichste, geben 80 bis 90 Prozent eines repräsentativen Querschnitts der Bevölkerung ab 16 Jahre eine Einschätzung der Umweltmeinung *(Tabelle 1)*.

TABELLE 2: **Erwartungen als Ausdruck von Meinungsklima**

Test der Bereitschaft, sich über die zukünftigen Entwicklungen der Meinungen zu äußern, am Beispiel der Frage der Anerkennung der DDR im Januar 1971

Frage: »Was meinen Sie, wie es weitergeht, wie die Ansichten in einem Jahr sein werden: Werden dann *mehr* Leute als heute oder *weniger* Leute als heute für die Anerkennung der DDR als zweiten deutschen Staat sein?«

	Bevölkerung ab 16 Jahre %
In einem Jahr werden mehr für die Anerkennung der DDR sein	45
Mehr werden dagegen sein	16
Weiß nicht	39
	100
	n = 1979

Quelle: Allensbacher Archiv, IfD-Umfrage 2068

Etwas unsicherer sind die Auskünfte über die Zukunft. Aber auch eine derartige Frage geht nicht ins Leere. Im Januar 1971 äußerten gut drei Fünftel eine Vermutung, wie sich die Meinungen weiterentwickeln werden, und die Erwartungen waren sehr eindeutig, 45 Prozent meinten, es werde mehr, nur

TABELLE 3: **Erwartungen für das Meinungsklima von morgen**

Welches Lager wird stärker, welches Lager wird schwächer?
Die meisten Menschen trauen sich auch ein Urteil zu, welches Lager in einer Streitfrage stärker werden wird.
Unter rund 25 Tests auf der Basis von 1000 oder 2000 Interviews mit repräsentativen Bevölkerungsquerschnitten zwischen 1971 und 1979 zeigt die Tabelle sechs Beispiele zur Illustration. Der Fragetext lautete: »Was meinen Sie, wie es weitergeht, wie die Ansichten in einem Jahr sein werden: Werden dann *mehr* Leute als heute oder *weniger* Leute als heute für . . . sein?«

Themen, für die eine Schätzung, wie sich die Meinungen weiterentwickeln werden, erbeten wurde:	Anteil der Befragten, die eine Schätzung abgaben, wie sich die Ansichten in naher Zukunft (einem Jahr) weiterentwickeln werden %
Anerkennung der DDR? (Januar 1971)	61
Für oder gegen die Leistungsgesellschaft? (August 1972)	68
Zusammenleben eines jungen Paares, ohne verheiratet zu sein? (Februar 1973)	79
Mehr politischer Einfluß für Franz Josef Strauß? (März/April 1975)	72
Für oder gegen Todesstrafe? (Juli/August 1977)	87
Bau neuer Kernkraftwerke? (März 1979)	81
Durchschnitt konkreter Antworten, wie sich die Meinungen weiterentwickeln werden, für 27 Themenbereiche	75

Quelle: Allensbacher Archiv, IfD-Umfragen 2068, 2084, 2090, 3013, 3046, 3065

16 Prozent, es werde weniger Menschen geben, die die Anerkennung der DDR als zweiten deutschen Staat unterstützten *(Tabelle 2)*. Das Ergebnis erinnerte an die Beobachtung von 1965. Die Frage: »Was glauben Sie, wer die Wahl gewinnt?« war ja auch von der großen Mehrzahl nicht beantwortet worden mit: »Woher soll ich das wissen?«, obgleich das angesichts der demoskopischen Zahlen, die Monat für Monat ein Kopf-an-Kopf-Rennen zeigten, doch eine sehr vernünftige Antwort

gewesen wäre. Nein, immer deutlicher hatten sich damals die Erwartungen herausgeschält, und nicht ohne Wirkung, wie der Zulauf letzter Minute schließlich zeigte. Übertrug man die Beobachtungen von 1965 auf 1971, so war eine Schweigespirale zugunsten der Anerkennung der DDR zu erwarten.

Eine neue menschliche Fähigkeit wird entdeckt: Wahrnehmung von Meinungsklima

Aber bleiben wir zunächst bei den Probebohrungen, wieweit sich die Schweige-Hypothese empirisch abstützen läßt. Nach dem ersten Versuch vom Januar 1971 folgten zahlreiche ähnliche Frageserien, und immer bestätigte sich, daß die Bevölkerung etwas wahrzunehmen schien von Mehrheits- und Minderheitsmeinung, Häufigkeitsverteilung der Ansichten für und wider, und zwar ganz unabhängig davon, ob und welche demoskopischen Zahlen veröffentlicht wurden, ganz wie 1965 *(Tabelle 3)*.

Im Wahljahr 1976 wurden die beiden Fragen, mit denen ab 1965 und ab 1971 die Wahrnehmung der Feldstärken von Meinungen gemessen wurde, systematisch verglichen: »Wer gewinnt die Wahl?« – »Was denken die meisten Leute?« Beide Instrumente zeigten das gleiche an; aber die Frage: »Gefällt den meisten Leuten die CDU/CSU ... gut, oder glauben Sie nicht?« erwies sich als das empfindlichere und damit bessere Meßinstrument, die Ausschläge des Auf und Ab in der Einschätzung der Stärke der Parteien liefen parallel, aber waren deutlich größer *(Schaubild 3)*.

Betrachtet man die erstaunlichen Schwankungen, mit denen dic Bevölkerung das Meinungsklima für die Parteien einschätzt, so wird man begierig wissen wollen, ob die Bevölkerung richtig beobachtet. Die systematische Beobachtung zu dieser Frage setzt im Dezember 1974 ein. Wahlabsichten der Bevölkerung, wenig veränderlich nach der Regel von der

Wer gewinnt die Wahl? Schaubild 3

Eine in der Wahlforschung seit Jahrzehnten benutzte Frage, um Meinungsklima zu messen. Ein anderer Indikator für Meinungsklima: "Gefällt den meisten die CDU/CSU gut ...?" mißt das gleiche, aber feiner, das heißt, mit stärkeren Ausschlägen.

Indikator 1: Die kommende Bundestagswahl gewinnt die CDU/CSU

Indikator 2: Den meisten gefällt die CDU/CSU gut

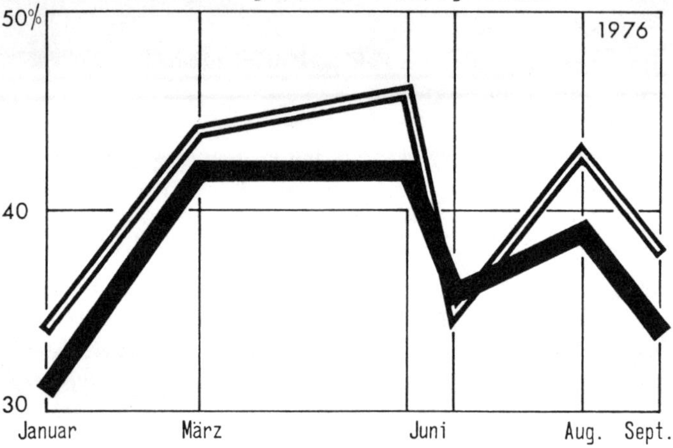

Quelle: Allensbacher Archiv, IfD-Umfragen 3023, 3025, 3030, 3031, 3032, 3035

Hierarchie der Stabilitäten, zeigten in der Beobachtungsperiode von fünfzehn Monaten nur leichte, allerdings anhaltende Tendenzen. Nur sechs Prozent betrug der Ausschlag zwischen dem höchsten und niedrigsten Wert für die CDU/CSU, vier Prozent für die SPD. Im Meinungsklima, wie es von der Bevölkerung wahrgenommen wurde, trugen sich im selben Zeitraum schwere Unruhen zu, Ausschläge von 24 Prozent zeichneten sich ab, aber es waren keine beliebigen Unruhen, sondern sie waren erkennbar ausgelöst von der jeweiligen Umorientierung weniger Prozente der Wählerschaft *(Schaubilder 4, 5)*. Die Rätselfrage lautete: Wie hatte denn die Bevölkerung insgesamt diese schwachen Zunahmen und Abnahmen von Wahlabsichten wahrgenommen? Die Beobachtungen wurden fortgesetzt. Ausschnitte aus dem Bundesgebiet,

Schaubild 4

Geringe Schwankungen in der Zahl der Parteianhänger werden als Meinungsklimawechsel von einer sehr viel größeren Zahl von Menschen wahrgenommen

Wahlabsicht: CDU/CSU

Klimabeobachtung: "Glaube, daß den meisten Leuten die CDU/CSU gut gefällt"

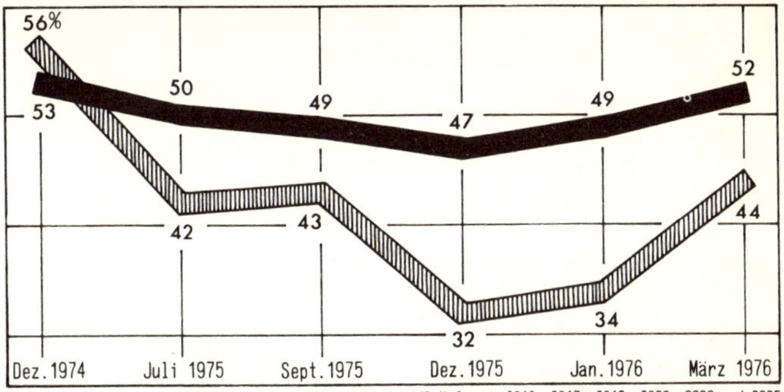

Quelle: Allensbacher Archiv, IfD-Umfragen 3010, 3017, 3019, 3022, 3023 und 3025

Schaubild 5

Meinungsklima sichtbar gemacht

Traditionelle Fragen nach der Wahlabsicht zeigen nicht, wieviel Unruhe sich wirklich zuträgt.

Beispiel: SPD 1974 - 1976

Wahlabsicht: SPD

Klimabeobachtung: "Glaube, daß den meisten Leuten die SPD gut gefällt"

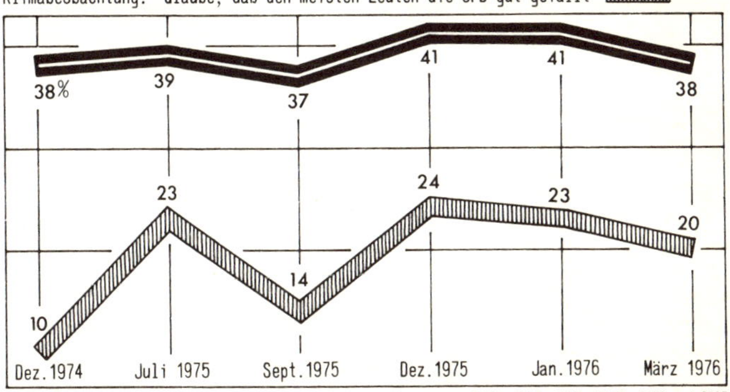

Quelle: Allensbacher Archiv, IfD-Umfragen 3010, 3017, 3019, 3022, 3023 und 3025

Wetterumsturz vor der Landtagswahl in Rheinland – Pfalz

Schaubild 6

Wahlabsicht: CDU ■

Klimabeobachtung: Ich glaube, den meisten Leuten in Rheinland-Pfalz gefällt die CDU gut □

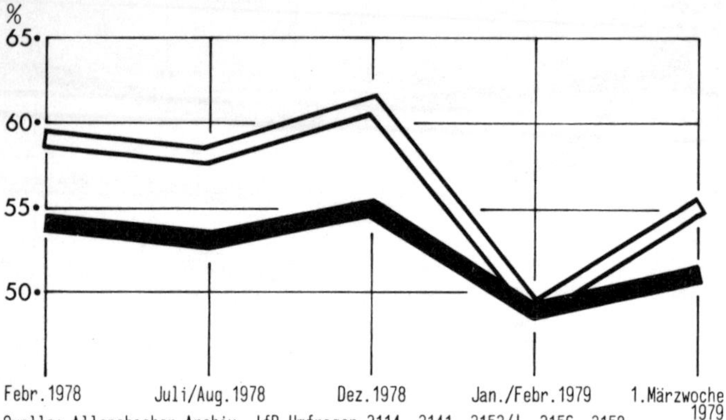

Quelle: Allensbacher Archiv, IfD-Umfragen 3114, 3141, 3153/I, 3156, 3158

Länderbeobachtungen – zum Beispiel für Niedersachsen oder Rheinland-Pfalz – ergänzten den Strömungsatlas *(Schaubild 6)*. Das englische Gallup Institut fand sich bereit, auch für die englische Bevölkerung das Klimawahrnehmungsvermögen zu testen. Wahlabsichten in England scheinen nicht annähernd so festgelegt wie in der Bundesrepublik, aber zur Klimawahrnehmung scheinen auch die Engländer befähigt *(Schaubild 7)*.

Auf wieviel Fragen erstreckt sich denn diese Fähigkeit zur Klimawahrnehmung? Man muß annehmen, daß Hunderte von Themen laufend in die Beobachtung einbezogen werden. Vom März 1971 an liegen Daten vor, um die Einstellung der Bevölkerung zur Todesstrafe und die Ansichten über das Meinungsklima dazu zu vergleichen. Zwischen 1972 und 1975 fehlen die Messungen, es gab damals andere vordringlichere Fragen, um die Schweigespirale empirisch zu überprüfen. Aber

Schaubild 7

Quasistatistische Fähigkeit zur Wahrnehmung von Meinungsklima auch in England

Fragen:
"Wenn morgen Parlamentswahlen wären: welche Partei würden Sie dann unterstützen?"
"Unabhängig, wie Sie darüber denken: Glauben Sie, daß die Konservativen den meisten Leuten in Großbritannien sympathisch sind, oder glauben Sie das nicht?"
Würde die Konservativen unterstützen
Den meisten Leuten sind die Konservativen sympathisch

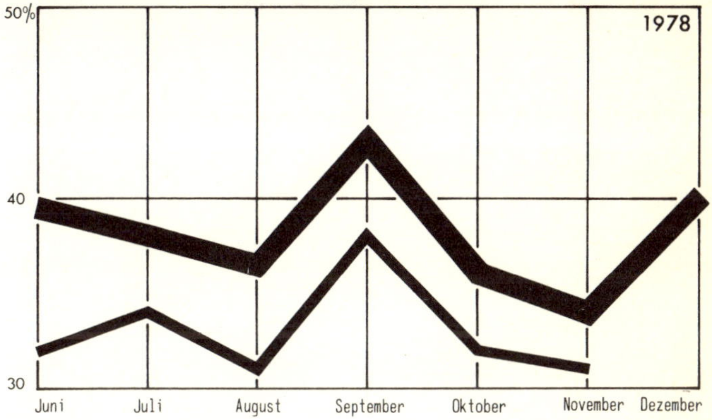

Quelle: Gallup Political Index

was aus sechs Messungen zwischen 1971 und 1979 vorliegt, bestätigt, wie sich tatsächliche Meinungsänderungen in der Klimawahrnehmung zuverlässig spiegeln *(Schaubilder 8, 9)*.

Manchmal ist die Wahrnehmung gestört, und da sie im allgemeinen so gut funktioniert, ist jeder Fall einer Verzerrung spannend. Irgendwie müssen in diesen Fällen die Signale verzerrt sein, auf die sich die Klimawahrnehmung stützt. Aber solange wir von diesen Signalen so wenig wissen, sind auch die Verzerrungen nicht leicht aufzuklären. Der Sache wird ein ganzes späteres Kapitel gewidmet.[1].

Meinungen und Meinungsklima

Schaubild 8

Woher wissen die Menschen als Kollektiv, daß eine Meinung angestiegen oder abgefallen ist?

Meinung: "Ich bin für die Todesstrafe"

Meinungsklima: "Die meisten sind für die Todesstrafe"

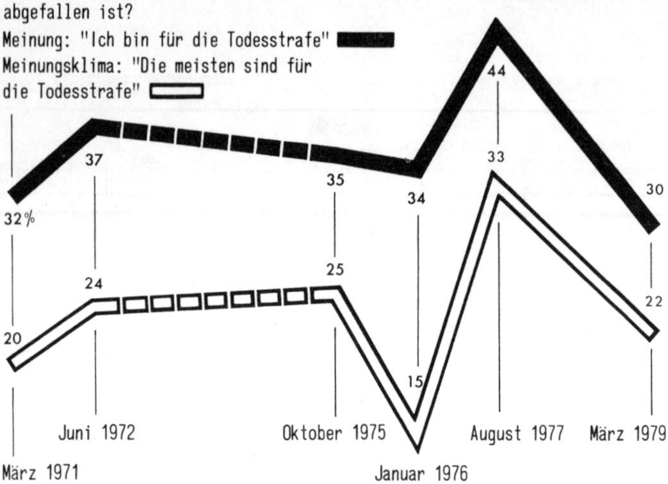

Quelle: Allensbacher Archiv, IfD-Umfragen 2069, 2083, 3020, 3023, 3046 und 3065

Schaubild 9

Die Gegenprobe: Quasistatistische Wahrnehmung der Zunahme und Abnahme von Gegnern der Todesstrafe

Meinung:"Ich bin gegen die Todesstrafe"

Meinungsklima:"Die meisten sind gegen die Todesstrafe"

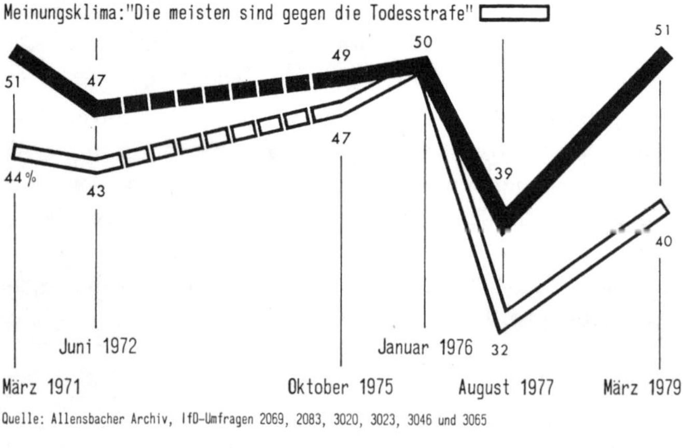

Quelle: Allensbacher Archiv, IfD-Umfragen 2069, 2083, 3020, 3023, 3046 und 3065

Der »Eisenbahntest«

Immerhin: Eine Quelle der Verzerrung behaupten wir ja, im Rückblick schon 1965 gefunden zu haben. Die Parteilager waren, gemessen nach Wahlabsichten, gleich stark, und dennoch wuchs die Stärke des einen Lagers, gemessen mit der Klimafrage: »Wer gewinnt die Wahl?« immer weiter an. Nach der Hypothese von der Schweigespirale erklärt sich das aus der unterschiedlichen Ausdrucksfreude der beiden Lager in der Öffentlichkeit, also da, wo jeder die Signale sehen kann. Nach der Prüfung, ob Menschen wirklich die Meinungen der Umwelt so wachsam beobachten, daß sie sich der Stärke oder Schwäche der Lager in ihrem Verhalten anpassen können, ist dies die zweite Annahme, die empirisch untersucht werden muß.

Im Januar 1972 erscheint zum erstenmal in einem Allensbacher Interview eine eigentümliche Frage, die so auch sonst noch nie in der Welt gestellt worden war. Es ging um die Frage der Kindererziehung in einem Interview mit Hausfrauen. Der Interviewer legte ein Bildblatt vor, in dem ein Dialog durch die Darstellung von zwei Frauen im Gespräch illustriert wurde: »Hier unterhalten sich zwei Mütter, ob man ein Kind schlagen sollte, wenn es sehr ungezogen ist. Welcher von den beiden würden Sie zustimmen, der oberen oder der unteren?« *(Schaubild 10)*.

Eine der in der Zeichnung dargestellten Frauen erklärt: »Es ist grundsätzlich verkehrt, daß man ein Kind schlägt, man kann jedes Kind auch ohne Schläge erziehen.«

40 Prozent eines repräsentativen Querschnitts von Hausfrauen stimmten im Januar 1972 zu.

Die andere Frau meinte: »Schläge gehören auch zur Erziehung, das hat noch keinem Kind geschadet.« 47 Prozent der Hausfrauen schlossen sich dieser Meinung an, 13 Prozent blieben unentschieden.

Es folgte die Testfrage: »Angenommen, Sie hätten eine

Schaubild 10

Test der Redebereitschaft und Schweigetendenz am Fall einer Streitfrage über Erziehungsgrundsätze

Bildblatt zur Identifikation der zwei Lager in demoskopischen Interviews

fünfstündige Eisenbahnfahrt vor sich, und in Ihrem Abteil ist eine Frau, die meint, ...« Hier trennte sich der Fragetext. Frauen, die erklärt hatten, Schläge seien grundsätzlich falsch, wurden gefragt: »... eine Frau, die meint: Schläge gehören *auch* zur Erziehung«, bei der Gegengruppe von Frauen, die Schläge billigten, hieß es: »... eine Frau, die meint: Schläge sind *grundsätzlich* falsch«.

Die Hausfrauen wurden also jeweils mit einer Mitreisenden konfrontiert, die eine der ihren entgegengesetzte Meinung vertrat. Einheitlich hieß es dann am Schluß der Frage: »Würden Sie sich gern mit dieser Frau unterhalten, um ihren Standpunkt näher kennenzulernen, oder würden Sie da keinen großen Wert drauf legen?«

Dieser »Eisenbahntest« wiederholte sich von nun an mit wechselnden Themen, einmal wurde ein Gespräch über die CDU oder die SPD vorgestellt, ein anderes Mal eines über die Rassentrennung in Südafrika oder über das Zusammenleben unverheirateter junger Menschen, über Kernkraftwerke, über Gastarbeiter, über den Paragraphen 218, Drogengefahr, Radikale im öffentlichen Dienst.

Die Hypothese, die geprüft werden sollte, war: In einer Kontroverse sind die verschiedenen Lager unterschiedlich bereit, sich öffentlich sichtbar für ihre Überzeugung einzusetzen. Das Lager, das mehr Bekenntnisbereitschaft zeigt, wirkt stärker und beeinflußt dadurch andere, sich den offensichtlich stärkeren oder zunehmenden Bataillonen anzuschließen. Man kann so etwas im Einzelfall beobachten, aber wie kann man einen solchen Vorgang so messen, daß die wissenschaftlichen Anforderungen von Wiederholbarkeit und Überprüfbarkeit, auch Unabhängigkeit von den subjektiven Eindrücken eines Beobachters erfüllt sind? Man muß versuchen, die Wirklichkeit zu simulieren, und zwar unter Bedingungen, unter denen gemessen werden kann, also zum Beispiel die Wirklichkeit simulieren in einem demoskopischen Interview, das einheitlich abläuft, die Fragen werden in festgelegter Reihenfolge und festgelegtem Wortlaut vorgelesen, bei Querschnitten von 500, 1000 oder 2000 Befragten arbeiten Hunderte von Interviewern mit, so daß kein einzelner das Ergebnis durchschlagend beeinflussen kann. Aber wie schwach ist doch die Situation, die in einem solchen Interview vorgestellt wird, welcher Unterschied zum Leben, zur Erfahrung und zu den Empfindungen in der Wirklichkeit!

Die Simulation von Öffentlichkeit

Die erste Aufgabe bestand darin, im demoskopischen Interview Öffentlichkeit zu simulieren, die latente Bereitschaft des Befragten zu einem Verhalten in der Öffentlichkeit zu erkunden. Denn um allgemein sichtbares Verhalten handelt es sich ja offenbar, aus dem die Menschen ihre Folgerungen über die Stärke und Schwäche der Lager ziehen, nicht nur Gespräche im Familienkreis. Menschen, die kaum Bekannte haben, die vereinsamt sind, nehmen die Zeichen wahr, wie die Analysen des »last-minute swing« zeigten. Und wenn ein Klimaumschwung eintritt, für oder gegen eine Partei oder Person oder eine bestimmte Idee, dann wird das immer fast gleichzeitig überall empfunden, in allen Bevölkerungsgruppen zugleich, in allen Altersgruppen, in allen Berufskreisen *(Schaubilder 11–13)*. Das ist nur möglich, wenn Signale ganz offen sind, öffentlich also. Das Verhalten in der Familie, im Primärkreis mag ebenso sein wie das Verhalten in der Öffentlichkeit, oder anders, das ist erst einmal für den Prozeß der Schweigespirale Nebensache. Wir lernten das bald, als wir versuchten, im Interview eine Szene auszumalen, in der der Befragte seine Neigung zum Reden oder Schweigen erklären sollte. Wir sagten dem Befragten, er solle sich eine Einladung mit ziemlich vielen, zum Teil für ihn unbekannten Gästen vorstellen. Das Gespräch komme auf ein bestimmtes kontroverses Thema – hier folgte im Fragetext der konkrete Gegenstand. Würde sich der

Schaubild 11

Klimaumschwung in allen Bevölkerungskreisen: Ausdruck von Öffentlichkeit

Beispiel: "Die Bundesrepublik sollte die DDR als Staat anerkennen"
September 1968 bis September 1970/Januar 1971

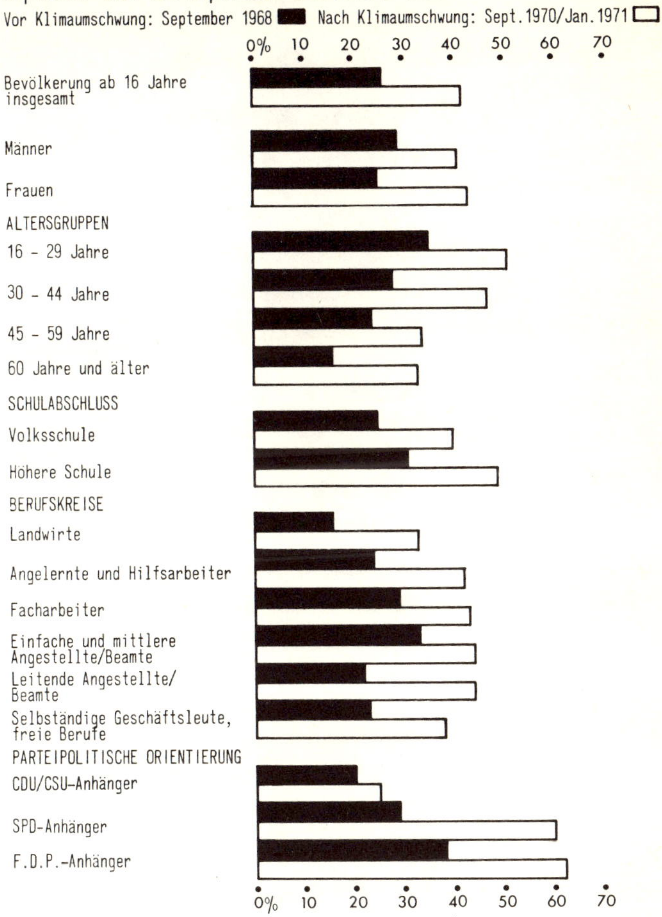

Quelle: Allensbacher Archiv, IfD-Umfragen 2044 und 2065/2068A

Die ganze Bevölkerung wird von einem Meinungsklimawechsel erreicht

Schaubild 12

Beispiel: Einverständnis mit der Politik von Bundeskanzler Brandt
Mai/Juni 1973 bis Januar 1974

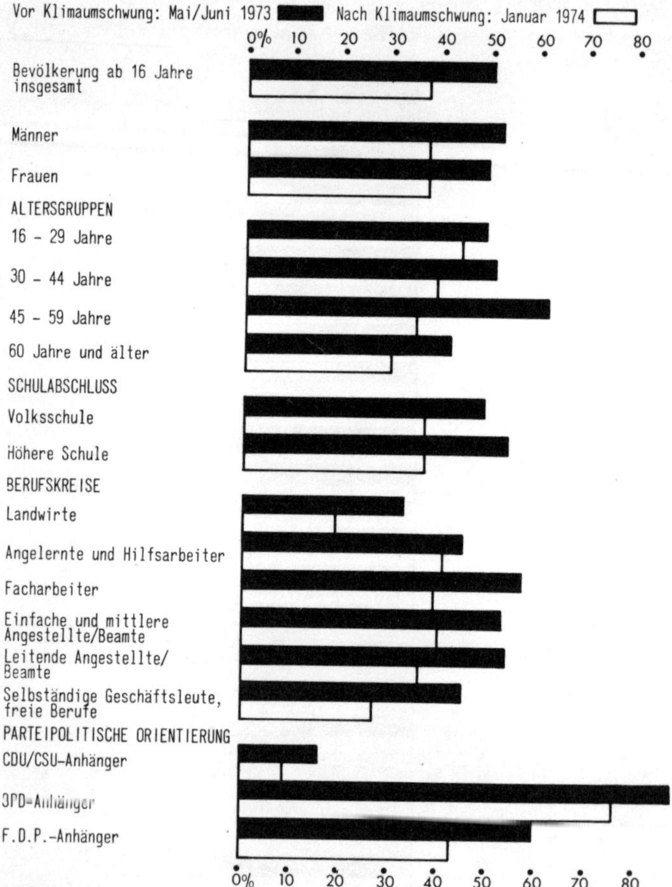

Quelle: Allensbacher Archiv, IfD-Umfragen 2095 und 3001

Schaubild 13

Wechsel im Meinungsklima dringt überall hin

Beispiel: Befürworter der Todesstrafe Herbst/Winter 1975/1976 bis Sommer 1977

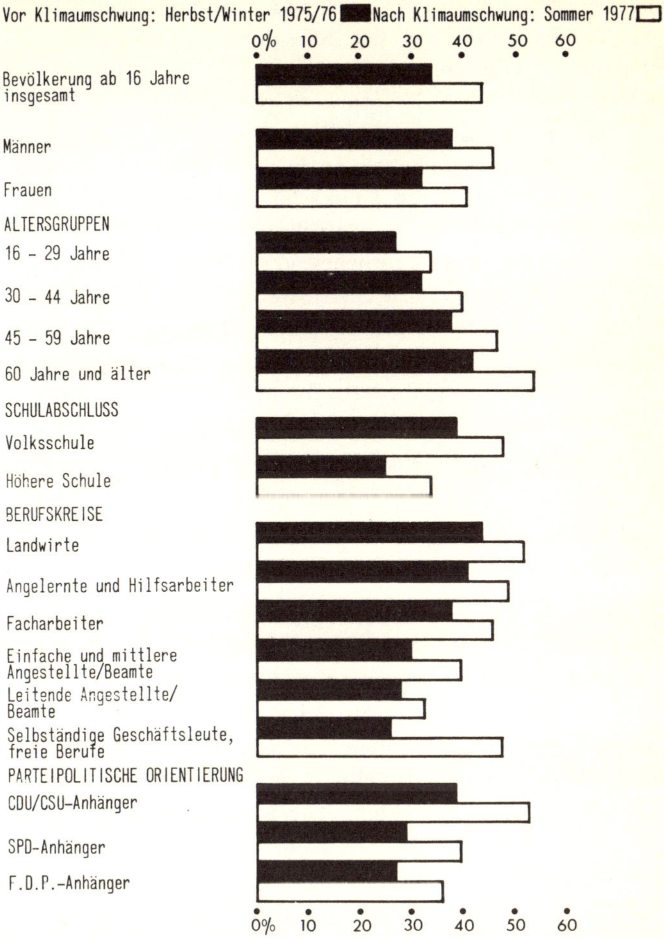

Quelle: Allensbacher Archiv, IfD-Umfragen 3020/3023 und 3046

Befragte gern am Gespräch beteiligen oder keinen Wert darauf legen? Die Frage »klappte« nicht, die Szene war nicht öffentlich genug, Höflichkeit gegenüber dem Gastgeber, gegenüber Gästen, die für oder gegen eine Sache sprachen, setzten sich bei den Reaktionen der Befragten durch. Dann probierten wir den »Eisenbahntest«. Das war eine öffentliche Situation, ähnlich wie ein »öffentlicher Gehweg«, jeder hat Zutritt, und es sind Menschen anwesend, deren Namen und deren Gesinnung man nicht kennt. Zugleich ist es aber eine »kleine« Öffentlichkeit, in der auch ein schüchterner Mensch sich am Gespräch beteiligen kann, wenn ihm danach zumute ist. Aber würde sich das, was natürliches Verhalten der Befragten in der echten Öffentlichkeit einer Straße, eines Marktes, eines Milchgeschäftes oder einer Zuschauertribüne wäre, in der Interviewsituation unter vier Augen, vielleicht auch in Gegenwart von Familienmitgliedern, die beim Interview zuhörten, noch ausdrücken, oder würde der Impuls mit einer nur einfach vorgestellten Situation zu schwach sein?

Die zweite Annahme bestätigt sich: Die siegessichere Fraktion ist redebereit, die Verlierer tendieren zum Schweigen

Als Eisenbahntest auf Eisenbahntest aus den Umfragen der Jahre 1972, 1973, 1974 ausgewertet wurde, zeigte sich: Die Redebereitschaft und Schweigetendenz verschiedener Lager zu bestimmten Themen ließen sich messen. Gerade das Wahljahr 1972 bot ideale Themen für solche Tests. Die Begeisterung für den Friedensnobelpreisträger Bundeskanzler Willy Brandt war auf einem Höhepunkt, am Thema neue Ostpolitik, die Brandt symbolisierte, schieden sich die Geister. Besondere Wahrnehmungsfähigkeiten brauchten weder die Anhänger noch die Gegner, um zu sehen, welches Lager in der Öffentlichkeit stärker war. »Was glauben Sie, sind die meisten Leute in der Bundesrepublik für oder gegen die Ostverträge?« lautete eine Frage im Mai 1972. »Die meisten sind da-

TABELLE 4: **Der Eisenbahntest**

Redebereitschaft und Schweigetendenz über Bundeskanzler Brandt in einer »kleinen Öffentlichkeit« (Oktober 1972)

	Mehrheit: Personen, die mit Brandt einverstanden sind %	Minderheit: Personen, die mit Brandt nicht einverstanden sind %
Bei einer Eisenbahnfahrt würden sich gern mit einem Mitreisenden über Brandt unterhalten	50	35
Es würden keinen Wert darauf legen	42	56
Unentschieden	8	9
	100	100
n =	1011	502

Quelle: Allensbacher Archiv, IfD-Umfrage 2086/I+II

für«, antworteten 51 Prozent, »Die meisten sind dagegen« 8 Prozent, »Etwa halb und halb« 27 Prozent, 14 Prozent wichen aus: »Unmöglich zu sagen«.

Im Oktober 1972, schon im Wahlkampf, wird der Eisenbahntest in einer Umfrage eingesetzt: »Angenommen, Sie haben eine fünfstündige Eisenbahnfahrt vor sich, und jemand in Ihrem Abteil fängt an, ganz *für* (in jedem zweiten Interview: ganz *gegen*) Bundeskanzler Brandt zu reden. Würden Sie sich gern mit diesem Menschen unterhalten, um seinen Standpunkt näher kennenzulernen, oder würden Sie da keinen großen Wert darauf legen?« Die Anhänger von Brandt, zahlenmäßig doppelt so stark wie die Gegner, antworteten zu 50 Prozent: »Gern unterhalten«. Die Gegner zu 35 Prozent. »Keinen Wert darauf legen«, meinten die Anhänger zu 42 Prozent, die Gegner zu 56 Prozent *(Tabelle 4)*. Das bedeutete also, daß die Anhänger Brandts nicht nur tatsächlich ihrer Zahl nach stärker waren als die Gegner, sondern daß sich diese Stärke noch außerdem multiplizierte durch ihre größere Rede- und Zeige-Bereitschaft.

Auch ein Abzeichen ist Reden

Reden und Schweigen muß man in diesem Zusammenhang im weitesten Sinne auslegen. Ein Abzeichen tragen, einen Autoaufkleber anheften, ist Reden, dies nicht tun, auch wenn man eine Überzeugung hat, ist Schweigen; eine Zeitung bestimmter Richtung, etwa die Frankfurter Rundschau, offen tragen, ist Reden, sie in die Tasche stecken oder unter einem anderen, weniger prononcierten Blatt verstecken (natürlich ist sie gar nicht versteckt, man hat sie eingewickelt), heißt Schweigen. Flugblätter verteilen, ist Reden, und ebenso Plakate ankleben, Plakate beschmieren und abreißen, Reifen von Autos mit den Abzeichen bekämpfter Parteien aufschneiden, ist Reden. Reden war es in den 60er Jahren, wenn ein Mann schulterlanges Haar trug, Reden ist in den Ostblockländern, Jeans tragen.

Auch ohne den Eisenbahntest hätten wir im Wahljahr 1972 genug empirische Nachweise erhalten, daß in einer Kontroverse die eine Seite öffentlich sichtbar aktiv ist, redet, und die andere Seite, zahlenmäßig nicht schwächer, vielleicht manchmal sogar stärker, schweigt. Die Klage des früheren amerikanischen Vizepräsidenten Agnew über die »schweigende Mehrheit« wurde mit Recht berühmt, weil sie eine Wirklichkeit traf, die viele Menschen wahrgenommen haben, an der sie sogar mitwirkten, ohne daß das richtig ins Bewußtsein getreten war, weil es nicht ausgesprochen wurde.

Wie mit einem Blitzlicht erhellte eine Frage nach der Bundestagswahl 1972 die Ungleichheit der kämpfenden Lager in bezug auf ihre Kraft, wie sie sich in öffentlicher Sichtbarkeit zu erkennen gaben, während sie nach der Kopfstärke, nach Anhängerzahlen doch praktisch gleich waren. Die Frage, im Dezember 1972 gestellt, lautete: »Von den verschiedenen Parteien gab es ja auch Plakate und Nadeln zum Anstecken oder Aufkleber für das Auto. Was ist Ihr Eindruck: Von welcher Partei konnte man am meisten solche Aufkleber oder

Plakate oder Anstecknadeln sehen?« – »Mehr von der SPD«, antworteten 53 Prozent, »Mehr von der CDU/CSU« 9 Prozent. Eine zweite Frage überprüfte den Sachverhalt von einer anderen Seite: »Wie eine Partei bei der Wahl abschneidet, hängt ja auch sehr davon ab, wie stark sich ihre Anhänger im Wahlkampf einsetzen. Was war Ihr Eindruck: Von welcher Partei haben die Anhänger in diesem Wahlkampf den größten persönlichen Einsatz, den größten Idealismus gezeigt?« – »Die Anhänger der SPD«, erklärten im repräsentativen Bevölkerungsquerschnitt 44 Prozent, »Die Anhänger von CDU/CSU« 8 Prozent. Vergeblich, so kann man diese Ergebnisse lesen, schaute sich damals im Herbst 1972 ein CDU-Anhänger, der seine Meinung durch Abzeichen oder Autosticker kundtun wollte, nach Gesinnungsgenossen um, sie waren in Schweigen verfallen und trugen so dazu bei, daß sich jeder, der ihre Überzeugung teilen und sie mit einem Abzeichen unterstützen wollte, wahrhaftig allein und isoliert fühlen mußte. Weiter läßt sich ein Prozeß der Schweigespirale kaum drehen als damals.

Zuerst wirkten diese Beweisstücke, diese Versuche, Meinungsklima sichtbar zu machen, befremdlich. Ein Abzeichen tragen, einen Autoaufkleber anheften – ist das nicht mehr eine Geschmacksfrage? Manchem liegt so etwas, manchem nicht. Könnte es nicht gut sein, daß der mehr konservativ gestimmte Mensch zurückhaltender ist? Oder der »Eisenbahntest«: es gibt Menschen, die unterhalten sich gern auf einer Reise, andere haben das nicht so gern. Kann man den Eisenbahntest wirklich als Anzeichen nehmen, daß Druckprozesse in der Art der Schweigespirale ablaufen?

TABELLE 5: **Diskussionsbereitschaft in verschiedenen Bevölkerungsgruppen**

	Es sind über ein kontroverses Thema diskussionsbereit* %	Es wollen nicht diskutieren %	Unentschieden, ob sie diskutieren wollen % %	n =
Bevölkerung ab 16 Jahre insges.	36	51	13 = 100	9966
Männer	45	45	10 = 100	4631
Frauen	29	56	15 = 100	5335
Schulabschluß				
Volksschule	32	54	14 = 100	7517
Höhere Schule	50	42	8 = 100	2435
Altersgruppen				
16–29 Jahre	42	47	11 = 100	2584
30–44 Jahre	39	50	11 = 100	2830
45–59 Jahre	35	52	13 = 100	2268
60 Jahre und älter	27	56	17 = 100	2264
Berufskreise				
Landwirte	19	63	18 = 100	621
Angelernte und Hilfsarbeiter	28	54	18 = 100	2289
Facharbeiter	37	51	12 = 100	2430
Einfache und mittlere Angestellte, Beamte des einfachen und mittleren Dienstes	41	49	10 = 100	2628
Leitende Angestellte, Beamte des höheren und gehobenen Dienstes	47	44	9 = 100	1051
Selbständige Geschäftsleute, freie Berufe	40	49	11 = 100	927

* Bei einer Eisenbahnfahrt würden sich gern mit einem Mitreisenden über die Frage der Durchsetzung des Sozialismus, über ein Verbot der DKP, über Bundeskanzler Brandt oder darüber, ob Unverheiratete zusammenwohnen dürfen, unterhalten (Allensbacher Archiv, IfD-Umfragen 2084/2085/2086/I+II/2089/2090 – 1972/1973).

	Es sind über ein kontroverses Thema diskussionsbereit* %	Es wollen nicht diskutieren %	Unentschieden, ob sie diskutieren wollen % %	n =
Netto-Monatseinkommen des Hauptverdieners im Haushalt				
Unter 800 DM	26	56	18 = 100	1448
800 – unter 1000 DM	32	53	15 = 100	1875
1000 – unter 1250 DM	35	52	13 = 100	2789
1250 – unter 2000 DM	42	48	10 = 100	2979
2000 DM und mehr	48	43	9 = 100	866
Stadt und Land				
Dörfer	32	52	16 = 100	1836
Kleinstädte	37	52	11 = 100	3164
Mittelstädte	36	51	13 = 100	1797
Großstädte	38	49	13 = 100	3160
Parteipolitische Orientierung				
CDU/CSU-Anhänger	34	55	11 = 100	3041
SPD-Anhänger	43	47	10 = 100	4162
F.D.P.-Anhänger	48	44	8 = 100	538

* Bei einer Eisenbahnfahrt würden sich gern mit einem Mitreisenden über die Frage der Durchsetzung des Sozialismus, über ein Verbot der DKP, über Bundeskanzler Brandt oder darüber, ob Unverheiratete zusammenwohnen dürfen, unterhalten (Allensbacher Archiv, IfD-Umfragen 2084/2085/2086/I+II/2089/2090 – 1972/1973).

Der Vorteil, redebereite Gruppen auf der eigenen Seite zu haben

Es ist richtig und läßt sich auch mit Demoskopie zeigen: Unabhängig vom Thema, unabhängig von Überzeugungen reden die einen lieber, und die anderen ziehen es vor, zu schweigen. Das gilt auch für ganze Bevölkerungsgruppen. In einer öffentlichen Situation, auch in einer »kleinen Öffentlichkeit« sind Männer mehr als Frauen disponiert, bei einem kontroversen Thema mitzureden, Jüngere mehr als Ältere, Angehörige gehobener Sozialschichten mehr als solche aus einfachen Schichten *(Tabelle 5)*.

TABELLE 6: **Gesprächsbereitschaft als Indikator für soziales Klima und Selbstbewußtsein von Bevölkerungsgruppen**

Ein Zeitvergleich 1972 bis 1978 zeigt allgemein zunehmende Redefreudigkeit besonders ausgeprägt für CDU/CSU-Anhänger.

	Bei einer Eisenbahnfahrt würden sich gern mit einem Mitreisenden unterhalten		
	1972/73 %	1975/76 %	1977/78 %
Bevölkerung ab 16 Jahre insgesamt	36	37	44
Männer	45	43	52
Frauen	29	32	37
Altersgruppen			
16–29 Jahre	42	41	51
30–44 Jahre	39	41	49
45–59 Jahre	35	35	42
60 Jahre und älter	27	30	33
Schulabschluß			
Volksschule	32	34	39
Höhere Schule	50	46	53

Das hat durchaus Konsequenzen für die öffentliche Sichtbarkeit von Standpunkten. Jede Fraktion, die für ihren Standpunkt viele junge Leute gewinnt oder auch Leute mit gehobener Bildung, hat von vornherein bessere Chancen, als durchsetzungsfähig zu erscheinen. Aber das ist nur die halbe Geschichte. Es kommt ein zweiter Faktor hinzu, der die Redebereitschaft beeinflußt: die Übereinstimmung zwischen den eigenen Überzeugungen und dem Gefühl, den Trend, den Zeitgeist, die Zustimmung der moderneren, vernünftigeren oder einfach besseren Menschen für sich zu haben *(Tabelle 6)*.

	Bei einer Eisenbahnfahrt würden sich gern mit einem Mitreisenden unterhalten		
	1972/73	1975/76	1977/78
	%	%	%
Berufskreise			
Landwirte	19	30	29
Angelernte und Hilfsarbeiter	28	29	35
Facharbeiter	37	37	44
Einfache und mittlere Angestellte, Beamte des einfachen und mittleren Dienstes	41	41	48
Leitende Angestellte, Beamte des höheren und gehobenen Dienstes	47	46	54
Selbständige Geschäftsleute, freie Berufe	40	40	47
Stadt und Land			
Dörfer (unter 2000, 1977/78: unter 5000 Einwohner)	32	37	41
Kleinstädte (2000 – unter 20000; 1977/78: 5000 – unter 20000 E.)	37	36	46
Mittelstädte	36	38	45
Großstädte	38	37	44
Parteipolitische Orientierung			
CDU/CSU-Anhänger	34	38	44
SPD-Anhänger	43	40	47
F.D.P.-Anhänger	48	38	49

Quellen:
1972/73: Allensbacher Archiv, IfD-Umfragen 2084, 2085, 2086/I+II, 2089, 2090 (zwischen August 1972 und Februar 1973). Die Diskussionsthemen im Eisenbahnabteil waren: Durchsetzung des Sozialismus; Verbot der DKP, Bundeskanzler Brandt; Zusammenleben Unverheirateter. Basis insgesamt: 9966 Interviews.
1975/76: Allensbacher Archiv, IfD-Umfragen 3011, 3012, 3013, 3020, 3031, 3033/I, 3035 und 3037 (zwischen Februar 1975 und Dezember 1976). Die Diskussionsthemen im Eisenbahnabteil waren: Zwangsernährung von Gefangenen; Todesstrafe; für mehr Einfluß von Franz Josef Strauß auf die Politik; gute Meinung über spanische Staatsführung; gefällt die SPD; gefällt die CDU/CSU; Zusammenleben, ohne getraut zu sein; Rauchen in Gegenwart von Nichtrauchern. Basis insgesamt: 14504 Interviews.
1977/78: Allensbacher Archiv, IfD-Umfragen 3046, 3047, 3048, 3049 und 3060 (zwischen August 1977 und Oktober 1978). Die Diskussionsthemen im Eisenbahnabteil waren: Todesstrafe; Bau neuer Kernkraftwerke; Todesstrafe für Terroristen; Sympathisanten der Terroristen; Vereinigtes Europa ohne Rußland und osteuropäische Länder. Basis insgesamt: 10113 Interviews.

TABELLE 7: **In jeder Bevölkerungsgruppe sind die Anhänger der herrschenden Meinung redebereiter als die Personen aus dem Lager der Minderheit**

Beispiel: Anhänger und Gegner der Politik von Bundeskanzler Brandt 1972

	Bei einer Eisenbahnfahrt würden sich gern mit einem Mitreisenden unterhalten	
	Vertreter der herrschenden Meinung: Brandt-Anhänger %	Vertreter der Minderheit: Brandt-Gegner %
Insgesamt	49	35
Männer	57	44
Frauen	42	27
Altersgruppen		
16–29 Jahre	53	43
30–44 Jahre	47	37
45–59 Jahre	55	30
60 Jahre und älter	42	34
Schulabschluß		
Volksschule	45	29
Höhere Schule	61	51
Berufskreise		
Landwirte	39	13
Angelernte und Hilfsarbeiter	40	24
Facharbeiter	45	30
Einfache und mittlere Angestellte, Beamte des einfachen und mittleren Dienstes	57	43
Leitende Angestellte, Beamte des höheren und gehobenen Dienstes	62	47
Selbständige Geschäftsleute, freie Berufe	55	49
Stadt und Land		
Dörfer (unter 5000 Einwohnern)	46	28
Kleinstädte (5000 – unter 20 000 Einwohner)	46	42
Mittelstädte (20 000 – unter 100 000 Einwohner)	48	40
Großstädte (100 000 Einwohner und mehr)	54	36

	Bei einer Eisenbahnfahrt würden sich gern mit einem Mitreisenden unterhalten	
	Vertreter der herrschenden Meinung: Brandt-Anhänger %	Vertreter der Minderheit: Brandt-Gegner %
Parteipolitische Orientierung		
CDU/CSU-Anhänger	46	36
SPD-Anhänger	52	35

Beispiel zum Lesen der Tabelle: Männer, die mit Bundeskanzler Brandts Politik einverstanden sind (Brandt-Anhänger), würden sich zu 57 Prozent auf einer Eisenbahnfahrt gern mit einem Mitreisenden über Brandt unterhalten.
Quelle: Allensbacher Archiv, IfD-Umfrage 2086/I+II, Oktober 1972. Basis der Brandt-Anhänger insgesamt: 1011, Basis der Brandt-Gegner insgesamt: 502.

Sich im Einklang mit dem Zeitgeist zu fühlen, löst die Zunge

Wer im Herbst 1972 Anhänger von Willy Brandt war, war eher als ein Brandt-Gegner bereit, sich in einer öffentlichen Situation an einem Gespräch über Brandt zu beteiligen, egal, ob er jünger oder älter war, ein Mann oder eine Frau, mit gehobener oder mit einfacher Schulbildung *(Tabelle 7)*. Der »Eisenbahntest« bewährte sich. Mit diesem Instrument ließ sich in einer durch die folgenden Jahre stets fortgesetzten Untersuchungsreihe sichtbar machen, welche Seite in einer Kontroverse redete und welche lieber schwieg. 54 Prozent der SPD-Anhänger wollten sich bei einer Reise an einer Diskussion über die SPD beteiligen, nur 44 Prozent der CDU/CSU-Anhänger hätten gern an einer Unterhaltung über die CDU teilgenommen (1974)[2]. Nach dem Wechsel im Amt des Bundeskanzlers wollten 47 Prozent der Anhänger von Helmut Schmidt, aber nur 28 Prozent seiner Gegner über ihn diskutieren (1974)[3]. Über die Zwangsernährung von Häftlingen im Hungerstreik wollten 46 Prozent der Befürworter, 33 Prozent der Gegner sich äußern (1975)[4].

Die Tendenzwende als Chance für die Forschung

Wir sind an der Schwelle der sogenannten Tendenzwende angelangt. Bis zu diesem Zeitpunkt ließ sich nicht entscheiden, was die Ausdrucksfreudigkeit der Anhänger linker Positionen und linker politischer Führer erklärte; es konnte das ihnen günstige Meinungsklima sein, es konnte aber auch eine eher links angesiedelte Diskutierfreudigkeit sein.

Zwei Beobachtungen aus der folgenden Zeit widerlegten die zweite Annahme. Erstens sank die Neigung von SPD-Anhängern, über ihre Partei zu diskutieren, zwischen 1974 und 1976, das heißt, in der Phase der sogenannten »Tendenzwende«, erkennbar ab: von 54 Prozent 1974 auf 48 Prozent 1976. Dabei war der globale Befund eher unauffällig. Auffallend war die plötzliche Empfindlichkeit gegenüber dem Umstand, ob nach dem Wortlaut des Eisenbahntests der Mitreisende, der das Gespräch auf die SPD brachte, von der SPD freundlich oder abfällig redete. 1974 hatten sich die SPD-Anhänger noch ganz unbeeindruckt von den Ansichten des Mitreisenden am Gespräch beteiligen wollen: zu 56 Prozent, wenn die SPD gelobt, zu 52 Prozent, wenn sie kritisiert wurde. 1976 erklärten sich 60 Prozent der SPD-Anhänger interessiert am Gespräch mit einem Gesinnungsgenossen; wenn aber der andere im Abteil gegen die SPD argumentierte, sank die Bereitschaft zum Gespräch auf 32 Prozent ab. Bei den CDU/CSU-Anhängern war es genau umgekehrt. 1974 große Empfindlichkeit, ganz unterschiedliche Bereitschaft, sich am Gespräch zu beteiligen, je nachdem, ob der Bahnreisende freundlich oder unfreundlich gegenüber der CDU war; 1976 dagegen keine Differenzierung[5].

Nach den Erfahrungen von 1972 und 1973 wollten wir schon aufgeben, im Eisenbahntest den Wortführer einmal als Gegner und einmal als Anhänger bestimmter Ideen, Richtungen oder Personen vorzustellen, um jeweils zu vergleichen, wie das die Redebereitschaft oder Schweigetendenz beeinflußte.

Die Ergebnisse zeigten damals kaum einen Unterschied. Jetzt erst, um 1975/76, lernten wir, daß es sehr voreilig gewesen wäre, auf diese Variante im Test zu verzichten. Nur dort, wo, wie es vorhin beschrieben wurde, ein Schweigespiralprozeß praktisch ans Ende gelangt ist, eine Fraktion die ganze öffentliche Sichtbarkeit besitzt, die andere Fraktion völlig zurückgedrängt ist, scheint Reden und Schweigen gleichsam zu festem Boden geworden, unabhängig von der in einer Situation gerade ausgedrückten freundlichen oder feindlichen Stimmung. Aber neben derartigen eindeutigen Verhältnissen gibt es die offene Kontroverse, unentschiedene Auseinandersetzungen, vielleicht ist der Konflikt noch nicht einmal angesprochen, ist nur latent angelegt. In allen diesen Fällen, das zeigten die späteren Untersuchungen, kann die Reagibilität auf den Tenor des Eisenbahngesprächs erheblich und sehr verräterisch sein.

Die Vermutung, Linke reagierten weniger auf Meinungsklima, wird widerlegt

Die zweite Entdeckung, die dann die Annahme von einer grundsätzlich größeren Redebereitschaft der linksorientierten Bevölkerung widerlegte, kam bei der Beschäftigung mit einem Phänomen, das wieder – ähnlich wie schon der mit der Frage: »Was glauben Sie, wer die Wahl gewinnt?« aufgedeckte bandwagon-Effekt – seit Jahrzehnten die Aufmerksamkeit von Wahlforschern erregt hatte. Wenn einerseits die Tendenz erkennbar war, daß sich ein Teil der Wähler in der Richtung des erwarteten Wahlsiegers umorientierte, so gab es andererseits die Tendenz, daß nach einer Wahl mehr Leute behaupteten, die Siegerpartei gewählt zu haben, als tatsächlich Stimmen für diese Partei gezählt wurden. Dies könnte man wieder wie den bandwagon-Effekt als einen Versuch auslegen, daß Leute auf der Seite des Siegers sein wollten, auch wenn sie anders gestimmt hatten.

Bis 1949, bis zur ersten Bundestagswahl gingen wir im Allensbacher Archiv zurück, um den Sachverhalt zu prüfen. Eine einfache Regel: nach jeder Wahl behaupten mehr Leute, die Siegerpartei gewählt zu haben, als tatsächlich Stimmen für sie abgegeben wurden, konnten wir nicht bestätigt finden. Meist paßten die Auskünfte über die gewählte Partei mit dem tatsächlichen Wahlergebnis recht gut zusammen *(Schaubilder 14, 15)*; einmal, 1965, meldeten sich für beide große Parteien, die unterlegene SPD, aber auch die siegreiche CDU/CSU, hinterher nicht genug Wähler, 1969 und 1972 übertraf die Zahl der angeblichen SPD-Wähler den wirklichen Stimmenanteil bei weitem. Wenn man aber genau hinsah, wie man es mit Umfragen nach der sogenannten Panelmethode kann, bei der dieselben Personen immer wieder befragt werden, dann erkannte man zwei Merkwürdigkeiten. Die erste: Wenn Leute ihre Wahlentscheidung später im Interview korrigierten, eine andere Partei nannten als unmittelbar vor oder nach der Wahl, dann nicht etwa immer zugunsten der Siegerpartei SPD, sondern bevorzugt in der Richtung der Mehrheit der Gruppe, zu der sie gehörten, zum Beispiel bei jüngeren Wählern zugunsten der SPD, bei älteren aber zugunsten der CDU/CSU, bei Arbeitern zugunsten der SPD, bei Selbständigen zugunsten der CDU. Dies deutete weniger auf eine Tendenz, auf der Siegerseite sein zu wollen, als auf den Versuch, sich nicht im eigenen Milieu zu isolieren. Da die meisten Bevölkerungsgruppen sich 1972 mehrheitlich zugunsten der SPD entschieden hatten, gab es im Saldo in den Auskünften über die zurückliegende Wahlentscheidung eine deutliche Überzeichnung für die SPD.

Ein neues Meßverfahren für atmosphärischen Meinungsdruck

Die zweite Merkwürdigkeit: das overclaiming, die Übertreibungen, SPD gewählt zu haben, blieb in der Zeit nach der Bundestagswahl nicht konstant und ebenso auch nicht die Un-

Maßstab für Meinungsklima

Schaubild 14

Ein Hoch für eine Partei zeigt sich,wenn mehr Menschen behaupten, eine Partei gewählt zu haben, als diese Partei tatsächlich Stimmen bekommen hat.

Ein Tief, wenn die Angaben hinter dem tatsächlichen Wahlergebnis zurückbleiben.

Beispiel CDU/CSU: Ein Tief nach dem Ende der Ära Adenauer

▤ Die schraffierte Fläche zeigt mit ihrer Höhe den jeweiligen CDU/CSU-Stimmenanteil in sieben aufeinanderfolgenden Bundestagswahlen

● Prozentsatz, der sich nach der Wahl zu einer Stimmabgabe für CDU/CSU bei der letzten Bundestagswahl bekannte

Erläuterung: Theoretisch müßten die schwarzen Bälle genau auf der Höhe der schraffierten Fläche liegen. Darüberliegende schwarze Bälle zeigen Übertreibung, darunterliegende Verschweigung von CDU/CSU-Stimmabgabe an.

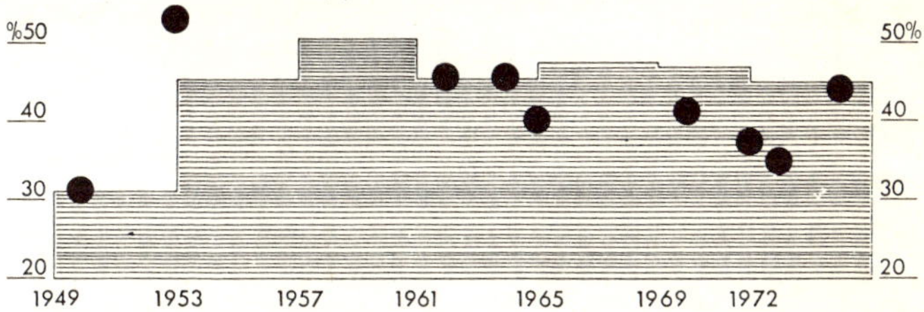

Quellen: Amtliche Daten: Statistische Jahrbücher für die Bundesrepublik Deutschland. Umfragedaten: Allensbacher Archiv: Mai 1950, IfD-Umfrage 031; September 1953, IfD-Umfrage 066; September 1962, IfD-Umfrage 1070; Mai 1964, IfD-Umfrage 1090; November 1965, IfD-Umfrage 2008; September 1970, IfD-Umfrage 2065; November 1972, IfD-Umfrage 2088; Februar 1973, IfD-Umfrage 2090; Juli 1974, IfD-Umfrage 3007

Maßstab für Meinungsklima

Schaubild 15

Das Hoch für die SPD in den sechziger und siebziger Jahren zeigt sich in fast ständiger Tendenz übertriebener Angaben, man habe bei der letzten Bundestagswahl SPD gewählt.

▤ Die schraffierte Fläche zeigt mit ihrer Höhe den jeweiligen SPD-Stimmenanteil in sieben aufeinanderfolgenden Bundestagswahlen

○ Prozentsatz, der sich nach der Wahl zu einer Stimmabgabe für SPD bei der letzten Bundestagswahl bekannte

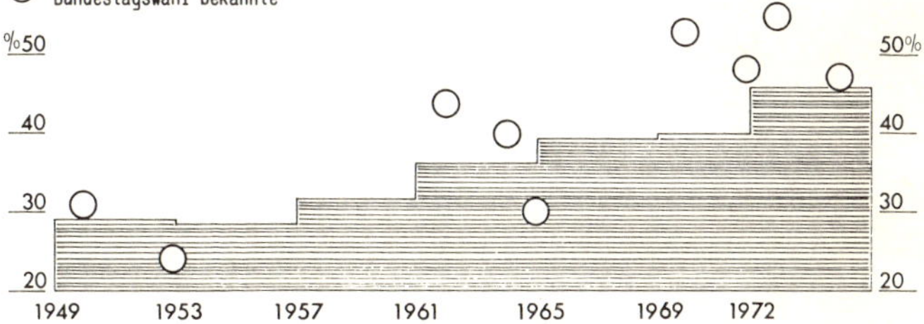

Quellen: Amtliche Daten: Statistische Jahrbücher für die Bundesrepublik Deutschland. Umfragedaten: Allensbacher Archiv: Mai 1950, IfD-Umfrage 031; September 1953, IfD-Umfrage 066; September 1962, IfD-Umfrage 1070; Mai 1964, IfD-Umfrage 1090; November 1965, IfD-Umfrage 2008; September 1970, IfD-Umfrage 2065; November 1972, IfD-Umfrage 2088; Februar 1973, IfD-Umfrage 2090; Juli 1974, IfD-Umfrage 3007

terbelichtung der CDU/CSU. Es schien, als ob beides subtile Reaktionen auf Bewegungen im Meinungsklima darstellte, zunächst 1972/73 noch ausufernde Behauptungen, bei der letzten Bundestagswahl SPD gewählt zu haben, und unrealistisch tief liegende Bekenntnisse einer Stimmabgabe für die CDU/CSU; dann gleichsam im Zeitlupentempo eine langsame Annäherung der Erinnerung, SPD oder CDU/CSU gewählt zu haben, an die tatsächlichen Proportionen. Einen Ausschnitt aus dieser Beobachtungsreihe zeigt das *Schaubild 16.*

Mit der langsamen Annäherung bis 1976 ist die Bewegung jedoch nicht abgeschlossen. Beispielsweise war im Wahljahr 1976 mit näherrückendem Wahltermin die alte niedergedrückte Bereitschaft von CDU-Wählern, sich erkennen zu geben, wieder zu verzeichnen *(Schaubild 17)*.

Schaubild 16

Über–oder Untertreibung der Stimmabgabe für eine Partei als Klima–Indikator

Das Schaubild illustriert, in welchem Umfang zwischen 1973 und 1976 die Behauptungen, SPD gewählt zu haben, das tatsächliche amtliche Erststimmen-Ergebnis für die SPD (49 Prozent, als Linie markiert ═══) übertrafen, und in welchem Umfang sie für die CDU/CSU hinter dem amtlichen Erststimmen-Ergebnis zurückblieben (45 Prozent, als Linie markiert ▬▬▬). Im Trend zeigt sich eine zunehmende Ermutigung der CDU/CSU-Anhänger.
Wahlberechtigte, die im Interview erklärten, sie hätten CDU/CSU gewählt ●●●
Wahlberechtigte, die im Interview erklärten, sie hätten SPD gewählt ○○○

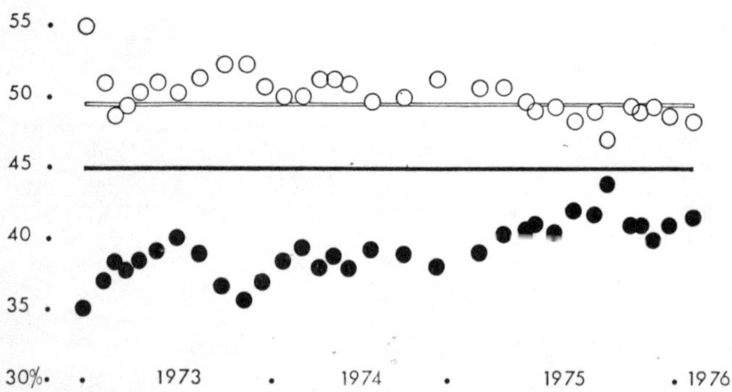

Quelle: Allensbacher Archiv, IfD-Umfragen 3089–3004, 3006, 3008–3010, 3012–3023, 3025

Schaubild 17

Zunahme von Meinungsdruck im Kampf um die Wähler

Die Verzerrung der Auskünfte über die zuletzt gewählte Partei im Wahljahr 1976

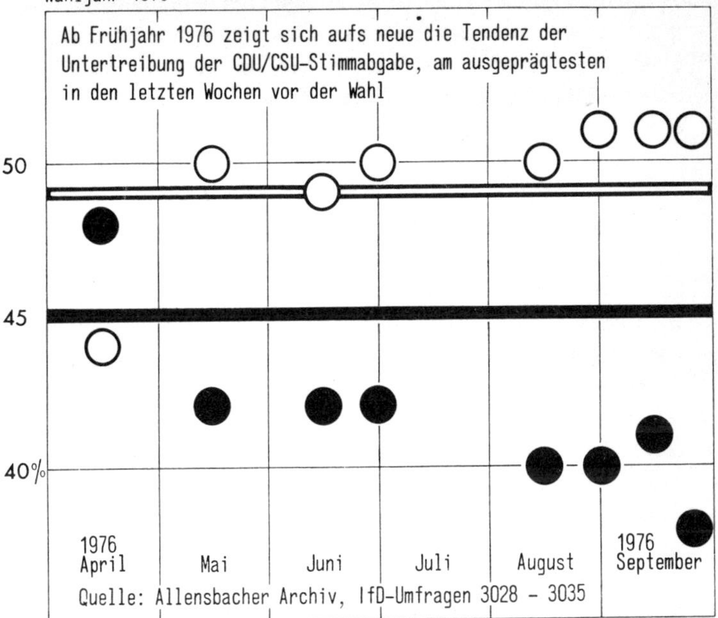

Erläuterung: Das Schaubild illustriert, in welchem Umfang zwischen April und September 1976 die Behauptungen, SPD gewählt zu haben, das tatsächliche amtliche Erststimmen-Ergebnis für SPD (49 Prozent, als Linie markiert ▭) übertrafen, und in welchem Umfang sie für die CDU/CSU hinter dem amtlichen Erststimmen-Ergebnis zurückblieben (45 Prozent, als Linie markiert ▬). Wahlberechtigte, die im Interview erklärten, sie hätten bei der Bundestagswahl 1972 CDU/CSU gewählt ●●● SPD gewählt ○○○

Von Monat zu Monat Überschätzungen der SPD und Unterschätzungen der CDU/CSU bei der Auskunft über die letzte Wahlentscheidung zu beobachten, gehört heute zur Routine in einem demoskopischen Institut, um die Schärfe der Auseinandersetzungen, die Stärke von Trends und Polarisierung zu messen. Wir kehren später zur Bedeutung derartiger Verzerrungen zurück. Zunächst entnehmen wir aus dem Zeitlupenbild von 1974 bis 1976, aus der Zeit der »Tendenzwende«, daß Redebereitschaft und Schweigetendenz nicht notwendig mit linker und rechter Orientierung verknüpft sind.

Als Reden und Schweigen nämlich interpretierten wir von 1972 an die überzeichneten Meldungen der Stimmabgabe für die eine und die untertriebenen Meldungen für die andere Seite. Ohne unser Zutun war uns hier ein Meßverfahren für den wechselnden atmosphärischen Druck, der Menschen zum Reden oder Schweigen brachte, zugefallen.

Eine Fragebatterie zur öffentlichen Bekenntnisbereitschaft

Es wurden aber auch außerdem in diesen Jahren immer neue Instrumente, neue Testfragen entwickelt. 1975 setzten wir zum erstenmal eine Batterie von Fragen ein, um öffentlich sichtbare Bekenntnisbereitschaft für eine Partei zu beobachten. Der Fragetext lautete: »Jetzt eine Frage zu der Partei, die Ihren Ansichten am nächsten steht. Wenn man Sie fragen würde, ob Sie für diese Partei etwas tun möchten, zum Beispiel etwas von diesen Karten hier – ist da irgend etwas dabei, was Sie für die Partei tun würden, die Sie für die beste halten?« Elf Möglichkeiten, eine Partei zu unterstützen, standen zur Auswahl auf dem Kartenspiel, das der Interviewer dem Befragten übergab, nicht alle verlangten Öffentlichkeit, weil derjenige, der sich vor Öffentlichkeit scheut, aber doch seine Loyalität zu einer Partei zeigen möchte, auch etwas vorfinden sollte, zum Beispiel Geld für diese Partei spenden. Die anderen Vorschläge waren:

Ich würde eine Anstecknadel, einen Ansteckknopf tragen

Ich würde einen Aufkleber ans Auto machen

An fremden Wohnungstüren klingeln und mit den Leuten diskutieren, was für diese Partei spricht

Ein Plakat dieser Partei ans Haus oder ins Fenster hängen

Ich würde für diese Partei Plakate kleben gehen
Würde mich an einer Straßendiskussion beteiligen und für diese Partei eintreten
Würde an einer Versammlung dieser Partei teilnehmen
Würde in einer Versammlung dieser Partei aufstehen und in der Diskussion etwas sagen, wenn es mir wichtig erscheint
Ich würde den Standpunkt dieser Partei auch in Versammlungen anderer Parteien vertreten
Ich würde beim Verteilen von Werbematerial helfen

Bei dieser Testfrage sprang ein einfacher, aber für die Analyse ergiebiger Meßwert heraus, nämlich die Antwort: »Nichts davon will ich für die von mir bevorzugte Partei tun.« Die Tauglichkeit eines solchen Instruments erweist sich daran, ob es Ausschläge zeigt, ob es auch leichte Veränderungen mißt, wie eine Briefwaage die Unterschiede zwischen 18 und 21 Gramm sichtbar macht, oder wie eine Kartoffelwaage, die sich nicht rührt, egal, ob man einen Brief von 10 oder 30 Gramm darauflegt.

Die Batterie der Fragen zur Exponierbereitschaft erwies sich als zartes Instrument. Depressionen der Anhängerschaft einer Partei, die sich wie beispielsweise bei der Landtagswahl in Rheinland-Pfalz 1979 durch Querelen an der Spitze der Bundespartei um die Wahlchancen gebracht sah, schlugen sofort durch. »Nichts davon« wollten rheinland-pfälzische CDU-Anhänger vor dem Ausbruch des Führungsstreits zu 39 Prozent für die bevorzugte Partei tun (Dezember 1978). »Nichts davon«, sagten verschnupfte 48 Prozent der CDU-Anhänger kurz vor der Wahl, während sich in der Anhängerschaft der gegnerischen SPD zwischen Dezember 1978 und Februar/März 1979 nichts veränderte mit jeweils 30 Prozent Inaktiven, die »nichts davon« für die SPD tun wollten[6]. Das psychologische Kräfteverhältnis hatte sich verschoben, auch wenn sich bei den Wahlabsichten so wenig veränderte, daß es nach den Grundsätzen der Stichprobenstatistik nicht einmal signifikant war, in der Realität allerdings schließlich an den Rand der Wahlniederlage führte.

Der konkrete Fall dient nur zur Illustration, wie Sozialforschung versucht, Unsichtbares sichtbar zu machen. Natürlich läßt sich auch direkt fragen, ob jemand tatsächlich ein Abzeichen trägt oder mit einem Autoaufkleber fährt. Meßtechnisch hat das den Vorteil, daß man Realität feststellt oder sogar beobachtet, statt vielleicht fragwürdiger Absichtserklärungen. Der Nachteil liegt darin, daß der Kreis, der Abzeichen und Autoaufkleber wirklich benutzt, gleichsam einen harten Kern von Aktivisten bildet, dessen Reaktionen viel weniger sensibel sind; leicht bleiben sie unterhalb der Schwelle der statistischen Meßbarkeit, die Unruhen im Meinungsklima entgehen der Beobachtung.

Bei der Prüfung, ob vielleicht linksorientierte Personen an sich eher bereit sind, für ihre Überzeugungen zu diskutieren und öffentlich sichtbar einzutreten, haben wir schon das Dilemma erfahren: gut, es scheint eine außerordentliche Wahrnehmungsgabe für Meinungsklima zu geben. Gut, es scheint Fraktionen zu geben, die die ganze Öffentlichkeit zu erobern verstehen, und andere, die sich ins Schweigen drängen lassen. Aber wer sagt uns denn, aus welchen Motiven? Ob es, wie die Hypothese von der Schweigespirale behauptet, wirklich Isolationsfurcht ist, auf der dieser ganze Vorgang beruht? Das nächste Kapitel beschreibt die Untersuchung dieser Frage.

III. Isolationsfurcht als Motiv

Anfang der fünfziger Jahre erschien in den Vereinigten Staaten der Bericht über ein Experiment, das der Sozialpsychologe Solomon Asch über 50mal durchgeführt hatte[1]. Bei diesem Experiment bestand die Aufgabe der Versuchspersonen darin, die Länge verschiedener Linien im Verhältnis zu einer Vergleichslinie abzuschätzen. Von drei vorgegebenen Linien entsprach jeweils eine in der Länge genau dem vorgegebenen Muster. Es war eine leichte Aufgabe – so schien es auf den ersten Blick –, denn man konnte leicht erkennen, welches die übereinstimmende Linie war. Jeweils acht bis neun Personen nahmen an dem Experiment teil, das dann folgendermaßen verlief: Sobald neben der Musterlinie die drei Vergleichslinien aufgehängt waren, sagte, in der Reihenfolge von links nach rechts, jede Person, welche der drei Linien ihrer Meinung nach der Musterlinie entspräche. Zu jedem Experiment gehörten zwölf Durchgänge, zwölf Wiederholungen.

Und nun wurde folgendes erprobt: Nachdem bei den ersten beiden Durchgängen alle Teilnehmer übereinstimmend die richtige Linie erkannt hatten, veränderte der Versuchsleiter die Situation. Seine Gehilfen, die den Sinn des Experiments kannten, nannten übereinstimmend eine zu kurze Linie als dem Muster entsprechend. Eine naive Versuchsperson, die einzige nichtsahnende Person, die am Ende der Reihe saß, wurde nun beobachtet, wie sie sich unter dem Druck einer

Schaubild 18

Das Asch-Experiment: Test des Konformismus aus Isolationsangst

Die Frage an die Versuchspersonen lautete: Welche der drei Vergleichslinien entspricht in der Länge der Musterlinie?

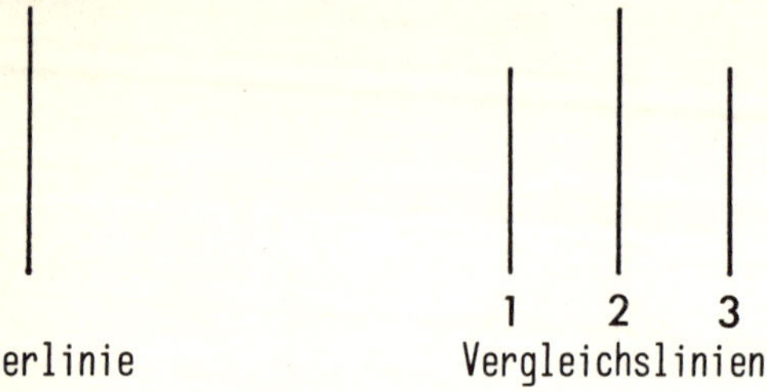

Quelle: Solomon E. Asch, 1952: "Group Forces in the Modification and Distortion of Judgments." Social Psychology. New York: Prentice-Hall, Inc., S. 452

überwiegend anderen Meinung verhalten würde. Würde sie selbst schwankend werden? Würde sie sich dem Mehrheitsurteil anschließen, so sehr es auch ihrem eigenen Urteil widersprach? Oder würde sie zu ihrem eigenen Urteil stehen?

Das klassische Laboratoriumsexperiment von Solomon Asch erschüttert das Bild vom mündigen Menschen

Ergebnis: Von je zehn Versuchspersonen blieben zwei unverrückbar bei ihrem Eindruck; zwei schlossen sich nur ein- bis zweimal unter zehn sie auf die Probe stellenden Durchgängen an, sechs von zehn aber gaben mehrmals als eigene Meinung die offensichtlich falsche Meinung der Majorität an. Das bedeutet: Selbst in einer harmlosen Frage und in einer für sie ziemlich gleichgültigen, ihre realen Interessen nicht berührenden Situation schließen sich die meisten Menschen der Majoritätsmeinung an, auch wenn sie keinen Zweifel daran haben können, daß sie falsch ist. Dies war es also, was Tocqueville beschrieben hatte: »Da sie die Absonderung mehr als den Irrthum fürchteten, so gesellten sie sich zu der Menge, ohne wie diese zu denken ...«[2]

Wenn man die Untersuchungsmethode von Solomon Asch vergleicht mit den Untersuchungen in der Art des Eisenbahntests, die als Fragen in demoskopische Interviews eingebaut sind, dann besitzt die Methode von Asch einen ganz anderen Reiz, eine ganz andere Überzeugungskraft. Asch arbeitete mit dem, was in der Fachsprache »Laboratoriumsexperiment« genannt wird, er arrangierte unter Bedingungen, die er bis in jede Einzelheit hinein kontrollieren konnte: wie die Stühle stehen, wie die am Experiment teilnehmenden »Eingeweihten« sich verhalten, wie deutlich sichtbar die Übereinstimmung oder Abweichung der Linien ist, die verglichen werden sollen. Der Versuchsraum, das »Laboratorium« erlaubt ihm, eine ganz eindeutige Situation zu schaffen. Das demoskopische Interview als Untersuchungsmethode ist viel »schmutziger«, Störungen vielfältiger Art können da mitwirken. Es ist unklar, wieviel Befragte den Sinn einer Frage gar nicht verstehen, wieviel Interviewer mangelhaft arbeiten beim Vorlesen der Fragen in festgelegter Reihenfolge und festgelegtem Wortlaut ohne eigenmächtige Umformulierung, freie Improvisation, unkontrollierbare Erklärungen, wenn der Befragte den Sinn einer Frage anzweifelt. Wieviel Phantasie wird hier einem normalen Bevölkerungsquerschnitt zugemutet: »Angenommen, Sie hätten eine fünfstündige Eisenbahnfahrt vor sich, und jemand in ihrem Abteil fängt an ...«. Der Impuls, der in solch einem Interview gegeben werden kann, wirkt auch so schwach, alles hängt nur an dem Vorlesen von Fragen und Notieren von Antworten, die ganze Beliebigkeit, die menschlicher »Rederei« anhaftet, verursacht ein ungutes Gefühl. Im Laboratorium dagegen wird doch, wie es Asch gemacht hat, eine »richtige Situation erzeugt«, in der auf die

Versuchsperson lebensnahe Eindrücke einwirken, zum Beispiel sich wie ein Narr zu fühlen, wenn alle anderen etwas anderes sehen als man selbst.

Zwei Motive der Nachahmung: Lernen und Isolationsfurcht

»Da sie die Absonderung mehr fürchteten als den Irrthum ...«[2], hatte Tocqueville erklärt. Am Ende des Jahrhunderts widmete sein Landsmann, der Soziologe Gabriel Tarde, einen großen Teil seines Werks der menschlichen Neigung und Fähigkeit zur Imitation und sprach von dem Bedürfnis der Menschen, mit der Öffentlichkeit übereinzustimmen[3]. Seitdem blieb Imitation ein Gegenstand der Sozialforschung. Auch in der »International Encyclopedia of the Social Sciences« von 1968 ist ihr ein ausführlicher Artikel gewidmet[4]. Aber »Imitation« wird darin nicht durch Furcht vor Absonderung erklärt, sondern als eine Form des Lernens. Menschen beobachten das Verhalten anderer, sie lernen, daß es diese Möglichkeit gibt, und erproben sie bei geeigneter Gelegenheit selbst.

Für unser Ziel, die Rolle der Isolationsfurcht zu bestimmen, ergibt sich eine Komplikation: Wenn Nachahmung, Nachreden beobachtet wird, kann das aus ganz verschiedenen Motiven kommen, es *kann* Isolationsfurcht sein, es kann aber auch Imitation in der Absicht des Zulernens bedeuten, besonders in einer demokratischen Zivilisation, die eine zahlenmäßige Mehrheit gleichsetzt mit dem besseren Urteil.

Die Schönheit, die Eleganz des Laboratoriumsexperiments von Asch liegt nun gerade darin, daß er alle Zweideutigkeit ausgeschaltet hat. Die Versuchsperson sieht mit eigenen Augen, daß die von der Mehrheit als gleich lang bezeichneten beiden Linien nicht gleich lang sind. Wenn sie sich dem Urteil der Mehrheit anschließt, dann ist das eindeutig: an der Hoffnung zuzulernen, kann es nicht liegen, es muß die Furcht vor der Absonderung sein.

Wie schon der abfällige Beigeschmack von Bezeichnungen wie »Mitläufer« oder »Konformist« vermuten läßt, verletzt die menschliche Neigung zur Nachahmung das humanistische Ideal. Das ist nicht das Menschenbild, mit dem sich der einzelne identifizieren mag, allenfalls »die anderen« können damit gemeint sein.

Auch beim Asch-Experiment wurde die Frage gestellt, ob ein solcher Konformismus eine amerikanische Besonderheit sei. Stanley Milgram wiederholte die Untersuchung in einer etwas geänderten Form in zwei europäischen Ländern[5], deren Bevölkerung in einem Fall – Frankreich – als betont individualistisch gilt, während im zweiten Fall – Norwegen – umgekehrt ein besonders starker sozialer Zusammenhang, hohe Kohäsion angenommen wird[6]. Obwohl die Versuchspersonen bei der Milgramschen Untersuchungsanlage die abweichende Mehrheit nicht sahen, sondern nur hörten, reichte der Eindruck, mit der eigenen Ansicht ganz allein zu stehen, aus, daß auch die Europäer sich in hohem Anteil – 80 Prozent in Norwegen, 60 Prozent in Frankreich – gelegentlich oder fast immer der Mehrheitsmeinung anschlossen. Später gab es weitere Varianten des Experiments. So wurde beispielsweise erprobt, wieviel Gesinnungsgefährten bei dem Experiment von Asch ein einzelner braucht, das heißt, wieviel Personen vor ihm in der Sitzreihe die zwei Linien, die er selbst für die ähnlichsten hält, auch als am ähnlichsten bezeichnen müssen, bis er sich entschließen kann, abweichend von der Mehrheit das zu sagen, was er sieht.

Wir brauchen diese Verfeinerungen des Experiments nicht zu verfolgen, für unsere Forschungsfrage hat das Asch-Experiment in seiner Originalfassung einen wichtigen Beitrag geleistet. Wir vermuten in der Isolationsfurcht des normalen Menschen den Grund für die Schweigespirale, und das Asch-Experiment deutet darauf hin, daß diese Isolationsfurcht in der Tat beträchtlich ist.

Sie müßte auch beträchtlich sein, wenn sie erklären sollte,

was sich mit demoskopischen Methoden nachweisen läßt. Nur wenn wir eine sehr große Isolationsfurcht annehmen, können wir die enorme Leistung erklären, die Menschen zumindest im Kollektiv vollbringen, wenn sie mit großer Treffsicherheit und ohne irgendwelche demoskopischen Hilfsmittel jeweils sagen können, welche Meinungen zu- und welche abnehmen. Aufmerksamkeit wird von Menschen ja mit Ökonomie eingesetzt. Die Anspannung, die Umwelt zu beobachten, ist anscheinend das geringere Übel, verglichen mit der Gefahr, plötzlich das Wohlwollen seiner Mitmenschen zu verlieren, plötzlich isoliert zu sein.

Wird die soziale Natur des Menschen verleugnet?

Für die Forschungsarbeit, für den Versuch, diese Reaktionsweise empirisch sichtbar zu machen, ergibt sich eine Schwierigkeit. Wenn bei den ausgedehnten Arbeiten zum Thema »Imitation« als Motiv praktisch nur das Lernen angesehen wird, dann zeigt sich darin doch eine erhebliche Tendenz, die soziale Natur des Menschen zu verkennen, sie zu verleugnen, im Begriff des Konformisten zu schmähen. Seine soziale Natur veranlaßt den Menschen, die Absonderung zu fürchten, unter anderen Menschen geachtet und beliebt sein zu wollen. Wahrscheinlich werden wir erkennen müssen, daß diese Anlagen erheblich zum Gelingen menschlichen Gemeinschaftslebens beitragen. Aber der Konflikt ist unverkennbar. Bewußt, rational loben wir unabhängiges Denken, Mündigkeit, eine unerschütterliche Festigkeit im selbsterarbeiteten Urteil.

Der Psychoanalytiker Erich Fromm hat systematisch aufgesucht, in wieviel verschiedenen Bereichen man zwischen dem Bewußtsein der Menschen dieser Zeit und ihrem Unterbewußtsein so große Widersprüche findet, wie sie Freud einst aufgedeckt hatte zwischen Bewußtsein und Unterbewußtsein in der Sexualität. Als solche Widersprüche im modernen Menschen nennt Fromm u. a.[7]:

Freiheitsbewußtsein	– Unbewußte Unfreiheit
Bewußte Aufrichtigkeit	– Unbewußter Betrug
Bewußter Individualismus	– Unbewußte Beeinflußbarkeit
Machtbewußtsein	– Unbewußtes Gefühl der Hilflosigkeit
Bewußter Glaube	– Unbewußter Zynismus und völlige Glaubenslosigkeit

Freiheitsbewußtsein, Aufrichtigkeit, Individualismus ... alle diese bewußt angenommenen, als Ausdruck des eigenen Wesens empfundenen Werte vertragen sich nicht mit einem Annehmen von Verhaltensweisen für sich selbst, wie es die Schweigespirale beschreibt. Es ist darum auch unmöglich zu erwarten, daß im demoskopischen Interview Isolationsfurcht eingestanden wird.

Aber so, wie wir im Interview Öffentlichkeit simulieren, um Redebereitschaft und Schweigetendenz zu testen, so können wir auch Isolationsdrohung im Interview simulieren und beobachten, ob die Befragten darauf so reagieren, wie wir es nach der Hypothese von der Schweigespirale erwarten.

Ein demoskopisches Feldexperiment zur Simulation von Isolationsdrohung

Das Vorgehen, das im folgenden beschrieben wird, heißt in der Fachsprache ein »Feldexperiment«. »Feld« bedeutet hier im Unterschied zum »Laboratorium«: die Versuchspersonen bleiben in ihren natürlichen Lebensverhältnissen; nicht sie werden ins ungewohnte Laboratorium geholt, sondern der Interviewer kommt zu ihnen in ihre Wohnung mit einem demoskopischen Interview, das zwar auch aus dem Alltag etwas herausfällt, aber doch dem gewohnten Gespräch zwischen zwei Menschen sehr nahekommt.

Warum bleibt man eigentlich als Forscher an einer so flüchtigen Untersuchungssituation wie dem demoskopischen Interview hängen, einem Instrument, das doch notwendig nur sehr leichte Impulse geben kann? Man gewinnt damit den Vorteil, der mit dem Stichwort »Feld« angedeutet ist, die Natürlichkeit aller Umstände, die Möglichkeit, einen repräsentativen Bevölkerungsquerschnitt zu beobachten und nicht nur jene Personen, die man ins Laboratorium bekommen kann, die berühmten Gruppen, auf die sich ein so großer Teil der experimentellen Sozialforschung stützt, Schüler, Studenten, Soldaten, Patienten. Was die Stärke des Laboratoriums ausmacht, die sorgfältigen Kontrollmöglichkeiten und planmäßige Variation aller Umstände, die das Ergebnis beeinflussen könnten, das bildet auch seine Schwäche: Man kann im Laboratorium, ohne es zu wissen, Bestandteile des wirklichen Lebens, die für die Verhaltensweise, die man untersuchen will, eine ausschlaggebende Rolle spielen, herausoperieren.

Rauchen in der Gegenwart von Nichtrauchern: Der Drohtest

Das demoskopische Feldexperiment, in dem Isolationsgefahr 1976 zum erstenmal simuliert wurde, benutzte als Thema »Raucher in der Gegenwart von Nichtrauchern«[8]. Das Thema schien geeignet, weil ein Meinungsbildungsprozeß im Gang war, bei dem die Lager der Stärke nach ziemlich im Gleichgewicht waren. Bei einem Dialog, der im Interview vorgelesen wurde, schlossen sich 44 Prozent der Ansicht an: »In Gegenwart von Nichtrauchern sollte jemand ganz aufs Rauchen verzichten. Es wäre rücksichtslos, und für diejenigen, die nie rauchen, ist es sehr unangenehm, die rauchige Luft einatmen zu müssen.« Genauso viele, ebenfalls 44 Prozent, erklärten dagegen: »Man kann nicht verlangen, daß jemand ganz aufs Rauchen verzichtet, wenn Nichtraucher dabei sind. So lästig ist es für die Nichtraucher nun auch wieder nicht.« Bei einem Test der Redebereitschaft oder Schweigetendenz erklärten 45 Prozent derer, die das Rauchen in Gegenwart von Nichtrauchern kritisierten, daß sie sich gern an einem Eisenbahngespräch zu dem Thema beteiligen würden, und 43 Prozent der Gegengruppe, die das Recht der Raucher verteidigten, wollten am Gespräch teilnehmen[9].

Nun zum Aufbau der Simulation von Isolationsgefahr: Der Kern der Frageserie, die einem repräsentativen Querschnitt von 2000 Personen gestellt wurde, bestand in dem Eisenbahntest:

1. Ermittlung der persönlichen Meinung des Befragten zum Rauchen in der Gegenwart von Nichtrauchern mit den eben vorgestellten zwei Auffassungen.
2. Einschätzung, wie die meisten Menschen darüber denken: »Jetzt einmal abgesehen von Ihrer eigenen Meinung. Was glauben Sie, wie die meisten darüber denken: Sind die meisten Leute bei uns in der Bundesrepublik der Meinung, daß Raucher in Gegenwart von Nichtrauchern aufs Rauchen verzichten oder ruhig rauchen sollten?« (Gesamtergebnis: 31 Prozent: »Die meisten finden, Raucher sollten in Gegenwart von Nichtrauchern aufs Rauchen verzichten«, 28 Prozent: »Die meisten meinen, sie sollten ruhig rauchen«, 31 Prozent: Die Meinungen sind halb und halb, zehn Prozent: Unmöglich zu sagen.)
3. Test der Rede- und Schweigeneigung: »Angenommen, Sie hätten eine fünfstündige Eisenbahnfahrt vor sich, und jemand in Ihrem Abteil fängt an zu reden und sagt: In Gegenwart von Nichtrauchern sollte jemand ganz aufs Rauchen verzichten. Würden Sie sich gern mit diesem Menschen unterhalten, oder würden Sie keinen großen Wert darauf legen?« In jedem zweiten Interview wurde der Mitreisende mit dem Standpunkt vorgestellt:

»Man kann nicht verlangen, daß jemand aufs Rauchen ganz verzichtet, wenn Nichtraucher dabei sind.«

4. wurde festgestellt, ob der Befragte Raucher oder Nichtraucher ist.

Um Isolationsdrohung zu simulieren, wurden die 2000 Befragten in zwei repräsentative Gruppen von je 1000 Personen unterteilt. Der »experimentellen Gruppe«, das heißt, der Gruppe, die dem experimentellen Faktor »Isolationsdrohung« ausgesetzt wurde, wurde ein Bildblatt gezeigt mit zwei Personen im Gespräch. Die eine dieser Personen sagte in drastischer Deutlichkeit: »Ich finde, daß die Raucher rücksichtslos sind. Sie zwingen andere, den schädlichen Rauch mit einzuatmen.« Die andere setzte zu der Antwort an: »Also, ich ...« Das Fragemodell war dem aus der diagnostischen Psychologie stammenden Satzergänzungstest nachgebildet *(Schaubild 19)*. Der Fragetext lautete: »Hier unterhalten sich zwei Männer. Der Obere hat gerade etwas gesagt, wenn Sie das bitte einmal lesen. Der Untere ist im Satz unterbrochen worden – aber was meinen Sie, was könnte der Untere geantwortet haben, wie könnte der angefangene Satz wohl zu Ende gehen?« Mit dieser Aufforderung zur Ergänzung des Satzes sollte der schwache Impuls, der in einem rein passiven Anhören der Schelte des Rauchens in Gegenwart von Nichtrauchern gelegen hätte, verstärkt werden. Daß ein solcher Satzergänzungstest die Personen eines repräsentativen Querschnitts und die Möglichkeiten eines demoskopischen Interviews nicht überfordert, zeigte das Ergebnis: 88 Prozent der Befragten führten den angefangenen Satz aus dem Bildblatt zu Ende.

Der zweite Querschnitt von 1000 Personen bildete die »Kontrollgruppe«: Er wurde in jeder Hinsicht befragt wie die experimentelle Gruppe mit dem einzigen Unterschied, daß die Isolationsdrohung, der Satzergänzungstest, fehlte. Auf diese Weise war nach der Logik des kontrollierten Experiments gesichert, daß – da alle Umstände gleich waren bis auf einen – die Gesamtabweichung der Ergebnisse bei der experi-

Der Drohtest

Schaubild 19

Bildblatt zu einem Satzergänzungstest in demoskopischen Interviews, mit dem Raucher in Simulation der Wirklichkeit eingeschüchtert werden. Durch die Notwendigkeit, den angefangenen Antwortsatz selbst zu Ende zu führen, wird die Situation stärker erlebt. Anschließend wird gemessen, ob die verbale Drohung die Redebereitschaft oder Schweigetendenz des Rauchers beeinflußt.

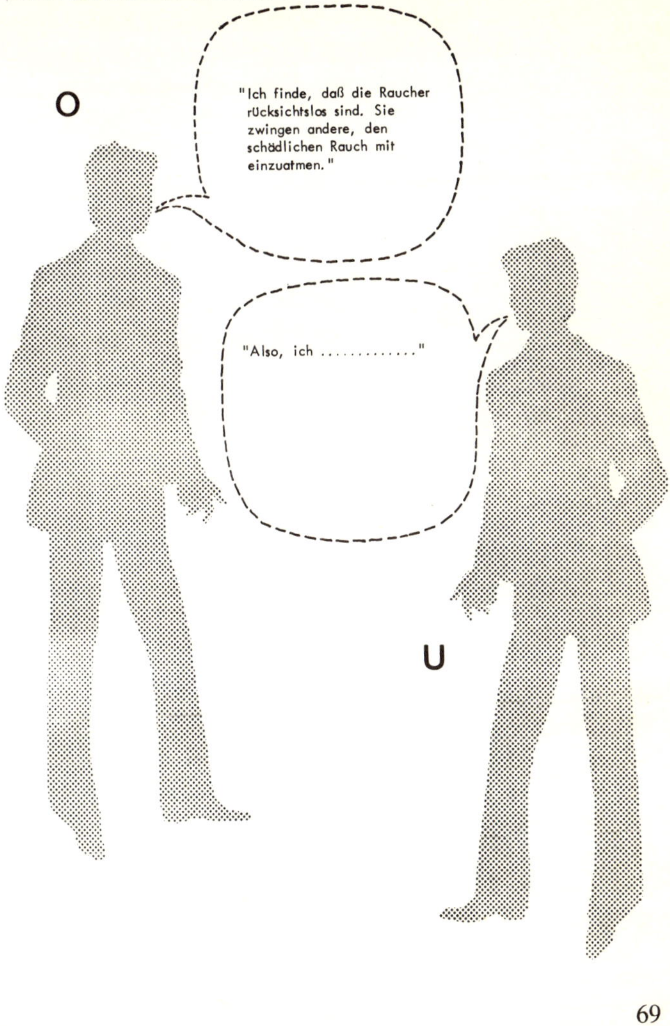

mentellen Gruppe gegenüber der Kontrollgruppe ursächlich auf den »Drohtest« zurückzuführen war.

Das Ergebnis bestätigte die Erwartung. Nach verbaler Drohung hatten Raucher, die an sich ihr Recht, in der Gegenwart von Nichtrauchern zu rauchen, verteidigten, deutlich weniger Lust zu einer Unterhaltung im Eisenbahnabteil über dieses Thema *(Tabelle 8)*.

TABELLE 8: **Test der Schweige-Hypothese bei Aktualisierung der Isolationsgefahr**

Aggressives Meinungsklima läßt sich im Interview simulieren. Nach dem Drohtest sind Raucher in eigener Sache weniger redebereit

	Raucher, die das Recht beanspruchen, auch in Gegenwart von Nichtrauchern zu rauchen –	
	ohne Verdeutlichung der Isolationsgefahr %	nach Verdeutlichung der Isolationsgefahr %
Bei einer Eisenbahnfahrt wollen sich an einem Gespräch zum Thema Rauchen in Gegenwart von Nichtrauchern –		
beteiligen	49	40
nicht beteiligen	41	45
Kein Urteil	10	15
	100	100
n =	225	253

Quelle: Allensbacher Archiv, IfD-Umfrage 3037, Dezember 1976

Besonders beeindruckt es die Raucher, wenn eine doppelte Isolationsdrohung simuliert wird: erst der Satzergänzungstest mit dem radikalen Gegner des Rauchens in Gegenwart von Nichtrauchern und dann noch ein Mitreisender im Abteil, der das Gespräch mit der Forderung: »In Gegenwart von Nichtrauchern sollte jemand ganz auf das Rauchen verzichten« eröffnet. Unter solchen Umständen sinkt die Lust des Rauchers, sich am Gespräch zu beteiligen, auf 23 Prozent ab.

Aber auch die andere Seite der Schweigespirale läßt sich hier empirisch sichtbar machen. An sich sind die Nichtraucher weniger selbstbewußt und schon darum weniger aufgelegt, ihren Standpunkt geltend zu machen. Wenn ihnen aber der Satzergänzungstest zeigt, daß sie keineswegs allein mit ihrer Ansicht sind, werden sie deutlich redebereiter *(Tabelle 9)*.

TABELLE 9: **Test der Schweige-Hypothese. Bei Rückenstärkung sind die Nichtraucher in eigener Sache redebereiter**

	Nichtraucher, die fordern, daß Raucher in Gegenwart von Nichtrauchern auf das Rauchen verzichten sollen –	
	ohne Rückenstärkung durch einen aggressiven Gesinnungsgenossen %	nach Rückenstärkung durch einen aggressiven Gesinnungsgenossen %
Bei einer Eisenbahnfahrt wollen sich an einem Gespräch zum Thema Rauchen in Gegenwart von Nichtrauchern –		
beteiligen	37	48
nicht beteiligen	51	37
Kein Urteil	12	15
	100	100
n =	330	297

Quelle: Allensbacher Archiv, IfD-Umfrage 3037, Dezember 1976

Einen Höhepunkt an Redebereitschaft zeigen die eher schüchternen Nichtraucher, wenn noch außerdem der Mitreisende im Abteil ihnen aus dem Herzen spricht mit seiner Forderung, in Gegenwart von Nichtrauchern sollte man auf das Rauchen verzichten. Unter solchen Umständen stehen nur 23 Prozent zum Reden aufgelegte Raucher 56 Prozent redebereiten Nichtrauchern gegenüber. Man sieht, wie es nach dem Ablaufen der Schweigespirale bei einem völligen Dominieren

TABELLE 10: **Test der Schweigespirale bei selbstbewußten Rauchern**

Bei einem Sympathisanten im Eisenbahnabteil sind Raucher in eigener Sache redebereit, auch wenn sie vorher bedroht wurden

	Raucher, die das Recht beanspruchen, auch in Gegenwart von Nichtrauchern zu rauchen –	
	ohne Verdeutlichung der Isolationsgefahr %	nach Verdeutlichung der Isolationsgefahr %
Bei einer Eisenbahnfahrt wollen sich an einem Gespräch zum Thema Rauchen in Gegenwart von Nichtrauchern, wobei ein Mitreisender Sympathie für den Raucher zeigt: »Man kann nicht verlangen, daß jemand aufs Rauchen verzichtet, wenn Nichtraucher dabei sind« –		
beteiligen	55	54
nicht beteiligen	33	30
Kein Urteil	12	16
	100	100
n =	119	135

In einem feindseligen Gesprächsmilieu sind auch Raucher eingeschüchtert, besonders, wenn sie schon vorher bedroht wurden

Bei einer Eisenbahnfahrt wollen sich an einem Gespräch zum Thema Rauchen in Gegenwart von Nichtrauchern, wobei ein Mitreisender die Raucher angreift: »In Gegenwart von Nichtrauchern sollte jemand ganz aufs Rauchen verzichten« –		
beteiligen	41	23
nicht beteiligen	51	63
Kein Urteil	8	14
	100	100
n =	106	118

Quelle: Allensbacher Archiv, IfD-Umfrage 3037, Dezember 1976

des Standpunktes, Rauchen in Gegenwart von Nichtrauchern ist rücksichtslos, in der Öffentlichkeit für einen Raucher unmöglich werden könnte, den Standpunkt, Rauchen in der Gegenwart von Nichtrauchern sei zulässig, noch öffentlich zu vertreten. Es ist offenbar eine kumulative Wirkung, ein Schritt für Schritt durch feindliche Reaktionen der Umwelt Erschüttertwerden, was sich hier ausspricht. Die eher selbstbewußten Raucher reagieren allein auf den »Drohtest« noch nicht. Wenn sie sich gleich darauf in einem Eisenbahnabteil finden, in dem jemand ihren Standpunkt: »Rauchen in Gegenwart von Nichtrauchern ist in Ordnung« vertritt, so ist der vorangegangene Drohtest vergessen. Mit (54 Prozent) oder ohne ihn (55 Prozent) sind sie gleich aufgelegt zu reden.

Wenn aber auf den Drohtest eine weitere verunsichernde Erfahrung folgt, der Mitreisende im Abteil wettert ebenfalls gegen das Rauchen in Gegenwart von Nichtrauchern, dann verfallen auch die Raucher lieber in Schweigen *(Tabelle 10)*.

Bei weniger selbstbewußten Menschen reicht dagegen schon eine leichtere Isolationsdrohung. Frauen zum Beispiel und Angehörige einfacher Schichten reagieren bereits allein auf den Drohtest und lassen sich nicht durch einen Mitreisenden, der ihren Standpunkt einnimmt, gleich wieder aufrichten *(Tabelle 11)*.

Reaktionen im demoskopischen Interview, als sei es die Wirklichkeit

Die Ergebnisse des Drohtestes lassen nicht nur den Prozeß der Schweigespirale sichtbar werden, sondern sie führen auch in einer anderen Hinsicht weiter. Sie ermutigen zu der Annahme, daß Menschen genug Phantasie haben, um einfach im Interview beschriebene Situationen so lebhaft zu empfinden, daß sie darauf reagieren, als sei es die Wirklichkeit. Wir brau-

TABELLE 11: **Test der Schweigespirale bei weniger selbstbewußten Rauchern: Frauen**

Nach einer doppelten verbalen Bedrohung verfallen die Raucherinnen fast vollzählig in Schweigen

Frauen	Raucherinnen, die das Recht beanspruchen, auch in Gegenwart von Nichtrauchern zu rauchen – ohne Verdeutlichung der Isolationsgefahr %	nach Verdeutlichung der Isolationsgefahr %
Bei einer Eisenbahnfahrt wollen sich an einem Gespräch zum Thema Rauchen in Gegenwart von Nichtrauchern, wobei ein Mitreisender die Raucher angreift: »In Gegenwart von Nichtrauchern sollte jemand ganz aufs Rauchen verzichten« –		
beteiligen	42	10
nicht beteiligen	54	74
Kein Urteil	4	16
	100	100
n =	48	49

Quelle: Allensbacher Archiv, IfD-Umfrage 3037, Dezember 1976

chen also für Forschungszwecke keine Eisenbahnzüge umzufunktionieren zu heimlichen Laboratorien, in denen die Wissenschaftler als Mitreisende getarnt ihre Experimente zu Redebereitschaft und Schweigetendenz anstellen. Dennoch gibt es mit der Entwicklung der Instrumente, die sich im demoskopischen Interview gebrauchen lassen, immer wieder Enttäuschungen.

Wir wollten einen Schritt weitergehen und versuchen, empirisch sichtbar zu machen, ob bestimmte Ansichten behaftet sind mit dem Odium, daß man sich mit ihnen isoliert. Ein Test dafür wurde 1976 in mehreren Allensbacher Umfragen unternommen mit einer Zeichnung, bei der Isolation anschaulich vorgeführt werden sollte: Einmal sah man an einem Tisch ei-

Der Isolationstest Schaubild 20

Frage: Welche Meinung vertritt die isolierte Person am linken Tischende?
Entwurf eines Tests, um abzuschätzen, ob bestimmten Meinungen der Ruf anhaftet, daß man sich damit isoliert.

ne Gruppe von Menschen gesellig beieinandersitzen und am anderen Ende einen für sich allein. Eine andere Variante zeigte eine ähnliche Anordnung, in diesem Fall stand eine Gruppe von Menschen beieinander, und einer stand abseits. Durch Sprechblasen war angedeutet, daß aus der Gruppe heraus und auch von der isolierten Person argumentiert wurde. Der Test bestand darin, daß die Befragten im Interview bestimmte Ansichten der isolierten Person zuordnen sollten. Zum Beispiel: Wofür tritt der Isolierte ein – ist er dafür, daß auch Mitglieder der Deutschen Kommunistischen Partei Richter werden dürfen, oder ist er dagegen?

Der Fragetext lautete: »Um noch einmal auf die Frage zurückzukommen, ob jemand, der in der DKP, der Deutschen Kommunistischen Partei ist, als Richter eingestellt werden soll ... Hier sehen Sie ein paar Leute, die sich gerade darüber unterhalten. Es gibt zwei Meinungen: dafür, daß er als Richter eingestellt wird, und dagegen. Was glauben Sie, was könnte der einzelne, der da am Tisch allein sitzt, gesagt haben? Daß er *dafür* ist, oder daß er *dagegen* ist, daß ein Kommunist als Richter eingestellt wird?« *(Schaubilder 20, 21)*

Der Isolationstest Schaubild 21

Zweite Version: statt der Gruppe am Tisch eine stehende Gruppe. Der Test wird teilweise mißverstanden, die isolierte Person als Vorgesetzter interpretiert.

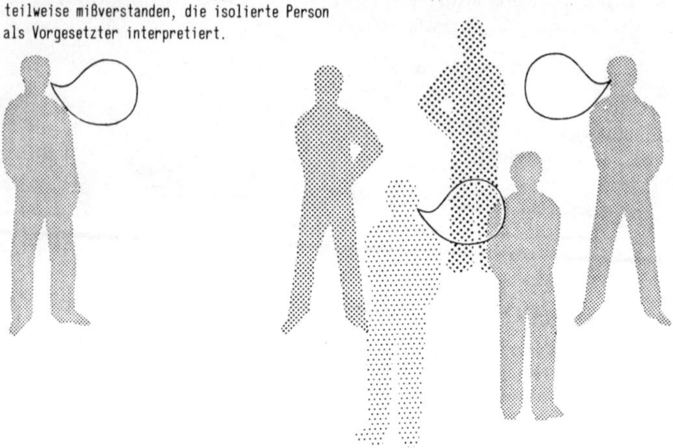

Ein Test funktioniert nicht

Die Szene am Tisch ähnelte als Testinstrument der früher einmal erwähnten Kartoffelwaage, dieser Test zeigte bei dieser Frage nichts. Ein beträchtlich hoher Anteil von »Weiß nicht«-Antworten, 33 Prozent, deutete schon in die Richtung, daß die Phantasie der Befragten überfordert wurde. Und welcher Standpunkt dem sichtbar isoliert am Tisch sitzenden Gast in den Mund gelegt wurde, hatte anscheinend nichts mit Mehrheits- oder Minderheitsmeinung zu tun. Obgleich doch in der Frage – Soll ein DKP-Mitglied bei uns Richter sein dürfen? – die Mehrheit der Gegner zur Zeit dieses Tests erdrückend war (60 Prozent gegen einen Kommunisten als Richter, 18 Prozent dafür, (April 1976), und obgleich die Bevölkerung recht gut wußte, welchen Standpunkt die Mehrheit hatte und mit welchem man sich isolieren konnte (80 Prozent: die meisten wollen kein DKP-Mitglied als Richter, 2 Prozent: die meisten haben nichts dagegen), so wurde bei dem abseits sitzenden Gast in fast gleichem Anteil einerseits Befürwortung von DKP-Mitgliedern als Richter (33 Prozent), andererseits Ablehnung (34 Prozent) vermutet. Nach dem effektiven und von der Bevölkerung ja richtig eingeschätzten Meinungsbild hätten ihn die meisten für einen Befürworter (»Auch ein DKP-Mitglied muß bei uns Richter sein können«) halten müssen. Wirkte die Szene am Tisch zu intim, zu wenig öffentlich? Gehört jeder, der an einem Tisch am Ende sitzt, dazu, so daß er nicht isoliert wirkt?

In jedem Fall erwies sich das zweite Testbild, auf dem die Personen nicht saßen, sondern standen, als etwas brauchbarer. Hier blieben nur 21 Prozent unentschieden, und fast jeder zweite (46 Prozent) vermutete, die isolierte Person vertrete die vom allgemeinen Konsensus abweichende Ansicht, »auch ein DKP-Mitglied solle man als Richter zulassen«, aber immerhin 33 Prozent tippten umgekehrt. Ein geschärftes Gefühl für die Isolation der Ansicht, man solle auch DKP-Mitglieder als Richter zulassen, beweisen diejenigen, die selbst diesen Standpunkt vertreten. Sie erkannten in der isolierten Person zu 65 Prozent den Gesinnungsgefährten *(Tabelle 12)*.

Aber befriedigen konnte dieser Test nicht, weil er selbst im Fall einer so erdrückenden Mehrheitsmeinung für eine bestimmte Seite so undeutliche Resultate brachte. Bei einem anderen Probelauf mit den gleichen Bildblättern, aber weniger polarisierten Ansichten: »Wen wünschen Sie sich als nächsten Bundeskanzler?« 44 Prozent: Helmut Schmidt, 35 Prozent: Helmut Kohl (April 1976) zeigte sich noch ein unerwarteter Pferdefuß: jede der beiden Gruppen, die Anhängerschaft von Schmidt und die Anhängerschaft von Kohl, hatte die Tendenz, der einzeln stehenden Person die eigene Ansicht zuzusprechen.

Der Test wurde zunächst aufgegeben, später begegnen wir ihm von neuem, allerdings mit anderer diagnostischer Aufgabe[10]. Nicht aufgegeben wurde die Absicht, die mit

TABELLE 12: **DKP-Mitglied als Richter? – Isolationstest**

Gibt es bei bestimmten Ansichten in der Bevölkerung die Vorstellung, daß man sich damit isoliert?

Frage: »Um noch mal auf die Frage zurückzukommen, ob jemand, der in der DKP, der Deutschen Kommunistischen Partei ist, als Richter eingestellt werden soll... Hier sehen Sie ein paar Leute, die sich gerade darüber unterhalten. Es gibt zwei Meinungen: Dafür, daß er als Richter eingestellt wird, und dagegen. Was glauben Sie, was könnte der einzelne, der da etwas abseits steht (in jedem zweiten Interview hieß es: der da am Tisch allein sitzt), gesagt haben? Daß er *dafür* ist, oder daß er *dagegen* ist, daß ein Kommunist als Richter eingestellt wird?«

	Vorlage eines Bildblatts mit –	
Bevölkerung insgesamt	sitzenden Personen %	stehenden Personen %
Der einzelne ist –		
für die Einstellung von DKP-Mitgliedern als Richter	33	46
dagegen	34	33
Unentschieden	33	21
	100	100
n =	466	516

Die Anhänger der Minderheitsmeinung – DKP-Mitglieder sollen Richter sein können – wissen besser als die Bevölkerung, daß man mit dieser Ansicht unter anderen Leuten isoliert ist.

Anhänger der Minderheitsmeinung: DKP-Mitglieder sollen Richter sein können		
Der einzelne ist –		
für die Einstellung von DKP-Mitgliedern als Richter	45	65
dagegen	29	21
Unentschieden	26	14
	100	100
n =	83	79

Quelle: Allensbacher Archiv, IfD-Umfrage 3028, April 1976

diesem Bildertest verfolgt worden war, empirisch zu prüfen: Weiß die Bevölkerung, mit welcher Ansicht man sich isoliert? Gewiß, zu einem der Schweigespirale gemäßen Verhalten reicht es, wenn ein solches Wissen auch nur unterbewußt besteht. Die von Fromm herausgearbeitete Tendenz, daß sich jeder bewußt als Individualist fühlt, als »mündiger Bürger«, die Vernachlässigung eines Bewußtmachens unserer sozialen Natur begünstigt nicht gerade bewußte Beobachtungen dieser Art. Und dennoch läßt sich auch im schwachen demoskopischen Interview sichtbar machen, daß Menschen wissen, mit welchen Meinungen sich der einzelne in einem bestimmten Land, zu einer bestimmten Zeit Isolationsdrohung einhandelt.

Allerdings muß man die Testfragen zuspitzen, man muß sich jener extremen Situationen bedienen, in denen auch ein ganz dickfelliger Mensch die Isolationsgefahr verdeutlicht sieht.

Wer wird geschnitten?

Im September 1976, kurz vor der Bundestagswahl, erscheinen zwei Fragen von diesem Typ in Allensbacher Interviews. Die eine lautet: »Hier ist ein Auto abgebildet, an dem ein Reifen aufgeschnitten wurde. Hinten auf der Heckseite ist ein Aufkleber für eine Partei, man kann jedoch nicht mehr lesen, welche Partei auf dem Aufkleber stand – aber was vermuten Sie: bei Aufklebern für welche Partei ist die Gefahr am größten, daß Reifen zerschnitten werden, bei welcher Partei?« (*Tabelle 13*) Fast die Hälfte der Bevölkerung, 45 Prozent, ließ die Frage unbeantwortet. Dennoch war das Ergebnis klar: Unter den drei im Bundestag vertretenen Parteien wurde in den Antworten scharf abgestuft: 21 Prozent nannten CDU/CSU, 9 Prozent SPD, ein Prozent F.D.P. Tabelle 13 zeigt das vollständige Ergebnis. CDU/CSU-Anhänger fühlen sich am

TABELLE 13: **Entwicklung weiterer Tests zur Messung von Meinungsklima**

Mit welchen Ansichten isoliert man sich?

Frage: »Hier ist ein Auto abgebildet, an dem ein Reifen aufgeschnitten wurde. Hinten auf der Heckseite ist ein Aufkleber für eine Partei. Man kann jedoch nicht mehr lesen, welche Partei auf dem Aufkleber stand – aber was vermuten Sie: bei Aufklebern für welche Partei ist die Gefahr am größten, daß Reifen zerschnitten werden, bei welcher Partei?«

	September 1976			
	Bevölkerung insgesamt %	CDU/CSU-Anhänger %	SPD-Anhänger %	F.D.P.-Anhänger %
CDU/CSU	21	28	12	21
SPD	9	7	11	13
F.D.P.	1	2	x	4
NPD	11	10	12	10
KPD	9	5	14	13
DKP	8	9	8	2
Keine konkrete Angabe	45	42	46	43
	104	103	103	106
n =	556	263	238	45

Quelle: Allensbacher Archiv, IfD-Umfrage 2189; x = weniger als 0,5 %

meisten gefährdet, F.D.P.-Anhänger sind sich der geringen eigenen Gefährdung und der relativ starken Gefährdung von CDU/CSU-Anhängern bewußt. SPD-Anhänger fühlen sich nicht besonders bedroht, andernfalls müßte nämlich wie bei den CDU/CSU-Anhängern auch bei ihnen die eigene Gefährdung deutlich höher als die Gefährdung anderer eingestuft werden.

Die zweite Testfrage aus dieser Serie ist der ersten überlegen, sie bringt weniger Stimmenthaltungen, und sie scheint auch insofern überlegen, als sie besser die noch zulässige, dabei realistische Signalsprache für »beliebt – unbeliebt«, »geschätzt – nicht geschätzt« trifft als die Sachbeschädigung, um die es sich in der ersten Testfrage drehte. Jetzt jedenfalls können SPD- und F.D.P.-Anhänger offenbar ungehemmter ihre Überzeugung zeigen, daß sie besser gelitten sind. Die Frage lautete: »Ich möchte Ihnen jetzt einen Fall erzählen und Sie fragen, was Sie dazu meinen. Da kommt jemand in eine fremde Stadt und sucht vergeblich nach einem Parkplatz. Schließlich steigt er aus und fragt einen Fußgänger: ›Bitte können Sie mir sagen, wo hier ein Parkplatz ist?‹ Der Fußgänger gibt ihm zur Antwort: ›Fragen Sie doch jemand anders!‹ und dreht sich auf dem Absatz um. Dazu sagen muß ich noch, der Autofahrer trug eine Plakette von einer Partei an seiner Jacke. Was glauben Sie, von welcher Partei diese Plakette war, was vermuten Sie?« *(Tabelle 14)*

25 Prozent der SPD-Anhänger, 28 Prozent der F.D.P-Anhänger vermuteten: »CDU«, mehr als doppelt so viele Nennungen wie für die SPD. Die CDU/CSU-Anhänger selbst scheinen sich ihre Unbeliebtheit nicht eingestehen zu wollen (*Tabelle 14*). Wir befinden uns in jenem Monat – September 1976 –, in dem die Tendenz, eine Stimmabgabe für die CDU/CSU bei der letzten Wahl zu verschweigen, nach einer Periode der Normalisierung wieder, wie schon zuvor berichtet, einen Höhepunkt erreichte.

Dennoch war die psychologische Lage für die CDU/CSU-Anhänger viel weniger bedrohlich als vier Jahre vorher bei der Bundestagswahl 1972. Man kann das an dem Ergebnis einer Frage ablesen, die eine symbolische Isolationsdrohung in aller Öffentlichkeit anzeigt. Sie wurde 1972 und 1976 in Nachwahluntersuchungen gestellt und lautete: »Im Wahlkampf sind ja immer wieder Wahlplakate zerrissen und beschmiert worden. Nach dem, was Sie so gesehen haben: die Plakate von welcher Partei wurden da vor allem beschädigt?« 1972 wurde mit weitem Abstand die CDU/CSU genannt, CDU/

TABELLE 14: **Prüffrage für Meinungsklima: Mit welchen Ansichten isoliert man sich?**

Frage: »Ich möchte Ihnen jetzt einen Fall erzählen und Sie fragen, was Sie dazu meinen. Da kommt jemand in eine fremde Stadt und sucht vergeblich nach einem Parkplatz. Schließlich steigt er aus und fragt einen Fußgänger: ›Bitte können Sie mir sagen, wo hier ein Parkplatz ist?‹ Der Fußgänger gibt ihm zur Antwort: ›Fragen Sie doch jemand anders!‹ und dreht sich auf dem Absatz um. Dazu sagen muß ich noch, der Autofahrer trug eine Plakette von einer Partei an seiner Jacke. Was glauben Sie, von welcher Partei diese Plakette war? Was vermuten Sie?«

	September 1976			
	Bevölkerung insgesamt %	CDU/CSU-Anhänger %	SPD-Anhänger %	F.D.P.-Anhänger %
CDU/CSU	23	21	25	28
SPD	14	19	12	8
F.D.P.	2	4	1	x
NPD	8	7	10	7
KPD	13	12	13	12
DKP	9	9	9	9
Keine konkrete Angabe	35	34	35	40
	104	106	105	104
n =	546	223	264	50

Quelle: Allensbacher Archiv, IfD-Umfrage 2189

CSU-Plakate seien vor allem beschädigt worden, meinten 31 Prozent, am zweiten Platz erschien mit nur 7 Prozent die SPD. 1976 wurde die CDU/CSU noch immer weitaus am häufigsten angeführt, aber statt von 31 Prozent nun nur noch von 23 Prozent *(Tabelle 15)*.

Zerschnittene Reifen, beschmierte oder zerrissene Plakate, Verweigerung einer Hilfe gegenüber dem Fremden – diese Art von Testfragen führten uns vor, daß man sich auf gefährlichem Gelände bewegen kann, wenn man das Meinungsklima gegen sich hat. Es geht nicht um Kleinigkeiten, wenn Menschen versuchen, Isolation zu vermeiden, es kann sich um Existenzfragen handeln, wirkliche Gefährdung. Die Gesell-

TABELLE 15: **Zerreißen und Beschmieren von Plakaten: eine symbolische Isolationsdrohung**

Frage: »Im Wahlkampf sind ja immer wieder Wahlplakate zerrissen und beschmiert worden. Nach dem, was Sie so gesehen haben: die Plakate von welcher Partei wurden da vor allem beschädigt?«*

	Nachwahluntersuchungen	
	1972	1976
	%	%
Vor allem beschädigt wurden Plakate von der –		
CDU/CSU	31	23
SPD	7	12
F.D.P.	1	2
Alle gleich	27	22
Weiß nicht	35	41
	101	100
n =	912	990

* 1972 war die Frage geringfügig anders gestellt: »...haben, von welcher Partei, würden Sie sagen, sind vor allem Wahlplakate beschädigt worden?«
Quelle: Allensbacher Archiv, IfD-Umfragen 2129, 2191

schaft verlangt von ihren Gliedern in Bereichen, die wechseln und zu verschiedener Zeit neu bestimmt werden, Konformität. Sie muß es verlangen, um selbst durch einen ausreichenden Grad an Übereinstimmung, Integration zusammenzuhalten. Die Mißbilligung, mit der das Abweichen bestraft wird, hat, wie der deutsche Jurist Rudolph von Ihering in seiner Schrift »Der Zweck im Recht« 1883 bemerkte, nicht rationalen Charakter wie die Mißbilligung »über einen falschen Schluß, ein irriges Rechenexempel, ein mißlungenes Kunstwerk, sondern« (es spricht sich darin aus) »die bewußte oder unbewußte *praktische Reaction des Interesses* gegen seine *Verletzung*, eine Abwehr zum Zwecke der eigenen Sicherung.«[11]

IV. Öffentliche Meinung – was ist das?

»Nun weiß ich noch immer nicht, was öffentliche Meinung ist«, sagte laut einer der Teilnehmer an der Vormittagssitzung einer Tagung über öffentliche Meinung beim Verlassen des Auditoriums zur Mittagspause. Das war 1961 in Baden-Baden, die Studiengesellschaft für Publizistik hatte zu der Veranstaltung eingeladen. Er war nicht allein mit seinem Unmut. An dem Versuch, öffentliche Meinung klar zu definieren, hatten sich schon Generationen von Philosophen und Juristen, Historikern, Politologen und Publizistikwissenschaftlern die Zähne ausgebissen.

Fünfzig Definitionen

Dabei hatte man keine Fortschritte gemacht, sondern im Gegenteil, der Begriff hatte sich immer mehr und mehr aufgelöst, bis er praktisch unbrauchbar geworden war. Der amerikanische Wissenschaftler Harwood Childs unterzog sich der Fleißaufgabe und stellte 1965 rund 50 Definitionen zusammen, die er im Schrifttum gefunden hatte[1]. In den fünfziger und sechziger Jahren mehrte sich die Forderung, den Begriff aufzugeben. Öffentliche Meinung sei eine Fiktion, gehöre allenfalls in ein Museum der Begriffsgeschichte, nur historisch sei er noch interessant. Aber merkwürdigerweise fruchtete das nichts. »Der Begriff ist einfach nicht totzuschlagen«, klagte der Zeitungswissenschaftler Emil Dovifat in seinem berühmten Lehrbuch »Zeitungslehre« 1962[2]. Jürgen Habermas erklärte in seiner 1962 veröffentlichten Habilitationsschrift »Strukturwandel der Öffentlichkeit. Untersuchungen zu einer Kategorie der bürgerlichen Gesellschaft«: »... nicht nur die Umgangssprache ... hält daran fest; auch die Wissenschaften, vor allem Jurisprudenz, Politik und Soziologie, sind offensichtlich außerstande, traditionelle Kategorien wie ... ›öffentliche Meinung‹ durch präzisere Bestimmungen zu ersetzen.«[3]

Der Professor für Journalistik an der Columbia University in New York W. Phillips Davison eröffnete den Artikel »Public Opinion«, den er für die 1968 erschienene International Encyclopedia of the Social Sciences schrieb, mit dem Satz: »Es gibt keine allgemein akzeptierte Definition für öffentliche Meinung. Dennoch«, fuhr er fort, »nimmt der Gebrauch dieses Begriffs immer mehr zu ... Versuche, den Begriff präzise zu definieren, haben zu solchen frustrierenden Feststellungen geführt wie« – hier zitierte er aus der Sammlung von rund fünfzig Definitionen von Childs – »öffentliche Meinung ist keine Bezeichnung für irgend etwas, sondern eine Klassifizierung für mehrere Irgend etwas (englisch ›somethings‹).«[4]

Da war noch immer die gleiche Ratlosigkeit, die schon der deutsche Historiker Hermann Oncken in einem 1904 veröffentlichten Aufsatz ausgedrückt hat: »Wer ihn (den Begriff öffentliche Meinung) fassen und bestimmen will, erkennt sofort, daß er es mit einem zugleich tausendfältig sichtbaren und schemenhaften, zugleich ohnmächtigen und überraschend wirksamen Wesen, einem Proteus zu tun hat, der sich in unzähligen Verwandlungen darstellt und uns immer wieder entschlüpft, wenn wir ihn zu halten glauben ... Schwankendes und Fließendes wird dadurch nicht begriffen, daß es in eine Formel eingesperrt wird ... Schließlich wird jeder, wenn er gefragt wird, genau wissen, was öffentliche Meinung bedeutet.«[5]

Es ist eigentümlich, daß ein Wissenschaftler von so großem Scharfsinn und so großer Formulierungskraft wie Oncken ausweicht auf ein »schließlich wird jeder ... genau wissen ...« und die Arbeit, die zur Anwendung wissenschaftlicher Methoden unentbehrlich ist, das Aufstellen einer Definition, abqualifiziert als »in eine Formel einsperren«.

Die Schweigespirale als Prozeß der Entstehung und Ausbreitung öffentlicher Meinung

Als Anfang der siebziger Jahre zur Aufklärung des rätselhaften Befundes von 1965 – gleichbleibende Wahlabsicht zur Bundestagswahl und unaufhörlicher Anstieg der Siegeserwartung für eine Seite – die Hypothese von der Schweigespirale aufgestellt wurde, begann ich mich zu fragen, ob hier vielleicht ein Glied des Monsters ›öffentliche Meinung‹ gegriffen worden sei. » ... in unzähligen Verwandlungen ... und uns immer wieder entschlüpft«, hatte Oncken geschrieben[6]. Die Schweigespirale könnte eine Erscheinungsform sein, sie könnte jenen Prozeß darstellen, in dem sich eine neue, eine junge öffentliche Meinung herausbildet oder die Umwandlung einer alten öffentlichen Meinung ausbreitet. Dann wäre es aber immer noch erforderlich, eine Definition von öffentlicher Meinung zu versuchen, damit die Aussage nicht lautet: »Die Schweigespirale ist der Prozeß der Ausbreitung von etwas Undefinierbarem ... «

An jedem der beiden Bestandteile des Begriffs hatte sich die Auseinandersetzung der Wissenschaftler entzündet, an »Meinung« ebenso wie an »öffentlich«.

›Meinung‹ und ›opinion‹ werden verschieden aufgefaßt

Bei »Meinung« waren die Recherchen zurückgeführt worden bis zu Sokrates, der am Rande eines Festes in der Hafenstadt Piräus in einer Diskussion mit Glaukon und anderen Freunden über den Staat das gleichsam Halbseidene von Meinung herausgearbeitet hatte:

> Aber scheint dir etwa, fragte ich, die Meinung dunkler als die Erkenntnis, aber heller als die Unwissenheit?
>
> Und das bei weitem, antwortete er.
>
> Liegt sie innerhalb beider?
>
> Ja.
>
> So wäre also die Meinung in der Mitte zwischen diesen beiden?
>
> Allerdings vollkommen. (Platon: Der Staat, 478 B–E)[7]

Während für Sokrates die Meinung nicht ganz wertlos war, eine mittlere Position einnahm, fanden sich viele andere Stimmen, die Meinung nur negativ absetzten von Wissen, Glauben, Überzeugung. Als »sowohl subjektiv, als objektiv unzureichendes Fürwahrhalten« hatte Kant das Meinen charakterisiert[8]. Die angelsächsische und französische Auslegung von »opinion« war dagegen komplizierter, sie enthielt neben einer Bewertung, die eher offenließ, wie zutreffend oder unzutreffend die Meinung sei, eine Anspielung auf Übereinstimmung einer Bevölkerung, eines bestimmten Bevölkerungskreises. »Common opinion« hatte das in einem 1739 veröffentlichten Werk der englische Sozialphilosoph David Hume genannt[9]. Einverständnis, Gemeinsamkeit – das lag im englischen und französischen »opinion« eingeschlossen.

Übereinstimmung, die Anerkennung fordert

Wenn man von den Beobachtungen der Schweigespirale ausging, machte das Sinn, viel mehr als die deutschen Erörterungen über Wert und Unwert von Meinung. Übereinstimmung wurde von dem einzelnen in der Umwelt beobachtet und mit eigenem Verhalten quittiert. Dabei mußte es nicht unbedingt Übereinstimmung von Meinungen sein, es konnte sich auch um übereinstimmendes Verhalten handeln, Tragen oder Nichttragen eines Abzeichens, in einem öffentlichen Verkehrsmittel einem alten Menschen seinen Platz anbieten oder sitzenbleiben; für den Prozeß der Schweigespirale spielt es keine Rolle, ob sich jemand durch eine Meinung oder durch ein Verhalten isoliert. Diese Überlegungen drängten dazu, in der gesuchten Definition Meinung nur als Synonym zu verstehen für den Ausdruck von etwas, das man für richtig hält, und dabei das englische und französische Element von Übereinstimmung anzudeuten.

Drei Bedeutungen von ›öffentlich‹

Als mindestens so kritisch wie Meinung hatte sich die Interpretation von »öffentlich« erwiesen. Mit dem Begriff »öffentlich« haben sich viele Wissenschaftler auseinandergesetzt, Habermas stellt fest, »der Sprachgebrauch von ›öffentlich‹ und ›Öffentlichkeit‹ verrät eine Mannigfaltigkeit konkurrierender Bedeutungen«[3]. Da ist zunächst die juristische Bedeutung von »öffentlich«, die das Offene, das in der Wortwurzel von öffentlich liegt, betont, im Sinne von jedermann zugänglich – öffentlicher Gehweg, öffentliche Gerichtsverhandlung –, abgegrenzt vom Privatbereich, dem lateinischen privare: etwas absondern, zueignen. In den juristischen Begriffen von öffentlichem Recht, öffentlicher Gewalt, ist der Bezug auf den Staat ausgedrückt. In diesem juristischen, staatswissenschaftlichen, politologischen Sinn erhält öffentlich einen Rang zugesprochen, es handelt sich um öffentliche Interessen, das drückt sich beispielsweise in »die öffentliche Verantwortung des Journalisten« aus. Gemeint ist, daß es sich um Fragen, um

Probleme handelt, die alle betreffen, das Gemeinwesen, das Gemeinwohl. Hierin ist begründet die legalisierte Gewalt, der einzelne hat seine Möglichkeit, Gewalt zu gebrauchen, abgetreten an die Organe des Staates, Gesetze und Verordnungen können mit der »öffentlichen Gewalt« durchgesetzt werden. Das »öffentlich« im Begriff »öffentliche Meinung« muß eine verwandte und doch andere Bedeutung haben. Mehrere Juristen – zum Beispiel Ihering und von Holtzendorff – haben sich auseinandergesetzt mit dem zauberhaften Vermögen der öffentlichen Meinung, Vorschriften, Normen, Sitten dem einzelnen gegenüber durchzusetzen, ohne dafür irgendwelche Gesetzgeber, Regierungen und Gerichte zu bemühen. »Sehr billig«, lobte der amerikanische Soziologe Edward Ross 1898[10]. Die Auslegung »öffentliche Meinung« gleich »herrschende Meinung« zieht sich wie ein roter Faden durch die mannigfachen Definitionen, es ist damit angesprochen, daß der öffentlichen Meinung irgend etwas anhaftet, was sie in die Lage versetzt, den einzelnen auch gegen seinen Willen zu einem Verhalten zu bewegen.

Die soziale Haut

Es gibt neben der juristischen und neben der politologischen Bedeutung von »öffentlich« eine weitere sozialpsychologische. Der einzelne hat neben dem Innenraum, in dem er sich mit seinem Denken und Fühlen bewegt, eine nach außen gewendete Existenz, nicht nur auf einzelne bestimmte Menschen gerichtet, sondern in größter Offenheit ist er ausgesetzt den anderen; gemildert noch – um die berühmte Unterscheidung von Ferdinand Tönnies zu gebrauchen – in der »Gemeinschaft«, mit der ihn immerhin einige Vertrautheit, Tönnies dachte zum Beispiel an gemeinsame Religion, verbindet, aber in großen Zivilisationen in weit darüber hinaus ausgedehnter Offenheit ausgesetzt der Gesellschaft[11]. Was ist es, das ihn »aussetzt« und ständig seine Aufmerksamkeit für das Sozialwesen beansprucht, das ihn umgibt? Es ist seine Furcht vor Isolation, vor Mißachtung, vor Unbeliebtheit, es ist sein Bedürfnis nach Zustimmung durch die Umwelt. Dies hält seine Aufmerksamkeit gespannt auf die Umwelt gerichtet, so daß man von Öffentlichkeit als Bewußtseinszustand sprechen kann. Der normale einzelne weiß immer, ob er sich in der Öffentlichkeit befindet oder vor der öffentlichen Beobachtung verborgen ist, und er verhält sich entsprechend. Allerdings scheinen sich die Menschen extrem zu unterscheiden, wie dieses Bewußtsein von Öffentlichkeit auf sie wirkt. Die gespannte Aufmerksamkeit des einzelnen ist gerichtet auf die Öffentlichkeit als Urteilsinstanz, Beliebtheit und Unbeliebtheit wird von dieser anonymen Instanz ausgeteilt, Achtung und Verachtung.

Fasziniert von dem Ideal des selbständigen, unabhängigen Menschen sind dem »Öffentlich« im Begriff »öffentliche Meinung« viele Bedeutungen zugesprochen worden. Zum Inhalt öffentlicher Meinung: sie betreffe die öffentlich wichtigen Fragen, die Fragen des Gemeinwesens. Zu den Trägern der öffentlichen Meinung: es seien jene Personen in einem Gemeinwesen, die bereit und in der Lage seien, sich zu öffentlichen Fragen verantwortungsbewußt zu äußern und ein Amt der Kritik und Kontrolle der Regierung gegenüber im Namen der Regierten auszuüben. Zu den Formen der öffentlichen Meinung: es seien jene Meinungen, die öffentlich, also allgemein zugänglich vorgetragen würden, die veröffentlichten Meinungen, insbesondere veröffentlicht in den Massenmedien. Nur die Bedeutung von öffentlich in sozialpsychologischem Sinn wurde in der Fülle der Definitionen von öffentlicher Meinung im 20. Jahrhundert praktisch nicht mehr angesprochen, jene Bedeutung, die den Menschen in seiner Schwäche, seiner Abhängigkeit von der Urteilsinstanz seiner Umwelt meint, seine empfindliche soziale Haut, seine soziale Natur.

Meinungen, die man öffentlich äußern kann, ohne sich zu isolieren

Das, was man empirisch sichtbar machen kann von Umweltbeobachtung, welche Meinungen zu- oder abnehmen, von Reaktionen darauf, selbstbewußtem Reden oder vorsichtigem Schweigen, das, was man als Isolationsfurcht bei der Mehrzahl der Menschen erkennt, führt zu einer Definition von öffentlicher Meinung, die den weiteren Untersuchungen zugrunde gelegt wird: Meinungen im kontroversen Bereich, die man öffentlich äußern *kann*, ohne sich zu isolieren.

Allerdings muß dieses Verständnis, diese Auslegung von öffentlicher Meinung noch ergänzt werden, sie verrät ihre Abkunft von dem einen Phänomen, das empirisch sichtbar wurde, der Schweigespirale, die auftritt, wo Meinungen miteinander ringen, wo neu aufkommende Situationen ihren Stempel erhalten oder bestehende Auffassungen umgewälzt werden. Ferdinand Tönnies in seiner 1922 veröffentlichten »Kritik der öffentlichen Meinung« meinte, es gebe öffentliche Meinung in verschiedenen Aggregatzuständen, fest, flüssig und »luftartig«[12]. Die Schweigespirale trägt sich, wenn man Tönnies' Analogie gebraucht, bei flüssigem Aggregatzustand zu. Wo sich Meinungen, Verhaltensweisen fest als herrschend etabliert haben, wo sie zur Sitte, zur Tradition geworden sind, ist das kontroverse Element nicht mehr erkennbar wie bei einer Auseinandersetzung über »Radikale im öffentlichen Dienst« oder »Berufsverbot«, wo sogar jedes Lager seinen eigenen Ausdruck für das Thema hat und der Prozeß der Schweigespirale sich leicht an der Häufigkeit der einen oder anderen Bezeichnung ablesen läßt. Das kontroverse Element, Voraussetzung für ein Isolationspotential, tritt erst beim Verstoß in Erscheinung, wenn fest gewordene öffentliche Meinung, wenn Tradition und Sitte verletzt werden. Vom »Sittenrichteramt« der öffentlichen Meinung sprach der Jurist Franz von Holtzendorff 1879[13], oder von Ihering nannte die öffentliche Meinung »Zuchtmeisterin des Sittlichen« und rückte sie weg von aller Intellektualität[14]. Das hatte er gemeint, als er von der bewußten oder unbewußten »Reaction des Interesses gegen seine Verletzung, eine Abwehr zum Zwecke der eigenen Sicherung« sprach[15]. Die Definition von öffentlicher Meinung wird darum ergänzt werden müssen: Im verfestigten Bereich der Traditionen, Sitten, vor allem aber der Normen sind jene Meinungen und Verhaltensweisen öffentliche Meinung, die man öffentlich äußern oder einnehmen *muß*, wenn man sich nicht isolieren will. Isolationsfurcht eines einzelnen, sein Bedürfnis, akzeptiert zu werden einerseits, und die von Öffentlichkeit als Urteilsinstanz gestellte Forderung zur Konformität mit etablierten, allgemein gebilligten Meinungen und Verhaltensweisen andererseits konservieren eine bestehende Ordnung, einen »Wertehimmel« (Schumpeter).

Öffentliche Meinung als Billigung und Mißbilligung

Wird hier der Begriff »öffentliche Meinung« zu Unrecht in Anspruch genommen, da wir alles abwerfen, was uns doch in Hunderten von Büchern als öffentliche Meinung vorgestellt wird, Meinungen über Gegenstände von politischer Bedeutung, Korrelat zur Herrschaft? Was hier als Merkmal öffentlicher Meinung vorgestellt wird – sei es im Bereich der Umwälzung, sei es im Bereich der Verteidigung des Etablierten und Verfestigten –, weist keinerlei thematische Beschränkung, Begrenzung auf, es ist nur von Billigung und Mißbilligung bei öffentlich wahrnehmbarer Stellungnahme und Verhaltensweise die Rede; Billigung und Mißbilligung, die sich dem einzelnen bemerkbar machen. Die Schweigespirale wird als Reaktion auf öffentlich sichtbare Billigung und Mißbilligung bei »wanderndem Wertehimmel« beschrieben. Und ebenso offen wie das Thema wird auch die Frage nach den Trägern der öffentlichen Meinung behandelt, öffentliche Meinung ist in diesem Verständnis keine Sache der Berufenen, der zur Kritik Befähigten, der »politisch fungierenden Öffentlichkeit« (Habermas)[16]. Alle sind beteiligt.

Aufbruch in die Vergangenheit: Machiavelli und Shakespeare

Um eine Antwort auf die Frage zu suchen, ob denn das Verständnis von öffentlicher Meinung, wie es sich aus der Schweigespirale entwickelte, begründet sei, gehen wir 200 Jahre zurück in das Jahrhundert und in das Land, in dem der Begriff »öffentliche Meinung« zuerst erschien, in das Frankreich des 18. Jahrhunderts. In einem berühmten Roman »Les liaisons dangereuses« von Choderlos de Laclos, zuerst erschienen 1782, finden wir den Begriff »l'opinion publique« mit größter Unbefangenheit als Alltagssprache verwendet, rund 40 Jahre, nachdem Jean-Jacques Rousseau ihn zu benutzen begann. Die Stelle betrifft einen Briefwechsel zwischen einer Weltdame und einer jungen Frau. Die große Dame rät vom Umgang mit einem schlecht beleumundeten Mann ab: »Sie halten ihn einer Umkehr zum Besseren für fähig, ja, sagen wir mehr, nehmen wir dieses Wunder als wirklich geschehen an – würde nicht gegen ihn die öffentliche Meinung bestehen bleiben und müßte das nicht genügen, Ihr Verhältnis zu ihm danach einzurichten?«[17]

Als Urteilsinstanz finden wir hier die öffentliche Meinung tätig in Sphären weit ab von der Politik, weit ab von besonders durch Kenntnisse ausgezeichneten Personen. Die Briefschreiberin nimmt an, daß der unbestimmt beschriebene, als öffentliche Meinung bezeichnete anonyme Kreis die Empfängerin des Briefes ausreichend beeindrucken werde, ihr Verhalten danach einzurichten. Auf unserem Weg in die Vergangenheit können wir aber auch noch weiter zurückdringen, in eine Zeit vor der Erfindung des Ausdrucks öffentliche Meinung, und werden doch der gleichen anonymen Urteilsinstanz begegnen, anders benannt, aber sogar fast den gleichen Konflikt beschwörend. Shakespeare schildert eine Aussprache zwischen König Heinrich IV. und seinem Sohn, dem späteren Heinrich V. Er tadelt den Sohn, er sei zu oft in schlechter Gesellschaft zu sehen, er müsse mehr Rücksicht nehmen auf die Meinung. Meinung sei das wichtigste, ihn selbst habe Meinung auf den Thron gehoben: »Opinion that did help me to the crown.« (Henri IV, Teil 1, 3. Akt)[18] Wenn Shakespeare so am Ende des 16. Jahrhunderts den Ausdruck »opinion« auf der Bühne gebrauchte, wundert es einen nicht, daß der Ausdruck »public opinion« nicht in England, sondern zuerst in Frankreich geprägt wurde. Das englische »opinion« enthielt offenbar allein schon für sich genug von dem Öffentlichkeitselement, der Urteilsinstanz, die über die Reputation entscheidet, es bedurfte gar nicht mehr des Zusatzes von »public«.

Befremdlich oder neu war der Gedanke, daß ein Herrscher oder zukünftiger König auf die Meinung der Umwelt, der Allgemeinheit achten muß, für Shakespeare sicher nicht. Sein Jahrhundert kannte die 1514 von Machiavelli verfaßte Schrift »Der Fürst«, in wichtigen Teilen eine Anleitung für Regenten zum Umgang mit der Öffentlichkeit[19]. Es sind immer nur wenige, sagt Machiavelli, die eine Regierung »fühlen«, man kann übersetzen: sich von ihr unmittelbar betroffen fühlen; aber alle *sehen* sie, und in diesem Licht als kraftvoll und tugendhaft zu erscheinen, darauf kommt es an: »The vulgar are always taken by appearance«. – »Es ist nicht nötig, daß der Fürst alle erwarteten Tugenden (Güte, Treue, Menschlichkeit, Aufrichtigkeit, Religiosität usw.) besitzt, aber es ist absolut notwendig, daß er den Eindruck erweckt, er besitze sie.« Der Fürst, sagte Machiavelli, muß alles vermeiden, was ihn verhaßt machen oder verächtlich erscheinen lassen könnte. Er muß sich darum bemühen, daß die Leute zufrieden mit ihm sind[20].

Die Theorie, die den Ermahnungen Heinrichs IV. gegenüber dem Sohn zugrunde lag, lautete in den »Unterhaltungen über die erste Dekade der römischen Geschichte des Livius« von Machiavelli: »Es gibt keinen besseren Anhaltspunkt für den Charakter eines Mannes als seinen Umgang. Es ist darum ganz in Ordnung, wenn jemand, der sich mit ehrenwerten Leuten umgibt, selbst einen guten Ruf gewinnt; denn es ist ganz unwahrscheinlich, daß zwischen seinen Bekannten und ihm nicht auch in bezug auf Charakter und Lebensgewohnheiten Ähnlichkeiten bestehen.«[21]

Wir befinden uns in der ersten Hälfte des 16. Jahrhunderts, werden aber kaum das Gefühl haben, wir hätten uns verirrt in eine Zeit, in der Menschen weniger empfindlich als heute gewesen sind für das, was guter Ruf heißt, weniger empfindlich gegenüber der Urteilsinstanz Öffentlichkeit.

Wir haben aber mit Machiavelli und Shakespeare einen neuen Ausblick erhalten: daß nämlich die Urteilsinstanz nicht nur die kleinen Leute erschauern läßt, die um ihren guten Ruf fürchten, sondern daß die Prinzen, die Fürsten, die Regierenden dieser Urteilsinstanz ebenfalls unterworfen sind. Warnend sagt Machiavelli dem Fürsten, den er erziehen will: »Um ein Fürst zu sein und zu regieren, muß man die Natur des Volkes gründlich kennen.«[22] Die Macht der Untergebenen liegt in ihrem Vermögen, die Struktur des Staates (den der Fürst regiert) zu verwerfen und ein neues Staatsgebilde zu erzwingen[23].

Nach der Beschreibung empirischer Untersuchungsreihen in vorangegangenen Kapiteln und ermutigt durch beiläufige Beobachtungen in der Vergangenheit suchen wir im folgenden nach historischen Zeugnissen in der Hoffnung, daß dies uns hilft, öffentliche Meinung besser zu verstehen.

V. Das Gesetz der Meinung: John Locke

Fünf oder sechs Freunde seien es gewesen, mit denen er sich regelmäßig in seiner Londoner Wohnung zu Gesprächen getroffen habe, berichtet John Locke in seiner Abhandlung »Über den menschlichen Verstand«[1]. Den Anstoß habe eine Unterhaltung gegeben, bei der sie sich an einem bestimmten Thema festbissen, aber überhaupt keine Fortschritte machten. Da sei ihnen der Einfall gekommen, sie hätten vielleicht einen falschen Weg eingeschlagen, man müsse sich der Sache vielleicht ganz anders nähern. Die Freunde fanden das sehr überzeugend und drängten ihn, doch bis zum nächsten Mal eine kurze Aufzeichnung dazu anzufertigen. Weil sie es wünschten, machte John Locke immer weitere Niederschriften über die Gespräche, so entstand allmählich das Buch.

London um 1670, das muß eine wunderbare Stadt gewesen sein. Überall wird diskutiert, im Parlament, in den Zeitungsredaktionen, in den Caféhäusern, in häuslichen Zirkeln. Und was John Locke, damals um Ende dreißig, hinwirft – unzusammenhängend geschrieben, sagt er, nicht bestimmt für die großen Gelehrten –, das besitzt die Frische eines Frühsommertages.

Aber als das Werk veröffentlicht ist, bricht John Locke aus in bewegter Klage: »Der Vorwurf der Neuheit ist unter jenen eine furchtbare Anklage, die über die Köpfe der Menschen so urteilen, wie sie über ihre Perücken urteilen – nämlich nach der Mode, und die nichts als die allgemein anerkannten Lehren als richtig gelten lassen können.« Die Wahrheit hat bei ihrem ersten Erscheinen kaum je und irgendwo die Stimmen für sich gehabt: Neuen Meinungen wird ohne irgendeinen anderen Grund als dem, daß sie noch nicht alltäglich sind, immer mißtraut und gewöhnlich widersprochen. Die Wahrheit aber ist wie das Gold »in nicht geringerem Grade Wahrheit, wenn sie frisch aus dem Schacht gehoben ist«[2].

Drei Arten von Gesetzen müssen wir unterscheiden, sagt John Locke. Erstens das göttliche Gesetz, zweitens das bürgerliche Gesetz und drittens das Gesetz der Tugend und des Lasters, das Gesetz der Meinung oder der Reputation, oder auch – Locke verwendet wechselnde Namen – das Gesetz der Mode und des Urteils der Privatpersonen. Das dritte Gesetz erläutert Locke folgendermaßen: »Um es zu verstehen, müssen wir in Betracht ziehen, daß die Menschen bei ihrem Zusammenschluß zu staatlichen Gemeinschaften zwar die Verfügung über ihre gesamte Macht, Gewalt zu gebrauchen, der Öffentlichkeit abgetreten haben, so daß sie Gewalt nur insoweit gegen einen Mitbürger verwenden können, wie es das Gesetz ihres Landes erlaubt; daß sie aber dennoch die Fähigkeit behalten, günstig oder ungünstig zu *denken*, die Handlungen derer, unter denen sie leben und mit denen sie verkehren, zu billigen oder zu mißbilligen.«[3]

Reputation, Mode: Die Maßstäbe am Platze

»Ja wenn wir es genau untersuchen, so werden wir finden: Was Tugend und was Laster ist, das wird entschieden nach dem Maßstab von Billigung oder Ablehnung, Lob oder Tadel, der durch geheimes und stillschweigendes Einverständnis in den verschiedenen Gesellschaften ... der Welt gesetzt wird: Nach diesem Maßstab, entsprechend den Ansichten, den Grundsätzen, den Gepflogenheiten am Platze wird das Verhalten gerühmt oder verworfen.«[3] »Niemand, der die Sitten und Auffassungen seiner Umwelt verletzt, entrinnt der Strafe ihrer Kritik und ihrer Feindseligkeit. Nicht einer unter zehntausend Menschen ist so unbeugsam und so stumpf, so unempfindlich, daß er sich aufrechthalten könnte, wenn er in seinem Kreis nur auf Ablehnung und Unbeliebtheit stößt. Das muß ein unnatürlicher und abwegiger Charakter sein, der sich damit abfinden kann, in seiner engeren Umgebung überall Mißachtung zu spüren. Viele Menschen haben die Einsamkeit gesucht und sich mit ihr befreundet: aber wer überhaupt ein menschenähnliches Wesen hat, bringt es nicht fertig, in einer Welt zu leben, in der ihm seine Mitmenschen – seine Bekannten und die Leute, mit denen er spricht – ständig abweisend und verächtlich begegnen. Diese Last ist zu schwer, als daß ein Mensch es ertragen könnte.«[4]

Vollendet steht die Beschreibung vor uns, wie Menschen durch Isolationsfurcht von der Öffentlichkeit als Urteilsinstanz zur Konformität gezwungen werden. John Locke aber hatte keine Freude daran. Von Feinden verfolgt, ändert er die Stelle in der dritten Auflage seines Buches, tauscht sie aus gegen geschraubte Sätze.

Er relativiere auf schlimme Weise Gut und Böse, wird Locke vorgeworfen. Was dem göttlichen Gesetz entsprungen sei, werde bei ihm zu einer Frage der Übereinstimmung von Privatpersonen, und Moral degradiere er zu einer Sache der Mode. Er wisse wohl auch gar nicht, was ein Gesetz ausmache, zum Gesetz gehöre bekanntlich Autorität, die den Privatpersonen bestimmt abgehe, Autorität und Macht nämlich, die Einhaltung des Gesetzes zu erzwingen.

»Darauf«, sagt John Locke, »möchte ich folgendes erwidern: Wer sich vorstellt, daß Lob und Tadel für den Menschen keine sehr starken Beweggründe seien, um sich den Meinungen und Regeln seiner Zeitgenossen anzupassen, der ist offenbar mit der Eigenart und Geschichte der Menschheit wenig vertraut.

Die meisten Menschen richten sich, wie wir sehen werden, in *erster* Linie, wenn nicht ausschließlich, nach diesem Gesetz der Mode; und so tun sie nur das, was ihnen in der Gemeinschaft, der sie angehören, einen guten Ruf erhält, kümmern sich aber wenig um die Gesetze Gottes oder die der Obrigkeit.

Manche Menschen, ja vielleicht die meisten, denken selten ernstlich über die Strafen nach, die auf die Übertretung der göttlichen Gesetze folgen. Von denen, die es tun, trösten sich viele, schon während sie das Gesetz brechen, mit dem Gedanken an eine künftige Versöhnung und an ein Wiedergutmachen solcher Verfehlung.

Was die gesetzlichen Strafen betrifft, so schmeicheln sich die Menschen oft mit der Hoffnung, daß sie straflos bleiben, daß die Sache unentdeckt bleiben wird. *Niemand* aber entgeht der Strafe des Tadels und des Mißfallens seiner Umwelt, der gegen die *Mode* und die Ansicht derjenigen Gemeinschaft verstößt, der er angehört und sich empfehlen möchte.«[4]

Locke entwirft eine Terminologie auf drei Ebenen: Beim Bezug auf das göttliche Gesetz spreche man von Pflicht und Sünde, beim bürgerlichen Gesetz von gesetzmäßig und gesetzwidrig, beim Gesetz der Meinung und des Rufs von Tugend und Laster. Und er illustriert, daß diese verschiedenen Maßstäbe nicht zum gleichen Ergebnis zu gelangen brauchen, am Beispiel des Duells: »So wird die Herausforderung und das Fechten mit einem Manne ... *Duell* genannt. Betrachtet man das Duell in seiner Relation zum göttlichen Gesetz, so verdient es den Namen Sünde. Bezieht man es auf das Sittengesetz, so heißt es in manchen Ländern Tapferkeit und Tugend. Wird es auf die öffentlichen Gesetze mancher Regierungen bezogen, so nennt man es ein Kapitalverbrechen.«[5]

Über die Beobachtungen, die wir im 20. Jahrhundert mit den neu entwickelten Methoden der Sozialforschung machen, die wachsame Wahrnehmungsfähigkeit für die Meinungen der Umwelt, hätte man sich mit John Locke mühelos verständigen können. Mit immer neuen Wendungen beschreibt er die soziale Natur des Menschen. »Eine Grundlage für unsere Zustimmung (zu einer Meinung) ist die Meinung der anderen. Daher kommt es, daß man in Japan Heide, Muselman in der Türkei und Papist in Spanien ist ... anders gesagt, das, was wir unsere Meinung nennen, gehört uns nicht, ist nicht von uns erzeugt, ist ein einfacher Widerschein der Meinung der anderen ...«[6]

Inhaltlich werden den Meinungen, um die es sich handelt, von John Locke keine Grenzen gezogen, aber er verdeutlicht: es wird bewertet, Lob oder Tadel werden ausgedrückt. Und er beschreibt den Charakter von Übereinstimmung, der diesen Meinungen anhaftet, »Geheimnis und stillschweigendes Einverständnis«[3]; es ist also von einem Vorgang die Rede, der keineswegs durch literarische Behandlung ins Bewußtsein gehoben ist. Etwas Geheimnisvolles haftet dem Vorgang an, das werden wir auch im 20. Jahrhundert noch bestätigen.

Noch etwas anderes ist fesselnd an der Beschreibung: es handle sich, sagt John Locke, um die Meinung, den Maßstab »am Platze« »that place«[7]. Dieses Gebilde, das der einzelne respektiert, dieses Einverständnis existiert an einem bestimmten Platz zu einer bestimmten Zeit. Für den Umgang mit der Meinung bedeutet das, der einzelne kann sich entziehen durch Wechsel zu einem ausreichend weit entfernten Ort, er kann auch auf die Zeit hoffen. Meinung ist vergänglich. Das Wort »public opinion« fällt nicht bei John Locke, aber dennoch ist es bei ihm auf zweierlei Weise gegenwärtig; einmal in dem Einverständnis, das man nur auslegen kann als Gemeinsamkeit und also Öffentlichkeit. Und dann in dem »am Platze«, diese größtmögliche Offenheit, die in der Idee des Platzes liegt. Im Vergleich zu dem späteren Begriff »öffentliche Meinung« scheint die Beschreibung von Locke härter, unbarmherziger, wenn er von »law of opinion or reputation«[8] spricht, aber so stark wollte er es ausdrücken.

Wenn Locke den Ausdruck »Gesetz« gebraucht, dann nicht leichtfertig, beiläufig und übrigens auch nicht in dem Sinne des Naturwissenschaftlers, der von Naturgesetzen spricht. Er meint Gesetz im juristischen Sinn, und er verdeutlicht: Auf die Handlung muß eine Belohnung oder Strafe folgen, die nicht in der Handlung selbst liegt[9]. Im übrigen ist auch der Name, den er seinem Gesetz gibt, für uns aufschlußreich. Wenn er sagt: »Gesetz der Meinung oder Reputation«, dann ergibt sich daraus, wie sehr in der Vorstellung von Locke der Begriff Meinung fast ganz ausgefüllt ist durch Reputation, fast gleichbedeutend ist beides.

Eine Besonderheit im Text von John Locke, die zunächst wie eine Skurrilität wirkt, ist in Wirklichkeit ein besonders deutliches Zeichen seiner Pioniernatur. Er spricht mit Vorliebe bei Behandlung seines Gegenstandes von »Mode«, von »fashion«[10]. Die Menschen urteilen wie über Perücken. Die Äußerlichkeit und die rasche Vergänglichkeit, dieses Platz- und Zeitverhaftetsein der Meinung, aber auch ihr, solange sie herrscht, zwingendes Wesen legt Locke in diese nachdrückliche Charakterisierung »Mode«. Er benutzt das Wort als deutlichen Schlüssel, damit man ihn nicht mißverstehen kann. Diese Meinung, von der er im »law of opinion or reputation« spricht, kann man nicht als eine Quelle politischer Weisheit betrachten, der intellektuelle Wert bleibt ganz offen, Erkenntnis muß man auf anderen Wegen suchen.

John Locke insistiert auf Begriffen wie »Reputation«, sozialpsychologischen Begriffen also, die den Menschen in seiner ganzen Abhängigkeit von der Umwelt, den vielen, den anderen zeigen. Weil Menschen nun einmal neuen Meinungen mißtrauen, nur weil sie neu sind, noch keine Mode, ihnen keine Wahrheit zugestehen wollen, sucht John Locke nach Autoritäten in der Antike, um sich mit ihnen zu munitionieren. Er zitiert Cicero mit dem Ausspruch: »Es gibt in der Welt nichts Besseres als die Rechtlichkeit, das Lob, die Achtung und die Ehre«, wobei, fügt Locke hinzu, Cicero sehr wohl gewußt habe, daß dies alles Namen für die gleiche Sache seien[11].

Für die gleiche Sache? Für welche Sache?

Nach unserem Verständnis: Es sind alles Zensuren, die dem einzelnen gegeben werden von der Öffentlichkeit.

VI. Regierung beruht auf Meinung: David Hume, James Madison

Sieben Jahre nach dem Tod von John Locke wird 1711 David Hume geboren. In seinem Werk »Ein Traktat über die menschliche Natur«[1] führt er die Gedanken von Locke fort zur Staatstheorie. Weil Menschen zwar ihre Fähigkeit zum Gebrauch von Gewalt bei der Gründung der Staaten abgetreten haben, aber nicht ihre Fähigkeit, zu billigen und zu mißbilligen, und weil Menschen eine natürliche Tendenz haben, *Meinungen* zu beachten, sich nach den Meinungen der Umwelt zu richten, darum ist Meinung wichtig für das Staatswesen. Die durchschlagende Kraft übereinstimmender Meinung von Privatpersonen bringt einen Konsensus hervor, und der bildet die eigentliche Grundlage der Regierung. Der Leitsatz, den Hume aufstellt, lautet: »It is ... on opinion only that government is founded.«[2] Alle Herrschaft gründet sich auf Meinung.

»Nichts erscheint denen, die sich mit politischer Philosophie befassen, erstaunlicher, als die Leichtigkeit, mit der die *vielen* von den *wenigen* regiert werden; und die Bereitwilligkeit, mit der Menschen ihre eigenen Empfindungen und Wünsche den Empfindungen und Wünschen der Regierung unterordnen. Wenn wir zu analysieren versuchen, auf welche Weise ein solches Wunder zustandekommt, finden wir, daß die Regierenden ... sich auf nichts anderes stützen können als auf Meinung, auf Zustimmung. Regierung ist allein auf Meinung gegründet; und dies trifft zu für die despotischsten und militärischsten Regierungen ebenso wie für die freiesten und populärsten.«[2]

Mit David Hume verschiebt sich die Perspektive, aus der das Thema »opinion« abgehandelt wird, vom Druck, den die Meinung auf den einzelnen ausübt, zum Druck der Meinung auf die Regierung, jener Ansicht, die Machiavelli dem Fürsten eröffnet hatte. John Lockes Aufmerksamkeit war auf den normalen, dem Gesetz der Meinung oder Reputation unterworfenen Menschen in seiner alltäglichen Existenz gerichtet, seine Furcht vor Mißbilligung, nicht einer unter zehntausend bleibt unberührt, wenn ihm ringsum Mißachtung begegnet. Die menschliche Natur ganz allgemein untersuchte Locke in seiner Abhandlung über den menschlichen Verstand. Hume interessiert sich für die Regierung. Seine Sphäre ist der Hof, die Gesandtschaft, Politik. Er ist auch furchtsam im Anblick der Strafen, die das Gesetz der Meinung oder Reputation dem androht, der Mißbilligung erregt, sein erstes Werk »Ein Traktat über die menschliche Natur« (A Treatise of Human Nature) veröffentlichte er vorsichtshalber anonym. Aber zusammen mit seiner Liebe für das gehobene Leben empfindet er deutlicher als die Strafen die Belohnungen, die nach dem Gesetz der Meinung denjenigen erwarten, der Billigung, der Anerkennung findet.

Die Liebe zum Ruhm: Die Sonnenseite der öffentlichen Meinung

Das Kapitel, in dem er sich in seinem Traktat mit öffentlicher Meinung beschäftigt (es dauert noch mehr als ein Jahrzehnt, bis dieser Ausdruck 1744 zum ersten Mal von Rousseau niedergeschrieben wird), trägt den Titel: Of the Love of Fame[3]. Nachdem er beschrieben hat, wie Tugend, Schönheit, Reichtum und Macht, also objektiv vorteilhafte Umstände einen

Menschen Stolz empfinden lassen, und wie Armut und Knechtschaft ihn niederdrücken, fährt Hume fort: »Es gibt aber neben diesen direkten Ursachen des Stolzes und der Niedergedrücktheit noch eine sekundäre Ursache. Dieselbe beruht auf den Meinungen anderer und wirkt in gleicher Weise auf unsere Gemütsbewegungen. Unser Ruf, unser Rang, unser Name, das sind schwerwiegende und bedeutsame Gründe für den Stolz; ja die anderen Ursachen des Stolzes, Tugend, Schönheit und Reichtum, haben wenig Wirkung, wenn die Meinungen und Anschauungen anderer ihnen nicht Vorschub leisten ... Auch sehr urteilsfähigen und klugen Menschen wird es schwer, ihrer eignen Vernunft oder Neigung zu folgen, wenn dieselbe sich im Widerspruch mit derjenigen ihrer Freunde und täglichen Gefährten befindet.«[4]

Hume, von der gehobenen Lebenssphäre eingenommen (er beschreibt sehr liebevoll, welche Vorzüge Reichtum und Macht doch darstellen), drückt sich an dieser Stelle so aus, als ob es – um einen modernen soziologischen Begriff zu gebrauchen – vor allem um die gute Meinung der Bezugsgruppen gehe, es ist in seiner Ausdrucksweise weniger Öffentlichkeit, Billigung und Mißbilligung »am Platze«. Dennoch sieht er die Weite der Wirkung, wenn Menschen sich nicht in Widerspruch zu ihrer Umwelt setzen wollen. »Auf dies Prinzip«, sagt er, »müssen wir die große Einförmigkeit der Empfindungs- und Denkweise bei den Angehörigen einer Nation zurückführen.«[5] Ausdrücklich billigt er (in seiner »Untersuchung über die Prinzipien der Moral«) diese Orientierung des Menschen an seiner Umwelt, betrachtet sie keineswegs als eine Schwäche: »Das Verlangen nach Ruhm, Geltung und Ansehen bei anderen ist so wenig tadelnswert, daß es mit der Tugend, dem Genie, der Tüchtigkeit und einer hochherzigen und edlen Gesinnung unlöslich verknüpft erscheint. Die Gesellschaft erwartet von dem, der gefallen will, auch Aufmerksamkeit, selbst in unbedeutenden Dingen, und niemand ist überrascht zu finden, daß sich jemand in Gesellschaft eleganter kleidet und liebenswürdiger unterhält, als wenn er seine Zeit zu Haus im Kreis seiner Familie verbringt.«[6]

Offensichtlich genug: Hume hält sich nicht bei den Ausgestoßenen der Gesellschaft auf, die von der Strafe der Mißbilligung getroffen wurden, sondern bei denjenigen auf der Sonnenseite, und er hat einige Mühe, eine Grenze zu ziehen, wo die Liebe zum Ruhm zu weit gehen könnte: »Worin besteht demnach die *Eitelkeit*, die man so berechtigterweise als Fehler oder Mangel ansieht? Offenbar vor allem in einer so übermäßigen Hervorkehrung der eigenen Vorzüge, Ehrungen und Leistungen, in einem so aufdringlichen, unverhüllten Verlangen nach Lob und Bewunderung, daß andere es als verletzend ... empfinden müssen.«[6] Hume ist sich klar, daß seine Überlegungen sich vor allem auf die vornehmen Kreise beziehen. Er notiert: »Bei Durchschnittscharakteren billigen wir die Neigung zur Bescheidenheit.«[6]

So bewegt sich also Hume zwar in dem Grundriß, wie er von Locke für das Verhältnis zwischen Individuum und Öffentlichkeit, »am Platze«, gezeichnet worden war, aber doch in einer ganz anderen Beleuchtung, viel näher der Öffentlichkeit, wie sie Habermas für das Selbstverständnis der Griechen angibt[7]. »Im Licht der Öffentlichkeit kommt erst das, was ist, zur Erscheinung, wird allen alles sichtbar. Im Gespräch der Bürger miteinander kommen die Dinge zur Sprache und gewinnen Gestalt; im Streit der Gleichen miteinander tun sich die Besten hervor und gewinnen ihr Wesen – die Unsterblichkeit des Ruhmes ... so bietet die polis das freie Feld für ehrenvolle Auszeichnung: wohl verkehren die Bürger als Gleiche mit Gleichen ..., aber jeder bemüht sich hervorzustechen ... Die Tugenden, deren Katalog Aristoteles kodifiziert, bewähren sich einzig in der Öffentlichkeit, finden dort ihre Anerkennung.«[8]

Aber dem hochgestimmten Ton von Hume, Öffentlichkeit als Feld der Auszeichnungen, schließen sich die Autoren, die im 18. Jahrhundert zugleich mit ihm oder in seiner Folge über öffentliche Meinung schrieben, nicht an. David Humes Grundsatz: »It is ... on opinion only that government is founded« wurde die Doktrin der Gründerväter der Vereinigten Staaten. Das Gewicht von Meinung in der politischen Sphäre ist nun anerkannt, aber zugleich wird die Rolle des einzelnen wieder mit den Augen von John Locke gesehen.

Der Mensch ist furchtsam und vorsichtig

Behutsam untersucht einer der Väter der amerikanischen Verfassung, Madison, in den »Federalists«, jener Sammlung von Abhandlungen, die die Gründer der Vereinigten Staaten über Verfassungsfragen 1787/88 geschrieben haben, was es mit diesem Grundsatz »all governments rest on opinion« auf sich hat: Mächtig steht das Dogma da und bildet das Fundament der amerikanischen Demokratie. Aber wie schwach und anfällig ist doch andererseits die menschliche Natur, die dieses Fundament liefern soll: »Wenn es« – sagt Madison – »auch zutrifft, daß alle Herrschaft, Regierung durch öffentliche Meinung legitimiert ist, sich darauf stützt, so ist doch auch wahr, daß bei jedem einzelnen die Kraft seiner Überzeugungen, Meinungen und der Grad, in dem seine Meinungen sein *praktisches* Verhalten, sein Handeln prägen, erheblich davon abhängt, was er glaubt, *wie viele* andere Menschen auch so denken. Die Vernunft des Menschen, der Mensch überhaupt ist furchtsam und vorsichtig, wenn er sich *allein* gelassen fühlt, und er wird kräftiger und *zuversichtlicher* in dem Maße, in dem er glaubt, daß *viele andere* auch so denken wie er.«[9]
Hier finden wir jene realistische Einschätzung der menschlichen Natur und ihre Anwendung auf die politische Theorie, zu der wir in der zweiten Hälfte des 20. Jahrhunderts zurückkehren, weil uns jetzt die Methode der Demoskopie zwingt, nach Erklärungen zu suchen für das, was sich eigenwillig in unseren Beobachtungsreihen abzeichnet.

Nicht Ruhm, nur Bedrohung setzt die Schweigespirale in Gang

Wenn wir vergleichen, wie auf der einen Seite John Locke oder James Madison und auf der anderen Seite David Hume das Thema »Der einzelne und die Öffentlichkeit« behandeln, sehen wir einen ähnlichen Unterschied wie früher bei der Interpretation des Mitläufereffekts. »Auf der Seite des Siegers sein wollen!« ist die eine Auslegung, »Sich nicht isolieren wollen« die andere. Öffentlichkeit als Sphäre, in der man sich auszeichnet, das fasziniert die einen, Öffentlichkeit als Bedrohung, als Feld, in dem man Gesicht verlieren kann, das beeindruckt die anderen. Warum beschäftigt uns denn in Verbindung mit Schweigespirale und öffentlicher Meinung Öffentlichkeit nicht als der Bereich, in dem der Lorbeer verliehen wird, sondern Öffentlichkeit als Bedrohung, bedrohliche Urteilsinstanz? Weil nur die Bedrohung, die Furcht des einzelnen, sich allein zu finden, wie Madison so einfühlsam beschreibt, auch das Schweigen erklärt, dessen Anzeichen wir im Eisenbahntest und bei anderen Untersuchungen fanden, dieses Schweigen, das so einflußreich ist bei der Herausbildung öffentlicher Meinung.

Revolutionäre Zeiten schärfen das Wahrnehmungsvermögen für Öffentlichkeit als Bedrohung

Könnte es sein, daß die Wahrnehmungsgabe für Öffentlichkeit als Bedrohung sowohl bei John Locke als auch bei James Madison geschärft war durch die Revolutionen, die jeder von ihnen miterlebte? Ängstliche Aufmerksamkeit, wie man sich verhalten soll, um sich nicht zu isolieren, ist erst erforderlich in Zeiten starker Veränderung. In festgefügter Ordnung werden die meisten Menschen, solange sie nicht gegen den Anstand verstoßen, von keinem Lufthauch öffentlicher Meinung erreicht, in keinen Wirbel einer Schweigespirale gezogen, es ist so selbstverständlich, was man öffentlich zu tun oder zu sagen und was man in der Öffentlichkeit zu unterlassen hat, daß es mit dem Konformitätsdruck geht wie mit dem Druck der Atmosphäre, unter dem man lebt, er wird dem Menschen gar nicht bewußt. Aber in vorrevolutionären und revolutionären Zeiten, unter dem Eindruck einer doppelten Erfahrung, wie Regierungen die Unterstützung der Meinung entzogen wird und sie schließlich stürzen, und wie der einzelne, herausgerissen aus der Sicherheit, was zu loben und was zu tadeln ist, den Anschluß an das Neue sucht – in solchen erregten Zeiten wird die Wirkungsweise der öffentlichen Meinung begriffen, und die adäquaten Worte werden geprägt.

1661 prägt Glanvill den Begriff »Meinungsklima«

Man kann nicht damit rechnen, daß in einer stillen Zeit das Gesetz der Meinung oder Reputation, voll ausgestaltet mit Strafen und Belohnungen, aufgerichtet worden wäre. Und es scheint undenkbar, daß der englische Sozialphilosoph Joseph Glanvill in ruhigen Zeiten jenen kraftvollen Ausdruck gefunden hätte, den er 1661 in seinem Traktat über die Eitelkeit des Dogmatisierens niederschreibt, er prägt den Begriff »Meinungsklima« – »climates of opinions« und hebt ihn im Text durch kursiven Druck hervor. »Die Dogmatiker«, meint er, »halten nichts anderes für möglich, als was ihnen richtig erscheint und gleichsam von Kindesbeinen an als das einzig Denkbare schien. Es muß schon jemand verschiedene Meinungsklimata erfahren haben, um sich von dieser Eitelkeit zu lösen.«[10]

Meinungsklima – wir würden das sicher unbedenklich für ein modernes Wort halten, erst in unserer Zeit geboren. Das liegt an unserer Empfindlichkeit, der Sensibilität von Joseph Glanvill vergleichbar, für schwankende Verhältnisse, unsicher gewordene Überzeugungen. Ohne Schwankungen wäre uns sicher der Begriff »Klima« uninteressant und abstrakt, aber nach den Erfahrungen unserer Zeit können wir gut beschreiben, warum uns denn dieser Ausdruck so treffend erscheint: Klima, das umschließt den einzelnen ganz außen, man kann ihm nicht entrinnen; und es ist aber doch zugleich innen, von stärkstem Einfluß auf das Wohlbefinden. Die Schweigespirale ist eine Reaktion auf die Veränderung des Meinungsklimas. Mehr als im Ausdruck öffentliche Meinung liegt in »Meinungsklima« die Vorstellung von Häufigkeitsverteilung, das Stärkeverhältnis verschiedener widersprüchlicher Tendenzen, ein Feld, ein Raum ist angedeutet, dabei natürlich volle Öffentlichkeit. Es lohnt sich, in revolutionären Zeiten – einschließlich unserer eigenen – nach Beobachtungen über öffentliche Meinung zu forschen.

Descartes als intuitiver Kenner der Schweigespirale

Unter ganz anderen Verhältnissen als Glanvill in England lebte der von ihm in seinen Schriften bewunderte und empfohlene französische Philosoph Descartes. Wenn es zutrifft, daß in revolutionären Zeiten Öffentlichkeit mehr als Bedrohung erlebt wird, dagegen in Zeiten geordneter Verhältnisse eher als Sphäre, in der man sich auszeichnen kann, dann liefert Descartes dafür eine Illustration. Er erweist sich als intuitiver Kenner der Schweigespirale als Prozeß, um eine junge öffentliche Meinung hervorzubringen. Es geht darum, sich aufzubauen, wie man heute sagen würde, der Philosoph Descartes sorgt sich um seinen Ruhm. Sein Werk »Meditationes de prima philosophia« übersendet er 1640 den »sehr weisen und erlauchten Herren der Sorbonne« mit einem Begleitschreiben. Darin bittet er sie unter Hinweis auf das große Ansehen, das sie in der Öffentlichkeit besitzen, um »öffentliches Zeugnis« für seine Gedanken. Diese Bitte, sagt er, bringe er nicht nur vor, »auf daß auch die übrigen geistreichen und gelehrten Köpfe Eurem Urteil beitreten«, sondern vor allem auch, »auf daß Andersdenkende den Mut zu widersprechen verlieren, ja, daß sie vielleicht sogar selbst für die Gründe eintreten, die dann nach ihrer Beobachtung von allen klugen Leuten für Beweise gehalten werden, um nicht den Anschein zu erwecken, als verstünden sie sie nicht.«[11]

VII. Jean-Jacques Rousseau bringt den Begriff »öffentliche Meinung« in Umlauf

Was war es für eine Situation, die es Jean-Jacques Rousseau eingab, zum ersten Mal die Worte »l'opinion publique« auf das Papier zu schreiben[1]?

Venedig 1744. Rousseau, damals Anfang dreißig, ist Sekretär des französischen Botschafters, es ist ein spannungsreiches Jahr, in dem Frankreich Maria Theresia im österreichischen Erbfolgekrieg den Krieg erklärt. Rousseau entschuldigt sich in einem Brief vom 2. Mai 1744 an den französischen Außenminister Amelot, daß er zu deutlich einen venezianischen Adeligen, den Chevalier Erizzo, gewarnt habe, in der öffentlichen Meinung gelte er schon als Österreich-Sympathisant ... (Dépêches de Venise, XCI)[2]. Er versichert, seine Bemerkung habe offenkundig keine unguten Folgen gehabt, in Zukunft werde er einen solchen Fehler nicht mehr begehen. Rousseau gebraucht hier öffentliche Meinung, wie der Ausdruck später in den »liaisons dangereuses« in der Warnung einer Weltdame an eine junge Frau, die zuwenig auf ihren Ruf achtet, gebraucht wurde: öffentliche Meinung als Urteilsinstanz, vor deren Mißbilligung man sich hüten soll.

Wer den Ausdruck öffentliche Meinung für politisch-kritisches Urteil, Korrelat zur Regierung in Anspruch nehmen will, wie es vom 19. Jahrhundert an immer üblicher wurde, findet bei Rousseau dafür wenig Unterstützung. Die Durchsicht seiner Schriften hat Historiker und Politologen in bezug auf das Thema öffentliche Meinung wenig angezogen. Erst 1978, angeregt durch eine Mainzer Magisterarbeit von 1975[4], wurde in Frankreich eine umfassende systematische Untersuchung über den Begriff der öffentlichen Meinung bei Rousseau als Dissertation vorgelegt (Colette Ganochaud: L'opinion publique chez Jean-Jacques Rousseau. Université de Paris V, René Descartes, Sciences Humaines, Sorbonne 1977–1978, Tomes I + II)[3].

Aber die Erwartung, derjenige, der den Begriff ausgebreitet hat, müßte auch eine lebhafte Beziehung zu der Erscheinung gehabt haben, wird nicht enttäuscht. Die Wirksamkeit öffentlicher Meinung durchzieht als Thema die Schriften Rousseaus von 1750 an, aber da er selbst nichts davon ordnet, erfordert es eine bestimmte Technik, sich ein zusammenhängendes Bild zu verschaffen. Die Mainzer Publizistik-Kandidatin Christine Gerber ging folgendermaßen bei ihrer Magisterarbeit[4] vor: Sie warf über sechs Hauptwerke von Rousseau gleichsam ein Netz aus und untersuchte jede Stelle, in der die Worte »Meinung« – »öffentlich, Öffentlichkeit« – und »öffentliche Meinung« vorkamen. Mit diesem Verfahren, Inhaltsanalyse genannt, bearbeitete sie die Kulturkritischen Schriften (1750/55), »Julie oder Die neue Héloïse«, »Contrat Social«, »Emile oder Über die Erziehung«, »Die Bekenntnisse« und schließlich den Brief an d'Alembert aus dem Jahre 1758. 16mal findet sie den Begriff »öffentliche Meinung«, rund 100mal den Begriff »Meinung« ohne öffentlich, sondern mit anderen Adjektiven oder Substantiven verbunden, 106mal wird der Ausdruck »öffentlich« oder »Öffentlichkeit« gebraucht, am häufigsten in der Kombination (von öffentlicher Meinung abgesehen) »öffentliche Achtung«.

Öffentlichkeit heißt: Jeder kann es sehen

Im Endergebnis wissen wir aus dieser Arbeit, daß Rousseau für Öffentlichkeit als Bedrohung hochempfindlich war, und seine Natur als Außenseiter gab ihm auch Gelegenheit, in dieser Hinsicht Erfahrungen zu sammeln. »Ich sah nichts als das Entsetzen, erkannt, öffentlich in meinem Beisein als Dieb, Lügner, Verleumder, erklärt zu werden«[5] – »Das alles verhinderte nicht, daß das, ich weiß nicht durch wen, aufgehetzte Volk sich nach und nach bis zur Wut gegen mich erregte, mich am hellen Tag öffentlich beleidigte, nicht allein im Freien und auf Feldwegen, sondern sogar mitten auf der Straße ...«[6]

»Am hellen Tag« – »nicht allein auf Feldwegen«: Die Empfindung der ungeschützten Sichtbarkeit, Öffentlichkeit verstärkt das Übel. Schon die relativ häufige Anwendung der Wortkombination »öffentliche Achtung« deutet dahin, daß für Rousseau »öffentliche Meinung« der »Reputation« verwandt ist, in der Tradition von Machiavelli oder Locke oder Hume. Aber die Erscheinung nimmt in seinen Schriften einen ungleich größeren Raum ein. Er ist hin und her gerissen von ambivalenten Empfindungen. Im Blick auf das Sozialwesen erscheint ihm die Wirksamkeit der öffentlichen Meinung segensreich, sie stiftet Gemeinsamkeit, sie ist ganz konservativ, indem sie den einzelnen zwingt, sich den geltenden Sitten, den Traditionen anzupassen, und so auch die Sitten vor dem Verfall schützt. Nicht in ihrer intellektuellen, sondern in ihrer moralischen Qualität liegt ihre Stärke, ihr Wert.

Öffentliche Meinung als Sittenwächterin

Durchdrungen von dem Glauben an die bessere Verfassung, in der das menschliche Zusammenleben in weit zurückliegender Zeit, bei unverfälschter Natürlichkeit, unter den »Wilden« gewesen ist, erscheinen ihm die – wie wir es auffaßten –

festen Formen von öffentlicher Meinung: nämlich Sitte und Tradition, als diejenigen Güter, die zu verteidigen sind, in denen sich das Beste eines Volkes gesammelt hat. Wie John Locke bedient er sich der Metapher des ungeschriebenen Gesetzes. Nachdem er die drei Arten von Gesetzen, auf denen der Staat beruht, vorgestellt hat: öffentliches Recht, Strafrecht, Zivilrecht, erklärt er: »Zu diesen drei Arten von Gesetzen tritt noch die vierte, die wichtigste von allen hinzu. Es sind die Gesetze, die nicht in Erz und Marmor, sondern in den Herzen der Staatsbürger eingegraben werden, die den eigentlichen Kern der Staatsverfassung ausmachen, die von Tag zu Tag neue Kraft gewinnen; die, wenn die anderen Gesetze veralten oder erlöschen, sie neu beleben oder ersetzen, das Volk in dem Geiste seiner Verfassung erhalten und an die Stelle der Macht der öffentlichen Gewalt unmerklich die Macht der Gewohnheit setzen. Ich spreche von den Sitten, den Gebräuchen und vor allem von der öffentlichen Meinung, einem Teile der Staatskunst, der den Staatsmännern völlig unbekannt zu sein pflegt, obgleich von ihm der Erfolg aller anderen abhängt ...«[7]

John Locke in der Mitte des englischen Revolutionsjahrhunderts, hat die Relativität betont: Was das Gesetz der Meinung oder Reputation verlangt, was Billigung oder Mißbilligung findet, hängt ab von den Auffassungen »am Platze«[8]. Für Rousseau, umschlossen von den Eindrücken der Macht und Prachtentfaltung des französischen Hofes in der Mitte des 18. Jahrhunderts, ist Stetigkeit die vorherrschende Empfindung, das vierte Gesetz ist in die Herzen der Staatsbürger eingegraben, und nur gegen Verderb, Verfall muß es geschützt werden. Rousseau erfindet im »Contrat social« eine besondere Instanz, den »Zensor«, ein Amt, das es noch nie gegeben hat, wird von ihm erschaffen, nur zu dem Zwecke, die öffentliche Meinung als Sittenwächterin zu bestärken. In diesem Zusammenhang steht die einzige Definition von öffentlicher Meinung, die Christine Gerber bei Rousseau gefunden hat:

»Die öffentliche Meinung ist eine Art Gesetz, für die der Zensor das Werkzeug ist und das er nach dem Beispiel des Fürsten nur auf besondere Fälle anwenden darf.«[9] Wozu der Zensor das Werkzeug ist, erklärt Rousseau folgendermaßen: »Die Zensur erhält die Sittlichkeit ..., indem sie die Meinungen vor Verschlechterung bewahrt, ihre Lauterkeit durch weise Anwendung der Gesetze erhält, ja ihnen bisweilen sogar, wenn sie noch schwankend sind, eine bestimmte Richtung gibt.«[10]

Die Übereinstimmung in der sittlichen Überzeugung, das ist für Rousseau die Grundlage der Entstehung von Gesellschaft, der gemeinsame Bestand an moralischem Konsensus, das ist das »Öffentliche«, »diese öffentliche Person nimmt im allgemeinen den Namen eines politischen Körpers an, der von seinen Gliedern Staat genannt wird ...«[11] Eine Untergliederung in Parteien kann für Rousseau unter dieser Perspektive nichts Gutes sein, es gibt ja nur einen gemeinsamen Fundus, der nur bedroht ist durch den Egoismus partieller Interessen. Hier liegt die Wurzel der Feindseligkeit von Rousseau gegenüber dem Privaten als Gegensatz zum Öffentlichen, eine negative Empfindung, die im 20. Jahrhundert aufs stärkste vom Neomarxismus belebt wurde.

Vorsichtig drückt es Rousseau aus, die Zensur gibt den Meinungen »bisweilen sogar, wenn sie noch schwankend sind, eine bestimmte Richtung«[10]. Das sind »die besonderen Fälle«, die Rousseau in der Erklärung des Amtes des Zensors im Auge hat. Der Zensor, meint Rousseau, verstärkt das Beste in der gemeinsamen Überzeugung eines Volkes, indem er es anspricht, bekanntmacht, »bewußtmacht«, würden wir heute sagen. Sobald sich der Zensor gleichsam selbständig macht und etwas als öffentliche Meinung, als Übereinstimmung verkündet, was nicht wirklich Übereinstimmung ist, sind alle Erklärungen nichtig, sie bleiben ohne jede Resonanz[9]. In diesem Sinn ist der Zensor »Werkzeug«, er ist nur Sprecher. Wie behutsam wird diese Wirksamkeit gestaltet, ganz anders als bei den Nachfahren Rousseaus im 20. Jahrhundert. Kein Zwang darf angewandt werden, nur betont werden dürfen die sittlichen Grundsätze durch den Zensor. Das hat er gemeinsam mit dem Fürsten, wie ihn sich Rousseau vorstellt. Auch der Fürst besitzt keine Machtmittel und kann keine Gesetze erlassen – »Wie wir einsahen«, sagt Rousseau, »gehört die gesetzgebende Gewalt dem Volke und kann nur ihm gehören.«[12] Aber die Gesetzesinitiativen kommen vom Fürsten. Für dieses Amt braucht er eine große Beobachtungskraft des Meinungsbildes, eine Sache, »mit dem sich der große Gesetzgeber im Geheimen viel beschäftigt«[7]. Und bei dieser Beobachtungsaufgabe unterstützt ihn die Tätigkeit des Zensors. Er muß beobachten, welche Überzeugungen im Volk ausreichend lebendig sind; denn Gesetze dürfen nur gegründet sein auf Übereinstimmung, auf den Gemeinsinn, der die wirkliche Grundlage des Staatswesens bildet. »Wie der Baumeister vor Ausführung eines großen Gebäudes den Erdboden beobachtet und untersucht, um zu sehen, ob er die Last auszuhalten vermag, so macht der weise Gründer des Staates nicht damit den Anfang, an sich gute Gesetze zu erlassen, sondern er prüft vorher, ob das Volk, für das er sie bestimmt, fähig ist, sie zu ertragen.«[13]

Die genaue Beziehung zwischen der volonté générale (die ihrerseits abgesetzt wird von der privat-egoistischen volonté de tous) und öffentlicher Meinung läßt Rousseau in der Schwebe. »Der Gemeinwille wird durch das Gesetz verkündet, die Verkündigung des Urteils der Öffentlichkeit erfolgt durch die Zensur.«[14] Die volonté générale kann man sich vielleicht als eine Verdichtung von öffentlicher Meinung vorstellen, während die volonté générale ihrerseits wiederum ihre Verdichtung in den Gesetzen erfährt. Gesetze sind nichts »als authentische Kundgebung des allgemeinen Willens«[15]. Die legitimierende Kraft der öffentlichen Meinung, wie sie von David Hume 1741 in den Grundsatz »It is ... on opinion only that government is founded«[16] gefaßt worden war, bestimmt auch die Auffassungen von Rousseau. »Die Meinung, Königin der Erde, ist in keiner Weise der Macht der Könige unterworfen; sie selbst sind ihre ersten Sklaven.«[17]

Rousseau konkretisiert in seinem Brief an d'Alembert, wer denn ein solches Zensoramt in Frankreich wahrnehmen könne. Überraschend für diejenigen, die Rousseau als radikalen Demokraten sehen – »alle gesetzgebende Gewalt gehört dem Volk« –, schlägt er vor, die Rolle des Zensors könne wahrgenommen werden durch den Ehrengerichtshof der Marschälle von Frankreich.[18] Er stattet also das Amt mit dem höchsten Prestige aus, ihm ist das Gewicht »öffentliche Achtung« als Einflußfaktor auf das Handeln der Menschen ganz klar, und er sieht auch, daß es in diesem Punkt zu keinen Dissonanzen kommen darf, wenn nicht die öffentliche Achtung rasch zerstört sein soll; er verlangt, daß sich auch die Regierung selbst dem Zensor, dem Tribunal, dem Ehrengericht der Marschälle von Frankreich unterwirft, wenn sie öffentlich bekanntgeben, was in einer Frage die öffentliche Meinung sei, wenn sie öffentlich Billigung oder Mißbilligung aussprechen. Hier finden wir öffentliche Meinung als moralische Autorität etabliert; es ist vielleicht ein solcher Gedanke, auch eine solche Rolle, die Heinrich Böll vorschwebte, als er einmal von dem elenden Zustand sprach, in dem die öffentliche Meinung der Bundesrepublik sei. Das Zensoramt liegt nicht in den richtigen Händen.

Bewegt von dem Gedanken gemeinsamer Vorstellungen in einem Volk, was gut und was schlecht ist, prägt Rousseau einen Begriff, der erst im 20. Jahrhundert Karriere machen sollte: »Staatsbürgerliche Religion«[19]. Mit dem Niedergang der Anhänglichkeit an die metaphysischen Religionen kann sich der Gedanke an eine »staatsbürgerliche Religion« ausbreiten. Man kann vermuten, daß man unter dieser Bezeichnung eine Sammlung von Grundsätzen finden wird, denen man öffentlich nicht widersprechen kann, ohne sich zu isolieren, also ein Gebilde öffentlicher Meinung.

Öffentliche Meinung als Schutz der Gesellschaft und Feind des Individuums

So segensreich die öffentliche Meinung als Sittenwächterin für das Gemeinwesen erscheint, so verhängnisvoll ist für Rousseau andererseits ihr Einfluß auf den einzelnen. Soweit der einzelne sie aus Isolationsfurcht als Sittenwächterin respektiert, um sich nicht der Mißbilligung »nicht allein im Freien und auf Feldwegen, sondern sogar mitten auf der Straße« auszusetzen, wäre von Rousseau aus trotz der Erinnerung an eigene Leiden wohl nichts dagegen einzuwenden. »Wer über die Sitten urteilt, urteilt über die Ehre, und wer über die Ehre urteilt, entnimmt der (Volks-)Meinung seine Richtschnur.«[20]

Das Verhängnis erwächst aus dem Bedürfnis der Menschen, sich auszuzeichnen, aus der »Liebe zum Ruhm«, um den Titel des elften Kapitels aus dem Traktat von David Hume zu zitieren, oder doch auch bescheidener einfach aus dem menschlichen Bedürfnis nach Anerkennung, gesellschaftlicher Geltung, Prestige, sich positiv von anderen abheben. Mit diesem Bedürfnis hat der Verderb der menschlichen Gesellschaft angefangen, wie Rousseau darlegt in der Preisschrift, die ihn 1755 berühmt machte: »Über den Ursprung der Ungleichheit unter den Menschen«. »Schließlich geben der verzehrende Ehrgeiz, der Eifer ihr Vermögen zu vermehren – weniger aus echtem Bedürfnis als um sich über die anderen zu setzen – allen Menschen die dunkele Neigung ein, sich gegenseitig Schaden zuzufügen.«[21] »Ich würde sichtbar machen, wie sehr dieser allgewaltige Drang nach Ruf, Ehre und Auszeichnungen, der uns alle verzehrt, Talente und Kräfte einübt und sich messen läßt, wie sehr er die Leidenschaften aufreizt und vervielfältigt, wie sehr er alle Menschen zu Konkurrenten, Rivalen oder vielmehr Feinden macht.«[22]

Der »Wilde« ist frei von diesem verzehrenden Trieb gewesen, »der Wilde lebt in sich selbst«[23], unterschieden allerdings von Anfang an von den Tieren durch Willensfreiheit, Fähigkeit zum Mitgefühl mit anderen und Fähigkeit, sich selbst zu erhalten. Dann aber hat sich mit der Vergesellschaftung – Rousseau: »die öffentliche Achtung bekam Wert«[24] – das Wesen der Menschen verändert, und nun muß man es nach Rousseau als unumstößlich nehmen: »Der Mensch, das soziale Wesen, ist immer wie nach außen gewendet: Lebensgefühl gewinnt er im Grunde erst durch die Wahrnehmung, was andere von ihm denken ...«[25]

Der Mensch spaltet sich nach Rousseau in zwei Wesen, in denjenigen, der er wirklich seiner Natur nach ist mit »echten Bedürfnissen«, Neigungen und Interessen, und in einen zweiten, der sich bildet unter dem Joch der Meinung. Er verdeutlicht den Unterschied am Beispiel des Wissenschaftlers. »Unterscheiden wir stets die Neigungen, die aus der Natur, von denen, die aus der Meinung kommen. Es gibt einen Wissenseifer, der sich nur auf den Wunsch stützt, als Gelehrter geachtet zu werden, einen anderen gibt es, der aus der dem Menschen natürlichen Wißbegier nach allem, was ihn – nah oder fern – interessieren kann, geboren ist.«[26]

Rousseau identifizierte den Konsumzwang als hervorgerufen durch öffentliche Meinung: »Sobald sie aber nach einem Stoff verlangen, nur weil er kostbar ist, sind ihre Herzen schon dem Luxus und allen Launen der Meinung ausgeliefert, denn dieser Geschmack ist ihnen sicher nicht aus ihnen selbst gekommen.«[27]

Rechtlichkeit, Ehre, Achtung, es gebe nichts Besseres, hatte John Locke Cicero zitiert und all dies auf eine Wurzel, den Genuß des günstigen Urteils der Umwelt zurückgeführt. Rousseau, mit dem Gegensatz zwischen der echten Natur eines Menschen und der Meinung befaßt, versucht, einen Begriff von Ehre zu etablieren, der aus der Selbstachtung, nicht Achtung anderer, entspringt: »In dem, was man Ehre nennt, unterscheide ich das, was als das Ergebnis der öffentlichen Meinung und das, was als die Folge der Selbstachtung zu betrachten ist. Das erstere besteht in leeren Vorurteilen, die wandelbarer als die rollenden Wellen sind ...«[28]

Da ist nun die Ambivalenz nicht mehr zu übersehen; denn immerhin spricht er von der »öffentlichen Meinung«, die ihm bei anderer Gelegenheit bestellt zu sein scheint, um das Dauerhafteste und Wertvollste zu schützen, die Sitten. Es ist leicht, Rousseau bei solchen Widersprüchen zu ertappen. Einmal liest man: »Es ist Sache der öffentlichen Achtung, Unterschiede zwischen den Bösewichten und den rechtschaffenen Leuten zu machen.«[29] Rousseau bewundert, mit welcher Kunst die Spartaner das handhabten: »Hatte im Rat von Sparta ein Mann von schlechten Sitten eine gute Ansicht vertreten, so ließen die Ephoren, ohne darauf Rücksicht zu nehmen, dieselbe Ansicht von einem tugendhaften Staatsbürger vorbringen. Welche Ehre für den einen, welche Schmach für den anderen – und ohne daß weder Lob noch Tadel an einen von beiden erteilt worden wäre.«[19] An Rousseaus Wertschätzung öffentlicher Achtung kann kein Zweifel sein. Aber dann liest man im »Emile«: »Und wenn die ganze Erde uns tadeln würde – was weiter? Wir jagen nicht nach öffentlicher Anerkennung, uns genügt Dein Glück.«[30]

Der Kompromiß als Notwendigkeit im Umgang mit der öffentlichen Meinung

Was wie Widerspruch scheint, damit trifft Rousseau tatsächlich besser als irgend jemand vor ihm das Wesentliche, woran wir alle Erscheinungen der öffentlichen Meinung schließlich werden erkennen können: sie stellen dar einen Kompromiß zwischen der gesellschaftlichen Übereinstimmung und den Neigungen, Überzeugungen des einzelnen. Der einzelne ist gezwungen, einen Mittelweg zu suchen, gezwungen unter das »Joch der Meinung« durch seine verletzliche Natur, die ihn abhängig macht vom Urteil der anderen, die bewirkt, daß er abgesondert, isoliert nicht leben will. Rousseau in »Emile oder Über die Erziehung«: »Weil sie eben von ihrem eigenen Gewissen und der Meinung der anderen zugleich abhängt, muß sie lernen, diese beiden Faktoren miteinander zu vergleichen, sie einander anzupassen und dem einen vor dem anderen nur dann den Vorzug zu geben, wenn sie im Widerspruch zueinander stehen.«[31] Mit anderen Worten: wenn es sich gar nicht vermeiden läßt.

»Ich muß Spott und Tadel ertragen lernen«

Der Kompromiß fällt sehr verschieden aus. Gerade da, wo man nach David Hume der öffentlichen Meinung entgegenkommen sollte, in der Kleidung, die man für ein Erscheinen in der Öffentlichkeit, in der Gesellschaft wählt, gerade da entschließt sich Rousseau, seine Individualität zu zeigen. Als Gast König Ludwigs XV. in der großen Proszeniumsloge des königlichen Theaters in Fontainebleau bei der Premiere eines Singspiels von ihm erscheint er »unfrisiert«: mit einer schlecht gekämmten, ungepuderten Perücke und ohne Festgewand, ohne Brokatweste. »Ich bin gekleidet, wie ich es immer bin, nicht besser und nicht schlechter. Mein Äußeres ist einfach und vernachlässigt, aber nicht schmutzig oder unreinlich; auch der Bart ist dies an sich nicht, weil die Natur ihn uns gibt und weil er nach Zeit und Mode zuweilen sogar eine Zierde ist. Man wird mich vielleicht lächerlich oder unverschämt finden, aber soll mich das rühren? Ich muß Spott und Tadel ertragen lernen, wenn sie nur nicht verdient sind.«[32] Die Gefahr, die darin liegt, sich allzusehr dem Kompromiß zu entziehen, sieht er. Es heißt in »Julie oder Die neue Héloïse«: »Mir ist bange, daß jene unerschrockene Tugendliebe, welche ihm die Kraft gibt, die öffentliche Meinung zu verachten, ihn zum anderen Extrem treiben, ihn verleiten könnte, auch den heiligen Gesetzen des Anstandes und der Schicklichkeit Hohn zu sprechen.«[33]

So spitzt sich ihm die Aufgabe, die ein Gesellschaftsvertrag lösen soll, folgendermaßen zu: »Wie findet man eine Gesellschaftsform, die mit der ganzen gemeinsamen Kraft die Person und das Vermögen jedes Gesellschaftsmitgliedes verteidigt und schützt und kraft dessen jeder einzelne, obgleich er sich mit allen vereint, gleichwohl nur sich selbst gehorcht und so frei bleibt wie vorher? Dies ist die Hauptfrage ...«[34]

VIII. Öffentliche Meinung als Tyrannei: Alexis de Tocqueville

Wenn es der Zweck unserer historischen Untersuchung ist, zu prüfen, was diejenigen unter öffentlicher Meinung verstanden, die den Begriff geprägt haben, so läßt sich jetzt feststellen: Zu Unrecht haben wir den Begriff öffentliche Meinung bei der Schweigespirale nicht in Anspruch genommen, als wir sie charakterisierten als ein Ausbreitungsverfahren von öffentlicher Meinung, das wesentlich auf der Isolationsfurcht des einzelnen beruht.

Man kann auch erwarten, daß sich die Gesellschaften nach dem Grad der Isolationsfurcht ihrer Glieder unterscheiden werden, aber daß überall – wie Stanley Milgram bei seinen Experimenten in Norwegen und Frankreich fand – Konformitätsdruck besteht und Isolationsfurcht, die ihn erfolgreich sein läßt: in Norwegen etwas mehr, in Frankreich etwas weniger[1]. Milgram hatte seine Experimente nach Europa verlegt, weil der Verdacht aufgekommen war, das konformistische Verhalten, das Solomon Asch festgestellt hatte, sei vielleicht eine amerikanische Besonderheit.

In der Tat, was der Amerikaner Thorstein Veblen Anfang des 20. Jahrhunderts unter dem Titel »The Theory of the Leisure Class« – »Theorie der feinen Leute«[2] als amerikanisches Prestigeverhalten beschrieb, hätte Rousseau mit seiner Gegnerschaft gegen den Konsumzwang verabscheut. Daß der Kompromiß zwischen öffentlicher Meinung und Natur des Individuums, um Rousseaus Gegensatzpaar zu benutzen, in den Vereinigten Staaten sehr weit der öffentlichen Meinung entgegenkam und den Individuen besonders viel an Unterwerfung zumutete, hatte Rousseaus Landsmann Tocqueville in seinem Reisebericht »Über die Demokratie in Amerika« 1835/40 beschrieben und erklärt[3].

Tocqueville hat nicht nur den Vorgang der Schweigespirale am Beispiel des Niedergangs der französischen Kirche vor der Revolution als erster, soweit ich bisher sehe, scharfsinnig beschrieben, er spielt nicht nur bei jeder sich bietenden Gelegenheit auf die Bedeutung des Redens und Schweigens im Zusammenhang mit der öffentlichen Meinung an[4], seine Betrachtungsweise von öffentlicher Meinung kommt auch dem Konzept am nächsten, das man heute mit unseren empirischen Beobachtungsmethoden entwerfen kann, und in dessen Mittelpunkt stehen Isolationsfurcht und Schweigetendenz. Es gibt kein Buch von Tocqueville über öffentliche Meinung, nicht einmal ein Kapitel mit einer solchen Überschrift. Und doch werden wir überschüttet mit Schilderungen, Bewertungen, Erklärungen, Analysen der Konsequenzen von öffentlicher Meinung in Tocquevilles Buch »Über die Demokratie in Amerika«. Nicht daß für ihn öffentliche Meinung ein amerikanisches Phänomen wäre, er sieht die einheitlichen Züge öffentlicher Meinung, wie sie auch in Europa wirkt, aber er meint, daß sie in Amerika weiter fortgeschritten sei, eine Rolle übernommen habe, die sie später vielleicht auch in Europa spielen werde. Für Tocqueville ist öffentliche Meinung in Amerika ein schwerer Druck, eine Last, ein Konformitätszwang oder, um mit Rousseau zu sprechen, ein Joch, unter das der einzelne von der Gesellschaft gebeugt ist: »In den Aristokratien besitzen die Menschen oft eine ihnen eigentümliche Größe und Stärke. Stehen sie mit der Mehrzahl ihrer Mitmenschen im Widerspruch, so ziehen sie sich zurück, finden in sich selber Halt und Trost. In den demokratischen Völkern verhält es sich anders. Dort erscheint die öffentliche Gunst ebenso nötig wie die Luft, die man atmet, und mit der Masse nicht im Einklang sein, heißt sozusagen nicht leben. Diese braucht nicht die Gesetze anzuwenden, um die Andersdenkenden unterzukriegen. Die Mißbilligung genügt. Das Gefühl ihrer Vereinsamung und ihrer Ohnmacht übermannt sie alsbald und raubt ihnen jede Hoffnung.«[5] – »Ich kenne kein Land, in dem im allgemeinen weniger geistige Unabhängigkeit und weniger wahre Freiheit herrscht als Amerika.«[4]

»Es gibt keine religiöse oder politische Lehre, die man in den Verfassungsstaaten Europas nicht predigen dürfte ... denn in Europa ist kein Land so vollkommen einer einzigen Gewalt unterworfen, daß der, der dort die Wahrheit aussprechen will, nicht die Hilfe erhielte, die ihn gegen die Folgen seines unabhängigen Verhaltens sicherte. Hat er das Unglück, unter einer unumschränkten Regierung zu leben, so ist das Volk oft auf seiner Seite; bewohnt er ein freies Land, kann er nötigenfalls bei der königlichen Autorität Schutz suchen. Der aristokratische Teil der Gesellschaft unterstützt ihn in den demokratischen Ländern, die Demokratie in den anderen. In einer Demokratie, die so eingerichtet ist wie die der Vereinigten Staaten, findet man nur eine Macht, eine einzige Quelle der Stärke und des Erfolgs und außer ihr nichts.«[4] Diese eine Macht ist nach Tocquevilles Auffassung die öffentliche Meinung. Wie ist sie so mächtig geworden?

Die Gleichheit erklärt die Macht der öffentlichen Meinung

»Unter den neuen Erscheinungen, die während meines Aufenthaltes in den Vereinigten Staaten meine Aufmerksamkeit erregten«, schreibt Tocqueville in der Einleitung zu seinem Amerika-Buch, »hat keine meinen Blick stärker gefesselt als die Gleichheit der gesellschaftlichen Bedingungen. Ich entdeckte ohne Mühe den erstaunlichen Einfluß, den diese Tatsache auf die Entwicklung der Gesellschaft ausübt; sie gibt dem Denken der Öffentlichkeit eine bestimmte Richtung, den Gesetzen einen bestimmten Anstrich ...«[6]

Da er versucht, die Ursachen für das unersättliche Gleichheitsstreben zu entdecken, wird er auf eine weltweite Entwicklung aufmerksam[7]: »Untersuchen wir, was sich vom 11. Jahrhundert ab in Frankreich von fünfzig zu fünfzig Jahren ereignet, so entgeht uns nicht, daß sich nach jeder dieser Zeitspannen in der Gesellschaft eine doppelte Umwälzung vollzogen hat. Der Adlige steht tiefer auf der sozialen Leiter, der Bürger höher. Jener steigt hinab, dieser kommt hoch. Mit jedem halben Jahrhundert nähern sich die beiden und bald berühren sie sich. Und das gilt nicht nur für Frankreich. Wohin wir unsere Blicke lenken, beobachten wir in der ganzen christlichen Welt die gleiche Umwälzung ... Die allmähliche Entwicklung zur Gleichheit der Bedingungen ist also ein Werk der Vorsehung; sie trägt dessen Hauptmerkmale: sie ist allgemein, sie ist von Dauer, sie entzieht sich täglich der Macht der Menschen; die Geschehnisse wie die Menschen dienen alle ihrer Entwicklung.«[8] – »Das vorliegende Buch ist völlig unter dem Eindruck einer Art religiösen Erschauerns geschrieben, das den Verfasser angesichts der unaufhaltsamen Umwälzung befiel, die seit so vielen Jahrhunderten über alle Hindernisse hinweg voranschreitet und die wir heute inmitten der von ihr verursachten Ruinen vorrücken sehen.

Gott selber braucht nicht zu reden, damit wir sichere Zeichen seines Willens erkennen ...«[8]

Warum Gleichheit der gesellschaftlichen Bedingungen zu einer Übermacht der öffentlichen Meinung führt, erklärt Tocqueville folgendermaßen: »Wenn die Lebensbedingungen ungleich und die Menschen voneinander verschieden sind, gibt es immer einige sehr aufgeklärte, sehr gelehrte, geistig sehr machtvolle Einzelmenschen und eine sehr unwissende und sehr bornierte Masse. Die in aristokratischen Epochen lebenden Menschen neigen also auf natürliche Weise dazu, die überlegene Vernunft eines Menschen oder einer Klasse zur

Richtschnur ihrer Ansichten zu wählen, während sie wenig geneigt sind, die Unfehlbarkeit der Masse anzuerkennen. Das Gegenteil ergibt sich in Zeiten der Gleichheit. Je gleicher und ähnlicher die Bürger einander werden, desto geringer wird die Neigung eines jeden, blind einem bestimmten Menschen oder einer bestimmten Klasse zu glauben. Die Neigung, der Masse zu glauben, wächst und am Ende ist es die öffentliche Meinung, die die Menschen führt ... In Zeiten der Gleichheit schenken sich die Menschen wegen ihrer Ähnlichkeit gegenseitig kein Vertrauen, aber dieselbe Ähnlichkeit flößt ihnen ein fast unbegrenztes Vertrauen in das Urteil der Öffentlichkeit ein. Es erscheint ihnen nämlich nicht wahrscheinlich, daß die Wahrheit sich nicht auf Seiten der größten Zahl befinde, da sie alle gleich aufgeklärt sind.«[9] Wie man sieht, versteht Tocqueville unter Öffentlichkeit, öffentlicher Meinung die Zählmehrheit.

Zwar ruft sich Tocqueville zu, daß es sich um den Willen Gottes handle, dem man nicht widerstehen darf. Aber er wird doch übermannt von dem Mitgefühl mit dem Schicksal des Individuums in einer derartigen Gesellschaft, er verfällt in tiefen Pessimismus über die geistigen Auswirkungen, und er empört sich.

Er schreibt über das Schicksal des einzelnen: »Wenn der Mensch, der in den demokratischen Ländern lebt, sich als einzelner mit allen in seiner Umgebung vergleicht, empfindet er voller Stolz, daß er jedem von ihnen gleich ist; sobald er sich aber die Gesamtheit seiner Mitmenschen vor Augen stellt, und sich selbst neben dieser großen Gemeinschaft sieht, ist er auch schon von der eigenen Bedeutungslosigkeit und Schwäche überwältigt. Gerade die Gleichheit, die ihn von jedem seiner Mitbürger als Einzelnen unabhängig macht, liefert ihn vereinzelt und schutzlos der Wirkung der großen Zahl aus.«[10]

»Immer wenn die gesellschaftlichen Bedingungen gleich sind, lastet die allgemeine Meinung mit ungeheurem Gewicht auf dem Geist eines jeden; sie umfängt ihn, sie lenkt und sie unterdrückt ihn: das ist weit mehr eine Wirkung der Gesellschaftsform selbst als ihrer politischen Gesetze. Je ähnlicher sich die Menschen werden, um so schwächer fühlt sich ein jeder mehr und mehr allen gegenüber. Da er nichts gewahrt, was ihn hoch über sie erhebt und von ihnen unterscheidet, wird er unsicher, sobald sie ihn bekämpfen; er zweifelt nicht nur an seinen Kräften, sondern er beginnt an seinem Recht zu zweifeln, er gibt seinen Irrtum schon fast zu, sobald die Mehrheit ihn bejaht.«[11]

Tocqueville beschreibt, daß der Druck der öffentlichen Meinung nicht nur auf dem einzelnen liegt, sondern ebenso auf der Regierung. Als Beispiel wählt er das Auftreten des amerikanischen Präsidenten während des Wahlkampfes. In dieser Zeit regiere er nicht mehr zum Wohl des Staates, sondern zum Wohl seiner Wiederwahl[12]. »Er liebt, was sie (die öffentliche Meinung) liebt, haßt, was sie haßt; er eilt ihrem Willen voraus, kommt ihren Klagen zuvor, fügt sich ihren geringsten Wünschen.«[13]

Tocqueville räumt ein, daß die Gleichheit in einer Gesellschaft auch eine wohltätige Wirkung haben kann. Sie könne, indem die Autoritäten entthront wurden, den Geist jedes Menschen neuen Gedanken öffnen. Doch könne ebenso eine Wirkung eintreten, daß der einzelne am liebsten gar nichts mehr denkt: »Sie (die Öffentlichkeit) überzeugt nicht von ihren Anschauungen, sie zwingt sie auf und prägt sie den Gemütern durch einen gewaltigen geistigen Druck aller auf den Verstand des Einzelnen ein ... In den Vereinigten Staaten übernimmt die Mehrheit die Aufgabe, den Einzelnen eine Menge fertiger Meinungen vorzusetzen, und enthebt sie damit der Verpflichtung, sich selbst ihre eigene zu bilden.«[10]

Melancholisch bedenkt Tocqueville, wie die demokratischen Völker erst einmal jene Mächte überwunden haben, die den »Aufschwung der individuellen Vernunft maßlos hinderten oder verzögerten«, wie sie der geistigen Freiheit eine Bahn brachen. Wenn aber nun »unter der Macht gewisser Gesetze« – Tocqueville meint die Autorität der Zählmehrheit – »die geistige Freiheit ersticken würde, ... so hätte das Übel nur ein anderes Aussehen bekommen; die Menschen hätten nicht das Mittel eines unabhängigen Lebens gefunden; sie hätten nur ... eine neue Abart der Knechtschaft entdeckt.«[14]

»Ich kann es«, sagt Tocqueville, »nicht oft genug wiederholen: Hier ist ein tiefes Problem für die, welche die Geistesfreiheit für etwas Heiliges halten und nicht nur den Despoten hassen, sondern auch den Despotismus. Wenn ich die Hand der Macht auf meinem Haupte lasten fühle, kümmert es mich wenig, zu wissen, wer mich unterdrückt; und ich beuge mich nicht deswegen lieber unter das Joch, weil Millionen Arme es mir hinhalten.«[15]

Tocqueville schlägt das Thema an, das rund 50 Jahre später einer der amerikanischen Klassiker über öffentliche Meinung, James Bryce, im vierten Teil seines Werkes über »The American Commonwealth« (1888) in den Mittelpunkt rückt: die Tyrannei der Majorität[16]. Dieser vierte Teil trägt nun auch ausdrücklich die Überschrift: Die öffentliche Meinung. Aber irgendwie bekommt es den Abhandlungen über öffentliche Meinung nicht, wenn sie sich diesen Gegenstand ausdrücklich und in aller akademischen Rationalität vornehmen. Öffentliche Meinung muß etwas sehr Irrationales sein, wenn jene Bücher, die ihr ausdrücklich gewidmet sind, eher mißlingen. Das bezieht sich auch auf die deutschen Standardwerke der ersten Jahrzehnte des 20. Jahrhunderts: Wilhelm Bauer: Die öffentliche Meinung und ihre geschichtlichen Grundlagen (1914)[17] und Ferdinand Tönnies: Kritik der öffentlichen Meinung (1922)[18].

»Niemand kann Bryce anklagen, er habe besondere Systematik walten lassen bei seiner Studie über öffentliche Meinung«, urteilt, 50 Jahre später, 1939 Francis G. Wilson in einem Rückblick auf das berühmte Buch[19]. In der Tat findet man in den rund 100 Seiten, die Bryce dem Thema widmet, wie zusammengefegt, was über öffentliche Meinung von den verschiedensten Autoren geschrieben worden war und dazwischen eigene Beobachtungen von erheblichem Interesse, so zum Beispiel seine Bemerkungen über den »Fatalismus der Menge«[20], womit er der erste ist, der beschreibt, was später die »schweigende Mehrheit« heißt.

IX. Der Begriff »soziale Kontrolle« breitet sich aus, und der Begriff »öffentliche Meinung« zerbricht: Edward Ross

Wir treten ein in das 20. Jahrhundert mit einem Zitat über öffentliche Meinung 1950: »Unter öffentlicher Meinung soll in der vorliegenden historischen Abhandlung verstanden werden: Meinungen über Fragen von nationaler Bedeutung, die frei und öffentlich geäußert werden von Männern außerhalb der Regierung, die das Recht beanspruchen, daß ihre Meinungen die Handlungen, Personalentscheidungen und Strukturen ihrer Regierung beeinflussen oder bestimmen.« So legt es Hans Speier in einem 1950 im American Journal of Sociology erschienenen Artikel »Historical Development of Public Opinion« nieder[1].

Ein Begriff von öffentlicher Meinung wie Wissenschaftlern und Journalisten auf den Leib geschneidert

Wie hat der Begriff öffentliche Meinung seine Bedeutung, die er Jahrhunderte hindurch gehabt hat, so wandeln können? Öffentlich ausgesprochene Meinungen, Einfluß auf die Regierung: diesen Teil der Definition von Speier erkennen wir noch wieder, aber das andere ist neu hinzugekommen: Daß es nur Meinungen zu Fragen von nationaler Bedeutung sein sollen, daß es nur die Meinungen von Männern sind, deren Urteil Beachtung beanspruchen kann: das ist eine radikale Verengung und zugleich qualitative Veränderung, jetzt handelt es sich nicht mehr um das Mittelding, wie es Sokrates faßte zwischen Erkenntnis und Nichtwissen, sondern hier hat sich eine selbstbewußte Meinungsmacht neben der Regierung etabliert mit dem Anspruch eines ebenbürtigen, wenn nicht überlegenen Urteils.

Eine solche Verwandlung muß Interesse erregen. Von wann an ist »opinion« im Sinne von Reputation verlorengegangen? Als ich mich mit dieser Frage aufmachte, hatte ich ein ähnliches Gefühl wie jemand, der ein Portemonnaie verloren hat und nun den Weg suchend rückwärts geht. Das war Anfang der sechziger Jahre, fast zur gleichen Zeit, als ich mir das merkwürdige Auseinanderklaffen der beiden Kurven: Wahlabsicht und Erwartung, wer die Wahl gewinnt, gar nicht erklären konnte. Aber erst sieben Jahre später bemerkte ich die Verbindung zwischen beiden Fragen.

Ein Interesse, den Sinn von öffentlicher Meinung umzufunktionieren, konnte man unterstellen, seitdem das Dogma »All governments rest on opinion« aufgerichtet und damit die Legitimation von Regierung durch Meinung ausgesprochen war. Der hervorragende Platz, den Rousseau der öffentlichen Meinung im Staat einräumte, die überwältigende Macht der öffentlichen Meinung in den Vereinigten Staaten, die Tocqueville beschrieb – all das mußte Repräsentanten der öffentlichen Meinung anlocken. Der Thron der öffentlichen Meinung schien in den Schriften über öffentliche Meinung bis zur Mitte des 19. Jahrhunderts gleichsam vakant gelassen, jetzt wurde eine größere Zahl von schwergewichtigen Werken veröffentlicht, in denen der Gegenstand systematisch abgehandelt und entschieden wurde, welche Art von öffentlicher Meinung dem Staat zum größten Nutzen dienen würde, danach wurde definiert. Der Einfluß von Philosophen, von Wissenschaftlern allgemein, von Schriftstellern und Journalisten schien in Gestalt der öffentlichen Meinung seinen richtigen Platz zu finden. In den Abhandlungen von Jeremy Bentham (1838–43)[2] oder James Bryce (1888)[3] fanden sich noch immer aufmerksame sozialpsychologische Beobachtungen, aber sie vermischten sich mit normativen Forderungen, wie Charakter und Rolle öffentlicher Meinung beschaffen sein sollen. Aber noch war man weit weg von jener repräsentativen öffentlichen Meinung, wie sie schließlich bei Speier[4] oder Wilhelm Hennis (1957)[5] oder Jürgen Habermas (1962)[6] in Erscheinung tritt, nur noch kritisches politisches Urteil.

Das Schneefegen auf dem Bürgersteig als öffentliche Meinung

Der entscheidende Einschnitt scheint zu datieren auf die allerletzten Jahre des 19. Jahrhunderts, und zwar auf eine Serie von Aufsätzen, die der amerikanische Soziologe Edward A. Ross zwischen 1896 und 1898 im »American Journal of Sociology« veröffentlichte, und die 1901 zusammengefaßt als Buch erschienen. Es scheint, als habe von dann an der Begriff öffentliche Meinung seine jahrhundertelange Bedeutung als Konformitätsdruck abgeworfen und habe nur weiterexistiert in der verkürzten Bedeutung einer die Regierung kritisch kontrollierenden Instanz[7]. Es blieb immer noch etwas von der früheren Bedeutung hängen. Als beispielsweise der Sozialpsychologe Floyd H. Allport 1937 im ersten Heft des ersten Jahrgangs der dann berühmt gewordenen Zeitschrift Public Opinion Quarterly den Eröffnungsaufsatz zum Thema »Toward a Science of Public Opinion« schrieb, nannte er als Beispiel für die Wirksamkeit öffentlicher Meinung das Schneefegen auf dem Bürgersteig vor dem eigenen Haus; und das Wesen der öffentlichen Meinung charakterisierte er mit den Worten: »Die Phänomene, die man unter der Bezeichnung öffentliche Meinung studiert, sind hauptsächlich Verhaltensweisen ... Und zwar Verhaltensweisen, bei denen oft mitspielt die Idee, daß andere genauso reagieren.«[8] Aber insbesondere auf europäische Wissenschaftler wirkten solche Vorstellungen zu dieser Zeit sicher eher abwegig.

Bis das Individuum tot aus der Gesellschaft fällt

Was war denn an den dann als Buch veröffentlichten Aufsätzen von Edward A. Ross, das einen tiefgreifenden Wandel in der Auffassung von öffentlicher Meinung hätte bewirken können? Zunächst spricht Ross wie ein zweiter John Locke, und man ist nur verwundert, daß er sich keinmal auf Locke bezieht. Ross: »Den derben kraftstrotzenden Mann mag die gesellschaftliche Achtung kalt lassen. Der Gebildete, Kultivierte mag sich dem Mißfallen seiner Nachbarn entziehen, indem er sich in andere Zeiten oder andere Kreise flüchtet. Aber für die Masse der Menschen sind Lob und Tadel ihrer Umwelt die Herrscher ihres Lebens.«[9] – »Nicht so sehr der Gedanke, was eine entrüstete Öffentlichkeit tun könnte, macht den modernen Amerikaner völlig wehrlos, sondern vielmehr die absolute Unfähigkeit, unbewegt zu bleiben, wenn ihm ringsherum ein feindseliges Urteil entgegenschlägt – die Unfähigkeit, ein Leben zu führen, das sich nicht mit den Gewissensüberzeugungen und Empfindungen seiner Umwelt verträgt.«[10] – »Nur der Verbrecher oder der moralische Held bleibt unberührt davon, was andere von ihm denken.«[11]

Diese Sätze stehen bei Ross unter der Kapitelüberschrift: »Öffentliche Meinung«. Aber er sieht öffentliche Meinung als einen Unterfall einer Erscheinung, die er mit einem von Herbert Spencer stammenden Begriff[12] belegt, der Begriff liefert den Titel seines Buches: Soziale Kontrolle. Soziale Kontrolle wird in den menschlichen Gesellschaften auf vielerlei Weise ausgeübt, sagt Ross, in einer ganz sichtbaren institutionalisierten Form zum Beispiel im Recht, auch in der Religion, in nationalen Feiertagen, in der Erziehung. Aber auch die soziale Kontrolle in Form öffentlicher Meinung, wenngleich nicht institutionalisiert, ist wirksam, sie besitzt Sanktionen, die von einem späteren Autor über soziale Kontrolle, Richard T. La-Piere (1954), in drei Kategorien eingeteilt werden[13]: körperliche Sanktionen, wirtschaftliche Sanktionen und, als wichtigstes, psychologische Sanktionen, deren Anfang vielleicht darin besteht, jemand nicht mehr zu grüßen, und an deren Ende das Individuum »tot aus der Gesellschaft fällt«, wie es bei Edward A. Ross heißt[14].

Ross hebt die Vorzüge der sozialen Kontrolle durch öffentliche Meinung hervor. Im Vergleich zur Justiz »elastisch« und »billig«[15]. Seine Darstellung, lebhaft geschrieben, ist ein großer Erfolg. »Soziale Kontrolle« wird ein Begriff, der Ausdruck hat den Reiz des Neuen, er füllt sich an mit allem, was einmal bei John Locke Gesetz der Meinung oder Reputation hieß, viele Soziologen nehmen sich in der Folge des Themas soziale Kontrolle an, aber von öffentlicher Meinung ist nicht mehr die Rede. Das Doppelgesicht einer integrierenden Kraft, die sowohl den einzelnen wie die Regierung zwingt, das gesellschaftliche Einverständnis zu respektieren, entweicht der Aufmerksamkeit, die Wirkung auf den einzelnen heißt jetzt soziale Kontrolle, die Wirkung auf die Regierung wird weitergeführt unter der Bezeichnung öffentliche Meinung und nimmt als intellektuelle Konstruktion, um die es sich jetzt handelt, alsbald einen normativen Charakter an. Der Zusammenhang der beiden Wirkungsweisen ist zerrissen.

X. Das Chorheulen der Wölfe

Warum sind eigentlich die Wege so zugewachsen, warum muß man sich so mühsam durch das Gestrüpp schlagen auf der Suche nach der wirklichen Bedeutung der öffentlichen Meinung? Welche Funktion erfüllt sie denn, diese Erscheinung mit der altmodischen Begriffsbezeichnung? Ein »klassischer Begriff« aus dem »traditionellen Begriffsschatz«, »Man kann sie weder einfach fallen lassen noch in ihrem ursprünglichen Bedeutungsgehalt ernst nehmen« – so eröffnet der Soziologe Niklas Luhmann seinen 1970 erschienenen Aufsatz mit dem Titel »Öffentliche Meinung«[1]. Ebenso wie ein anderer Autor, Walter Lippmann, der seinem 1922 erschienenen Buch den Titel »Öffentliche Meinung«[2] gibt, entdeckt Luhmann neue, noch nie beschriebene Eigentümlichkeiten der öffentlichen Meinung, die in einem späteren Kapitel über die Beziehung zwischen öffentlicher Meinung und den Massenmedien vorgestellt werden[3]. Aber beide, Lippmann wie Luhmann, haben auch dazu beigetragen, die historischen Fährten zu verwischen. Luhmann schreibt: »Daß jener Vernunftsglaube und damit auch der Glaube in das kritisch kontrollierende, Herrschaft verändernde Potential einer öffentlichen Meinung sich nicht halten ließ, zeigt ein Blick in die Geistesgeschichte ...«[4] Aber wer hat diesen Glauben geweckt? Weder Locke noch Hume, weder Rousseau noch Tocqueville.

Nichts im modernen Schrifttum über öffentliche Meinung

hätte mich zu diesen Quellen zurückgezogen, wenn es nicht dieses seltsame Erlebnis an einem Sonntagmorgen in Berlin, im Frühsommer 1964, gegeben hätte. Damals brachte ich die Wochenenden in Berlin zu, um mich auf meine Montagsvorlesungen an der Freien Universität Berlin über Demoskopie vorzubereiten. Etwas Abschiedsstimmung war schon dabei, im Herbst würde ich an die Universität Mainz überwechseln als Professorin für Publizistik. An diesem Sonntagmorgen also, ich hatte noch nicht gefrühstückt, stand plötzlich vor mir etwas wie ein Buchtitel, und zwar ohne jeden Zusammenhang mit Demoskopie, ohne Zusammenhang mit dem Pensum, das ich mir für den Tag vorgenommen hatte, überhaupt ohne erkennbaren Bezug. Ich lief zum Tisch und schrieb auf einen Zettel: »Öffentliche Meinung und Soziale Kontrolle«. Gleich darauf wußte ich, was das für ein Titel sei: Anderthalb Jahre später hieß so meine offizielle Antrittsvorlesung in Mainz[5].

Erst dieser Zettel mit dem kurzen Titel gab den Anstoß, zum Thema öffentliche Meinung zurückzukehren und die historische Spurensuche aufzunehmen. Warum eigentlich war die Behandlung des Themas, wie es jahrhundertelang verstanden wurde, die Beschäftigung mit der empfindlichen sozialen Natur des Menschen, der menschlichen Abhängigkeit von Billigung und Mißbilligung der Umwelt, so aus der Mode gekommen? Paßt das nicht zum Selbstbewußtsein des modernen Menschen, lief es entgegen dem wunderbaren Gewinn eines Selbstbewußtseins aus Emanzipation, aus Mündigkeit? Wenn das so ist, dann kann man sich unschwer das Unbehagen vorstellen, das aufkommt, wenn im folgenden menschliche und Tiergesellschaften verglichen werden.

Das, was bei den Menschen auffallend als Forschungsthema vermieden wurde – Isolationsfurcht –, ist in der Tierverhaltensforschung ohne Scheu eingehend behandelt. Tierverhaltensforscher beeilen sich, Einwänden gegenüber einem Vergleich mit Menschen so oft wie möglich zuvorzukommen, man kann danach ermessen, wieviel Vorbehalten sie begegnen.

»Sicher«, schreibt Erik Zimen in seinem Buch »Der Wolf«, »müssen wir sehr vorsichtig sein, wenn wir das Verhalten von Menschen und Tieren miteinander vergleichen. Ähnlich erscheinende Verhaltensweisen mögen ganz unterschiedliche Funktionen haben, während andere, die sich von der Form her gar nicht ähneln und sich auch stammesgeschichtlich ganz anders ableiten lassen, die gleiche Funktion haben ... Dennoch können uns vergleichende Beobachtungen an Menschen und Tieren neue Anregungen und Denkanstöße vermitteln, die dann durch genaue Beobachtungen oder im Experiment getestet werden müssen: vor allem, wenn man zwei so sozial ähnlich organisierte Arten untersucht wie Wolf und Mensch.«[6]

Die Sprache ist jedenfalls unbefangen genug, und es bereitet uns keine Schwierigkeiten zu verstehen, was es denn wohl bedeute, wenn von dem »Mit-den-Wölfen-Heulen« die Rede ist. Man könnte übrigens ebensogut sagen: »Mit-den-Hunden-Heulen«. Das »Chorheulen« ist bei ihnen so üblich wie bei den Wölfen, und Chorheulen gibt es auch bei den Schimpansen[7].

Einstimmen zum gemeinsamen Handeln

Die Wölfe, erklärt Erik Zimen, heulen bevorzugt vor dem abendlichen Aufbruch zur Jagd und auch früh am Morgen, als Auftakt zur morgendlichen Aktivitätsphase. »Für Wölfe ist das Heulen eines anderen Wolfes ein sehr starker Auslöser, selbst zu heulen ... Nicht immer aber zieht ein Einzelheulen den Chor nach sich. Das anfängliche Heulen eines rangniedrigen Wolfes z. B. ist seltener der Anlaß als das eines ranghohen.«[8] Nicht beteiligt am Heulen sind alle unterdrückten, aus dem Rudel ausgestoßenen oder ausgeschiedenen Wölfe. Die Ähnlichkeit der Situation der unterdrückten, der ausgestoßenen mit derjenigen der rangniedrigen Wölfe läßt schon ahnen, wie wichtig es sein muß, sich nicht zu isolieren, sondern bei dem, was der amerikanische Wolf-Forscher Adolph Murie »the friendly get together«[9] nannte, beim Chorheulen also dabeisein zu dürfen. Ein ausgestoßener Wolf zu sein, hat auch ganz handfeste Nachteile; denn ausgestoßenen Wölfen wird auch das Futter abgejagt[10].

Was für eine Funktion hat das Heulen? Erik Zimen: »Die Beschränkung auf das engere Rudel läßt vermuten, daß es sich hier um eine Verhaltensweise handelt, die den Zusammenhalt des Rudels stärkt. Die Wölfe bestätigen sich sozusagen gegenseitig ihre freundliche kooperative Stimmung. Der Zeitpunkt des Auftretens läßt weiter vermuten, daß diese Rudelzeremonie der Synchronisation, der Gleichschaltung der Aktivitätsphase, dient. Auf diese Weise kommen sie nach dem Schlafen bald in eine ähnliche Stimmung, die einen gemeinsamen Aufbruch ermöglicht.«[11]

Das Scharverhalten

Synchronisation, gemeinsames Handelnkönnen, das hat nach einem Bericht von Thure von Uexküll Konrad Lorenz auch ausgemacht bei der Beobachtung der akustischen Signale, mit denen die Dohlen ihr Scharverhalten regeln. »Der Dohlenschwarm, der am Tag aufs Feld zur Futtersuche und am Abend in den Wald zum Schlafen fliegt, stimmt sich durch die Rufe der einzelnen Vögel immer wieder als Ganzes auf eine einheitliche Tendenz ab. Wenn in den Morgen- oder Abendstunden die Tendenz der einzelnen Vögel divergiert, kann man beobachten, daß der Schwarm eine Zeitlang hin und her fliegt: Überwiegen die Rufe ›Djak‹ über die Rufe ›Djok‹, so fliegt der Schwarm in Richtung Wald oder umgekehrt. Das geht so lange hin und her, bis plötzlich alle Vögel nur noch den einen Ruf ausstoßen und der Schwarm dann als Ganzes entweder in den Wald oder aufs Feld fliegt. Dann ist der

Schwarm durch Abstimmung für eine bestimmte Handlung, die Futtersuche oder das Aufsuchen der Schlafplätze, bereitgestellt. Es herrscht dann eine gemeinsame Stimmung oder so etwas wie eine gemeinsame Emotionalität. Der Dohlenschwarm ist also eine Abstimmungs-Republik.«[12]

»Die anonyme Schar«, überschreibt Konrad Lorenz in seinem Buch »Das sogenannte Böse« das Kapitel, in dem das Scharverhalten der Fische dargestellt wird[13]. »Die ursprünglichste Form der ›Gesellschaft‹ im weitesten Sinne des Wortes ist die anonyme Scharbildung, für die uns die Fische des freien Weltmeeres das typische Beispiel abgeben. Innerhalb des Schwarmes gibt es keinerlei wie immer geartete Struktur, keine Führer und keine Geführten, nur eine gewaltige Ansammlung gleicher Elemente. Gewiß beeinflussen sich diese gegenseitig, gewiß gibt es gewisse einfachste Formen der ›Verständigung‹ zwischen den Individuen, die den Schwarm zusammensetzen. Wenn eines eine Gefahr wahrnimmt und flieht, steckt es alle anderen, die seinen Schrecken wahrnehmen können, mit der gleichen Stimmung an ... Die rein quantitative, in gewissem Sinne sehr demokratische Auswirkung dieser Art von Stimmungs-Übertragung bringt es mit sich, daß ein Fisch-Schwarm um so schwerer von Entschluß ist, je mehr Individuen er enthält, und je stärker deren Herdentrieb ist. Ein Fisch, der, aus welchen Gründen immer, in bestimmter Richtung zu schwimmen beginnt, kann ja nicht umhin, in Bälde aus dem Schwarm heraus ins freie Wasser zu geraten und gleichzeitig damit unter den Einfluß aller jener Reize, die ihn in den Schwarm zurückzuziehen trachten.«[14]

Isolation, den Kontakt mit dem Schwarm verlieren, könnte für das Individuum rasch Lebensgefahr bedeuten, das Scharverhalten erscheint also durchaus funktional, für die Schar wie für das Individuum vorteilhaft für das Überleben.

Was geschieht, wenn ein Individuum keine Isolationsfurcht kennt? Konrad Lorenz berichtet von einem Experiment mit einer Elritze, einem Fisch aus der Gattung der Karpfen, das

Erich von Holst ausgeführt habe: »Er operierte einem einzelnen Fischchen dieser Art das Vorderhirn weg, und in diesem stecken, wenigstens bei diesen Fischen, alle Reaktionen des Schwarmzusammenhaltes. Die vorderhirnlose Elritze sieht, frißt und schwimmt wie eine normale, das einzige Verhaltensmerkmal, durch das sie sich von einer solchen unterscheidet, besteht darin, daß es ihr egal ist, wenn sie aus dem Schwarm herausgerät und ihr keiner der Genossen nachschwimmt. Ihr fehlt daher die zögernde Rücksichtnahme des normalen Fisches, der, auch wenn er noch so intensiv in bestimmter Richtung schwimmen möchte, sich doch schon bei den ersten Bewegungen nach den Schwarmgenossen umsieht und sich davon beeinflussen läßt, ob ihm welche folgen und wieviele ... wenn er Futter sah oder aus sonstwelchen Gründen irgendwohin wollte, schwamm er entschlossen los und siehe da – *der ganze Schwarm folgte ihm.*« Lorenz dazu in seinem Kommentar: »Das operierte Tier war ... durch seinen Defekt eindeutig zum Führer geworden.«[15]

Auch im menschlichen Gehirn, sagen moderne Gehirnforscher, gibt es eine bestimmte Zone, die die Beziehung zwischen dem Ich und der Außenwelt überwacht[16]; das bedeutet aber auch: Zonen, die angegriffen, die verwundet werden können. »Wir sind verletzlicher ..., als wir glauben«, hat der Analytiker menschlicher Gruppenbeziehungen, Horst E. Richter[17], einmal gesagt und gemeint, verletzlich durch das Urteil, das die Umwelt über uns fällt und wie sie uns behandelt. Muß der Mensch wirklich seine soziale Natur schamhaft verstecken?

»Die Vernunft des Menschen, der Mensch überhaupt ist furchtsam und vorsichtig, wenn er sich *allein* gelassen fühlt, und er wird kräftiger und *zuversichtlicher* in dem Maße, in dem er glaubt, daß *viele* andere auch so denken wie er ...« – so hatte das James Madison beschrieben[18]. Sehr ähnlich klingt, was der französische Soziologe Alfred Espinas in seinem 1877 veröffentlichten Buch »Les sociétés animales«

schrieb – er stützt sich dabei auf einen Forschungsbericht des Biologen A. Forel –: »Der Mut jeder Ameise wächst bei derselben Art in genauem Verhältnis zu der Zahl ihrer Gefährten und Freunde und nimmt im entsprechenden Verhältnis mit der Trennung von ihnen ab. Jeder Bewohner eines stark bevölkerten Ameisenhaufens ist viel kühner als die gleiche Ameise eines sehr kleinen Stammes. Dieselbe Arbeiterin, die sich zehnmal töten lassen wird, wenn sie von ihren Gefährten umgeben ist, wird sich außerordentlich furchtsam zeigen und die geringste Gefahr vermeiden, wenn sie auch nur zwanzig Meter von ihrem Nest allein ist. Ähnliches gilt von den Wespen.«[19]

Müssen wir uns eine Fiktion von kritisch urteilender »öffentlicher Meinung« zurechtlegen, weil die wirklichen Kräfte, die eine menschliche Gesellschaft zusammenhalten können, sich mit unserem Ich-Ideal nicht vertrügen?

XI. Öffentliche Meinung bei afrikanischen und pazifischen Stämmen

Der Ethnologe Colin M. Turnbull beschreibt in seinem Buch »The Forest People«[1], die Waldleute, das Leben der Pygmäen am Kongo. Wir werden eingeführt in ein fröhliches Lagerleben, die Männer versammeln sich abends zum gemeinsamen Gesang, am Morgen wecken die jungen Leute die Schläfer mit ihrem Geschrei und Zurufen. Vor dem Aufbruch zur Jagd wird oft getanzt, Männer und Frauen bilden einen Kreis um das ganze Lager, singen ein Jagdlied, klatschen in die Hände, schauen nach rechts und nach links und vollführen hohe Sprünge, um damit die Tiere zu imitieren, die sie zu erlegen hoffen.

Vor dem Hintergrund dieser Pastorale tragen sich dramatische Konflikte zu. Der früher angesehene, aber inzwischen vom Jagdpech verfolgte, sich bei gemeinsamen Unternehmungen oft abseits haltende Cephu, Oberhaupt von fünf Familien, verstößt gegen die Gebote der Solidarität und spannt bei der Treibjagd in dem Urwald – die Treiber sind die Frauen und die Kinder – heimlich sein Netz vor den Netzen der anderen aus. Am Abend dieses Tages redet niemand mit ihm, nicht einmal ein Platz wird ihm bei der Männerversammlung angeboten, ein junger Flegel, den er auffordert, ihm Platz zu machen, bleibt einfach sitzen, ein anderer produziert sich mit einem Spottlied auf ihn, er sei gar kein Mensch, er sei ein Tier. Entnervt bietet Cephu an, das Fleisch seiner Jagdbeute abzutreten. Dieses Angebot wird sofort angenommen, alle ziehen zu den etwas außerhalb stehenden Hütten seiner Leute, durchsuchen jeden Winkel und nehmen alles Eßbare mit, was sie finden, auch die Fleischstücke, die schon auf dem Feuer fertig im Topf schmoren. Später am Abend trägt dann einer der entfernteren Verwandten einen schönen randvollen Topf Fleisch mit Pilzsoße zurück zu Cephu und seinen Leuten. Noch später nachts sah man Cephu wieder im Kreis der Männer an den niedergebrannten Lagerfeuern, singend – er gehörte wieder zu ihnen[2].

Man kann nicht allein überleben

Ein anderer Vorfall betraf einen jungen Mann, der beim Inzest mit einer Kusine ertappt worden war. Von Altersgefährten mit Messern und Speeren verfolgt, wollte ihm niemand Schutz in einer der Hütten gewähren, er floh in den Wald. Turnbull zitiert den Bericht, den ihm eines der Stammesmitglieder gab: »Er ist vertrieben worden in den Wald, und er wird dort allein leben müssen. Niemand wird ihn mehr in seiner Gruppe aufnehmen wollen nach dem, was er getan hat. Und er wird sterben; denn man kann nicht allein im Wald überleben. Der Wald wird ihn töten.« Dann, in charakteristischer Pygmäenmanier, sagt Turnbull, sei der Gewährsmann plötzlich in unterdrücktes Lachen ausgebrochen, habe in die Hände geklatscht und bemerkt: »Das ging doch schon so seit Monaten. Wie dumm von ihm, sich erwischen zu lassen ...«[3], und es war klar, daß diese Dummheit mehr zählte als der Inzest selbst.

In der gleichen Nacht ging die Hütte der Familie des jungen Mannes in Flammen auf, und es brach der Streit zwischen den Familien los, von dem Anlaß, von dem Inzest war im allgemeinen Auspacken praktisch nicht mehr die Rede. Aber am nächsten Vormittag sah man die Mutter des in Schande gebrachten Mädchens eifrig mithelfen beim Wiedererrichten der Hütte des Verletzers, und drei Tage später schlich sich der junge Mann abends zurück ins Lager und setzte sich wieder zu den Junggesellen. Zuerst redete niemand mit ihm, aber dann schickte eine Frau ein kleines Mädchen mit einer Schale Essen zu ihm, und die Sache war erledigt[4].

Schlimme Erfahrungen mit der Außenwelt: Verachtet sein, lächerlich sein

In jedem der Fälle, die Turnbull beschreibt, wurde der Konflikt beigelegt, aber nicht ohne daß vorher das ganze Lager den Fall diskutiert hatte. Es gab, sagt er, keine Richter, keine Gerichte, keine Geschworenen. Es gab keinerlei formelle Prozedur, keinen Rat, der eine Entscheidung fällt, keine Häuptlinge. Jeder Fall wurde so behandelt, daß der Zusammenhalt der Gruppe nicht gefährdet wurde. Eine Gemeinschaft, die von der Jagd mit Netzen lebt, muß vor allem die Kooperationsfähigkeit erhalten. Die einzelnen Glieder der Gesellschaft wurden in Disziplin gehalten mit zwei Mitteln, zweierlei fürchten die Pygmäen mehr als alles andere: verachtet zu werden und lächerlich zu sein. Man denkt an Edward Ross' Beschreibung von öffentlicher Meinung als sozialer Kontrolle: viel durchgreifender als die Gerichte, in jeden Winkel, und billig.

Margaret Mead: Drei Arten, öffentliche Meinung herzustellen

Unter dem Titel »Public Opinion Mechanisms Among Primitive Peoples« beschrieb die amerikanische Ethnologin Margaret Mead in den dreißiger Jahren drei Typen von Prozessen öffentlicher Meinung bei primitiven Völkern[5]. Öffentliche

Meinung werde wirksam, wenn irgend jemand als Verletzer von Geboten auftrat, oder wo Unsicherheit bestand, wie die Gebote auszulegen seien, oder wenn ein Konflikt ausbrach oder eine Entscheidung über zukünftige Handlungen, zukünftige Verfahrensweisen zu treffen war. Für solche Fälle mußten die Schritte, die Maßnahmen festgelegt sein, um einen Konsensus zu finden, die Mechanismen der öffentlichen Meinung waren erforderlich, meinte sie, um eine Gemeinschaft handlungsfähig zu erhalten.

Der erste Typ[6], den sie beschreibt, entspricht dem Verfahren der Pygmäen, es funktioniere nur, sagt sie, in relativ kleinen Siedlungsgruppen, vielleicht gegen 200 Personen und höchstens 400. Sie illustriert ihn an einem Stamm in Neuguinea, den Arapesh. Der Bestand an festen Regeln ist minimal, viele Vorschriften sind kurzlebig, sie kommen auf und geraten wieder in Vergessenheit. Die Siedlungsgemeinschaft existiert fast ohne System, es gibt kaum feste Autoritätspositionen und keine politischen Institutionen, keine Richter, keine Gerichte, keine Priester, keine Medizinmänner, keine erbliche Führerkaste.

Ein gemeinsames Schweinefleisch-Mahl

Die Konfliktlösung beschreibt Mead am Fall eines Arapesh, der in seinem Garten ein fremdes Schwein wühlen sieht. Er handelt nicht etwa spontan, sondern ganz im Gegenteil äußerst vorsichtig. In jedem Fall steht fest, daß er das Schwein töten wird, das ist allseitig akzeptierter Brauch. Aber noch während das Schwein wühlt oder gleich, nachdem es getötet ist und noch aus den frischen Speerwunden blutet, holt der Gartenbesitzer einige Freunde hinzu, um sie zu konsultieren, Altersgenossen, Brüder, Schwäger. Soll er – erste Möglichkeit – das getötete Schwein dem Besitzer zurückschicken, der dann immerhin das Fleisch hat und damit Schulden bezahlen kann; oder soll er – zweite Möglichkeit – das Fleisch behalten und essen, zum Ausgleich für den Ärger und den Schaden in seinem Garten? Wenn die gleichgestellten Freunde zu dem versöhnlicheren Weg, Rückgabe an den Besitzer, raten, geschieht das. Plädieren sie für das riskantere Verhalten, werden in der nächsten Runde Ratgeber der älteren Generation, Vater, Onkel herangezogen. Treten auch sie dafür ein, das Fleisch zu behalten, wird schließlich noch ein besonders angesehener Mann befragt. Wenn er auch dafür ist, wird das Schwein gegessen, und zwar von allen, die dafür waren, gemeinsam, zum Zeichen, daß sie, wenn es anschließend Schwierigkeiten gibt, zusammenhalten werden, um den Entschluß zu verteidigen, und bereit sind, unangenehme Folgen, wie schwarze Magie oder Feindschaft mit dem Besitzer des Schweins und seiner Clique, mitzutragen.

Wenige oder wechselnde Regeln erfordern vom einzelnen große Aufmerksamkeit

Die Auskundschaftung, welches Verhalten man annehmen kann, ohne sich zu isolieren, erfolgt so umständlich und vorsichtig, weil klare Regeln fehlen. Ständig kommen neue Situationen auf, in denen der einzelne sich für oder gegen etwas entscheiden muß. Wenn er sich entschieden hat, dann stehen er und seine Gefährten leidenschaftlich dazu. Aber andererseits sind die Allianzen auch kurzlebig, Verstimmungen werden rasch beigelegt, und beim nächsten Konflikt gibt es neue Parteien.

Daß es sich um Prozesse öffentlicher Meinung handelt, darüber gibt es keinen Zweifel, alle Bestandteile sind vorhanden: die Kontroverse, die zwei Lager, der Versuch so zu handeln, daß man sich nicht isoliert, der Affekt aus dem Bewußtsein, im Recht zu sein, alles spielt mit. Man könnte zweifeln, ob es sich wirklich um »öffentliche« Meinung handelt, ob das Element »Öffentlichkeit« wirklich präsent ist. Sicher nicht in dem Sinn, wie wir es in der modernen Massengesellschaft verstehen, wo Öffentlichkeit für den einzelnen heißt: Anonymität, jeder hat Zutritt, der einzelne befindet sich in einer unkontrollierbaren Ansammlung anderer, deren Namen, deren Gesichter und deren Gesinnung er nicht kennt. Der Arapesh kennt die Mitglieder seiner Siedlungsgemeinschaft. Was aber auch für ihn existiert, ist Öffentlichkeit in dem Sinn von »alle«, im Sinn jener umfassenden Zugehörigkeit, von der er auf keinen Fall abgetrennt, ausgestoßen, isoliert sein will.

Das duale System, die Lagergesinnung

Die zweite Art, Prozesse öffentlicher Meinung durchzuführen, beschreibt Mead am Beispiel der Iatmul[7], einem Stamm von Kopfjägern in Neuguinea. Sie haben gemeinsam mit den Arapesh, daß es auch bei ihnen keine Häuptlinge gibt, keine zentrale Autorität – und daß sie dennoch entscheidungsfähig, handlungsfähig sind. Aber Konflikte lösen sie nicht, indem die Individuen sorgfältig nach der Mehrheitsmeinung suchen. Die Iatmul haben ein »duales« System entwickelt, der Stamm wird nach formalen Kriterien in zwei Lager gespalten, und zwischen diesen beiden Lagern, Parteien, werden die Streitfragen jeweils entschieden. Mead meint, dies Verfahren sei erforderlich, um bei größeren Verbänden, bei den Iatmul um 1000 Personen, zu einem Konsensus zu gelangen. Der einzelne entscheidet sich nicht zugunsten einer bestimmten Ansicht um der Sache willen, weil er es sich so überlegt hat, sondern weil seine Gruppe diese Ansicht vertritt. Wie diese Gruppen gebildet werden, und auf welcher Seite sich also der einzelne findet, scheint von vollkommener Willkür. Da stehen einander gegenüber die Partei der im Winter Geborenen und der im Sommer Geborenen; die Partei derer, die nördlich vom Friedhof und die südlich vom Friedhof wohnen; diejenigen, deren mütterliche Familie keine Habichte essen darf, und diejenigen, denen nach der Mutterlinie Papageien verboten sind, oder diejenigen, die nach väterlicher Abstammung dem Clan A oder B angehören, oder diejenigen, die von zwei benachbarten Altersgruppen der einen angehören oder der anderen. Das System funktioniert nur, weil sich diese Gruppen vielfach überschneiden, so daß Personen, die heute in der Sache Gegner sind, sich morgen in einer anderen Sache als Alliierte auf der gleichen Seite finden. Auf diese Weise kommt es nicht dazu, daß sich die Siedlungsgemeinschaft spaltet, obgleich durchgängig duale, und das heißt: leicht spaltbare Muster angelegt sind entsprechend dem »Dafür« und »Dagegen«, das jeden Prozeß der öffentlichen Meinung charakterisiert.

Die Entscheidungen fallen nicht durch Mehrheitsbeschluß. Die in einer Frage am stärksten interessierten Personen suchen nach der Lösung, und die Mitglieder der formalen Gruppen schließen sich den informell ausgegebenen Parolen an. Mead meint, daß in modernen Gesellschaften viele Fragen nach ähnlichen dualen Gliederungen entschieden werden, die Anhänger von Parteien, Verbänden, regionalen Gruppen streiten leidenschaftlich für die eine oder andere Seite, aber in Wirklichkeit nicht wegen der Argumente, sondern weil es ihr Lager ist, das den betreffenden Standpunkt einnimmt. Je nach der Stärke, die die Anhängerschaften dabei zeigen, kommen schließlich Lösungen zustande. Moderner politischer Jargon verrät die unmittelbare Beziehung dieser Mechanismen der öffentlichen Meinung zur Gegenwart. Das Stichwort »Polarisation« deutet auf die duale Formierung, um gegenüber Alternativen zu einer Entscheidung zu gelangen; mit dem modernen Stichwort »Lagergesinnung« ist das bezeichnet, was Margaret Mead am Beispiel der Iatmul beschreibt.

Der einzelne ist machtlos. Formalismus auf Bali

Den dritten Typ, eine Gesellschaft zusammenzuhalten, schildert Margaret Mead am Beispiel des Südsee-Inselvolkes der Balinesen[8].

Eine starre zeremonielle Ordnung tritt vor unsere Augen. Juristischer Scharfsinn entscheidet die Streitfragen. Zum Rat gehören alle erwachsenen gesunden Männer, mit den Jahren rücken sie in immer höhere Positionen, in denen sie »Amtsträger« sind, verpflichtet zur sorgfältigsten Auslegung der überlieferten Regeln. Ein Fall wird vorgeführt. Ein Paar hat geheiratet, da kommen Zweifel auf, ob die Ehe Rechtens oder als Inzest einzustufen ist. Sie sind Vetter und Kusine ersten Grades, aber versetzt um zwei Generationen, die Frau ist genealogisch die Großmutter des jungen Mannes. Heiraten zwischen Vettern und Kusinen ersten Grades sind untersagt. Was ist in diesem Fall ausschlaggebend: die Verwandtschaft ersten Grades oder der Abstand um zwei Generationen? Ein ganzer Tag verstreicht in unheilvoller Spannung. Der Rat tritt zusammen, die Anführer prüfen eine Reihe von Argumenten, aber kommen zu keiner Antwort. Niemand nimmt Partei, es gibt keinen Anwalt für die betroffenen Familien, es werden keine Versuche gemacht, eine »herrschende Meinung« herauszufinden. Schließlich fällt der Experte für Kalenderfragen im Rat das Urteil: Erster Grad bleibt erster Grad, die Ehe ist als Regelverstoß zu bewerten. Was demjenigen, der gegen die Regeln verstößt, widerfährt, die Isolation, wird augenfällig vollzogen. Die Häuser der beiden werden hochgehoben und außerhalb der Grenzen des Dorfes im Süden in der Strafzone niedergesetzt, die gesamte Bevölkerung hilft mit. Die Eheleute sind ausgestoßen, an keiner Veranstaltung im Ort dürfen sie mehr teilnehmen, nur noch an Begräbnisfeierlichkeiten.

Handelt es sich in der Art, wie bei den Balinesen Konflikte gelöst werden, wirklich noch um einen Mechanismus öffentlicher Meinung? Es ist wohl ein gleitender Übergang zu anderen Formen der sozialen Kontrolle. Edward Ross hatte den Begriff »soziale Kontrolle« keineswegs nur auf öffentliche Meinung bezogen, das Gerichtswesen rechnete er ausdrücklich dazu. An ein Gerichtswesen, wenn auch ohne geschriebene Gesetze und ohne Plädoyers, fühlt man sich bei den Balinesen erinnert. Das göttliche Gebot, das formale Recht und das Gesetz der Meinung – um sich an die Dreiteilung von John Locke zu halten – fließen zusammen und lassen dem einzelnen unter Umständen keinerlei Spielraum mehr, durch Vorsicht oder Sammeln von Anhängerschaft das Schicksal der Isolation abzuwenden.

Margaret Mead begründet den Nutzen der Untersuchung öffentlicher Meinung bei primitiven Völkern: bei ihnen könne man gleichsam in Reinkultur studieren, was in modernen Gesellschaften durcheinandergehe. Unterschieden sind die Verfahren der Arapesh, der Iatmul und der Balinesen in dem Anteil, den der einzelne nehmen kann oder nehmen muß beim Erreichen oder Erhalten des Konsensus. Bei den Arapesh wird vom einzelnen größte Aufmerksamkeit verlangt, die Regeln fließen, und was heute richtig ist, kann morgen falsch sein, rasch kann man sich als Ausgestoßener finden. Bei dem Iatmul-System hat der einzelne immerhin noch Gewicht als Anhänger einer der beiden Parteien. Bei den Balinesen, bei denen die Regeln am meisten erstarrt sind, kann der einzelne sich völlig einflußlos finden. Der hohen Sensibilität, die der Arapesh entwickelt, steht bei den Balinesen ein völliger Fatalismus gegenüber. Das quasistatistische Organ der Einschätzung der Umwelt muß unter solchen Umständen verkümmern.

Kontrolle durch die Nachbarn

Fließend ist, was Margaret Mead als ein Kombinationsmodell öffentlicher Meinung bei den Zuni beschreibt[9]. Jeder wird unablässig von seinen Nachbarn beobachtet und beurteilt, öffentliche Meinung ist immerzu gegenwärtig als negative Sanktion. Dies führt dazu, daß alle Tätigkeit gebremst wird und viele Handlungen unterbleiben. Wenn wir nach modernen Entsprechungen suchen, können wir uns allerdings vorstellen, daß diese Nachbarschaftskontrolle nicht nur bremst, sondern auch Handlungen hervorruft, etwa das demonstrativ sichtbare Auslegen von Bettzeug am Morgen aus dem Fenster als Zeichen, daß die Sauberkeitsnormen eingehalten werden. Wie scharf ausgebildet Mechanismen öffentlicher Meinung in der Art der Zuni in verschiedenen Kulturen sind, läßt sich an gewissen Sitten erkennen, zum Beispiel daß man die Gardinen abends nicht zuziehen darf, so daß jeder von außen in die erleuchteten Zimmer sehen kann, oder daß Zäune oder Hecken zwischen den Gärten als symbolische Abwehr von Nachbarn zu verurteilen sind, oder das Schließen der Zimmertür in einem Büro oder Wohnheim.

XII. Der Sturm auf die Bastille. Öffentliche Meinung und Massenpsychologie

Diese Geschichten aus Neuguinea oder Bali könnten leicht als exotischer Reisebericht mißverstanden werden. Margaret Mead sucht darum nach modernen Parallelen, um das Gemeinsame in den Prozessen der öffentlichen Meinung zu zeigen. Als modernes Gegenstück zum Verfahren der Arapesh wählt sie, um es ihren amerikanischen Lesern nahezubringen, das Beispiel eines lynchenden Mobs[1]. In beiden Fällen, meint sie, handelten die einzelnen spontan, aus der Situation heraus, wie es ihnen richtig erscheine, ohne Abstimmung mit einer Partei, und erzielten damit eine politische Wirkung.

Es ist eigentümlich, daß Margaret Mead den himmelweiten Abstand in der Situation des vorsichtigen Arapesh, in dessen Garten ein fremdes Schwein gräbt, und dem einzelnen Teilnehmer im Auflauf einer lynchenden Menge nicht bemerkt. Keineswegs läßt sich der Arapesh zu einer spontanen Handlung, wie sie ihm gerade richtig erscheint, »in terms of his own feeling on the subject«[1] hinreißen. Äußerst umsichtig geht er zuwege, wie Mead selbst es beschreibt, er steht nämlich unter sozialer Kontrolle und hat gute Gründe, sich bei seinen Maßnahmen der Unterstützung einflußreicher anderer zu versichern, unter anderem, indem er sie am Schweinefleisch-Mahl teilnehmen läßt, sie vielleicht sogar dazu nötigt.

Die konkrete Masse: Das Individuum erlebt Gemeinsamkeit und ist entlastet von Umweltbeobachtung

Für denjenigen, der sich am Lynchen beteiligt, ist umgekehrt gerade bezeichnend, daß er alle Vorsicht außer acht läßt, er befindet sich nämlich nicht als einzelner unter der scharfen Beobachtung der anderen, die sein Verhalten billigen oder ablehnen, sondern er ist völlig aufgegangen in der anonymen Masse und auf diese Weise befreit von der sozialen Kontrolle, die ihn als Individuum sonst auf Schritt und Tritt begleitet, solange er sich im geringsten in öffentlicher Sichtbarkeit oder Hörbarkeit bewegt.

Mead wählt als illustrierendes, modernes Beispiel eine Situation, die man als spontane oder manifeste Masse, auch als konkrete Masse (L. von Wiese)[2] bezeichnet, eine Masse von Menschen in körperlichem oder mindestens Sichtkontakt, die für kurze Zeit gemeinsam auftritt, gemeinsam handelt wie ein Wesen. Das ist sicher nicht die Analogie zum Arapesh; bei der Lösung des Problems mit dem fremden Schwein wurde zwar ein Konsensus von einer als ausreichend erachteten Allgemeinheit erzielt, aber jeder der Beteiligten blieb eine ganz bestimmte Person, mit bestimmter Rolle. Der lynchende Mob, diese Spielart menschlichen kollektiven Verhaltens, faszinierte Wissenschaftler und gebildetes Publikum seit der Französischen Revolution, seit dem Sturm auf die Bastille. Eine Flut von Abhandlungen und Büchern über Massenpsychologie war im 19. und 20. Jahrhundert diesen rätselhaften Ausbrüchen der menschlichen Natur gewidmet worden. Aber das Verständnis für Prozesse öffentlicher Meinung war dadurch wahrscheinlich nicht erleichtert, sondern eher erschwert worden. Ein diffuser Zusammenhang, wenn nicht sogar wie bei Margaret Mead eine Identität zwischen Massenausbrüchen und öffentlicher Meinung, wurde wahrgenommen, aber solche Auffassungen verwischten die charakteristischen Züge des sozialpsychologischen Phänomens öffentlicher Meinung, die ja bei den Autoren des 17. und 18. Jahrhunderts schon einmal ganz klar herausgearbeitet waren.

In welcher Beziehung stehen öffentliche Meinung und massenpsychologische Explosion zueinander? Zu Beginn dieser Untersuchung erscheint es nützlich, sich als Beispiel den Sturm auf die Bastille noch einmal zu vergegenwärtigen, wie der französische Historiker Taine ihn beschrieben hat:

»Jeder Distrikt ist zugleich ein Zentrum und der Palais Royal das größte von allen. Von einem zum andern geht ein Kreislauf von Anträgen, Anklagen, Deputationen, zugleich mit dem Menschenstrom, der sich einzwängt oder vorwärts stürzt, ohne andere Führung als sein eigenes Gefälle und dem Zufall seines Laufes. Eine Masse sammelt sich hier, dann da: ihre Strategie heißt Stoßen und Gestoßen-werden. Sie gelangen nur dort hinein, wo man sie hineinläßt. Wenn sie bei den Invaliden eindringen, dann nur infolge der Hilfe der Soldaten. – Auf der Bastille schießt man von 10 Uhr morgens bis 5 Uhr nachmittags auf Mauern in einer Höhe von 40 und einer Breite von 30 Fuß, und nur zufällig erreicht einer der Schüsse einen Invaliden auf den Türmen ... Man schont die Masse wie die Kinder, bei denen man sich müht, damit sie möglichst wenig Schaden anrichten: auf die erste Aufforderung läßt der Gouverneur die Kanonen von den Schießscharten zurückziehen, er ladet die erste Deputation zum Frühstück ein, er beschwört die Garnison, nicht zu schießen, wenn sie nicht angegriffen wird ... Wenn er endlich schießen läßt, dann nur in der äußersten Not, um die zweite Brücke zu verteidigen, und nachdem er den Angreifern angekündigt hat, er werde schießen lassen. Kurz, seine Langmut, seine Geduld sind außerordentlich, ganz entsprechend dem Begriff von Menschlichkeit in dieser Epoche. – Die Menschen sind fanatisch verrannt durch die unbekannte Sensation von Angriff und Widerstand, durch den Pulvergeruch, durch die hinreißende Gewalt des Angriffs; sie wissen nichts anderes, als sich gegen dieses Massiv von Steinen zu stürzen; ihre Hilfsmittel sind auf der Höhe ihrer Taktik ... Einige glauben, die Tochter des Gouverneurs gefaßt zu haben, und wollen sie verbrennen, um den Vater zu zwingen, sich zu ergeben. Andere legen Feuer an einen Vorsprung des Gebäudes, der mit Stroh gefüllt ist, und versperren sich so den Weg. ›Die Bastille ist nicht mit Gewalt genommen‹, sagt der tapfere Elie, einer der Kämpfer, ›sie hat sich ergeben, bevor sie überhaupt angegriffen wurde.‹

Es war eine Kapitulation auf das Versprechen hin, daß niemandem Leides geschehen würde. Die Garnison hatte nicht das Herz, auf lebende Wesen zu schießen, während sie selbst sich in nur allzu guter Deckung befand, und anderseits war sie verwirrt durch den Anblick der ungeheuren Masse. Nur acht- bis neunhundert Menschen griffen an ... Aber der Platz vor der Bastille und die umgebenden Straßen waren voll von Neugierigen, die das Spektakel sehen wollten; unter ihnen, wie ein Augenzeuge sagt, ›eine Anzahl elegante, gut aussehende Frauen, die ihre Wagen in einiger Entfernung gelassen hatten‹. Von der Höhe ihrer Brustwehr mußte es den hundertzwanzig Mann der Garnison scheinen, als ob ganz Paris sich gegen sie ergösse ... Sie sind es denn, die die Zugbrücke herunterlassen und den Feind hereinlassen: alles hat den Kopf verloren, Belagerte wie Belagerer, letztere noch mehr, weil sie trunken vom Sieg sind. Kaum eingedrungen, beginnen sie alles zu zerbrechen, die letztgekommenen erschießen die ersten, rein nach Zufall. Jeder schießt, ohne zu achten, wohin, noch auf wen. Die plötzliche Allmacht und die Freiheit, zu töten, sind ein zu starker Wein für die Natur des Menschen; der Schwindel überfällt sie, der Mensch sieht rot und alles endet in einem wilden Delirium.

... Die französischen Garden, die die Kriegsgesetze kennen, versuchen Wort zu halten. Aber die Masse hinter ihnen weiß nicht, wen sie trifft, und schlägt aufs Geratewohl zu. Sie verschont die Schweizer, die auf sie geschossen haben, die sie, in ihrer blauen Uniform, für Gefangene hält. Dafür stürzt sie sich auf die Invaliden, die ihr die Bastille geöffnet haben;

demjenigen, der den Gouverneur gehindert hat, die Festung in die Luft zu sprengen, wird das Handgelenk mit einem Säbelhieb abgeschlagen, zwei Degenstiche durchbohren ihn, und seine Hand, die ein Viertel von Paris gerettet hat, wird im Triumph durch die Straßen getragen ...«[3]

Sehr fremd nimmt sich neben einer solchen Massenszene aus, was nach empirischen und historischen Analysen hier als öffentliche Meinung bestimmt wird: jene an einem bestimmten Ort zu einer bestimmten Zeit affektiv besetzten Meinungen und Verhaltensweisen, die man im Bereich festliegender Auffassungen öffentlich zeigen *muß*, wenn man sich nicht isolieren will; im Bereich sich wandelnder Auffassungen oder in neu entstandenen Spannungszonen öffentlich äußern *kann*, ohne sich zu isolieren.

Haben denn Massenausbrüche und öffentliche Meinung überhaupt etwas miteinander zu tun? Wir besitzen ein einfaches Kriterium, um diese Frage zu beantworten. Alle Erscheinungen öffentlicher Meinung haben gemeinsam, daß sie verknüpft sind mit einer Isolationsdrohung gegen das Individuum. Wo der einzelne nicht frei nach eigener Richtung sich äußert oder handelt, sondern die Auffassungen seiner Umwelt berücksichtigt, um sich nicht zu isolieren, dort haben wir es immer mit Erscheinungsformen von öffentlicher Meinung zu tun.

In dieser Hinsicht gibt es nun bei der konkreten, bei der akuten Masse gar keinen Zweifel. Die Menschen, die beim Sturm auf die Bastille mitliefen oder auch nur als sensationslüsterne Zuschauer die Straßen säumten, wußten mit Sicherheit, wie sie sich verhalten mußten, um sich nicht zu isolieren, nämlich zustimmend, und mit welchem Verhalten sie sich einer geradezu lebensgefährlichen Isolation ausgesetzt hätten, nämlich durch Ablehnung, durch Kritik der Masse. Die Eindeutigkeit, die Schärfe der Isolationsdrohung gegen jeden Abweichenden in einer akuten Masse belehrt uns, daß es sich in der Wurzel um eine Erscheinungsform öffentlicher Meinung handelt. An die Stelle des Sturms auf die Bastille können wir leicht Massenszenen aus der Gegenwart setzen, ein Aufruhr auf einem Fußballplatz gegen eine Entscheidung eines Schiedsrichters oder gegen eine Mannschaft, die die Fans enttäuscht hat. Oder eine touristische Szene, ein ausländischer Autofahrer hat ein Kind angefahren, es spielt keine Rolle, ob das Kind in das Auto lief, oder ob der Fahrer schuld hat, jeder im Auflauf wird wissen, daß er nicht die Partei des Autofahrers nehmen darf. Oder eine Demonstration zum Tod von Benno Ohnesorg: unmöglich, den Polizisten Kurras zu verteidigen.

Wenn sonst der einzelne sich mehr oder weniger mühsam orientieren muß, was die gebilligten Verhaltensweisen sind, in der Massenszene ist das sonnenklar. Dabei kann das Einverständnis, auf das sich die beteiligten Menschen einigen, das sie zur Masse verbindet, verschiedene Ursprünge haben, und je nach diesen Quellen werden sich Massenszenen charakterisieren lassen.

Es scheint, als gebe es zeitlose, aber auch stark zeitgebundene Quellen, die das gemeinsame Element einer akuten Masse bilden können. Man denkt an die festen und flüssigen Aggregatzustände von Tönnies. Zeitlos ist die Gemeinsamkeit aus Instinktreaktionen: Hungeraufstände; Schutz des kleinen hilflosen Kindes, das der Autofahrer verletzt hat; Parteinahme gegen den Fremden, den Ausländer; Parteinahme für die eigene Mannschaft, die eigene Nation. Auf dieser Grundlage läßt sich eine Sportpalast-Masse organisieren: »Wollt Ihr den totalen Krieg?«

Zeitlos oder zumindest nicht abhängig von Aktualität ist gemeinsamer Zorn gegen die Verletzung von unangefochten gültigen Sitten. Zeitgebunden sind dagegen jene Massendemonstrationen, die ihre Gemeinsamkeit im Zustand des Wertewandels – »flüssiger Aggregatzustand« – aus neuen Wertvorstellungen beziehen. Hier bemächtigen sich die Kräfte, die an der Umwandlung arbeiten im schwerfälligen Bekehrungsprozeß disperser latenter Massen – hier bemächtigen sie sich der Zusammenballung von Menschen als erhebliche Beschleunigung, um die neue Ordnung demonstrativ zu etablieren, zu der man sich ungefährdet in der Öffentlichkeit bekennen kann. Damit ist die zeitgebundene konkrete Masse, die Masse, die ihre Gemeinsamkeit aus aktuellen Ideen gewinnt, eine typische Erscheinung revolutionärer Epochen. Man kann sich also der konkreten Masse als enorm verstärkter öffentlicher Meinung bedienen.

Die Situation des Individuums in der konkreten Masse ist völlig verschieden von derjenigen in der latenten Masse. Der üblichen sorgfältigen Prüfung durch das Individuum, was man öffentlich äußern muß oder kann, bedarf es in einer spontanen Massensituation überhaupt nicht: die Haupttriebfeder, die Isolationsfurcht, ist ausgeschaltet, das Individuum fühlt sich als Teil eines Verbandes und braucht keine Urteilsinstanz zu fürchten.

Gereizte öffentliche Meinung konkretisiert sich in spontaner Masse

Man kann, um die Beziehung zwischen der spontanen Masse und der öffentlichen Meinung zu verstehen, den Prozeß auch von der anderen Seite her betrachten, nicht von dem die Isolation fürchtenden oder in der konkreten Masse von Isolationsfurcht befreiten Individuum, sondern von der Gesellschaft her, die mit den Prozessen der öffentlichen Meinung einen Konsensus erzwingt, bei zeitgebundenen Themen angeführt von Avantgardisten. Eine spontane Masse – so nehmen wir an – entsteht als Entladung der Spannung zwischen einem allgemeinen Konsensus einerseits und einer einzelnen Person oder Gruppe (Minorität) andererseits, die sich hartnäckig Normen oder instinktmäßigen Reaktionen oder neu angenommenen Wertordnungen widersetzt; oder auch entsprechend der Doppelgesichtigkeit der öffentlichen Meinung, also ihrer Wirkung nach unten und nach oben als Angriff auf eine

Institution oder Regierung, deren Grundsätze oder Verhalten einen Konsensus verletzen oder die einer Forderung nach Veränderung nicht folgen wollen. Sozialforscher haben mit Repräsentativumfragen solche Spannungen systematisch gemessen, um das Ausbrechen von revolutionären Unruhen vorauszusagen. Dazu benutzt man Frageserien, die für eine Reihe lebenswichtiger Bereiche erkunden, wie die Lage nach der Auffassung der Bevölkerung *ist* und wie sie *sein sollte*. Wenn die Kluft zwischen beiden sich über das Normalmaß hinaus verbreitert, zeigt das Gefahr an.[4]

Das, was im Unterschied zur konkreten Masse abstrakte Masse genannt wird oder auch »latente Masse« – es besteht eine Gemeinsamkeit des Fühlens und Denkens, ohne aber an einem Ort zusammen zu sein –, schafft günstige Bedingungen für das Entstehen einer konkreten oder, wie es auch genannt wird, »wirksamen Masse« (Theodor Geiger). Leopold von Wiese spricht von einer »heimlichen Gemeinschaft« und gibt dazu das folgende Beispiel:

Im August 1926 war es in Paris zu verschiedenen Ausschreitungen gegen Fremde gekommen. Nachdem ein gewisser Stillstand eingetreten war, kam es wieder zu einem schweren Zwischenfall. Ein mit Ausländern besetzter Autobus wurde in der Nähe eines Brandes »›von der Polizei angehalten, mit der Weisung, mit Rücksicht auf die Ausdehnung des Brandes einen anderen Weg einzuschlagen. Die Menge, die offenbar geglaubt hatte, die Fremden seien gekommen, um sich den Brand anzusehen, ergriff sofort gegen diese Partei ..., ehe die Polizei es verhindern konnte, ergoß sich ein regelrechter Steinhagel auf die Insassen des Autobus, von denen mehrere verletzt wurden. Erst dem energischen Vorgehen der Schutzleute gelang es, die Fremden zu befreien. Unter den Verhafteten befindet sich ... ein bekannter Pariser Maler, der sich an dem Bombardement aktiv beteiligt haben soll‹ ... hat auch hier eine abstrakte Masse vorher bestanden? Gewiß, die heimliche Gemeinschaft aller deren, die über die Ausnutzung der Inflationsverhältnisse durch die Fremden empört waren. Es bestand die unorganisierte, nach Köpfen nicht zählbare Masse der Fremdenhasser.«[2]

Die wankelmütige Masse: nicht typisch für öffentliche Meinung

Die Rolle der emotionsgeladenen Masse im Prozeß öffentlicher Meinung – eines Prozesses, der immer Durchsetzung eines Wertes anstrebt – müßte um so deutlicher werden, je mehr es sich um eine »organisierte Masse« (McDougall)[5] handelt, eine – im Gegensatz zu primitiven, spontanen, unorganisierten Massen – dauerhaftere Bildung mit bestimmtem Ziel und mit einer Führungsfigur oder Führungsgruppen, die die Bildung einer konkreten, einer »wirksamen Masse« vorsätzlich herbeigeführt oder vorsätzlich wiederholt haben. Dagegen kann man sich primitive, spontane unorganisierte Masse vorstellen, die sich unter Umständen bildet, ohne irgendein Ziel öffentlicher Meinung durchzusetzen, sondern nur als Selbstzweck, um den emotionellen Höhepunkt zu erreichen, den die Teilnahme an einer spontanen Masse verschafft: das Gefühl der Gemeinsamkeit, die intensive Erregung, die Ungeduld, das Gefühl der Stärke, der unwiderstehlichen Macht, den Stolz, die Erlaubnis zur Intoleranz, zur Empfindlichkeit, den Verlust des Realitätssinns, nichts erscheint unwahrscheinlich, alles darf geglaubt werden ohne umständliches Abwägen, ganz leicht ist das Handeln ohne Verantwortung und ohne Anforderung an Ausdauer. Das Charakteristische derartiger Massen ist, daß sie völlig unberechenbar von einem Ziel zu einem anderen umschwenken, umgelenkt werden können, wie es der Bericht vom Hosianna! und Kreuziget ihn! beschreibt.

So eindrucksvoll sind die überlieferten Berichte von wankelmütigen Massen, daß sich diese Bilder in der Vorstellung festgesetzt haben, als sei das gleichsam der Normalzustand, wie sich die Meinungen großer Bevölkerungsmengen entwikkeln. Unberechenbare rasche Schwankungen in den Ansichten werden erwartet. Aber weder die Summe der individuellen Meinungen, wie sie in demoskopischen Umfragen ermittelt wird, noch die Einschätzung des Meinungsklimas durch die Individuen zeigt diese Unstetigkeit, die man von den »Massenmenschen« erwartet. Die abstrakte, die latente und die konkrete, die wirksame Masse folgen verschiedenen Gesetzen, es sind einmal Menschen mit und einmal Menschen ohne Isolationsfurcht. So durchschlagend ist die Gemeinsamkeit in der konkreten Masse, daß das Individuum sich nicht mehr zu sichern braucht, wie zu sprechen, wie zu handeln sei. In so dichter Verbindung ist auch dramatische Wankelmütigkeit möglich.

XIII. Mode ist öffentliche Meinung

Jeder Zustand der Gleichrichtung mit vielen anderen erregt den Menschen, und meistens begeistert er ihn. Mit den Mitteln der Demoskopie läßt es sich heute beobachten, das Hochgefühl, wenn eine Olympiade oder Fußballmeisterschaft oder eine dreiteilige, die Straßen leerfegende Fernsehkrimiserie läuft, oder die ganze Bevölkerung fasziniert von einer Triumphfahrt der englischen Königin ist. Sogar ein Bundestagswahlkampf erzeugt jedesmal Hochstimmung.

Ist es das Zusammengehörigkeitsgefühl aus einer stammesgeschichtlichen Wurzel, ein Zustand der Sicherheit, Widerstandsfähigkeit, Handlungsfähigkeit, wird der einzelne für kurze Zeit von der Isolationsfurcht befreit?

Das quasistatistische Organ als Bindeglied zwischen individueller und kollektiver Sphäre

»Es ist niemals geglückt, deutlich zu machen, wie das Verhältnis zwischen individuellem und kollektivem Bewußtsein aufgefaßt werden soll«, schrieb der englische Sozialpsychologe William McDougall in seinem 1920 veröffentlichten Buch »The Group Mind«[1]. Sigmund Freud sah in der Vorstellung von kollektiven Gebilden wie »group mind« oder in der Gegenüberstellung von Individuum und Gesellschaft eine unnötige Konstruktion. Auf der einen Seite das Individuum, auf der anderen Seite die Gesellschaft – das erscheint Freud als »die Zerreißung eines natürlichen Zusammenhanges«. Auf die große Zahl von Menschen, die auf den einzelnen gleichsam von außen einwirken, komme es gar nicht an. Das Individuum hat keine Beziehung zu dieser großen Zahl; seine Welt besteht aus jenen wenigen maßgebenden repräsentativen Beziehungen, die das Individuum zu einigen anderen Personen hat, diese Beziehungen bestimmen die affektive Einstellung des Menschen, sie bestimmen sein Verhältnis zur Gesamtheit; darum ist für Freud auch ein gesondertes wissenschaftliches Feld »Sozialpsychologie« eine Fiktion.

Was wir heute mit den Mitteln der Demoskopie erkennen, die Fähigkeit eines quasistatistischen Organs, Häufigkeitsverteilungen, Meinungsänderungen in der Umwelt mit großer Empfindlichkeit wahrzunehmen: das ließe sich nach den Vorstellungen von Freud nicht erklären. Das Eigentümliche ist ja bei diesen Umweltwahrnehmungen, Einschätzungen, wie die meisten Menschen denken, daß sie praktisch in allen Bevölkerungsgruppen zugleich umschlagen[2]. Hier muß es etwas geben jenseits der persönlichen Beziehungen, die der einzelne unterhält, eine Wahrnehmungsgabe, mit der eine Vielzahl von Menschen gleichsam ständig beobachtet wird, eben doch eine Sphäre, die man zutreffend als »Öffentlichkeit« bezeichnet. So ging auch McDougall ausdrücklich von der Annahme eines Bewußtseins für Öffentlichkeit aus, für die wir heute mehr und mehr Anzeichen finden: Jeder einzelne, schrieb McDougall, handle in der Öffentlichkeit in Kenntnis der öffentlichen Meinung[3].

In dem quasistatistischen Organ des Menschen könnte man das Bindeglied sehen, das die individuelle und kollektive Sphäre verknüpft. Kein geheimnisvolles kollektives Bewußtsein wird angenommen, aber die Fähigkeit des Individuums, in bezug auf Personen oder Verhaltensweisen oder Ideen die Relation von Zustimmung und Ablehnung in der Umwelt wahrzunehmen und die Veränderung, Zunahme oder Abnahme, und dementsprechend zu reagieren, nämlich sich möglichst nicht zu vereinzeln. Motiv dafür ist für McDougall, daß »Individualität in gewissem Sinne Isolierung bedeutet, durch die sich jeder von uns bedrückt fühlt, obgleich sie im Bewußtsein nicht zu voller Klarheit gelangt; sie ist für die Zeit der Massenbildung abgeschafft.«[4]

Mehrfach haben im 19. und 20. Jahrhundert zwei Auffassungen miteinander gerungen: diejenige, die den Menschen mehr bestimmt sah durch Herdentrieb als instinkthaftes Verhalten, gegenüber derjenigen, die vernunftgemäße Reaktionen auf die Erfahrung mit der Wirklichkeit annahm, einer Position, die sich mit dem humanistischen Ideal viel besser verträgt. Aus diesem Blickwinkel kann das Abwürgen von zwei Instinkttheorien gesehen werden, der des englischen Biologen Wilfred Trotter[5] und eben McDougalls durch den Behaviorismus. Die Verwirrung wird begünstigt durch den Umstand, daß eine wichtige und offenkundige menschliche Verhaltensweise, die Nachahmung, zwei verschiedene Wurzeln, zwei verschiedene Motive hat, ohne daß es äußerlich kenntlich wäre. Wir kommen zurück auf den Unterschied zwischen Nachahmung als Lernen, Nachahmung in der Absicht des Erkenntnisgewinns, Nachahmung bewährter Verhaltensweisen, um Gewinn aus der Erfahrung und dem Wissen anderer zu ziehen, und Übernahme von Argumenten aus vermutet klugem Urteil, aus vermutet gutem Geschmack, das ist das eine. Nachahmung, um dem anderen ähnlich zu sein, Nachahmung aus Isolationsfurcht, das ist das andere. Die Schulen, die den vernünftigen Menschen betonten, erklärten die Nachahmung als zweckmäßiges Lernverhalten, und da diese Schulen eindeutig über die Instinkttheorien siegten, so wurde Nachahmung aus Isolationsfurcht ein kaum verfolgtes Thema.

Warum müssen die Männer Bärte tragen?

Dabei gab es augenfällige Erscheinungen, die rätselhaft genug waren und die eigentlich die Aufmerksamkeit in die richtige Richtung hätten ziehen können. Aber wie das allzu Gewohnte erschienen sie eben nur wenigen rätselhaft. André Malraux sagte in einem Gespräch mit de Gaulle in dessen letztem Lebensjahr: »Ich habe nie klar ausmachen können, was ich von Moden denke ... die Jahrhunderte, in denen die Männer Bärte tragen müssen, die Jahrhunderte, in denen sie rasiert zu sein haben ...«[6]

Lernen, Erkenntnisgewinn als Motiv der Nachahmung, als Motiv, Bärte zu tragen oder sich zu rasieren? Die Antwort an Malraux würde lauten: Moden sind Verhaltensweisen, die man, wenn sie neu sind, öffentlich zeigen *kann*, ohne sich zu isolieren, oder, eine Phase später, die man öffentlich zeigen *muß*, wenn man sich nicht isolieren will. Die menschlichen Gesellschaften versichern sich auf diese Weise ihres Zusammenhalts und einer ausreichenden Bereitschaft des einzelnen zum Kompromiß. Man wird gewiß sein können, daß sich die Barttracht nie ändert ohne eine tiefere Bedeutung, ohne daß damit die Menschen einer Zeit zu einschneidendem Wandel bereitgemacht werden.

»Das Haareschneiden und die Gewandung und Beschuhung, und das ganze Äußere des Körpers« rechnete Sokrates zu den ungeschriebenen Gesetzen (Platon: Der Staat, 4. Buch, 425A–D), auf die ein Gemeinwesen gegründet sei, und ebenso die Art der Musik. »Eine neue Art von Musik einzuführen muß man sich hüten, weil es das Ganze gefährden heißt; denn nirgend wird an den Weisen der Musik gerüttelt, ohne daß die wichtigsten Gesetze des Staates mit erschüttert würden ...« In Gestalt eines Spieles und unter dem Schein, daß nichts Böses angerichtet werde, schleiche sich das Neue ein. Und sein Gesprächspartner Adeimantos ergänzt: »Sie richtet auch nichts an, als daß sie allmählich sich festsetzt und in aller Stille unter der Hand sich an die Sitten und Beschäftigungen heranmacht, von diesen aus in größerem Maße im gegenseitigen Verkehr zutage tritt und dann vom Verkehr aus an die Gesetze und Staatseinrichtungen geht mit großer Frechheit, Sokrates – bis sie zuletzt *alles* in den persönlichen und öffentlichen Verhältnissen umstürzt.« (424 B–425 A)[7]

Es ist angesichts des spielerischen Charakters der Mode leicht, sich über ihren großen Ernst, ihre Tragweite als Integrationsmechanismus der Gesellschaft zu täuschen. Dabei spielt es keine Rolle, ob eine Gesellschaft mit oder ohne durchgearbeitete Rangordnungen ihren Zusammenhalt behauptet, ob also die öffentliche Sichtbarkeit von Kleidern, Schuhen, Haar- und Barttracht genutzt wird, um Rangunterschiede zu zeigen, oder ob umgekehrt – wie beispielsweise in der amerikanischen Gesellschaft – versucht wird, den äußeren Schein zu erwecken, es gebe keine Rangunterschiede. Daß die spielerischen Mittel der Mode sich besonders zur Markierung von Rangordnungen eignen, ist bekannt. Dieser Zusammenhang hat nämlich wieder viel mehr Aufmerksamkeit gefunden – Mode als Ausdruck von Differenzierungs- und Prestigestreben, Humes Perspektive: »The love of fame«, Thorstein Veblens »Theorie der feinen Leute« – als der die Menschen viel allgemeiner erfassende Konformitätsdruck, den John Locke mit Beharrlichkeit betonte, wenn er abwechselnd vom Gesetz der Meinung oder Reputation oder Mode sprach.

Die Fähigkeit zum Kompromiß wird eingeübt

Der Mißmut gegenüber dem Disziplinierungsmittel Mode zeigt sich in vielen negativ besetzten Sprachwendungen: »modisch« und »Launen der Mode«, »Modeteufel« und »Modegeck«, die Assoziationen sind »äußerlich«, »oberflächlich«, »kurzlebig«, das Nachahmen wird zum Nachäffen.

Es ist immer wieder rührend zu beobachten, wie bei demoskopischen Marktanalysen die Verbraucherinnen auf die Frage, was sie vor allem beim Einkauf eines neuen Kleides suchen, sehnsüchtig antworten: »Es soll zeitlos sein«. Wenn irgendwo, so begegnen wir hier einem echten Zorn auf den »Konsumzwang«, Zorn, zu einem Kompromiß zwischen eigenen Neigungen und den Anforderungen der Mode gezwungen zu sein, um nicht als Vogelscheuche, die mit den Kleidern von gestern ausstaffiert ist, von der zeitgenössischen Gesellschaft belächelt oder ausgestoßen zu werden. Aber die Ursache dieses »Konsumzwangs« wird verkannt. Die Geschäftsleute sind bei diesen Vorgängen keineswegs, wie die zornige Verbraucherin meint, die Drahtzieher, die das alles inszenieren und den Modetrend hier- und dorthin steuern; wenn sie erfolgreich sind, dann wie gute Segler, die den Wind zu beurteilen wissen. Die so äußerst sichtbare, öffentlich getragene Kleidung des Menschen eignet sich zu gut als Ausdrucksmittel für die Signale des Zeitgeistes und als Medium, in dem der einzelne seinen Gehorsam zeigt, sich einzuordnen in die Gemeinschaft.

In dem berühmten Sammelband von Bendix und Lipset »Class, Status and Power« wird mißbilligend in einem Aufsatz über Mode moniert, im Sprachgebrauch der Sozialwissenschaften werde Mode noch immer allzu weit ausgedehnt, es sei ein »overgeneralized term«[8]. Als abschreckendes Beispiel wird angeführt, allein bei einem einzigen Autor finde man den Begriff »Mode« gebraucht mit Bezug auf Malerei, Architektur, Philosophie, Religion, ethische Verhaltensweisen, Kleidung, exakte Naturwissenschaften, Biologie und Sozialwissenschaft. Aber nicht nur das: Mode begegne einem auch bezogen auf Sprache, Literatur, Speisen, Tanzmusik, Freizeit, »ja, angewandt auf den gesamten Bereich sozialer und kultureller Elemente«. Im Kern solle bei diesen vielen verschiedenen Anwendungen des Wortes Mode ausgedrückt werden »wechselhaft«. »Aber«, sagen die Autoren, »es ist unwahrscheinlich, daß die Strukturen der Verhaltensweisen in diesen so verschiedenen sozialen Feldern und die daraus folgende Dynamik der Veränderungen alle die gleichen sind. ›Mode‹ ... hat zuviele Bezüge; es fallen darunter wesensmäßig völlig verschiedene soziale Verhaltensweisen.«[9]

Ein hartes Muster

Völlig verschiedene soziale Verhaltensweisen? Wer genau hinsieht, findet überall zugrundeliegend das, was John Locke als ungeschriebenes Gesetz der Meinung oder Reputation oder Mode kennzeichnete. Er findet überall jenes harte Muster, das nach John Locke den Begriff Gesetz rechtfertigt, weil Belohnungen und Strafen ausgeteilt werden, die nicht aus der Sache selbst kommen – so wie man sich etwa durch Maßlosigkeit den Magen verderben kann –, sondern aus bloßer Billigung oder Mißbilligung zu einer bestimmten Zeit an einem bestimmten Ort. Wenn man so der Sache auf den Grund geht, dann erscheint der weitgedehnte Gebrauch des Ausdrucks »Mode« nicht unnütz, sondern gerade geeignet, auf Gemeinsamkeiten aufmerksam zu machen. In all den Bereichen, die als viel zu zusammenhanglos aufgezählt werden, kann man sich als »in« oder »out« ausweisen und tut je nach der eigenen Lebenssphäre gut daran, die Veränderungen zu beobachten, um sich nicht zu isolieren. Isolationsdrohung ist überall gegenwärtig, wo Bewertungen als herrschende Meinung durchgesetzt werden. Mode ist ein hervorragendes Integrationsmittel, nur von der Funktion her, Integration der Gesellschaft zu bewirken, läßt sich erklären, daß etwas so Läppisches wie Schuhabsätze oder ein Kragen Inhalt öffentlicher Meinung ist, Signal für »in« oder »out«. Dabei stehen die scheinbar so verschiedenen Bereiche, in denen Mode beobachtet werden kann, gerade nicht zusammenhanglos nebeneinander. Sicher, die Synchronisation ist noch wenig erforscht. Aber man wird mit Sokrates einen Zusammenhang zwischen der Veränderung von

Musik und Veränderung des Haarschnittes vermuten und sich über den Ernst nicht täuschen dürfen, daß schließlich von dieser Bewegung Gesetze umgestürzt werden.

XIV. Der Pranger

Grausam hat der Strafvollzug bei vielen Völkern die empfindliche soziale Natur des Menschen ausgenutzt. Nicht nur mit jenen Strafen, die schwer öffentlich zu verbergen sind, wie die Koranstrafen der abgeschlagenen rechten Hand und im Wiederholungsfalle des linken Fußes für Diebstahl oder die Brandzeichen, die jemand brandmarken, sondern noch deutlicher, nur abgestellt auf das Selbstgefühl, mit den sogenannten »Ehrenstrafen«, bei denen zumindest der Idee nach den Menschen kein Haar gekrümmt wird. Wir haben keinerlei Mühe zu verstehen, worum es geht, wenn von den Prangerstrafen die Rede ist[1]. Daß diese Strafen zu allen Zeiten in allen Kulturen – in unserer seit dem 12. Jahrhundert[2] – angetroffen werden, bezeugt eine Konstante der menschlichen Natur. Die Pygmäen wußten, wo der Mensch am empfindlichsten ist: wenn man ihn lächerlich macht oder verächtlich und dies vor allen anderen, so daß alle es sehen oder hören[3].

Die Ehrenstrafen nutzen die empfindliche soziale Natur des Menschen

John Locke zitierte Cicero mit dem Ausspruch: »Es gibt in der Welt nichts Besseres als die Rechtlichkeit, das Lob, die Achtung und die Ehre.« Und, fügte Locke hinzu, Cicero habe sehr wohl gewußt, daß dies alles Namen für die gleiche Sache seien[4]. Dem Menschen das Beste, sein Ansehen, seine Ehre nehmen, das ist der Inhalt der Ehrenstrafen. Der Pranger, hieß es im Mittelalter, reißt »die Mannesehre entzwei«[5]. Für so schmerzlich hielt man diese Erfahrung, daß man, als die ersten Humanisierungstendenzen aufkamen, verfügte, junge Menschen unter 18 und – ein Gesetz in der Türkei – alte ab 70 Jahre dürften nicht an den Pranger gestellt werden[6].

Auf ausgeklügelte Weise wird beim Pranger die größtmögliche Öffentlichkeit hergestellt: der Schandpfahl oder das Schandgerüst, die Schandbühne stehen auf dem Marktplatz oder da, wo sich zwei belebte Straßen kreuzen. Der Missetäter, nach der »peinlichen Halsordnung« an den Pranger gefesselt durch das Halseisen, wird »ausgestellt« oder »vorgestellt« zur belebtesten Zeit, an den Markttagen in den Vormittagsstunden oder an Sonntagen oder Feiertagen, auch angekettet mit gefesselten Beinen an der Kirchentür als »Kirchenpranger«. Für Lärm wird gesorgt mit Trommeln, Schellen und Klingeln, der Pranger wird für größtmögliche Sichtbarkeit grell angestrichen, zum Beispiel rotbraun, geschmückt ist er mit der Abbildung unsauberer Tiere. Auf einem Schild, das dem Verurteilten umgehängt wird, stehen sein Name und seine Straftat. Die Masse derer, die ihn verspotten oder beschimpfen oder mit Schmutz bewerfen (von den Steinwürfen, die dem Charakter der Strafe nicht entsprechen, einmal abgesehen), ist anonym, der sozialen Kontrolle entzogen, er allein ist identifiziert. »Peinliche Halsordnung« – das Wort »peinlich« hat bis zur Gegenwart seinen Charakter, den Hinweis auf eine soziale Herabwürdigung, Herabsetzung im Ansehen bei anderen, behalten.

Die Prangerstrafe wird verhängt nicht bei den groben Verstößen, sondern bei den leisen, schwer faßbaren, auf die gerade dann das volle Licht der Öffentlichkeit fallen soll: Betrug, zum Beispiel Bäcker, die falsch einwiegen, betrügerischer

Bankrott; Prostitution, Kuppelei; vor allem Beleidigung, Verleumdung, wer einem anderen die Ehre nimmt, soll selbst seine Ehre verlieren[7].

Aus dem Klatsch kann man die Ehrenregeln einer Gesellschaft entnehmen

Die Verleumdung: Hier fließen die Grenzen zum Klatsch, dem Gespräch über abwesende Dritte, mit dem sich Mißbilligung ausbreitet, das Gegenstück zur Ehre, die Schande. Reputation wird zerstört, es wird Rufmord begangen[8], jemand gerät in Verruf, es wird verpönt, sich mit ihm zusammen zu zeigen – ganz wie es die Marquise 1782 in den »liaisons dangereuses« in ihrem Brief an eine junge Frau ausdrückte, um sie von dem Umgang mit dem schlechtbeleumdeten Liebhaber abzubringen, »... würde nicht gegen ihn die öffentliche Meinung bestehen bleiben und müßte das nicht genügen, Ihr Verhältnis zu ihm danach einzurichten?«[9]

Rufmord, Verruf, verpönt: Die Sprache quillt über von Wortzeichen aus der sozialpsychologischen Sphäre, bei der der einzelne sich wehrlos preisgegeben fühlt. »*Wer* hat das gesagt?« verlangt er zu wissen, wenn Fetzen von Klatsch ihn erreichen, aber der Klatsch ist anonym. Der amerikanische Wissenschaftler John Beard Haviland entdeckte den Klatsch, den gossip, als wissenschaftlichen Gegenstand. Beim Stamm der Zinacanteco legte er sich auf die Lauer, um den Klatsch als Quelle, als wissenschaftliches Material aufzufangen, aus dem sich die Ehrenregeln eines Stammes, einer Gesellschaft entnehmen lassen. Er beobachtete, wie sich Klatsch verdichtet, bis schließlich der Fehltritt zutage kommt. Mit einer prangerähnlichen Ehrenstrafe wird das ehebrecherische Paar belegt: In der Mitte eines Festes müssen die beiden harte Arbeit verrichten[10]. Es ist sehr einfallsreich, wie hier die Isolation verwirklicht wird. Harte Arbeit hat an normalen

Tagen nichts Ehrenrühriges, aber als Schaustellung, allein, mitten zwischen feiernden Menschen ist es ein sinnfälliges Ausgestoßensein.

Wieviel Ideen Menschen geboren haben, um Schande augenfällig zu machen. Das »Ausstellen« mit hoher Papiermütze, das Umherführen eines Mädchens mit kahlrasiertem Kopf, das Teeren und Federn – man denkt an den unglücklichen Cephu bei den Pygmäen, und wie er verhöhnt wurde: »Du bist gar kein Mensch, du bist ein Tier.«

Sogar ein Kaiser konnte mit Mitteln der Anprangerung, der verächtlichen Öffentlichkeit, gedemütigt werden. Die Handwerker und Lieferanten, die während des Aufenthalts von Rudolf II. in Prag 1609 vergeblich auf die Bezahlung ihrer Rechnungen warteten, weil die böhmischen Stände dem Kaiser die Steuereinkünfte gesperrt hatten, verlegten sich auf eine hörbare Öffentlichkeit, die von der ersten nachgewiesenen Zeitung der Welt, dem AVISO, in eine weit über Prag hinausreichende Öffentlichkeit getragen wurde. In der Dunkelheit, meldete der AVISO am 27. Juni 1609, habe sich vor des Kaisers Wohnung ein großes Geschrei und Pfeifen erhoben, die Leute hätten geheult wie die Hunde, Wölfe und Katzen. Der Kaiser habe eben beim Nachtmahl gesessen und sei nicht wenig entsetzt gewesen ...[11]

Bis in die Kinderstube und Schulstube reicht der Pranger mit der Strafe, in die Ecke gestellt zu werden.

Der Pranger, die rotbraun angestrichene Schandbühne auf dem Marktplatz, mag heute so weit entfernt erscheinen wie die eiserne Jungfrau der mittelalterlichen Folterkammer, und doch leben wir alltäglich mit dem Pranger. Die Menschen des ausgehenden 20. Jahrhunderts werden in der Presse, im Fernsehen an den Pranger gestellt. Im AVISO von 1609 hat sich der moderne Pranger angekündigt.

Selbst als mit 50 oder mehr verschiedenen Definitionen von öffentlicher Meinung im 20. Jahrhundert der Begriff ganz sinnentleert war, war und wird er noch in seiner ursprünglichen Bedeutung aufbewahrt im deutschen Strafgesetzbuch, wo in den §§ 186, 187 aufgeführt wird, daß zu einem Tatbestand der üblen Nachrede beziehungsweise Verleumdung die Behauptung auch einer belanglosen Tatsache genügt, sofern sie geeignet ist, den Betreffenden »in der öffentlichen Meinung herabzuwürdigen«. Wie aus dem Klatsch, so kann man auch aus den Beleidigungsprozessen der Gegenwart die Ehrenregeln entnehmen. Als Beispiel diene ein Prozeß, den das Landgericht Mannheim am 23. November 1978 (Aktenzeichen VIII QS 9/78) entschieden hat und dessen Extrakt die »Neue Juristische Wochenschrift« folgendermaßen wiedergibt: »Wenn eine Frau sich darauf beruft, daß sie als ›Hexe‹ bezeichnet wird, so rechtfertigt sich eine Einstellung des Verfahrens wegen geringer Schuld bei der Beklagten nicht schon deshalb, weil es sich bei den Beteiligten um Ausländerinnen (hier Türkinnen) handelt und der Hexenglaube im Nahen Orient der Gegenwart außerordentlich weit verbreitet ist. Ein derartiger Grund für schweren Vorwurf erfordert zum Schutze des Betreffenden eine nachhaltige Ahndung durch ein Strafgerichtsurteil.« In seiner Begründung führt das Gericht aus: »Zweifellos ist der Hexenglaube im Nahen Orient der Gegenwart außerordentlich weit verbreitet ... Doch steht es auch hierzulande kaum besser. Nach der letzten einschlägigen Umfrage (1973) glauben 2 Prozent der Einwohner der Bundesrepublik fest an ›Hexen‹, und weitere 9 Prozent halten Hexerei für möglich; in Süddeutschland gibt es Sachverständigenschätzungen zufolge kein Dorf ohne als Hexen verrufene Frauen ... Es besteht also kein Grund, die gleichen abergläubischen Vorstellungen ›weit hinten in der Türkei‹ anders und milder zu beurteilen. Wie der Prozeßbevollmächtigte der Privatklägerin mit Recht ausführt, ist die Verdächtigung als ›Hexe‹ auch für eine türkische Gastarbeiterin eine schwerwiegende Rufbeeinträchtigung, die sie in den Augen ihrer abergläubischen engeren Umwelt allmählich zur Verfemten und Geächteten macht, ständiger Feindschaft und Verfolgung aus setzt und schließlich nicht selten schweren Mißhandlungen oder gar Tötung zum Opfer fallen läßt, wenn nicht rechtzeitig und wirksam abschreckend gegen die Verleumdung vorgegangen wird.«[12]

XV. Das Recht und die öffentliche Meinung

In einem Prozeßbericht der Neuen Zürcher Zeitung vom 6. Mai 1978 über einen nächtlichen Raubüberfall in Zürich (Altstadt) wurde der Urteilsspruch kommentiert: ». . . Das sollte aber auch das Obergericht veranlassen, zu überprüfen, ob seine verhältnismäßig immer noch milde Strafpraxis bei solchen Taten mit dem Volksempfinden und der öffentlichen Meinung übereinstimmt.« Müssen die Gesetze, muß die Spruchpraxis der Gerichte mit der öffentlichen Meinung übereinstimmen, müssen sie der öffentlichen Meinung angepaßt werden? In welcher Beziehung steht die öffentliche Meinung zur Rechtssphäre?

Die dringlichste Frage lautet wohl, in welchem Ausmaß sich die drei Gesetze John Lockes, das Gesetz Gottes, das Gesetz des Staates und das Gesetz der öffentlichen Meinung, widersprechen dürfen. Locke behandelte diese Frage für seine Zeit und sein Land am Beispiel des Duells. In der Bundesrepublik Deutschland der siebziger, achtziger Jahre läßt sich der Konflikt darstellen am Beispiel der Abtreibung, des Schwangerschaftsabbruchs. Ein Kirchenfürst bezeichnet die Abtreibung als Mord und weigert sich, sich von den Äußerungen eines Arztes zu distanzieren, der die massenhaften Abtreibungen mit den Massenmorden im Konzentrationslager Auschwitz verglichen hatte. Das Gesetz des Staates erlaube die Abtreibung, sagt der Kardinal, aber er bleibe bei der Bezeichnung Mord[1]. Das ist kein Streit um Worte, unversöhnlich stehen die Auffassungen gegeneinander. Es ist nicht so, daß die eine, die Auffassung des Kirchenfürsten, nur noch Fassade ist, hinter der sich ganz andere moderne Empfindungsweisen völlig ausgebreitet haben. Die unterschiedlichen Überzeugungen, wie Abtreibung zu bewerten sei, sind virulent, den christlichen Glaubensüberzeugungen zum Schutz des Lebens, auch des ungeborenen Lebens, stehen gefühlsmäßig ähnlich starke einer, wie es Rousseau zuerst nannte, »religion civile«[2], einer diesseitigen staatsbürgerlichen Religion gegenüber, hier gilt Emanzipation, das Selbstbestimmungsrecht der Frau über ihren Körper als der höhere Wert. Es handelt sich um einen der Gegensätze, die Menschen bewegen, ihren Umgang danach einzurichten, Kreise zu meiden, die anders denken als sie.

Polarisation als gespaltene öffentliche Meinung

Indem Menschen Andersdenkenden aus dem Weg gehen, verlieren sie die quasistatistische Fähigkeit, die Ansichten der Umwelt richtig einzuschätzen. Man könnte den in der amerikanischen Soziologie eingeführten Begriff »pluralistic ignorance« dafür anwenden, Ignoranz, wie »man« denkt. Es ist der Zustand, den man als Polarisation bezeichnet. Die Gesellschaft zerfällt, man könnte von einer gespaltenen öffentlichen Meinung sprechen. Das Kennzeichen ist, daß sich jedes Lager bei weitem überschätzt. Statistisch läßt sich das messen mit einem Distanzmaß: Je weiter die Schätzungen, wie »die meisten Menschen denken«, in zwei Meinungslager auseinanderfallen, desto stärker ist die Polarisation in dieser Frage, die Anhänger der verschiedenen Ansichten reden eben nicht mehr miteinander und irren sich darum. Die folgenden Tabellen (16–19) zeigen einige Beispiele aus den siebziger Jahren. Manchmal ist die Ignoranz auch einseitig, ein Lager schätzt die Umwelt richtig ein, das andere überschätzt sich stark; eine

TABELLE 16: **Polarisation der Meinungen über Bundeskanzler Brandt im Januar 1971**

Die beiden Lager von Anhängern und Gegnern klaffen in ihrer Einschätzung der Mehrheitsmeinung weit auseinander. Dies wird erklärt aus einem Auseinanderrücken der beiden Gruppen, sie sprechen nicht mehr miteinander und schätzen darum das Meinungsklima völlig verschieden ein.

Frage: »Glauben Sie, daß die meisten Leute bei uns Willy Brandt als Bundeskanzler behalten wollen, oder daß die meisten lieber einen anderen Bundeskanzler hätten? Was vermuten Sie?«

		Anhänger von Bundeskanzler Brandt %	Gegner von Bundeskanzler Brandt %
Die meisten wollen –			
Brandt als Bundeskanzler behalten		59	6
lieber einen anderen Bundeskanzler		17	75
Unentschieden, unmöglich zu sagen		24	19
		100	100
	n =	473	290
Diskrepanz der Umwelteinschätzung nach Osgood, Suci, Tannenbaum	*D =*	*78,7*	

Quelle: Allensbacher Archiv, IfD-Umfrage 2068

Konstellation, die darauf hindeutet, daß die Integration schließlich zugunsten derjenigen, die sich überschätzen, zustande kommen wird.

Als Musterfall einer derartigen Situation kann man die Auseinandersetzung mit der neuen deutschen Ostpolitik Anfang der siebziger Jahre heranziehen (*Tabelle 17*). Das siegreiche Lager – die Befürworter der Ostpolitik – stehen da wie ein Block mit 70 Prozent: »Die meisten denken wie wir«. Die Gegner bieten einen zersplitterten Anblick, die Mehrheit für die Ostverträge nehmen sie nicht zur Kenntnis, sprechen sich aber selbst auch keine Mehrheit zu, sondern weichen aus in ein laues »Halb, halb«. Für den Prognostiker, der den Zustand von öffentlicher Meinung analysiert, sind Symmetrie

TABELLE 17: **Polarisation der Meinungen über die Ostverträge im Mai 1972**

Auch in der Frage der Ostverträge weichen die Einschätzungen der Befürworter und Gegner weit voneinander ab, Zeichen starker Polarisation.

Frage: »Jetzt einmal abgesehen von Ihrer eigenen Meinung: Was glauben Sie, sind die meisten Leute in der Bundesrepublik für oder gegen die Ostverträge?«

	Befürworter der Ostverträge %	Gegner der Ostverträge %
Die meisten sind –		
für die Ostverträge	70	12
gegen die Ostverträge	3	30
Etwa halb und halb, unmöglich zu sagen	27	58
	100	100
n =	1079	293
Diskrepanz der Umwelteinschätzung nach Osgood, Suci, Tannenbaum D =	*71,1*	

Quelle: Allensbacher Archiv, IfD-Umfrage 2082

und Asymmetrie der Umwelteinschätzung wichtige Kerngrößen. Wenn Symmetrie überwiegt, mehr polarisiert – jedes Lager sieht sich selbst übermächtig –, kommt es zu ernster Auseinandersetzung. Bei Asymmetrie mit großem Zögern auf einer Seite, Unentschiedenen-Antworten, die Meinungen seien geteilt, die Umweltmeinung sei unmöglich einzuschätzen, ist die Verteidigungskraft dieses Lagers gering. Das Distanzmaß, das in den folgenden Tabellen verwendet wird, wurde entwickelt von den drei amerikanischen Sozialpsychologen Osgood, Suci und Tannenbaum[3]. Benutzt wird die Formel

$$D = \sqrt{\sum_i d_i^2},$$

wobei die d_i die Differenzen zwischen den zwei zu vergleichenden Gruppen bedeuten.

TABELLE 18: **Keine Polarisation in der Frage, ob ein DKP-Mitglied als Richter eingestellt werden soll, im April 1976**

Befürworter und Gegner stimmen in ihrer Einschätzung der Mehrheitsmeinung weitgehend überein.

Frage: »Jetzt einmal abgesehen von Ihrer eigenen Meinung: Was glauben Sie, wie die meisten darüber denken? Sind die meisten Leute bei uns in der Bundesrepublik dafür, daß ein DKP-Mitglied als Richter eingestellt wird, oder sind die meisten Leute dagegen?«

	Personen, die die Einstellung eines DKP-Mitgliedes als Richter –	
	befürworten %	ablehnen %
Die meisten sind –		
für Einstellung eines DKP-Mitgliedes als Richter	6	1
gegen Einstellung eines DKP-Mitgliedes als Richter	79	88
Unentschieden, unmöglich zu sagen	15	11
	100	100
n =	162	619
Diskrepanz der Umwelteinschätzung nach Osgood, Suci, Tannenbaum *D =*	*11,0*	

Quelle: Allensbacher Archiv, IfD-Umfrage 3028

TABELLE 19: **Mittelstarke Polarisation in der Frage eines Schwangerschaftsabbruchs aus seelischen und wirtschaftlichen Gründen im Oktober 1979**

Frage: »Was glauben Sie, sind die meisten Leute in der Bundesrepublik dafür oder dagegen, daß ein Abbruch der Schwangerschaft aus seelischen und wirtschaftlichen Gründen erlaubt sein soll?«

		Personen, die einen Schwangerschaftsabbruch aus seelischen und wirtschaftlichen Gründen –	
		befürworten %	ablehnen %
Die meisten sind –			
für einen Schwangerschaftsabbruch aus seelischen und wirtschaftlichen Gründen		48	19
gegen einen Schwangerschaftsabbruch		17	44
Halb und halb, unentschieden		35	37
		100	100
	n =	1042	512
Diskrepanz der Umwelteinschätzung nach Osgood, Suci, Tannenbaum	*D =*	*39,7*	

Quelle: Allensbacher Archiv, IfD-Umfrage 3074

Barriere gegen sozialen Wandel und überhastete Anpassung an modische Tendenzen: zwei Extreme

An die Stelle des altmodischen Vokabulars von John Locke mit seinen drei Gesetzen hat die moderne Soziologie präzisere Beschreibungen gesetzt. Was bei Locke göttliches Gesetz heißt, erscheint nun als sittliches Ideal, Sittlichkeit, Grundwerte; der Ton liegt auf »Ideal«, der Abstand zum tatsächlichen Verhalten ist oft beträchtlich. John Lockes Gesetz der Meinung, Reputation, Moden, das das tatsächliche Verhalten am stärksten prägt, begegnet uns im heutigen soziologischen Sprachgebrauch unter den Bezeichnungen von Sitte und öffentlicher Moralität. Das vom Staat gesetzte Recht steht in einer Spannung, nach der einen und nach der anderen Seite, von René König beschrieben in dem Aufsatz »Das Recht im Zusammenhang der sozialen Normensysteme«[4]. Von der Seite der Hüter der Sittlichkeit wird vom Staat erwartet, daß er mit dem Recht eine Barriere bildet gegen den bloßen Zeitgeist. Umgekehrt fordern die Wortführer der öffentlichen Meinung oder öffentlichen Moralität, Gesetz und Rechtsprechung dem Zeitempfinden entsprechend »fortzuentwickeln«. Und in der Tat haben sie starke Argumente auf ihrer Seite. Wenn man den Prozeß der öffentlichen Meinung, wie er in allen Kulturen zu beobachten ist, als Mittel der Integration versteht, als Mittel, um eine Gesellschaft durch Integration handlungsfähig zu erhalten, dann dürfen Gesetze und Rechtsauslegung der öffentlichen Meinung nicht beliebig lange widerstehen. Sicher, der Zeitfaktor spielt dabei eine wichtige Rolle. Aus Gründen der Rechtssicherheit darf modischen Tendenzen nicht allzu bereitwillig gefolgt werden. Reinhold Zippelius beschreibt unter dem Titel »Verlust der Orientierungsgewißheit?«, worum es geht: »Unter dem speziellen Aspekt des Rechts erscheint der Bedarf an verläßlichen, normativ gestimmten Verhaltensstrukturen als das Bedürfnis nach Rechtssicherheit ... Bedürfnis nach Rechtssicherheit bedeutet erstens das Interesse daran, daß überhaupt klargestellt wird, welche Normen für das zwischenmenschliche Verhalten maßgeblich sein sollen ... Zu diesem Interesse ... kommt zweitens das Interesse an einer Kontinuität des Rechts. Erst solche Kontinuität schafft Orientierungssicherheit für die Zukunft und damit auch die Grundlage für Planung und Disposition. Diese Forderung nach einer größtmöglichen Stabilität der Normenordnung und nach Konsequenz in der Rechtsentwicklung gilt noch aus einem anderen Grunde. Das überkommene Recht hat eine Probe seiner Funktionsfähigkeit inzwischen bestanden. Darum darf, wie Radbruch sagt, das Recht nicht allzu leicht der Abänderung unterliegen, nicht einer Gelegenheitsgesetzgebung anheim fallen, die die Umprägung jeden Einzelfalles in Gesetzesform ohne Hemmung ermöglicht.«[5]

Es ist natürlich das Ziel von Kampagnen, gerade nicht eine ruhige Bedenkzeit bis zur Entscheidung zu lassen, sondern die öffentliche Meinung so anzutreiben, daß die Erregung nicht abbricht, bis das Ziel erreicht und dauerhaft festgemacht, die angestrebte Regelung legalisiert, verbindliche Rechtsordnung geworden ist. Niklas Luhmann im Aufsatz »Öffentliche Meinung« beschreibt den Ablauf. Das Thema »erreicht den Kulminationspunkt seiner Karriere. Die Gegner müssen sich auf Verzögerungstaktiken, Zeitgewinn, bedingte Anerkennung, Vorbehalte zurückziehen, die Förderer müssen jetzt versuchen, es im Budget oder in den Entscheidungsprogrammen der Verwaltung unterzubringen. Die Zeit dafür ist knapp. Denn alsbald zeigen sich erste Ermüdungserscheinungen, Bedenken, negative Erfahrungen ... Wenn nichts mit dem Thema geschieht, gilt das als Symptom für zu vermutende Schwierigkeiten. Bald darauf verliert das Thema seine werbende Kraft.«[6]

Diese Beschreibung trifft zwar nur einen bestimmten kurzfristigen, modischen Typ, es gibt Bewegungen der öffentlichen Meinung, die über Jahre, Jahrzehnte, Jahrhunderte verlaufen, wie zum Beispiel die von Tocqueville für ein Jahrtausend beobachtete Bewegung, immer größere Gleichheit zu fordern; aber die einzelnen Etappen, in denen ein großes Thema vorankommt, können nach dem Karrieremuster, wie es Luhmann beschreibt, verlaufen.

Ein Beispiel, wie öffentliche Meinung, »Sozialauffassung«, »tendenzielle Auffassungen in der Gesellschaft«, überhastet von Richtern und Verwaltungsbeamten aufgegriffen und berücksichtigt wird, liefert die Kampagne gegen das Rauchen in Gegenwart von Nichtrauchern. Es ist ein Fall mit abgebrochener Karriere, deren Hintergründe, wie sie sich in der Demoskopie zeigten, in einem früheren Kapitel beschrieben wurden[7]. Immerhin hatte die Kampagne schon so viel an Boden gewonnen, daß bis 1975 Ministerialerlasse bereits für den Bereich der öffentlichen Verwaltung den Verzicht auf das Rauchen in Anwesenheit von Nichtrauchern empfahlen oder zur Pflicht machten. 1974 entschied das OLG Stuttgart – abweichend von früheren Entscheidungen –, das Rauchen eines Fahrgastes im Taxi sei eine Rücksichtslosigkeit gegenüber dem Fahrer. Der Höhepunkt (bis 1975) wurde erreicht mit einer Feststellung des OVG Berlin, der Raucher sei »Störer im ordnungsrechtlichen Sinn«. Der Kommentator des Falles, der Freiburger Jurist Joseph Kaiser, bemerkt dazu: »Der Raucher wird damit kurzerhand einem polizeirechtlich scharf umrissenen Menschentypus, nämlich der Kategorie der ›polizeipflichtigen‹, das heißt für eine konkrete Gefahr verantwortlichen Person zugewiesen; er wird dabei einer polizeirechtlichen eindeutigen Mißbilligung subsumiert und den rechtlich vorgezeichneten Folgen dieser Aburteilung ausgesetzt. Das hat zur unabdingbaren begrifflichen Voraussetzung den hinreichenden Nachweis einer konkreten Gefährdung der Nichtraucher durch die Raucher. Daran jedoch fehlt es.«[8] – Daß Rechtstatbestände geschaffen werden ohne Unterbau in der Sachkenntnis, charakterisiert den Vorgang als Prozeß der öffentlichen Meinung, der Kommentator wählt auch das angemessene modische Vokabular, wenn er davon spricht, der Schutz der Nichtraucher sei »en vogue«.

Das Recht muß von der Sitte gestützt werden

Umgekehrt entsteht eine äußerst kritische Lage, wenn sich die »Sozialauffassung«, die öffentliche Meinung, weit von den Rechtsnormen entfernt, ohne daß darauf vom Gesetzgeber reagiert wird. Diese Lage entsteht vor allem, wenn sich die Rechtsnormen in einer Übereinstimmung mit sittlichen Grundwerten befinden, aber zunehmend erkennbar wird, daß sich die Sitte, die öffentliche Moralität davon entfernt. Die

Demoskopie beschleunigt heute diesen Vorgang, das ist eine ihrer unbestreitbaren Wirkungen. 1971 veröffentlichte die Illustrierte STERN ein Allensbacher Ergebnis, nach dem 46 Prozent der Bevölkerung ab 16 Jahre verlangten, die Abtreibung zu erleichtern. Schon fünf Monate später, als die Umfrage wiederholt wurde, war der Prozentsatz von 46 auf 56 gestiegen[9]. Dies war eine der Situationen, die Tocqueville im Auge hatte, als er von der bloßen »Fassade« sprach, als die manche Auffassungen in der öffentlichen Meinung noch aufrecht stehen, obgleich dahinter die Wertüberzeugungen, die sie tragen müßten, längst weggebröckelt sind[10]. Solange dies nicht öffentlich ausgesprochen wird, bleibt die Fassade erhalten; sie stürzt aber unversehens zusammen, wenn die Leere – heute oft durch Demoskopie – plötzlich offenkundig wird. Es kann dann zu einer für das Rechtsleben unerträglichen Demonstration kommen: daß sich nämlich, wie hier im konkreten Fall, Frauen öffentlich zum Rechtsbruch bekennen: »Ich habe abgetrieben.«[11]

Das Gesetz kann auf die Dauer nicht aufrechterhalten werden, wenn es nicht von der Sitte gestützt wird. Die Isolationsfurcht der Menschen, die Furcht vor Mißbilligung durch die Umwelt, implizite Signale beeinflussen das Verhalten wirksamer als das explizite formale Recht. Was John Locke als »law of opinion« und zwei Jahrhunderte später Edward Ross als »soziale Kontrolle« beschrieben, wird im 20. Jahrhundert von Sozialpsychologen experimentell nachgewiesen. Eines dieser Experimente betraf Verkehrsampeln. Es wurde beobachtet, wieviel Fußgänger bei rotem Licht eine Fahrbahn überqueren unter drei verschiedenen Umständen: 1. wenn niemand ein schlechtes Beispiel gibt, 2. wenn ein Mann, seiner Kleidung nach aus der unteren Sozialschicht, bei Rot über die Straße geht, 3. wenn ein gutgekleideter Mann aus der Oberschicht das tut. Assistenten übernahmen die Rolle, als Angehörige der Unterschicht oder Oberschicht bei Rot über die Straße zu gehen; insgesamt rund 2100 Fußgänger wurden beobachtet.

Ergebnis: Ohne Verkehrssünder als Modell ging nur 1 Prozent bei rotem Licht über die Straße; wenn die Modellperson aus der einfachen Schicht das rote Licht ignorierte, folgten 4 Prozent; wenn die Modellperson nach Oberschicht aussah, 14 Prozent[12].

Durch Gesetze öffentliche Meinung ändern

Die Beziehung zwischen Recht und öffentlicher Meinung kann auch umgekehrt verlaufen, Gesetze kann man erlassen oder ändern, um damit öffentliche Meinung in der gewünschten Richtung zu beeinflussen. Albert V. Dicey mit seinen Vorlesungen über »The Relation of Law and Public Opinion in England, During the Nineteenth Century« (London 1905)[13], ein Klassiker zum Thema Recht und öffentliche Meinung, beobachtete, was später die Demoskopie bestätigte: Allein durch die Verabschiedung eines Gesetzes verstärkt sich die Zustimmung dazu. Dies ist ein auf den ersten Blick sehr eigentümlicher Vorgang und noch merkwürdiger, daß Dicey ihn ohne alle empirischen Hilfsmittel erkannte. Er fand ihn schwer zu erklären; mit der Vorstellung der Schweigespirale ausgerüstet, würden wir heute argumentieren, die Isolationsgefahr schrumpft, die man mit einer Zustimmung eingeht, wenn eine Sache erst einmal Gesetz geworden ist. Die empfindliche Beziehung zwischen öffentlicher Meinung und Legitimation findet sich in dieser Bewegung ausgedrückt. Dicey stellt den Lehrsatz auf: Laws foster and create opinion[14].

Öffentliche Meinung hervorzurufen, indem man Gesetze in der gewünschten Richtung macht – man kann das Ansetzen mit diesem Hebel für bedenklich halten, eine Einladung zur Manipulation von öffentlicher Meinung, ein Überziehen des politischen Mandats durch die herrschende Mehrheit. Es ist auch fraglich, ob der Zustimmungseffekt, wenn die Sache erst einmal Gesetz ist, dann so groß sein wird, daß er ausreicht,

TABELLE 20: **Zum Verhältnis von öffentlicher Meinung und Recht**

Beispiel: Die Reform des Scheidungsrechts

Frage: »Glauben Sie, daß es eine moralische Schuld gibt, ich meine, daß jemand einem anderen Menschen gegenüber schuldig werden kann, oder ist der Schuldgedanke eigentlich überholt?«

		Bevölkerung ab 16 Jahre %
Es gibt Schuld		78
Gedanke ist überholt		12
Weiß nicht, kein Urteil		10
		100
	n =	1015

Frage: »Hier unterhalten sich zwei darüber, ob ein Mensch überhaupt Schuldgefühle haben sollte. Wenn Sie das einmal lesen. Wem würden Sie eher zustimmen, dem Oberen oder dem Unteren?« (Vorlage eines Bildblatts)

		Bevölkerung ab 16 Jahre %
»Ein Mensch sollte Schuldgefühle haben, denn sonst macht es ihm ja gar nichts aus, andere zu verletzen und unglücklich zu machen«		72
»Ich finde, ein Mensch sollte keine Schuldgefühle haben, das macht ihn nur unglücklich und unfrei und hilft niemandem«		18
Unentschieden		10
		100
	n =	1016

Frage: »Bei Ehescheidungen spielt es jetzt keine Rolle mehr, wer an der zerbrochenen Ehe schuld ist. Finden Sie das gut oder nicht gut?«

		Bevölkerung ab 16 Jahre %
Finde es gut		24
Finde es nicht gut		57
Unentschieden, weiß nicht		19
		100
	n =	495

Quelle: Allensbacher Archiv, IfD-Umfrage 3071, Juli 1979

Frage: »Wie zufrieden sind Sie mit der Reform des Scheidungsrechts?«	
	Bevölkerung ab 16 Jahre %
Mit der Reform des Scheidungsrechts (Zerrüttungsprinzip statt Schuldprinzip) sind –	
sehr zufrieden	7
ziemlich zufrieden	20
nicht so zufrieden	23
gar nicht zufrieden	35
Keine Angabe	15
	100
n =	2033

Quelle: Allensbacher Archiv, IfD-Umfrage 3062, November/Dezember 1978

oder ob nicht dem Integrationsgebot, durch das eine Gesellschaft handlungsfähig bleiben soll, damit allzu sehr entgegengehandelt wird.

Beispiele, wo neue gesetzliche Regelungen vom Gewohnten viel weiter abwichen, als die öffentliche Meinung verlangte, bildeten für die Bundesrepublik die Strafrechtsreform von 1975 sowie das 1977 eingeführte neue Scheidungsrecht; und von der Notwendigkeit des Gesetzes zur Neuregelung des Rechts der elterlichen Sorge, um das Recht des Kindes als des Schwächeren in der Beziehung zum Erwachsenen zu stärken, waren sogar die 17- bis 23jährigen nur zur Minderheit überzeugt. Die Frage lautete: »Glauben Sie, daß der Staat durch Gesetze dafür sorgen muß, daß Jugendliche mehr Rechte gegenüber ihren Eltern bekommen, oder halten Sie das nicht für notwendig?« 22 Prozent der jungen Leute sagten: ist notwendig, 64 Prozent: nicht nötig[13]. Das neue Scheidungsrecht warf die Mehrheit der Bevölkerung in einen Zwiespalt zwischen Recht und Sittlichkeit. Ganz lebendig fand eine Allensbacher Umfrage vom Juli 1979 das sittliche Empfinden von der Wirklichkeit der Schuld und von der Pflicht des Menschen, sich seiner Schuld bewußt zu sein. Das neue Scheidungsrecht aber verlangte von der Bevölkerung zu akzeptieren, daß die Schuldfrage bei einer Scheidung keine Rolle spiele und folgerichtig auch keine finanziellen Konsequenzen haben solle. Die Mehrheit der Bevölkerung konnte da nicht mit. Unter vier zur Diskussion gestellten Gesetzesreformen wurde das neue Scheidungsrecht am stärksten als mißlungen betrachtet (*Tabelle 20*)[16].

Man kann sich hier daran erinnern, wie Rousseau das Verhältnis von Recht und öffentlicher Meinung sah: »Wie der Baumeister vor Ausführung eines großen Gebäudes den Erdboden beobachtet und untersucht, um zu sehen, ob er die Last auszuhalten vermag, so macht der weise Gründer des Staates nicht damit den Anfang, an sich gute Gesetze zu erlassen, sondern er prüft vorher, ob das Volk, für das er sie bestimmt, fähig ist, sie zu ertragen.«[17] Gesetze sind für Rousseau nichts »als authentische Kundgebung des allgemeinen Willens«[18]. Ganz im Sinne von David Hume in dem Satz: All governments rest on opinion, sagt Rousseau: »Die Meinung, Königin der Erde, ist in keiner Weise der Macht der Könige unterworfen; sie selbst sind ihre ersten Sklaven.«[19]

XVI. Öffentliche Meinung bewirkt Integration

Mit einiger Sorglosigkeit ist bei der Frage, was denn öffentliche Meinung bewirkt, und wie dementsprechend das Verhältnis von öffentlicher Meinung und Recht sein sollte, von Integration die Rede gewesen. Ist der Begriff klar genug, um so mit ihm umzugehen?

Zurückbleiben der empirischen Forschung

Eine 1950 in den Vereinigten Staaten veröffentlichte Bilanz ist bis heute nicht überholt. »Seit Comte und Spencer haben Soziologen zu ergründen versucht, wie kleinere soziale Einheiten so integriert werden, daß sie ein soziales Ganzes bilden ... Wie unterscheidet sich eine Gruppe von einer bloßen Summe von Individuen? In welchem Sinn kann man sie als Ganzheit bezeichnen? Wie ist denn diese Ganzheit beschaffen? ... Wie kann Integration gemessen werden? ... Unter welchen Umständen verstärkt sich soziale Integration? Unter welchen Umständen nimmt sie ab? Was sind die Folgen einer hochgradigen Integration? Was sind die Folgen, wenn der Integrationsgrad niedrig ist? Die Soziologie hat einen Bedarf nach Grundlagenforschung, in der derartige Probleme bearbeitet werden.«[1]

Der hier zitierte Werner S. Landecker fällt zwischen den

berühmten Theoretikern, die sich in der von Talcott Parsons begründeten Tradition mit Integration und ihrer Rolle in den menschlichen Gesellschaftssystemen befaßten, auf, weil er primär, anders als die herrschende Schule des 20. Jahrhunderts, nach empirischen Untersuchungsanlagen und Meßverfahren sucht. Er bietet verschiedene Maßstäbe an. Bisher, sagt er, wissen wir noch zuwenig von sozialer Integration, darum können wir kein einfaches allgemeines Maß vorschlagen. Unter Wissen versteht Landecker hier empirisch gesicherte Kenntnisse. Er unterscheidet vier Arten von Integration, auch vier Arten, sie zu messen.

1. Kulturelle Integration: Wieweit macht es das Wertesystem einer Gesellschaft möglich, danach konsequent zu leben, oder wie widerspruchsvoll – nicht logisch, sondern praktisch – sind die Anforderungen an die Glieder dieser Gesellschaft? Als Beispiel widerspruchsvoller Anforderungen der westlichen Gesellschaften nennt er Altruismus und Bereitschaft, sich im Wettbewerb zu behaupten[2].

2. Normative Integration: In welchem Maß fallen die Verhaltensvorschriften einer Gesellschaft und das tatsächliche Verhalten der Glieder dieser Gesellschaft auseinander[3]?

3. Kommunikative Integration: In welchem Umfang schirmen sich Untergruppen einer Gesellschaft gegeneinander ab – mit der entsprechenden Ignoranz, negativen Bewertung, dem Vorurteil –, in welchem Grad treten sie miteinander in Kommunikation[4]?

4. Funktionale Integration: In welchem Grad sind die Glieder einer Gesellschaft durch Arbeitsteilung, Rollenspezialisierung auf gegenseitige Hilfe, auf Zusammenspiel angewiesen[5]?

Unerwähnt bleibt in dieser Übersicht jene Integration, die durch gemeinsame Erlebnisse hergestellt wird: die Fußballweltmeisterschaft, die dreiteilige Fernsehserie, die die halbe Bevölkerung oder mehr am Fernsehschirm vereint, oder – um das Beispiel von 1965 festzuhalten – eine Reise der englischen

Königin durch die Bundesrepublik, die ein gemeinsames Gefühl von Feiertag und nationalem Stolz erweckt. Und erst recht ist nicht von der Mode als Integrationsmittel die Rede.

Die Integrationslehre von Rudolf Smend

Wieder ganz anders nähert sich dem Thema »Integration« der Jurist Rudolf Smend, der seit Ende der zwanziger Jahre[6] eine »Integrationslehre« durchzusetzen versucht: »Der Integrationsvorgang ist weithin nicht bewußt, sondern verläuft vermöge einer nicht intendierten Gesetzlichkeit oder ›List der Vernunft‹. Er ist daher auch zumeist nicht Gegenstand bewußter Verfassungsregelung ... und eben deshalb auch nur ausnahmsweise Gegenstand theoretischer Besinnung ... Als *persönliche* Integration erscheint die durch Führer, Herrscher, Monarchen, öffentliche Funktionäre jeder Art (bewirkte) ... Als *funktionelle* Integration wirken sehr verschiedene kollektivierende Lebensformen: von der primitiven sinnlichen Rhythmisierung gemeinsamer Tätigkeit oder Bewegung ... zu den verwickelteren, mittelbaren, z. B. der Wahlen ..., deren Sinn vordergründig bewußt der der Erzielung bestimmter Entscheidungen ... weniger bewußt, aber mindestens ebenso dringlich der der Herstellung ... der politischen Gemeinschaft durch Meinungs-, Gruppen-, Partei-, Mehrheitsbildung ... ist ... Als *sachliche* Integration endlich wirken alle Sinngehalte des staatlichen Lebens, die in der Regel als Staatszwecke verstanden werden, die aber umgekehrt wieder als Integrationsmittel die ... Gemeinschaft tragen ... Daher ist hier z. B. der systematische Ort für die Theorie der Symbole des politischen Wertganzen, Fahnen, Wappen, Staatshäupter, politischen Zeremonien, nationalen Feste ... der politischen Legitimitätsfaktoren.«[7]

»Integration«: so unsympathisch wie »Anpassung«?

Seitdem Smend seine »Integrationslehre« skizzierte oder Landecker sein Plädoyer für mehr empirische Erforschung der Integration schrieb, sind keine Fortschritte auf diesem Gebiet gemacht worden – sicher nicht zufällig, sondern komplementär zur ungenügenden Erforschung der Isolationsfurcht des Individuums. In der Abhandlung von Edward Ross über soziale Kontrolle gibt es eine Bemerkung, die darauf schließen läßt, daß der Begriff »Integration«[8] am Ende des 19. Jahrhunderts ebenso verhaßt war wie heute »Anpassung«. Das sozialwissenschaftliche Interesse galt im 20. Jahrhundert den umfassenden theoretischen Gebäuden, die die Stabilisierung menschlicher Gesellschaften durch Integration begrifflich klärten, Struktur und Funktion herausarbeiteten, über dieser Absorption aber die empirischen Untersuchungen als zweitrangig empfanden. Aber was uns an empirisch orientierten sozialwissenschaftlichen Überlegungen zum Thema Integration begegnet – eine ausführlichere Abhandlung müßte vor allem auf Emile Durkheim eingehen –, widerspricht nicht der Annahme, daß öffentliche Meinung eine Integrationsfunktion hat, sondern stützt sie.

In der Terminologie von Landecker ausgedrückt ist besonders deutlich der Zusammenhang zwischen der normativen Integration und der Rolle der öffentlichen Meinung als »Sittenwächterin«, wie man sie Jahrhunderte hindurch auffaßte: darauf drängen, daß Norm und tatsächliches Verhalten übereinstimmen und Abweichung durch Isolation bestraft wird.

Zeitgeist als Integrationsleistung

Dann die kommunikative Integration: Man kann hier an Tocqueville denken, der öffentliche Meinung erst entstehen sieht nach dem Ende der segmentierten feudalen Gesellschaft: Solange die Segmentierung in Stände anhält, gibt es seiner Vorstellung nach keine umfassende Kommunikation. Die quasistatistische Leistungsfähigkeit, die sich in der modernen westlichen Gesellschaft nachweisen läßt – die Fähigkeit, Zunahme und Abnahme von Billigung und Mißbilligung von Ideen oder Personen zuverlässig zu registrieren, könnte als Anzeichen großer kommunikativer Integration gewertet werden. Und schließlich könnte man das eigentümliche Hochgefühl, das empirisch vor allgemeinen Wahlen feststellbar ist, verknüpfen mit dem Gedanken von Smend, daß Wahlen neben ihrer manifesten Funktion, zu einer Entscheidung zu gelangen, auch eine latente Funktion haben, eben die Integration. Welche Folgen hat eine hochgradige Integration? fragte Landecker. Anscheinend erfüllt sie die meisten Menschen mit einem Hochgefühl. Aber nicht alle. Wen nicht? Die Frage lenkt hin zu den Avantgardisten. Wir sind schon einmal sehr nahe an diesem Punkt gewesen, als von der Musik die Rede war im Gespräch zwischen Sokrates und Adeimantos, von der Musik, die sich ändert, und wie dies ein Vorzeichen ist, daß sich die Zeiten ändern werden. Die Zeiten – es ist soviel mehr damit gemeint, als was die Uhr und der Kalender anzeigen. Öffentliche Meinung ist gesättigt mit der Empfindung von Zeit, und was als »Zeitgeist« bezeichnet wird, kann man sehr wohl als eine große Integrationsleistung bestaunen. Daß bei dieser Integrationsleistung Prozesse in der Art der Schweigespirale mitwirken, macht Goethe deutlich in seiner berühmten Beschreibung: »Wenn eine Seite nun besonders hervortritt, sich der Menge bemächtigt und in dem Grad sich entfaltet, daß die entgegengesetzte sich in die Ecke zurückziehen und für den Augenblick im Stillen verbergen muß, so nennt man jenes Übergewicht den Zeitgeist, der dann auch eine Zeitlang sein Wesen treibt.«[9]

Der erste Maßstab von Integration, den Landecker nennt, die kulturelle Integration, könnte ein Forschungsthema von Aktualität in Zeiten zerfallender und neu errichteter Wertsysteme sein, wenn sich alte und neue Forderungen an die Menschen unverträglich mischen. Werden dann Prozesse öffentlicher Meinung außer Kraft gesetzt?

Bei Gefahr für die Gesellschaft starker Druck der öffentlichen Meinung

Die Umfrageforschung in ihrer Anwendung auf die Erforschung der Prozesse öffentlicher Meinung ist noch zu jung, um schon Antwort zu geben. Aber es gibt ein Indiz, das eher auf das Gegenteil, eher auf verstärkten Konformitätsdruck hinweist. Es ist noch einmal an Tocqueville zu denken, seine Beschreibung der amerikanischen Demokratie und seine bewegte Klage über die dort herrschende unbarmherzige Tyrannei der öffentlichen Meinung. Er erklärt sich das aus der Dominanz des Gleichheitsglaubens, des Verlustes an Anerkennung von Autorität, Autorität, die immer auch Orientierung gibt. Darum, meint er, müsse man sich derartig an die Mehrheitsmeinung klammern. Aber es könnte auch die heikle Situation einer aus vielen verschiedenen Kulturen zusammengemischten Gesellschaft sein, die die Schärfe der Mechanismen öffentlicher Meinung, wie sie Tocqueville in Amerika beobachtete, erklärt. Bei einem niedrigen kulturellen Integrationsgrad, wie er in einer Schmelztiegelgesellschaft wohl anzunehmen ist, muß sich ein besonders hoher Bedarf an Integrationsleistung ergeben. Auf die Gegenwart bezogen lautet das Argument, daß auch heute angesichts der Veränderungen der Wertsysteme ein niedriger kultureller Integrationsgrad und damit ein hoher Bedarf an Integrationsleistung vorliegen könnte; und damit auch ein entsprechendes Anziehen der Zügel der öffentlichen Meinung, der Schärfe der Isolationsdrohung gegen das Individuum. Es gibt dann Verhältnisse, in denen die Wirkungsweise der öffentlichen Meinung auffallend wird: wie schon früher bemerkt, wurden alle wichtigen Beobachtungen über öffentliche Meinung in revolutionären Zeiten gemacht.

Indessen befindet man sich mit den Überlegungen vom Zusammenhang zwischen Integration und öffentlicher Meinung auf durch Forschung ungesichertem Territorium. Als Stanley Milgram – wie in einem früheren Abschnitt berichtet[10] – messen wollte, ob andere Völker ähnlich konformistisch reagieren wie die Amerikaner in den Experimenten von Asch, da wählte er für seine Untersuchungen zwei Länder, deren Gesellschaften er als gegensätzlich empfand, Frankreich, in dem Individualismus hoch bewertet wird, Norwegen, bei dem er eine besonders hohe Kohäsion vermutete[11]. Wenngleich in beiden Ländern bei den Versuchspersonen Isolationsfurcht vorherrschte, so war doch in der stärker integrierten Bevölkerung Norwegens die Konformität deutlich ausgeprägter. Das war eine Bestätigung von Tocqueville: Je mehr Gleichheit, desto mehr Druck der öffentlichen Meinung, wie er nicht müde geworden war, zu betonen. Dennoch wirkt seine Interpretation etwas gekünstelt: In Verhältnissen großer Gleichheit müsse man sich an die Mehrheitsmeinungen halten, weil andere Anhaltspunkte, um das beste Urteil zu finden, etwa Rangordnungen, fehlten. Mit den empirischen Beobachtungsmitteln der Gegenwart sehen wir, daß der Druck weniger von den rechnerischen Mehrheiten ausgeht als von aggressiver Glaubensgewißheit auf der einen Seite und Isolationsfurcht, gekoppelt mit ängstlicher Umweltbeobachtung, auf der anderen.

Auf eine einfache Beziehung zwischen Graden der Integration und Druck der öffentlichen Meinung können wir nicht hoffen. Ist es die »Gleichheit« der norwegischen Gesellschaft, die den Konformitätsdruck so stark sein läßt, oder hat umgekehrt der Konformitätsdruck andere Wurzeln und führte zur Gleichheit? Könnte eine harte Natur ähnliche Integrationswirkungen auf eine Gesellschaft haben wie die Gefährdung eines von Jagdbeute lebenden Stammes im Urwald? Vielleicht liegt in der Gefährdung einer Gesellschaft – egal, welchen Ursachen, inneren oder äußeren, sie entspringt – ein Schlüssel: Ein höherer Grad von Gefahr verlangt nach einem höheren Grad von Integration, und höhere Integration wird erzwungen durch schärfere Reaktionen öffentlicher Meinung.

XVII. Ketzer, Avantgardisten, Außenseiter: Herausforderer der öffentlichen Meinung

Ist öffentliche Meinung, wie sie hier beschrieben wird, als sozialpsychologischer Vorgang, der aus der Wurzel der Isolationsfurcht des Individuums wächst, ist diese öffentliche Meinung einfach nur ein Konformitätsdruck? Erklärt die Schweigespirale nur, wie sich öffentliche Meinung durchsetzt und befestigt, nicht wie sich öffentliche Meinung ändert?

Wer Isolation nicht fürchtet, kann öffentliche Meinung verändern

Wenn wir uns bisher für die Menschen, die furchtsam und vorsichtig sind, interessiert haben, für die Menschen, die die Isolation fürchten, so werden wir jetzt den Blick auf diejenigen richten, die die Isolation nicht fürchten oder jedenfalls für etwas anderes in Kauf nehmen – eine bunte Gesellschaft. Das sind diejenigen, die die neue Musik einführen, das sind die Maler, bei denen plötzlich – ein Chagall von 1917 (»Der Stall«) – durch das Dach eines Hauses eine vierschrötige Kuh durchbricht und ins Freie schaut. Oder ein Wissenschaftler, wie John Locke, der behauptete, die Menschen kümmern sich kaum um die Gebote Gottes und die staatlichen Gesetze, nur das Gesetz der Meinung befolgen sie angestrengt. Ein wenig früher hätte er wegen dieser Lehre zum Scheiterhaufen verurteilt werden können. Hier in diesem Kreis finden wir den Ketzer, jene zeitbedingte und doch zugleich zeitlose menschliche Figur, die das Korrelat zur festgefügten öffentlichen Meinung bildet. Der Abweichende. Um den Titel einer amerikanischen Studie zu zitieren: »Heros, Villains, and Fools, as Agents of Social Control«[1], Helden, Narren, Bösewichter, modern: Buhmänner. Die Beziehung zwischen den konformistischen Gliedern der Gesellschaft und den Außenseitern ist aber keineswegs nur zu verstehen als eine Akzentuierung des Wertsystems und der gültigen Regeln einer Gesellschaft durch die Verletzer und ihre »Ausstellung« am Pranger.

Das Konzept der Schweigespirale reserviert die Möglichkeit, die Gesellschaft zu verändern, demjenigen, der Isolationsfurcht nicht kennt oder sie überwindet. »Ich muß Spott und Tadel ertragen lernen«, hatte Rousseau geschrieben[2]. Der hohe Konsensus, eine Quelle von Glück, von Geborgenheit für das Gros der Menschen, hat den Avantgardisten, denen, die den Weg in die Zukunft vorbereiten, den Künstlern, Wissenschaftlern, den Reformatoren, Schreckensbilder eingegeben. Friedrich Schlegel liefert 1799 die folgende Beschreibung eines Untiers: »Es schien geschwollen von Gift, die durchsichtige Haut spielte in allen Farben, und man sah die Eingeweide sich winden wie Gewürm. Es war groß genug, um Furcht einzuflößen; dabey öffnete es Krebsscheeren nach allen Seiten rund um den ganzen Leib; bald hüpfte es wie ein Frosch, dann kroch es wieder mit ekelhafter Beweglichkeit auf einer unzähligen Menge kleiner Füße. Mit Entsetzen wandte ich mich weg: da es mich aber verfolgen wollte, faßte ich Muth, warf es mit einem kräftigen Stoß auf den Rücken, und sogleich schien es mir nichts als ein gemeiner Frosch. Ich erstaunte nicht wenig, und noch mehr, da plötzlich Jemand ganz dicht hinter mir sagte: Das ist die öffentliche Meinung ...«[3]

Umgekehrt erschraken die Bürger zu Recht, als sie in den sechziger Jahren der langhaarigen jungen Männer ansichtig wurden: Wer die Isolation nicht fürchtet, kann die Ordnung umstürzen.

Die Bahnbrecher reagieren auf Öffentlichkeit so wenig wie Schlafwandler

Eine Typologie der Neuerer müßte unterscheiden je nach dem Verhältnis zur Öffentlichkeit. Da sind die Künstler und Wissenschaftler, die dem Neuen den Weg bereiten; ob sie Resonanz finden oder ihnen Feindseligkeit entgegenschlägt, das, was sie tun, wird davon kaum beeinflußt.

Anders die Reformatoren, diejenigen, die das Denken der Menschen und die Verhältnisse in der Gesellschaft verändern wollen: Feindselige Öffentlichkeit nehmen sie in Kauf, weil sie anders nicht missionieren können. Indessen leiden sie darunter. Es scheint einen zweiten Typ von Reformator zu geben – im großen und kleinen Format –, für den die Provokation der Öffentlichkeit fast Selbstzweck ist, eine gesteigerte Existenz. Da ist wenigstens Aufmerksamkeit, auch öffentliche Empörung ist besser als keine Aufmerksamkeit. Mit der außerordentlichen Ausdehnung der Öffentlichkeit durch die Massenmedien des 20. Jahrhunderts gibt es reichlich Beispiele aus der Gegenwart. So wenn der arabische Terroristenführer Wadi Hadad vom israelischen Geheimdienst charakterisiert wird: Er empfinde eine fast mystische Befriedigung darüber, daß er von der übrigen Welt isoliert sei und für ihn darum eigene Gesetze und Vorschriften gelten[4]. Oder wenn Rainer Werner Fassbinder zu einem seiner Filme sagt: »Ich muß doch das Recht haben, mich so zu verwirklichen, wie es meinen Krankheiten und meiner Verzweiflung entspricht. Ich brauche die Freiheit, um über mich selbst in der Öffentlichkeit zu reflektieren.«[5] Auf Billigung oder Mißbilligung kommt es da nicht mehr an, sondern nur noch auf die sengende Erregung, die von der Berührung mit Öffentlichkeit ausgeht, das Herausgerissensein aus der Enge der individuellen Existenz. Berauschung durch Öffentlichkeit, Öffentlichkeit als Droge: was löst die Erregung aus? Es könnte die Gefahr sein, das Wissen des einzelnen, wie gefährlich der Umgang mit der Öffentlichkeit ist, lebensgefährlich, wenn man ausgestoßen wird.

An der Öffentlichkeit leiden. Erst durch Öffentlichkeit leben

Man kann sich ebenso wie aus der Gegenwart die Beispiele aus dem 16. Jahrhundert holen und etwa Martin Luther und Thomas Müntzer gegeneinander setzen. Bei Luther ist es klar, daß er unter der Öffentlichkeit eher leidet, aber keinen anderen Weg sieht, als sich der öffentlichen Verurteilung auszusetzen. Er schiebt vor sich her, was er doch nicht vermeiden kann: »Ob mich gleich etliche darüber werden verachten ...«[6] – »andere sprechen eben nicht«, sagt er, »..., auch weil sie schweigen, richt ich's aus.« – Die Geschwindigkeit, mit der seine Botschaft über das Land geht, wird von ihm beschrieben: »liefen schier in vierzehn Tagen durch ganz Deutschland«, sagt er wie atemlos zu dem Erlebnis der Öffentlichkeit; es sei gewesen wie »ein fahrender Platzregen«. Und dann, zu gut beschrieben, um nicht wirkliches Empfinden zu sein: »Der Ruhm ward mir nicht lieb, denn (wie gesagt) ich wußte selbs nicht, was das Ablaß wäre, und das Lied wollte meiner Stimme zu hoch werden.«

Das Gegenbild meint man an Thomas Müntzer verkörpert zu sehen. Auch er ist ein scharfer Beobachter der Prozesse öffentlicher Meinung: »Im Lande geht es drunter und drüber, in den Gedanken nicht minder ... Also flugs Ordnung geschaffen. Und wo fängt man an? Wo sich das Innere nach außen kehrt, bei der Mode. Ist es üblich geworden, seine Meinung zu wechseln wie sein Hemd, so untersagt man einfach den Wechsel von Hemd und Rock, vielleicht, daß dann der unerwünschte Wechsel der Meinungen unterbleibt.«

Ebenso wie man weiß, daß niemand die neue Musik aufhalten kann, so ist Thomas Müntzer, wenn man seine Tonart hört, ganz sicher, daß der Wechsel von Hemd und Rock stattfinden wird, egal, ob erwünscht oder unerwünscht. Anders als Luther leidet er nicht an der Öffentlichkeit, sondern liebt sie, auch oder gerade, indem er ihre Gefährlichkeit wahrnimmt: »Die Forcht Gottes aber muß reine sein, ohn alle Menschen- oder Kreaturenforcht ... Denn die Zeit ist itzt fährlich und die Tage sind böse.«[7] Ist es charakteristisch für eine libidinöse Beziehung zur Öffentlichkeit, den Zeitgeist aussprechen zu können, ihm Stimme zu verleihen, aber selbst kein Programm mit konstruktiven Elementen entwerfen zu können? Nur destruktiv habe Thomas Müntzer wirken können, resümiert der Historiker[8].

Eine Typologie in Hinblick auf die Beziehung zur Öffentlichkeit ist noch nicht entwickelt. Die bunte Gesellschaft, die Isolation nicht fürchtet oder Isolationsfurcht überwindet, bleibt ohne empirische Forschung schemenhaft. Nur daß sie die Gesellschaft antreibt zur Veränderung, ist gewiß, und daß denen, die Isolation nicht scheuen, die Schweigespirale nützt. Wenn öffentliche Meinung für andere Konformitätsdruck ist, für sie ist öffentliche Meinung der Hebel zur Veränderung.

Warum und wann ändert sich die Musik?

Was in der Luft liegt, woher der Wind weht, daß man dann gegen den Strom der öffentlichen Meinung nicht mehr ankann, »a tidal volume and sweep« (Edward Ross)[9]: Die Sprache verrät, daß es sich um schicksalhafte Bewegungen handelt von der Gewalt von Naturkräften. Aber auf die Frage: Wie fängt das Neue an? müssen wir die Antwort schuldig bleiben. Wir können mit Niklas Luhmann in seiner Abhandlung über öffentliche Meinung Auslöser bezeichnen: Krisen oder Krisensymptome[10], zum Beispiel ein Fluß, der immer klar war, ist eines Tages braun. Zuerst nur ein persönlicher Schrecken, gewinnt die Krise ihre Stimme in einem Buch, schon in seinem Titel: »Silent Spring«[11]. Oder nach Luhmann: Bedrohung oder Verletzung von Werten, die überragende Priorität haben[10]. Der radikale Ausschlag der öffentlichen Meinung gegen die Regierung Adenauer im August 1961 unmittelbar nach dem Bau der Berliner Mauer wäre nicht vorauszusehen gewesen, weil der überragende Wert von »Nation« ignoriert wurde. Unerwartete Ereignisse sind Auslöser: »Das Neue hat eine Vermutung der Wichtigkeit für sich.«[12] Schmerzen oder zivilisatorische Schmerzsurrogate sind Auslöser. Luhmann erwähnt: »Geldverluste, Haushaltskürzungen, Positionsverluste, besonders solche meßbarer und vergleichbarer Art ...«[12].

Aber keine Krise, keine Bedrohung erklärt, warum die Frauenemanzipation in den sechziger und siebziger Jahren ein so dringliches Thema der öffentlichen Meinung wurde.

Warum und wann ändert sich die Musik?

XVIII. Das Stereotyp als Verkehrsmittel der öffentlichen Meinung: Walter Lippmann

Mitten im 20. Jahrhundert, während jeder Sinn für das Wesen der öffentlichen Meinung schon verloren war, erscheinen zwei Arbeiten, und beide tragen als Titel »Öffentliche Meinung« – »Public Opinion«. Die eine ist der schon mehrfach zitierte Aufsatz von Luhmann[1], die andere das 1922 veröffentlichte Buch von Walter Lippmann[2]. Beide graben unbekannte Stükke der Wirkungsweise öffentlicher Meinung aus, und beide lenken auf den Zusammenhang zwischen öffentlicher Meinung und Journalismus hin.

Ohne jeden Vorläufer steht das Buch von Walter Lippmann da. Obwohl es »öffentliche Meinung« als Titel trägt, hat es merkwürdigerweise unmittelbar kaum mit öffentlicher Meinung zu tun. Die Definition von öffentlicher Meinung, die Lippmann gibt, gehört zu den wenigen schwachen Passagen des Buches: »Die Vorstellungen, die sich Menschen von sich selbst machen, die sich in ihrem Kopf von anderen bilden, von ihren Bedürfnissen, Absichten und Beziehungen, sind ihre öffentlichen Meinungen. Jene Vorstellungen, die die Grundlage des Handelns von Gruppen bilden, oder die die Grundlage bilden für die Handlungen von Individuen, die im Namen von Gruppen auftreten, sind Öffentliche Meinung – mit großem Buchstaben geschrieben.«[3] Gut und gern könnte man, wenn man das Buch nach der Lektüre aus der Hand legt, sagen: »Jetzt weiß ich noch immer nicht, was öffentliche Meinung ist.«

Ein Enthüllungsbuch

Was ist das Besondere, das dieses Buch an sich hat, daß es fast 50 Jahre nach seinem ersten Erscheinen in den USA als Taschenbuchausgabe herauskommt (1965) und beinahe gleichzeitig auch als Taschenbuch in Deutschland (1964)? Es ist in Wirklichkeit – ohne sich irgendwie sensationell zu geben – ein Enthüllungsbuch, aber seine Enthüllungen laufen natürlichen Neigungen, wie sich die Menschen sehen wollen, so zuwider, daß sie noch sehr lange Zeit nach ihrem ersten Erscheinen wie neu sind und praktisch dem Denken der Intellektuellen noch nicht einverleibt. Lippmann entlarvt die rationalistische Selbsttäuschung, wie die Menschen sich in der modernen Welt informieren und Urteile bilden und danach handeln: mündig und tolerant und beobachtend, denkend und urteilend wie Wissenschaftler in unablässigem Streben, die Wirklichkeit objektiv zu erfassen, dabei unterstützt von den Massenmedien.

Dieser Illusion setzt er entgegen eine gänzlich andere Realität, wie sich Menschen Vorstellungen bilden, was sie an Mitteilungen auffangen, wie sie sie verarbeiten, wie sie sie weitergeben. Wie im Fluge schildert Lippmann die Phänomene, die die empirische Sozialpsychologie und Kommunikationsforschung erst Jahrzehnte später Figur um Figur freilegt. Ich habe nicht eine Idee über das Funktionieren von Kommunikation in Lippmanns Buch gefunden, die sich später nicht bei der minuziösen Arbeit in Laboratorien und in der Feldforschung bestätigte und immer weiter bestätigt.

Wie Gewitterwolken im Meinungswetter

Dabei sieht er gar nicht, was hier im Zusammenhang mit der Schweigespirale als öffentliche Meinung verstanden wird. Von der Rolle des Konformitätsdrucks, um einen Konsensus herzustellen oder zu behaupten, findet man nichts, die Isolationsfurcht des Menschen, und wie er ängstlich die Umwelt beobachtet, nichts davon. Aber unter dem mächtigen Eindruck des Ersten Weltkrieges entdeckt Lippmann den wichtigsten Baustein öffentlicher Meinung, die Kristallisation von Vorstellungen, von Meinungen im gefühlsbeladenen Stereotyp[4]. Er erfindet diesen Ausdruck, übernimmt ihn aus der technischen Welt der Zeitungsdruckerei, die ihm als Journalist vertraut war: wo der Text in der Stereotypie in starre Form gegossen wird, um dann beliebig oft vervielfältigt werden zu können. Die Stereotypen – »Berufsverbot« für die Überprüfung der Verfassungstreue von Beamtenanwärtern; der »Kopf-ab«-Politiker, regelmäßig zum Namen hinzugefügtes Kürzel für einen Politiker, der für die Todesstrafe eintritt, bis der Name gar nicht mehr erforderlich ist, das Kürzel reicht; »der Mann, der ein Todesurteil vergißt« – solche Münze erfordert der Prozeß der öffentlichen Meinung, sie könnte sich sonst nicht ausbreiten, die Anhänger einer Sache könnten sich sonst nicht erkennen und ihre Stärke öffentlich zeigen, die Gegner könnten nicht eingeschüchtert werden.

»Der Mann, der ein Todesurteil vergißt«, das Stereotyp stammt aus der Kampagne gegen Filbinger, der über ein Jahrzehnt erfolgreicher Ministerpräsident des Landes Baden-Württemberg war, aber binnen weniger Monate zum Rücktritt gezwungen wurde. Eine zweite Münze lief um, ein Gericht bestätigte, man dürfe ihn öffentlich einen »furchtbaren Juristen« nennen[5]. Man muß sich die Wirkung auf einen Mann vorstellen, der, hochgeehrt, durchdrungen von dem Willen, Vorbild zu sein, 12 Jahre an der Spitze einer Regierung sein Leben voll nach außen, in die Öffentlichkeit gewendet, im öffentlichen Amt gearbeitet hat. Lippmann schreibt: »Wer sich aber der Symbole bemächtigt, die für den Augenblick das öffentliche Gefühl beherrschen, beherrscht hierdurch in starkem Maße den Weg zur Politik.«[6]

Wie Gewitterwolken stehen die Stereotypen im Meinungswetter einer bestimmten Zeit, wenig später können sie vollkommen verschwunden sein, niemand sieht sie mehr. Das Verhalten von Menschen, von Politikern, die sich unter den Gewitterwolken duckten, wird für später Gekommene unerklärlich, sogar für denjenigen, der sich duckte, er kann später die Sache, die Druckverhältnisse nicht mehr beschreiben und muß eine Ersatzerklärung suchen.

Aus Walter Lippmanns Buch erfährt man nicht nur, wie öffentliche Meinung durch Stereotype überall hindringt – »wie die Luft überall hin, in das Innerste des Hauses wie an die Stufen des Thrones«, hatte es Ihering beschrieben[7] –; auch die extreme Verschmelzung der Gebilde öffentlicher Meinung mit Zeit und Ort hatte er selbst nach dem Ersten Weltkrieg erlebt, und so vermag er sie dem Leser zu beschreiben. Zuerst hat er geschildert, wie die positiven und negativen Stereotypen sich bildeten: »Neben der Heldenverehrung gibt es jedoch auch die Austreibung von Teufeln. Derselbe Mechanismus, der Helden hervorbringt, schafft auch Teufel. Wenn alles Gute von Joffre, Foch, Wilson oder Roosevelt kam, so hatte alles Übel seinen Ursprung in Kaiser Wilhelm, Lenin und Trotzki.«[8] Aber dann wenig später: »Man denke ... daran, wie schnell 1918 nach dem Waffenstillstand das so kostbare ... Symbol der Einheit der Alliierten verging und wie als Folge fast sogleich das Symbolbild jeder einzelnen Nation seinen Niedergang erlebte: Das Bild von Großbritannien als der Verteidigerin des öffentlichen Rechtes, von Frankreich als des Richters an der Grenze der Freiheit und von Amerika als des Kreuzfahrers ... Und dann halte man sich vor Augen, wie die symbolischen Bilder von den Führern ihren Glanz verloren, und zwar in dem Grade, wie einer nach dem anderen – Wilson, Clemenceau, Lloyd George – aufhörte, die Hoffnung der Menschen zu inkarnieren, und zum bloßen Verhandlungspartner und Verwalter einer enttäuschten Welt wurde.«[9]

Die Bilder in unserem Kopf – eine Pseudowelt, auf deren Realität wir schwören

Der große Vorsprung, den Lippmann vor anderen Autoren des 20. Jahrhunderts hatte, die auch über öffentliche Meinung schrieben, war sein Realismus, seine realistischen Annahmen über den menschlichen Verstand und die menschlichen Gefühle. Daß er selbst Journalist war, half ihm wohl sehr. Darum sah er so scharf den Unterschied zwischen den Originalwahrnehmungen, die ein Mensch machen kann, und dem, was er durch andere, vornehmlich die Massenmedien, erfährt; und wie dieser Unterschied verwischt wird, weil Menschen ihn sich nicht bewußtmachen, sondern die Neigung haben, sich das mittelbar Erfahrene so anzueignen und ihren Vorstellungen einzupassen, daß es untrennbar zusammenläuft. Damit wird aber auch der Einfluß der Massenmedien weitgehend unbewußt. »Die Welt, mit der wir es in politischer Hinsicht zu tun haben, liegt außer Reichweite, außer Sicht, außerhalb unseres Geistes. Man muß sie erst erforschen, schildern und sich vorstellen. Der Mensch ist kein aristotelischer Gott, der die gesamte Existenz ... umfaßt. Er ist ein Geschöpf mit einer Entwicklung, das gerade eine Portion Wirklichkeit erfassen kann, die ausreicht, um sein Leben zu sichern und an sich zu reißen, was auf der Waagschale der Zeit nur ein paar Augenblicke der Erkenntnis und des Glückes bedeutet. Doch hat dasselbe Geschöpf Methoden erfunden, mit deren Hilfe es sehen kann, was kein bloßes Auge sehen konnte, und hören, was kein Ohr zu hören vermochte, mit deren Hilfe es ungeheuer große und unendlich kleine Massen wiegen, mehr Gegenstände zählen und voneinander trennen kann, als es als Individuum zu behalten vermag. Der Mensch lernt mit seinem Geist riesige Teile der Welt zu sehen, die er nie zuvor sehen, berühren, riechen, hören oder im Gedächtnis behalten konnte. Allmählich schafft er sich so für seinen eigenen Geschmack in seinem Kopf ein Bild von der Welt außerhalb seiner Reichweite.«[10]

Wie klein ist der Anteil der unmittelbar gemachten Beobachtungen gegenüber denjenigen, die über die Medien zugetragen werden, gibt Lippmann seinen Lesern zu bedenken. Aber dies ist erst der Anfang einer Kette von Umständen, die alle irgendwie geeignet sind, das Bild der Welt in den Köpfen der Menschen zu verzerren. Sich ein Bild von der Wirklichkeit zu machen, ist aussichtslos: »Denn die reale Umgebung ist insgesamt zu groß, zu komplex und auch zu fließend, um direkt erfaßt zu werden. Wir sind nicht so ausgerüstet, daß wir es mit so viel Subtilität, mit so großer Vielfalt, mit so vielen Verwandlungen und Kombinationen aufnehmen könnten. Obgleich wir in dieser Umwelt handeln müssen, müssen wir sie erst in einfacherem Modell rekonstruieren, ehe wir damit umgehen können.«[11] 50 Jahre später behandelt Luhmann dieses Thema unter dem Stichwort: »Reduktion von Komplexität«.

Einheitliche Auswahlregeln der Journalisten

Wie geschieht diese Rekonstruktion? Eine rigorose Selektion, was berichtet, was wahrgenommen werden soll, findet statt, und zwar hintereinander gestaffelt an vielen Schleusen, wie der Sozialpsychologe Kurt Lewin es Ende der vierziger Jahre nannte, als er für Journalisten den Ausdruck »gatekeeper« einführte[12]. Die gatekeeper entscheiden: was wird in die Öffentlichkeit weiterbefördert, was wird zurückgehalten. Lippmann: »Jede Zeitung, wenn sie den Leser erreicht, ist das Ergebnis einer ganzen Serie von Selektionen ...«[13] Die Umstände zwingen dazu, ein scharfer Mangel an Zeit und an Aufmerksamkeit[14]. Etwa 15 Minuten täglich widmet der Leser der Zeitung, stellt Lippmann fest und benutzt dabei ein frühes Ergebnis von Leserschaftsforschung[15]. Mit der Zukunftsspürnase eines Journalisten wittert er die Tragweite der Repräsentativumfragen, mehr als ein Jahrzehnt, bevor das amerikanische Gallup-Institut gegründet wurde[16]. Einen großen Forschungszweig der Kommunikationswissenschaft der fünfziger, sechziger, siebziger Jahre vorwegnehmend, erklärt Lippmann, was die Journalisten bei ihrer Selektion als »news values«[17] passieren lassen: den klaren Sachverhalt, der sich widerspruchsfrei mitteilen läßt, Superlative, Konflikte, Überraschung; das, womit sich der Leser identifizieren kann, also Nähe örtlicher oder psychologischer Art, persönliche Betroffenheit, das, was für den Leser Konsequenzen hat[18].

Indem so die Auswahlregeln der Journalisten weitgehend übereinstimmen, kommt eine Konsonanz der Berichterstattung zustande, die auf das Publikum wie eine Bestätigung wirkt. Eine Pseudoumwelt, wie es Lippmann nennt, bildet sich heraus[19].

Es findet sich bei Lippmann keine Publikumsschelte, keine Journalistenschelte, sondern nur zwingend begründet, wie es zu einer Pseudowirklichkeit kommen muß, »Zwischenwelt« hat es später Arnold Gehlen genannt[20].

Menschen mit verschiedenen Einstellungen sehen den gleichen Vorgang verschieden

Was Sozialpsychologie und Kommunikationsforschung ab Mitte der vierziger Jahre[21] als zentrales Konzept herausarbeiten, »selektive Wahrnehmung« und das Bemühen des Menschen, »kognitive Dissonanz« zu vermeiden, sich ein stimmiges Weltbild zu erhalten, wird neben dem Zwang zur Reduktion von Komplexität zur zweiten unvermeidlichen Quelle der Verzerrung der Wahrnehmung der Wirklichkeit und Verzerrung der Berichterstattung. »Ich behaupte, daß das Stereotypenmodell im Zentrum unserer Codices weithin vorausbestimmt, welche Tatsachengruppen wir sehen und in welchem Lichte wir sie sehen sollen. Das ist auch der Grund, warum in der allerbesten Absicht die Nachrichtenpolitik einer Zeitschrift die Herausgeberansicht zu unterstützen strebt; warum ein Kapitalist eine Gruppe von Tatsachen und bestimmte Aspekte des menschlichen Lebens buchstäblich *sieht*; sein sozialistischer Gegner *sieht* eine andere Gruppe von Tatsachen und andere Aspekte. Daher betrachtet jeder den anderen als unvernünftig und verstockt, während der wahre Unterschied zwischen ihnen in der unterschiedlichen Wahrnehmung liegt.«[22]

All dieses beschreibt Lippmann und stützt sich allein auf die Beobachtungen mit der Presse. Wieviel mehr Gültigkeit müssen seine Beschreibungen im Fernsehzeitalter haben, bei dem der Anteil von Wirklichkeit, der den Menschen durch Medien vermittelt wird, gegenüber den original gemachten Beobachtungen noch um ein Vielfaches angewachsen ist[23] und die weite komplexe Welt durch Sichtbarkeit und Hörbarkeit noch stärker mit den eigenen Originalbeobachtungen zusammenfließt; da die Gefühlsgehalte – was gut und was schlecht ist – noch unmittelbarer durch Bild und Ton erfaßt werden: Gefühlseindrücke, die resistent sind, von Menschen behalten werden, wenn ihnen längst das rationale Argument entfallen ist[24], wie bei Lippmann zu lesen ist. Es ist eine verspätete Debatte, die sich nach der Bundestagswahl 1976 über die Frage entwickelte, ob das Fernsehen das Meinungsklima vor Wahlen beeinflussen kann. Nicht um Manipulation handelt es sich, die Journalisten berichteten nur, was sie wirklich *sahen*, der Konsonanz einseitiger Medienwirklichkeit kann man nur entgegenwirken, indem Journalisten verschiedener politischer Couleur ihre Sichtweise dem Publikum zeigen.

Als verspätet muß man diese Debatte von 1976 bezeichnen, weil sie gutwillig und ahnungslos allenfalls vor dem Erscheinen des Buches von Lippmann hätte geführt werden können. Mehr als 50 Jahre später handelte es sich nur noch darum, daß man Lippmann und alle nachfolgende Bestätigung durch Kommunikationsforschung ignorierte. »Wir stellen es nur dar, wie es ist«: dieser Satz, mit dem Journalisten noch heute ihre Tätigkeit beschreiben, dürfte eigentlich mehr als 50 Jahre nach Lippmanns Buch nicht mehr möglich sein, der berühmte Slogan der New York Times »All The News That's Fit To Print« dürfte nur noch historisch gewürdigt werden. Im Selbstverständnis der Journalisten müßten von Zeit zu Zeit wie in dem berühmten Bild der Wahrnehmungspsychologie von Figur und Hintergrund die mitgeteilten Tatsachen und Meinungen einmal als Hintergrund zurücktreten, das Nicht-mitgeteilte zur Figur erhoben werden, dieser Perspektivenwechsel müßte wenigstens gelegentlich möglich sein, er müßte geübt werden. Dann würde sich der Journalist über die Wirkung seiner Tätigkeit nicht mehr täuschen mit den Argumenten: »Aber es stimmt doch, was ich gezeigt habe«, und »das Publikum fand es interessant«. Was wurde weggelassen?

Lippmann zieht aus seiner Entdeckung, daß es auf die Auswahl ankommt, darauf ankommt, was von der Komplexität der Wirklichkeit in dem Bild, das die Öffentlichkeit erhält, weggelassen wird, entschiedene Konsequenzen. Vom Moralisieren ist er weit entfernt. Er bewertet sogar – ein Detail, das bei der Weitergabe seiner Ideen sofort wieder verlorengegangen ist – das Stereotyp positiv[14], weil nur die starke Vereinfachung den Menschen erlaube, ihre Aufmerksamkeit auf relativ viele Themen zu verteilen, sich nicht mit einem ganz engen Horizont zu begnügen.

Was nicht berichtet wird, existiert nicht

Aber dann versucht er eindringlich, unermüdlich die Konsequenzen der Auswahl klarzumachen: Was da entsteht an vereinfachten Bildern der Wirklichkeit, das *ist* die Wirklichkeit der Menschen, die »pictures in our heads«[25], das *ist* unsere Realität. Was immer die Wirklichkeit tatsächlich sein mag, es ist bedeutungslos, nur unsere *Annahmen* über die Wirklichkeit zählen, nur sie bestimmen unsere Erwartungen, Hoffnungen, Anstrengungen, Gefühle, nur sie bestimmen unsere Handlungen. Diese Handlungen aber sind ihrerseits real und haben reale Tragweite, schaffen neue Wirklichkeit. Es kann sich dann die berühmte self-fulfilling prophecy ergeben, daß also die Prophezeiung oder, was das gleiche ist, die Erwartung durch das eigene Handeln in Erfüllung geht, dies ist eine Möglichkeit. Die zweite Möglichkeit ist eine Kollision: Das durch falsche Annahmen geleitete Handeln löst völlig unerwartete Wirkungen von unübersehbarer Realität aus, die Wirklichkeit tritt wieder in ihr Recht, und damit wird dann allerdings endlich, sehr spät, unter schon fortgeschrittenem Risiko, eine Korrektur der »Bilder in unserem Kopf« erzwungen.

»Stereotype« – »Symbole« – »Images« – »Fiktionen« – »Standardversionen« – »geläufige Denkschemata«: Lippmann überschüttet seine Leser mit Wortprägungen, um zu verdeutlichen, aus welchem Material das, was er »Pseudoumwelt« nennt, aufgebaut ist, Bausteine, die aus gewaltigen Kristallisationsprozessen hervorgehen. »Unter Fiktion verstehe ich nicht etwa Lügen«, sagt er[26]. Begeistert greift er das marxistische Konzept vom »Bewußtsein« auf[27]. Journalisten können nur berichten, wie sie es aus ihrem Bewußtsein heraus wahrnehmen, die Leser können sich nur mit dem zu einem großen Teil durch die Massenmedien geschaffenen Bewußtsein die Welt ausmalen und erklären. Derjenige, der sich heute bei der Mitteilung, das Fernsehen habe im Wahlkampf 1976 das Meinungsklima beeinflußt, nichts anderes vorstellen kann als: Die Fernsehjournalisten haben gelogen, die Fernsehjournalisten haben manipuliert, derjenige befindet sich in seinem Verständnis von Medienwirkung am Anfang dieses Jahrhunderts. Aber man muß zugeben: Was Lippmann wie im Fluge beschrieb, dahin arbeitet sich gleichsam Schritt für Schritt, am Boden gegen Hindernisse ankämpfend, die Kommunikationsforschung erst vor.

»Vater, wenn ein Baum im Wald umstürzt, aber die Massenmedien sind nicht dabei, um zu berichten – ist der Baum

"Dad, if a tree falls in the forest, and the media aren't there to cover it, has the tree really fallen?"
Drawing by Robert Mankoff; reprinted from the Saturday Review

dann wirklich umgestürzt?« Dieser Text zu einer Karikatur in »Saturday Review« – Vater im Lehnstuhl, lesend, der Sohn, der ihn mit überflüssigen Fragen stört –, diese Karikatur zeigt nur, daß Kommunikationsforschung und das Bewußtsein der Gebildeten Walter Lippmann allmählich erreichen.

Was nicht berichtet wird, existiert nicht, oder etwas vorsichtiger: Seine Chancen, zu einem Teil der von den Zeitgenossen wahrgenommenen Wirklichkeit zu werden, sind minimal.

Die objektive Realität, die außerhalb unseres Bewußtseins existiert, und die wahrgenommene, vorgestellte, die »Pseudorealität« Lippmanns hat Hans Mathias Kepplinger im Titel eines 1975 erschienenen Buches als Begriffspaar gefaßt: Realkultur und Medienkultur. Medienkultur: das ist die Auswahl von Welt, wie sie die Medien bieten, und soweit die Welt außer Reichweite, außer Sicht eines Menschen liegt, ist es meist die einzige Ansicht von Welt, die er besitzt.

Öffentliche Meinung wird erst durch Stereotype mitteilbar

Warum gibt Lippmann seinem Buch den Titel »Öffentliche Meinung«? Unbewußt und bestimmt unausgesprochen ist er vielleicht wie so viele Journalisten überzeugt, daß veröffentlichte Meinung und öffentliche Meinung im Grunde das gleiche seien; zumindest verschwimmen die Beschreibungen des einen und des anderen bei ihm. Irgendwann aber, als er schon mitten in seinem Buch ist, bricht die Erinnerung an die ursprüngliche Bedeutung von öffentlicher Meinung durch, und zu der matten Definition im Einleitungskapitel[28] setzt er nun eine zweite: »Die althergebrachte Theorie behauptet, daß eine öffentliche Meinung ein moralisches Urteil über eine Reihe von Tatsachen darstellt. Die Theorie, die ich vertrete, besagt dagegen, daß beim gegenwärtigen Stande der Erziehung die öffentliche Meinung vornehmlich eine moralisierte und kodifizierte Variante der Tatsachen ist.«[29] Die moralische Natur der öffentlichen Meinung – Billigung und Mißbilligung – ist für ihn lebendig geblieben. Aber er variiert die traditionelle Betrachtungsweise, er wendet auch auf sie die Entdekkung an, die ihn so sehr fasziniert: wie die Wahrnehmung von Tatsachen auch in moralischer Hinsicht gefiltert wird durch den selektiven Blick, den durch Stereotype, durch »Codices« gesteuerten Blick. Man sieht, was man erwartet, die moralische Bewertung ist geleitet durch das gefühlsgeladene Stereotyp, das Symbol, die Fiktion. Der reduzierte Blick, mit dem jeder Mensch lebt, das ist Lippmanns Thema. Aber für uns besteht seine große Leistung darin, daß er gezeigt hat, wie die öffentliche Meinung mitteilbar wird, aufzwingbar wird. So knapp und so eindeutig ist das positive oder negative Stereotyp, daß jeder schon wissen wird, wo er reden kann und wann er zu schweigen hat. Unentbehrlich sind die Stereotype, um einen Konformitätsprozeß in Gang zu setzen.

XIX. Thematisierung als Leistung öffentlicher Meinung: Niklas Luhmann

Es erscheint fast unglaubhaft, daß Lippmann ganz entgangen ist, was schließlich Luhmann unter dem Titel öffentliche Meinung herausarbeitet; denn beide arbeiten gewissermaßen am gleichen Stück. Beide beschreiben, wie sich Übereinstimmung in der Gesellschaft bildet, beide handeln von der Reduktion von Komplexität, um Kommunikation und um Handeln zu ermöglichen. Inhaltlich dicht beieinander unterscheidet sich oft nur die Wortwahl: Anstelle von »Stereotypen« spricht Luhmann von der Notwendigkeit, »Worte« – »Formeln« zu finden, um einen Prozeß der öffentlichen Meinung in Gang zu setzen[1]. Die Aufmerksamkeit ist knapp[2], gegen starke Konkurrenz müssen sich die Personen oder Themen hereindrängen, »Pseudokrisen« und »Pseudoneuigkeiten«[3] werden in den Massenmedien erzeugt, um die Konkurrenz anderer Themen aus dem Feld zu schlagen.

Auf Rechtzeitigkeit kommt es an, brennenden Zeitbezug, gleichsam wie mit hastigem Atem, so wird der Prozeß öffentlicher Meinung beschrieben. Die Nähe zur Mode zeigt sich an vielen Vokabeln, Kreation[4] eines Themas wie eines neuen Ärmelschnittes, später dann: Alles ist zum Thema gesagt, das Thema ist ruiniert[5], wie ein Ärmelschnitt ruiniert sein kann. Wer ihn noch trägt, zeigt, daß er nicht auf dem laufenden ist. Wie in der Realität täuscht das modische Vokabular über den Ernst des Vorgangs.

Ein Thema verhandlungsfähig machen

Aber von den Vorgängern, die über öffentliche Meinung schrieben, von Machiavelli, John Locke, David Hume, Jean-Jacques Rousseau, entfernt sich Luhmann weit, und auch von Lippmann. Moral, also Billigung und Mißbilligung, ist nicht sein Thema. Die »Formeln« werden nicht gebraucht, um weithin sichtbar und unmißverständlich das Gute und das Böse zu kennzeichnen, sondern sie sind notwendig, um ein Thema »verhandlungsfähig«[1] zu machen. Für Luhmann erfüllt sich die Funktion öffentlicher Meinung darin, ein Thema auf den Verhandlungstisch zu bringen. Das System, die Gesellschaft, kann nicht mit beliebig vielen Themen gleichzeitig fertig werden, andererseits: Daß sie die dringlich gewordenen Themen aufgreift, ist lebenswichtig, und dazu bündelt der Prozeß der öffentlichen Meinung die Aufmerksamkeit, eine knappe Zeit lang wird einem dringlichen Thema die allgemeine Aufmerksamkeit zugewandt, in dieser ihm zugemessenen Zeitspanne muß es seine Lösung finden, ein rascher Wechsel von Kommunikationsgegenständen ist einzukalkulieren[6].

»Thematisierung«, das ist für Luhmann die Leistung der öffentlichen Meinung, die nach bestimmten analysierbaren »Aufmerksamkeitsregeln« vor sich geht. Erst kommt das Thema auf den Tisch, wird durch Formeln verhandlungsfähig gemacht, dann erst werden Positionen bezogen für verschiedene »Optionen«, um das Lieblingswort moderner Planer zu gebrauchen, und endlich wird es, wenn der Prozeß glatt läuft, »diskussionsgestählt«[7] entschieden. Luhmann vermutet, »daß das politische System, soweit es auf öffentlicher Meinung beruht, gar nicht über Entscheidungsregeln, sondern über Aufmerksamkeitsregeln integriert wird«[8], durch die Regeln also, die bestimmen, was auf den Tisch kommt und was nicht.

Diese Auffassung von öffentlicher Meinung deckt nur das kurzfristige Geschehen ab, den flüssigen Aggregatzustand, wie es Tönnies bezeichnete; die zähen Prozesse, die sich über

Jahrzehnte oder, wenn man Tocqueville folgt, sogar über Jahrhunderte ausdehnen – Egalitätsstreben oder Einstellung zur Todesstrafe, zur Strafe überhaupt als zwei Beispiele –, werden nicht berührt, die »Großwetterlage« nicht berücksichtigt. Wenn »alles gesagt« ist, ist »das Thema ruiniert«[5], schreibt Luhmann. Journalisten würden sagen, das Thema ist gestorben. »Wenn alles gesagt ist ...«, das ist wohl eine sehr journalistische Vorstellung, aber kaum angemessen jener Anteilnahme, die eine schwerfällige Bevölkerung am Prozeß der öffentlichen Meinung nimmt.

Fallstudien vom Prozeß der öffentlichen Meinung würden überdies zeigen, daß die gesittete Ordnung, die Luhmann vorsieht: erst wird das dringliche Thema für allgemeine Aufmerksamkeit bestimmt, dann werden die Meinungspositionen bezogen – nur selten zutrifft. Meist findet man, daß das Thema gleichsam mit Fußtritten von einer Partei ins soziale Feld gestoßen wird – ein Vorgang, den Luhmann mißbilligend mit dem Ausdruck »Manipulation« belegt und als Resultat *einseitiger* Kommunikation, speziell technisch bedingter Einseitigkeit der Kommunikation über Massenmedien für möglich hält[9]. Die Verschmelzung von Thema und Meinung – man *kann* gleichsam zu einem bestimmten Thema nur *eine* Meinung haben – bezeichnete Luhmann als »öffentliche Moral«[10]. Dieser Ausdruck tritt an den Platz, den wir für Meinungen reserviert haben, die man öffentlich vertreten muß, wenn man sich nicht isolieren will, weil Luhmann ja öffentliche Meinung auf andere Weise mit neuem, von der Systemtheorie abgeleitetem Inhalt erfüllt hat.

Die Massenmedien bestimmen, was auf die Tagesordnung kommt

So wie wir keine Schwierigkeit haben, die Bedeutung von Walter Lippmanns Stereotypen als Vehikel von öffentlicher

Meinung in unserem Sinn zu erkennen, so können wir auch ohne Übernahme der Vorstellungen von Luhmann über die Funktionen von öffentlicher Meinung im System seinen Beitrag zum Verständnis von öffentlicher Meinung würdigen. Er öffnet die Augen für die wichtige Phase der Strukturierung von Aufmerksamkeit, »Thematisierung« im Prozeß der öffentlichen Meinung und läßt damit keinen Zweifel an der Bedeutung der Massenmedien, die ja diese Thematisierung mehr als irgendeine andere Instanz besorgen.

Amerikanische Kommunikationsforscher sind völlig unabhängig, auf ganz anderen Wegen als Luhmann zu einem ähnlichen Ergebnis gelangt[11]. Ihr Thema war die Untersuchung der Wirkung der Massenmedien. Durch Zeitvergleiche zwischen thematischen Schwerpunkten in den Massenmedien, tatsächlichen Entwicklungen, wie sie sich in Statistiken spiegeln, und Ansichten der Bevölkerung über dringliche Aufgaben der Politik zeigte sich, daß in der Regel die Massenmedien einen zeitlichen Vorsprung hatten, sie stießen die Themen an, brachten sie auf den Tisch. Die amerikanischen Forscher erfanden dafür den Ausdruck »agenda-setting function«, in einer Übersetzung von Gerhard Schmidtchen: die Tagesordnungsfunktion der Medien.

XX. Das Journalistenprivileg: Verleihung von Öffentlichkeit

»Die Schweigespirale kenne ich aus meinem Verein« – »kenne ich aus dem Ruderklub« – »genauso ist es in meinem Betrieb« – so wird häufig in Diskussionen Bestätigung und Zustimmung zum Konzept der Schweigespirale ausgedrückt. Es ist richtig, es gibt reichlich Gelegenheiten, dieses menschliche Konformitätsverhalten zu beobachten. Erfahrungen in kleinen Gruppen, wie sie jeder macht, sind Bestandteil des Prozesses, wenn sich öffentliche Meinung bildet, übereinstimmende Erfahrung in verschiedenen Gruppen hat für das beobachtende Individuum die Wahrscheinlichkeit für sich, ganz allgemein denke »man« so. Aber es tritt etwas ganz Einzigartiges hinzu, sobald sich die Schweigespirale *öffentlich* wahrnehmbar entwickelt, erst die Beimischung von Öffentlichkeit gibt dem Vorgang seine Gewalt, die Unaufhaltsamkeit. Am wirksamsten wird das Element Öffentlichkeit in den Prozeß eingebracht durch die Massenmedien. Die Massenmedien verkörpern Öffentlichkeit, eine weit ausgebreitete, anonyme, unangreifbare, unbeeinflußbare Öffentlichkeit.

Das Gefühl der Machtlosigkeit gegenüber den Massenmedien

Kommunikation läßt sich klassifizieren als einseitig oder zweiseitig, ein Gespräch ist zweiseitige Kommunikation; als indirekt oder direkt, ein Gespräch ist direkte Kommunikation; als öffentlich oder privat, das Gespräch ist im allgemeinen privat. Die Massenmedien sind einseitige, indirekte, öffentliche Kommunikation, sie sind der natürlichsten menschlichen Kommunikation, dem Gespräch, auf dreierlei Weise entgegengesetzt. Das ist es, was dem einzelnen gegenüber den Massenmedien ein Gefühl der Machtlosigkeit gibt; bei jeder Umfrage, wer in der heutigen Gesellschaft zuviel Macht habe, rangieren die Massenmedien mit an der Spitze[1]. Auf zweierlei Weise wird diese Machtlosigkeit erlebt. Erstens wenn im Sinne von Luhmann öffentliche Aufmerksamkeit eingefangen werden soll für eine Person, eine Idee, für eine Information oder Perspektive, der die Medien bei ihrer Selektion Öffentlichkeit vorenthalten. Vor den Wächtern, die den Zugang zur Öffentlichkeit verweigern, gibt es manchmal verzweifelte Ausbrüche, ein Tintenfaß wird in der Alten Pinakothek in München auf einen Rubens, eine Flasche mit Säure im Rijksmuseum in Amsterdam auf einen Rembrandt geworfen, ein Flugzeug wird entführt, um der eigenen Botschaft Öffentlichkeit zu verleihen.

Die andere Seite, das sind die Medien als Pranger, einer unbegrenzten gesichtslosen Öffentlichkeit sieht sich der einzelne, der in den Medien negativ »ausgestellt« ist, preisgegeben. Er kann sich nicht verteidigen, er kann sich nicht wehren, das Instrument der »Gegendarstellung« ist grotesk in seiner Schwäche, in seiner hölzernen Fremdheit zwischen den polierten Medieninhalten. Aber auch wer – ohne zum inneren Kreis der journalistischen Torhüter zu gehören – freiwillig etwa in einer Talkshow des Fernsehens auftritt oder ein Fernsehinterview gibt, legt seinen Kopf in den Rachen eines Tigers.

Ein neuer Ansatz der Wirkungsforschung

Aus zwei Perspektiven läßt sich Öffentlichkeit erfahren, aus der Perspektive des einzelnen, der von Öffentlichkeit oder von der Verweigerung von Öffentlichkeit betroffen ist – das ist eben beschrieben worden; und aus der Perspektive des kollektiven Geschehens, wenn Hunderttausende, wenn Millionen Menschen ihre Umwelt beobachten und sich danach – redend und schweigend – verhalten, und damit das große Meinungsklima, die öffentliche Meinung produzieren. Zwei Quellen hat diese Umweltbeobachtung, aus zwei Quellen nährt sich öffentliche Meinung: aus der unmittelbaren, originalen Beobachtung, die der einzelne in seiner Umwelt anstellt, und aus der Beobachtung der Umwelt, wie sie dem einzelnen durch die Massenmedien vermittelt wird, in erster Linie heute durch das Fernsehen, das mit lebendigem Bild und Ton, in Farbe die Vermischung von eigener und vermittelter Umweltbeobachtung, die Lippmann beschrieben hatte, am weitesten treibt. »Guten Abend«, sagte der Meteorologe am Beginn seines Fernsehwetterberichts. »Guten Abend«, antworteten die Gäste in einem Hotel, in dem ich meine Ferien verbrachte.

Die Frage nach der Wirkung der Massenmedien ist lange Zeit wie blind gestellt worden, eine ganz einfache Erwartung einer direkten Beziehung von Ursache und Wirkung dominierte, die Aussage in einem Medium als Ursache, die Meinungsänderung oder Meinungsverstärkung im Leser, Hörer, Zuschauer als Wirkung. Der vertraute Vorgang eines Gesprächs zwischen zwei Menschen wird hier vor uns aufgerichtet, einer sagt etwas, der andere ist bestärkt oder bekehrt. Die Realität der Medienwirkung ist viel komplizierter, sie entfernt sich weit vom Modell des Einzelgesprächs. Darüber belehrt uns Walter Lippmann, der zeigte, wie die Medien in unzähligen Wiederholungen die Stereotype prägen, die als Bausteine der »Zwischenwelt«, der zwischen die Menschen und die objektive Außenwelt tretenden Pseudowirklichkeit dienen. Dar über belehrt uns Luhmann, der die »Tagesordnungsfunktion« der durch Medien gespeisten öffentlichen Meinung scharf beleuchtet: was ist dringlich, mit welcher Frage müssen sich alle befassen? Das wird von den Medien entschieden.

Als weiteres sehen wir nun, wie die Medien die Vorstellungen des einzelnen beeinflussen, was man sagen und tun kann ohne Gefahr, sich zu isolieren. Außerdem stoßen wir noch auf etwas, was man Artikulationsfunktion der Massenmedien nennen könnte. Dies bringt uns dann an den Anfang der Analyse der Schweigespirale zurück, zum Eisenbahntest als Modellsituation einer Zelle, in der die öffentliche Meinung durch Reden und Schweigen entsteht. Wir bleiben aber zunächst noch bei dem Aspekt, wie der einzelne aus den Massenmedien das Meinungsklima erfährt.

Öffentlichkeit macht salonfähig

Es wußte eigentlich jeder, der die Nachdrucke des Mescalero-»Nachrufs« (1977) auf den von Terroristen ermordeten Bundesanwalt Buback las oder davon hörte, daß es sich um mehr handelte, als um eine gutgemeinte Dokumentation, etwa in dem Sinne: es möge doch einem möglichst weiten Kreis die Gelegenheit gegeben werden, den Originaltext zu lesen, um sich selbst ein Urteil zu bilden. Dieser unter Pseudonym bekanntgemachte Text erhielt mit den Nachdrucken Öffentlichkeit, zusätzliche, verstärkte Öffentlichkeit verliehen. Mit Worten der Mißbilligung erkennbar nur oberflächlich dekoriert war signalisiert, daß man »klammheimliche Freude« beim Hören der Nachricht von der Ermordung des Bundesanwalts öffentlich äußern konnte, ohne sich zu isolieren. Darum geht es, wenn – mit welcher Begründung immer – einem an sich verpönten Verhalten Öffentlichkeit verliehen wird ohne die rostbraune Farbe und die Schelle des Prangers. Ob es sich bei einer Veröffentlichung um Pranger oder Nichtpranger handelt, ist offenbar leicht wahrzunehmen. Ein gegen Normen verstoßendes Verhalten, dem ohne Prangeratmosphäre Öffentlichkeit verliehen wird, das wird »salonfähig«. Alle können sehen, daß man sich mit diesem Verhalten nicht mehr isoliert. Der Eifer, mit dem versucht wird, für Regelverstoß eine – und wenn auch nur in Andeutungen – verständnisvolle Öffentlichkeit zu erlangen, ist begründet: die Regel, die Norm wird damit geschwächt.

XXI. Öffentliche Meinung hat zwei Quellen. Eine bilden die Massenmedien

Im Frühjahr 1976, ein halbes Jahr vor der Bundestagswahl, wurde zum erstenmal das volle demoskopische Beobachtungsinstrumentarium aufgerichtet, um nach der Theorie der Schweigespirale die Entwicklung von Meinungsklima und Herausbilden der Wahlentscheidung zu verfolgen. Kernstücke bildeten das wiederholte Interviewen eines repräsentativen Querschnitts von Wählern, in der Fachsprache »Panelbefragung« genannt; normale Repräsentativumfragen, um die Entwicklung laufend zu verfolgen, außerdem zwei repräsentative Umfragen unter Journalisten und eine Videoaufzeichnung von politischen Sendungen der zwei Fernsehprogramme. Von der ganzen Studie, die in Zusammenarbeit zwischen dem Allensbacher Institut für Demoskopie und dem Institut für Publizistik der Universität Mainz erfolgte, wird hier nur ein kleiner Ausschnitt gezeigt, um vorzuführen, wie die Theorie der Schweigespirale die empirische Forschung lenkte[1].

Die wichtigsten Fragen waren diejenigen, mit denen beginnend mit der Bundestagswahl 1965 gearbeitet worden war: die Frage nach der Wahlabsicht des Befragten; nach seiner Umweltbeobachtung: wer gewinnt die Wahl? nach seiner Bereitschaft, sich öffentlich zu der bevorzugten Partei zu bekennen, nach seinem Interesse für Politik und nach seinen Medienkontakten, Häufigkeit des Lesens von Zeitungen und Zeitschriften, Häufigkeit des Fernsehens, insbesondere politischer Sendungen.

Im Wahljahr 1976 schlägt das Meinungsklima um

Im Juli, in der Zeit der großen Ferien, kamen die Fragebogen der zweiten Befragung des »Panels« von rund 1000 repräsentativ ausgewählten Wählern in das Allensbacher Institut zurück. Ich war damals im Tessin, wolkenlose Sommertage, ich erinnere mich sehr genau an den Kontrast zwischen dem breiten grünen Weinlaub, dem Granittisch und den darauf ausgebreiteten Computertabellen, es war wenige Monate vor der Wahl nicht die richtige Zeit, die Arbeit zu unterbrechen. Eines war klar: Die wichtigste Meßfrage, die Frage nach der Umweltbeobachtung: »Wissen kann das natürlich niemand, aber was glauben Sie, wer die kommende Bundestagswahl gewinnt, wer die meisten Stimmen bekommt: die CDU/CSU oder die SPD/F.D.P.?« zeigte eine dramatische Verschlechte-

TABELLE 21: **Im Frühjahr des Bundestagswahljahres 1976 verschlechtert sich das Meinungklima für die CDU/CSU**

Frage: »Wissen kann das natürlich niemand, aber was glauben Sie, wer die kommende Bundestagswahl gewinnt, wer die meisten Stimmen bekommt: die CDU/CSU oder die SPD/F.D.P.?«

	März 1976 %	Juli 1976 %	September 1976 %
CDU/CSU	47	40	36
SPD/F.D.P.	27	33	39
Unmöglich zu sagen	26	27	25
	100	100	100
n =	1052	925	1005

Quelle: Allensbacher Archiv, IfD-Umfragen 2178, 2185, 2189. Dargestellt sind die Antworten der Bevölkerung ab 18 Jahre, Bundesrepublik mit West-Berlin

rung des Meinungsklimas für die CDU/CSU. Im März 1976 hatten die Panelmitglieder mit einem Vorsprung von 20 Prozent einen Wahlsieg der CDU/CSU vorausgesehen, jetzt war die Stimmung umgeschlagen, nur noch 7 Prozent lagen die Schätzungen von CDU/CSU und SPD/F.D.P. auseinander. Wenig später, und die SPD/F.D.P. hatte die CDU/CSU überholt *(Tabelle 21)*.

Meine erste Vermutung war, die CDU/CSU-Anhänger verhielten sich wie 1972, verstummten in der Öffentlichkeit, zeigten schon vor Beginn des eigentlichen Wahlkampfes nicht mehr ihre Überzeugung. Ich wußte, daß die Wahlkampfleitungen aller Parteien, auch der CDU/CSU, versucht hatten, die Notwendigkeit des *öffentlichen* Bekenntnisses ihren Anhängern klarzumachen, aber, wie gesagt, der Mensch ist furchtsam und vorsichtig ... Ich erbat telefonisch aus Allensbach die Ergebnisse zur öffentlichen Bekenntnisbereitschaft. Der Befund war rätselhaft, er paßte nicht zur Theorie. Gegenüber dem März waren im Juli eher die SPD-Anhänger faul geworden. Auf die Frage, was sie für ihre Partei tun würden, und Vorschlag einer Reihe von Möglichkeiten war die Antwort »nichts davon« bei SPD-Anhängern zwischen März und Juli von 34 auf 43 Prozent angestiegen, bei CDU/CSU-Anhängern war sie praktisch mit 38 Prozent im März und 39 Prozent im Juli, die nichts für ihre Partei tun wollten, gleichgeblieben. Eine schwindende Bekenntnisbereitschaft der CDU/CSU-Anhänger konnte das veränderte Meinungsklima nicht erklären *(Tabelle 22)*.

Mit den Augen des Fernsehens

Ich dachte an die zwei Quellen der Umweltbeobachtung, die Originalbeobachtung der Wirklichkeit, die der einzelne anstellt, und die Beobachtung der Wirklichkeit durch die Augen

TABELLE 22: **Nach Originalbeobachtungen in eigener Umwelt konnte es keinen Eindruck von nachlassender Bekenntnisbereitschaft der CDU/CSU-Anhänger zwischen Frühjahr und Sommer 1976 geben**

Frage: »Jetzt eine Frage zu der Partei, die Ihren Ansichten am nächsten steht. Wenn man Sie fragen würde, ob Sie für diese Partei etwas tun möchten, zum Beispiel etwas von diesen Karten hier – ist da irgend etwas dabei, was Sie für die Partei tun würden, die Sie für die beste halten? Können Sie diese Karten bitte einfach herauslegen.« (Vorlage eines Kartenspiels)

	CDU/CSU-Anhänger		SPD-Anhänger	
	März 1976 %	Juli 1976 %	März 1976 %	Juli 1976 %
Würde an einer Versammlung dieser Partei teilnehmen	53	47	52	43
Würde in einer Versammlung dieser Partei aufstehen und in der Diskussion etwas sagen, wenn es mir wichtig erscheint	28	25	31	23
Ich würde einen Aufkleber ans Auto machen	18	25	26	24
Ich würde den Standpunkt dieser Partei auch in Versammlungen anderer Parteien vertreten	22	20	24	16
Ich würde eine Anstecknadel, einen Ansteckknopf tragen	17	17	23	22
Ich würde beim Verteilen von Werbematerial helfen	17	16	22	14
Würde in die Wahlkampfkasse dieser Partei Geld spenden	12	12	10	11
Würde mich an einer Straßendiskussion beteiligen und für diese Partei eintreten	14	11	19	15
Ich würde für diese Partei Plakate kleben gehen	11	9	13	10
Ein Plakat dieser Partei ans Haus oder ins Fenster hängen	10	9	8	6
An fremden Wohnungstüren klingeln und mit den Leuten diskutieren, was für diese Partei spricht	4	4	5	3
Nichts davon	38	39	34	43
	244	234	267	230
n =	468	444	470	389

Quelle: Allensbacher Archiv, IfD-Umfragen 2178, 2185

TABELLE 23: **Nach der zweiten Quelle der öffentlichen Meinung, dem Eindruck mit den Augen als Fernseher, verschlechterte sich das Meinungsklima für die CDU bei regelmäßigen Fernsehzuschauern. Personen, die wenig fernsehen, bemerken zwischen Frühjahr und Sommer keine Klimaverschlechterung für die CDU/CSU**

Frage: »Wissen kann das natürlich niemand, aber was glauben Sie, wer die kommende Bundestagswahl gewinnt, wer die meisten Stimmen bekommt: die CDU/CSU oder die SPD/F.D.P.?«

	Häufige Zuschauer bei politischen Fernsehsendungen		Personen, die selten oder nie politische Fernsehsendungen sehen	
	März 1976	Juli 1976	März 1976	Juli 1976
Insgesamt	%	%	%	%
CDU/CSU	47	34	36	38
SPD/F.D.P.	32	42	24	25
Unmöglich zu sagen	21	24	40	37
	100	100	100	100
n =	175		118	
Politisch interessierte Personen				
CDU/CSU	49	35	26	44
SPD/F.D.P.	32	41	26	17
Unmöglich zu sagen	19	24	48	39
	100	100	100	100
n =	144		23	
Politisch uninteressierte Personen				
CDU/CSU	39	26	39	37
SPD/F.D.P.	32	45	23	26
Unmöglich zu sagen	29	29	38	37
	100	100	100	100
n =	31		95	

Quelle: Allensbacher Archiv, IfD-Umfragen 2178/2185

der Medien, und bestellte in Allensbach eine Auszählung nach viel und wenig Zeitunglesen, viel und wenig Fernsehen. Als das Ergebnis auf dem Granittisch lag, sah es so einfach aus wie aus einem Schulbuch. Nur diejenigen, die die Umwelt mit den Augen des Fernsehens häufiger beobachtet hatten, hatten den Klimawechsel wahrgenommen, diejenigen, die ohne die Fernsehaugen ihre Umwelt beobachtet hatten, hatten nichts vom Klimawechsel bemerkt *(Tabelle 23)*.

Die mannigfachen Prüfungen, ob es wirklich die Filterung der Wirklichkeit durch das Fernsehen war, die das Meinungsklima im Wahljahr 1976 veränderte, sind an anderer Stelle ausführlich beschrieben[2]. Aber verständlich ist die Frage, *wie* denn dieser Eindruck von einem veränderten Meinungsklima bewirkt wurde. Wir stehen auf neuem, von der Forschung noch wenig gesichertem Gelände.

Die Journalisten haben nicht manipuliert, sie sahen es so

Um sich der Lösung dieses Rätsels wenigstens anzunähern, wurden die Umfragen unter Journalisten und die Videoaufzeichnungen der politischen Fernsehsendungen im Wahljahr analysiert. Wenn man von den Thesen Walter Lippmanns ausgeht, war es eigentlich nicht so überraschend, daß Fernsehzuschauer die Chancen der CDU/CSU schwinden sahen. Die Journalisten sahen in der Tat keine Chancen für die CDU/CSU; in der Welt, die sie mit ihren Überzeugungen darstellten, gab es praktisch keine Chance, daß die CDU/CSU die Bundestagswahl 1976 gewinnen könnte. In der Realität waren die beiden politischen Lager fast gleich stark, am Wahltag, dem 3. Oktober 1976, hätte die CDU/CSU gesiegt, wenn 350000 unter rund 38 Millionen Wählern ihr statt der SPD oder F.D.P. die Stimme gegeben hätten. Bei objektiv richtiger Einschätzung der Verhältnisse hätten die Journalisten auf die Frage: Was glauben Sie, wer die Wahl gewinnt? am tref-

TABELLE 24: **Die Journalisten sehen die politische Lage anders als die Bevölkerung. Hat sich ihre Sichtweise auf dem Weg über die Darstellungen im Fernsehen auf die Zuschauer übertragen?**

Frage: » Wissen kann das natürlich niemand, aber was glauben Sie, wer die kommende Bundestagswahl gewinnt, wer die meisten Stimmen bekommt: die CDU/CSU oder die SPD/F.D.P.?«

	Juli 1976 Bevölkerung ab 18 Jahre %	Allensbacher Journalisten-umfrage %
CDU/CSU	40	10
SPD/F.D.P.	33	76
Unmöglich zu sagen	27	14
	100	100
n =	1265	100

	August 1976 Bevölkerung %		Juli 1976 Journalisten %	
Wahlabsicht:				
CDU/CSU	49		21	
SPD	42	50	55	79
F.D.P.	8		24	
Andere Parteien	1		x	
	100		100	
n =	1590		87	

Quellen: Allensbacher Archiv. Oberer Teil der Tabelle: IfD-Umfragen 2185, 2187. Eine parallellaufende Journalistenbefragung in Zusammenarbeit mit dem Institut für Publizistik der Universität Mainz brachte 73 Prozent, die einen SPD/F.D.P.-Sieg erwarteten, 15 Prozent CDU/CSU, 12 Prozent unmöglich zu sagen. Basis: 81 Fälle. Unterer Teil der Tabelle: IfD-Umfragen 3032 und 2187. Dargestellt sind die Antworten der Personen, die eine konkrete Parteineigung angaben. x = weniger als 0,5 Prozent.

fendsten mit: »Das ist völlig offen« geantwortet. Aber sie antworteten zu mehr als 70 Prozent, die SPD/F.D.P.-Koalition werde siegen, nur 10 Prozent erwarteten einen CDU/CSU-Sieg. Ganz anders als die Bevölkerung sahen sie die Welt, und wenn Lippmann recht hatte, dann konnten sie sie auch nur so, wie sie sie sahen, zeigen. Das heißt, die Bevölkerung bekam zwei Ansichten von der Wirklichkeit, zwei verschiedene Eindrücke vom Meinungsklima, den Eindruck aus eigenen Originalbeobachtungen und den Eindruck mit den Augen des Fernsehens. Was entstand, war ein faszinierendes Phänomen, ein »doppeltes Meinungsklima« *(Tabelle 24)*.

Warum sahen die Bevölkerung und die Journalisten eine so verschiedene Kampfarena? Immerhin erschien der Bevölkerung zu dieser Zeit, wir sind im Sommer 1976, ein Sieg der CDU/CSU noch immer wahrscheinlicher als ein Sieg der SPD/F.D.P.

Eine Ursache war, daß sich Bevölkerung und Journalisten erheblich in ihren parteipolitischen Überzeugungen unterschieden. Diese Überzeugungen lenkten den Blick, wie Lippmann beschrieben hatte. Anhänger von SPD und F.D.P. sahen viel mehr Zeichen für einen SPD/F.D.P.-Sieg, Anhängern der CDU/CSU sprangen die Vorboten eines CDU/CSU-Sieges ins Auge. Dies gilt allgemein, es galt 1976 für die Bevölkerung und für die Journalisten. Da die Bevölkerung etwa 1 : 1 zwischen SPD/F.D.P. einerseits, CDU/CSU andererseits aufgespalten war, die Journalisten aber im Verhältnis 3 : 1 auf der Seite von SPD/F.D.P. standen, so war es nur natürlich, daß sie verschiedenes wahrzunehmen meinten.

Eine Bilder-Signal-Sprache wird entschlüsselt

Es begann die Expedition in das unerforschte Gebiet, wie Wahrnehmungen von Fernsehjournalisten durch Bild und Ton auf die Zuschauer übertragen werden. Zuerst schauten wir nach Amerika und England, nach Schweden, nach Frankreich, weil wir hofften, daß die Kommunikationsforscher in einem dieser Länder dieses Problem schon gelöst hätten. Wir fanden aber nichts. Dann saßen wir im Seminar, Studenten, Assistenten und Professoren, und testeten uns. Wir betrachteten, ohne miteinander zu sprechen, Fernsehaufzeichnungen, etwa Parteitagsszenen oder Interviews mit Politikern, und füllten gleich anschließend Fragebogen aus, wie die Szenen, die dargestellten Personen auf uns wirkten. Wo wir weitgehend übereinstimmten in der Entschlüsselung der optischen Botschaften, versuchten wir herauszufinden, aus welchen Zeichen wir einen bestimmten Eindruck gewonnen hatten. Schließlich luden wir berühmte Kommunikationsforscher, zum Beispiel Percy Tannenbaum von der Universität Berkeley, Kalifornien, und Kurt Lang und Gladys Engel Lang von der Stony Brook-Universität im Staat New York, nach Mainz in das Institut für Publizistik der Universität ein und führten ihnen die Videoaufnahmen von politischen Sendungen im Fernsehen im Wahljahr 1976 vor und erbaten ihren Rat. Percy Tannenbaum schlug vor, eine Umfrage bei Kameramännern zu machen, welche optischen Mittel sie einsetzten, wenn sie eine bestimmte Wirkung erzielen wollten, oder umgekehrt gefragt: wie sie die Wirkung verschiedener Aufnahmetechniken einschätzten. Diese Forschungsidee wurde 1979 verwirklicht. Die Mehrzahl, 51 Prozent der schriftlich befragten Kameramänner antworteten, 151 Fragebogen kamen zurück. 78 Prozent der Kameramänner hielten es für »sehr gut möglich« und 22 Prozent auch noch für »schon möglich«, daß »ein Kameramann mit rein optischen Mitteln Personen besonders positiv oder besonders negativ erscheinen lassen kann«. Mit welchen Mitteln kann dies geschehen?

Die befragten Kameramänner waren sich in einem Fall besonders einig: Einen Politiker, den sie besonders schätzen, würden zwei Drittel in Augenhöhe (Frontansicht) aufnehmen, weil dies nach ihrer Ansicht »Sympathie« wecke und den Eindruck von »Ruhe« und »Ungezwungenheit« herstelle. Keiner würde ihn jedoch in starker Draufsicht (Vogelperspektive) oder starker Untersicht (Froschperspektive) zeigen, weil diese Einstellungen eher »Antipathie« erzeugen und den Eindruck von »Schwäche« und »Leere« vermitteln.

Professor Hans Mathias Kepplinger untersuchte daraufhin mit einer Arbeitsgruppe am Institut für Publizistik der Universität Mainz die Wahlberichte von ARD und ZDF zwischen dem 1. April und der Wahl am 3. Oktober 1976. Die Ergebnisse der Studie trug er beim Politologen-Jahreskonkreß in Augsburg im Herbst 1979 vor[3]. »Schmidt war besser im Bild als Kohl«, lautete der dreispaltige Titel eines Berichtes über den Vortrag, den die »Frankfurter Rundschau« am 1. November 1979 veröffentlichte. Die wichtigsten Befunde sind dort zusammengefaßt:

»Die Analyse der Berichte in beiden Fernsehsystemen ... ergab ..., daß die Politiker der Koalition zwar etwas häufiger im Bild waren als die der Opposition, die Art der Einstellungen aber auf alle Politiker bezogen nahezu gleich war, meistens Frontansicht, gelegentlich auch Frosch- und Vogelperspektive.

Anders sieht es aus, wenn man nur die Aufnahmen der beiden Spitzenkandidaten Helmut Schmidt (SPD) und Helmut Kohl (CDU) untersucht, die immerhin jede vierte Einstellung zeigte. So wurde Schmidt lediglich in 31 Einstellungen aus der Frosch- oder Vogelperspektive gezeigt, bei Kohl war dies aber 55mal der Fall ...

Bei wem die Entscheidung für solche Einstellungen der Kamera liegt, wurde von den Mainzer Wissenschaftlern ebenfalls ermittelt. Die von Willy Loderhose durchgeführte Befragung der Kameramänner zeigte, daß etwa jeder zweite Kameramann (46 Prozent) angab, allein die Entscheidung zu treffen, während 52 Prozent äußerten, dies mit dem für die Sendung verantwortlichen Journalisten gemeinsam zu tun.«[4]

Im Bericht der »Frankfurter Rundschau« hieß es weiter:

Es »wurde die optische und akustische Wiedergabe der Publikumsreaktionen untersucht wie Gesten, Klatschen, Zurufe und andere spontane Äußerungen, ferner Aufmerksamkeit und Interesse des Publikums ...

Im ARD-Fernsehen und im ZDF wurden weit häufiger Einstellungen gezeigt, in denen das Publikum Kandidaten der Opposition ablehnte, als Einstellungen, in denen gegen Politiker der Koalition protestiert wurde ...

Entscheidend ist bei der bildlichen Wiedergabe der Publikumsreaktion freilich auch die jeweilige Kamera-Einstellung, über die sich die Stärke des Eindrucks (etwa des klatschenden Publikums) steigern beziehungsweise abschwächen läßt, wie die Kameraleute angaben. In der Totalen kann das gesamte Publikum gezeigt werden, durch Halbtotale oder kleinere Einstellungen lassen sich kleinere Gruppen und Einzelpersonen hervorheben. Je mehr Personen gezeigt werden, desto distanzierter, je weniger ins Bild kommen, desto intensiver ist der vermittelte Eindruck.

Die Mainzer Ergebnisse zeigen nun deutlich, so Kepplinger, daß beide Fernsehanstalten den Beifall für Kandidaten der Koalition erheblich häufiger intensiv in Halbtotalen und Großaufnahmen dargestellt haben als den Beifall für Kandidaten der Opposition.«

Selbst zehn Jahre später, 1989, war die Expedition in das unerforschte Gebiet, wie Wahrnehmungen von Fernsehjournalisten durch Bild und Ton auf die Zuschauer übertragen werden, noch nicht abgeschlossen. Aber die Empörung, daß Kameramänner und Cutterinnen zum Gegenstand wissenschaftlicher Untersuchung gemacht worden waren, hatte sich gelegt. Was nacheinander an experimentellen Studien veröffentlicht wurde, ließ keinen Zweifel mehr an dem Einfluß von Kameraführung und Schnittechnik auf das Bild, das sich die Zuschauer von der Wirklichkeit machen; aber es war auch so trocken geschrieben, daß sich damit keine Aufregung mehr anfachen ließ.[5]

Es war auch keine Bundestagswahl mehr so knapp in ihrem Ausgang wie die von 1976. Medienwirkung auf Meinungsklima wird ja erst dann zum Thema bitterer Anklagen, wenn jeder, aber auch jeder Einfluß ausschlaggebend wird, weil es nur um einige hunderttausend Wählerstimmen geht. Die Bundestagswahl 1980 mit den Spitzenkandidaten Helmut Schmidt und Franz Josef Strauß war von Anfang an so gut wie entschieden. Für die Kommunikationsforschung, die den Einfluß der Bildersprache des Fernsehens auf den Zuschauer entschlüsseln will, war diese Abwesenheit von öffentlicher Aufregung nur günstig. Michael Ostertag widmete seine Magisterarbeit[6] und dann seine Dissertation im Mainzer Institut für Publizistik der Frage, wie sich die Parteineigung von Journalisten auf die Politiker auswirkt, die sie im Fernsehen interviewen, und auf den Eindruck, den die Politiker beim Publikum machen. Ostertag konzentrierte sich auf die Bildersprache. Bei der Analyse von 40 Fernsehinterviews aus der Zeit des Bundestagswahlkampfes 1980 mit Schmidt, Kohl, Strauß und Genscher arbeiteten er und seine Mitarbeiter meist mit abgestelltem Ton. Sie wollten unbeeinflußt bleiben von den Argumenten, die da vorgebracht wurden, den Worten und auch von den nonverbalen Elementen, die mit dem Sprechen verbunden sind, der Tonhöhe, Satzmelodie, Pausenbildung, also all dem, was man als »paralinguistisch« oder »paraverbales Ausdrucksverhalten« bezeichnet. Es ging allein um die Optik.

Zunächst mußten neue Kategorienschemata entworfen werden, um die Körpersprache, also Mimik, Gestik, Körperrichtung und -orientierung, überhaupt festhalten zu können, ebenso wie das, was man »menschliches Raumverhalten« nennt, also alles, was auf die Distanz zum anderen Menschen Einfluß hat. Bei dieser Aufgabe allerdings konnte auf Vorarbeiten von Psychologen, wie Philipp Lersch[7], aus den fünfziger Jahren zurückgegriffen werden, auch auf die schriftlichen Aufzeichnungen von dem Pantomimen Samy Molcho[8], und dann für die siebziger, achtziger Jahre auf die Arbeiten von

Siegfried Frey und anderen[9] sowie eine zunehmende Zahl insbesondere auch amerikanischer Untersuchungen. Von seiner Forschungsaufgabe ausgehend, verglich Ostertag Mimik und Gestik der vier Spitzenpolitiker, je nachdem, ob sie von einem Journalisten interviewt wurden, der ihnen politisch nahestand oder eher auf der anderen Seite.

Es zeigte sich, daß die typische Mimik und Gestik der vier Spitzenpolitiker in jedem Interview in den Grundzügen die gleiche blieb. Was sich veränderte, war die Ausprägung. Rhythmisches Nicken beim eigenen Sprechen wurde nachdrücklicher, das Wegsehen oder auch das Fixieren des Gesprächspartners anhaltender. Diese Verstärkungen berührten die Zuschauer offenbar nicht sympathisch. Auf zweierlei Weise zeigte sich bei der Untersuchung von Ostertag, daß ein Politiker weniger gut wirkt, wenn er mit einem politisch andersdenkenden Journalisten spricht. Unabhängig davon, um welchen der vier Spitzenpolitiker es sich handelte, wurden Politiker, die sich mit dem Journalisten, der sie interviewt, zu vertragen schienen, überwiegend positiv von den Betrachtern beurteilt, während Politiker, die sich mit dem Journalisten im Interview stritten, negativ beurteilt wurden.[10]

Auf das Urteil der Zuschauer über die Journalisten dagegen schien eine Kontroverse im Interview nicht abzufärben; zu widersprechen und anzugreifen gehört eben zur Rolle des Journalisten.

Außerdem wirkten Politiker, die mit einem Journalisten ihrer politischen Couleur sprachen[11], auf die Zuschauer ganz allgemein vorteilhafter, als wenn sie von einem Journalisten interviewt wurden, der politisch auf der anderen Seite stand. Ihre Sitzhaltung drückte dann mehr Distanz aus, abgespreizte Ellbogen, abgewandt in der Sitzrichtung, die Beine wurden so übergeschlagen, daß sie mit dem Knie gleichsam eine Barriere gegen den Gesprächspartner bildeten.[12]

Einige solche Anhaltspunkte, die das Urteil über Politiker im Fernsehen beeinflussen, lassen sich jetzt schon erkennen.

Aber wirklich zu wissen, wie Meinungsklima durch das Fernsehen übermittelt wird, davon sind wir in der Forschung noch weit entfernt.

XXII. Das doppelte Meinungsklima

Der amerikanische Politikwissenschaftler David P. Conradt berichtete dem politisch interessierten amerikanischen Publikum in einem 1978 erschienenen Buch »Germany at the Polls. The Bundestag Election of 1976«[1]: »Unions-Strategen ... versuchten, die Schweigespirale im Blick auf 1976 zugunsten der Union zu nutzen. Beim Hamburger CDU-Parteitag 1973 wurde die Führungsspitze der Partei mit den Befunden bekannt gemacht. 1974 wurde eine vereinfachte Version der Schweigespirale an die Parteifunktionäre an der Basis verteilt ... Schließlich war 1976 der Entschluß, mit der Hauptphase der Wahlkampagne vor der SPD einzusetzen, auch auf die Thesen der Schweigespirale gestützt, die operational ausgedrückt bedeuteten, daß die CDU öffentlich sichtbar werden müsse, bevor die SPD-Kampagne richtig in Schwung kam.«[2]

Kampf gegen die Schweigespirale

Tatsächlich entwickelte sich 1976 an der Basis – anders als 1972 – keine Schweigespirale. CDU/CSU-Anhänger zeigten ihre Überzeugung öffentlich, trugen Abzeichen und befestigten an ihren Autos Aufkleber in nicht geringerem Umfang als SPD-Anhänger, sie argumentierten, wo man sie hören konnte, und warben für ihre Überzeugung. Als fünf bis sechs Wochen

Bundestagswahl 1976: Kein Mitläufereffekt in der Richtung des erwarteten Wahlsiegers

War das ein Erfolg eines bewußten öffentlichen Kampfes an der Basis gegen die Schweigespirale?

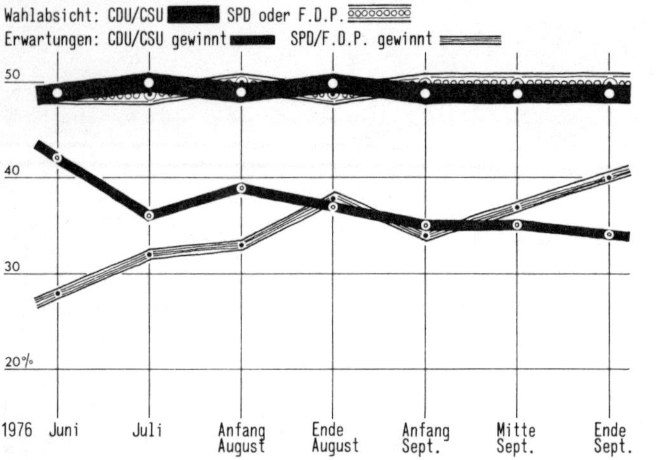

Quelle: Allensbacher Archiv, IfD-Umfragen 3030, 3031, 3032, 3033/I, 3033/II, 3034/I, 3035/I

nach der Wahl gefragt wurde, Anhänger welcher Partei sich im Wahlkampf am meisten eingesetzt hätten, sagten 30 Prozent: am meisten die CDU/CSU-Anhänger, 18 Prozent hielten dagegen: am meisten die SPD-Anhänger.

Der sichtbare öffentliche Einsatz der CDU/CSU-Anhänger war offenbar kräftig genug, um auch unsichere, politisch wenig interessierte Wähler davon abzuhalten, sich in der Schlußphase des Wahlkampfes dem Meinungsklima, das in den Medien vorherrschte, anzuschließen. Wahrscheinlich ist die Schweigespirale zum erstenmal in einer modernen Wahlkampagne bewußt bekämpft worden. Monatelang hatten die beiden politischen Lager in ihrer Stärke Kopf an Kopf gelegen (*Schaubild 22*). Und Kopf an Kopf lagen sie, als die Wahlergebnisse am 3. Oktober 1976 abends ausgezählt wurden, die

SPD/F.D.P. ging als knapper Sieger durchs Ziel. Erst in der Zukunft, mit mehr Erfahrung, wird man sagen können, ob die CDU/CSU gewonnen hätte, wenn sie das Medienklima nicht gegen sich gehabt hätte. Doppeltes Meinungsklima: dieses faszinierende Phänomen, erregend wie eine ungewöhnliche Wetterlage, eine Fernsicht, wie sie bei Föhn vielleicht nur einmal im Jahr erscheint, oder ein doppelter Regenbogen oder ein Nordlicht, kann nur entstehen unter ganz besonderen Umständen, nur dann, wenn das Meinungsklima der Bevölkerung und die vorherrschende Meinung unter Journalisten auseinanderfallen. 1976 erschien es zwischen Frühjahr und Sommer (vgl. S. 231) und löste sich bis zum Herbst im Zwei-Stufen-Fluß der Kommunikation auf. »Doppeltes Meinungsklima« heißt: Je nach Mediennutzung nehmen Personen ein verschiedenes Meinungsklima wahr. Aus dieser Beobachtung läßt sich auch ein wissenschaftlich wertvolles Instrument entwickeln. Wann immer sich die Einschätzung des Meinungsklimas je nach Mediennutzung unterscheidet, lohnt es sich, die Hypothese zu prüfen, daß man hier auf einen Fall von Medienwirkung gestoßen ist.[3]

»Pluralistische Ignoranz«: Die Bevölkerung täuscht sich über die Bevölkerung

Es ist ja, je länger sich der Blick darauf richtete, immer deutlicher geworden, wie schwer es ist, die Wirkung der Massenmedien zu erforschen. Da diese Wirkung nicht auf *einen* Anstoß hin eintritt, sondern in der Regel kumulativ, nach dem Prinzip »Steter Tropfen höhlt den Stein«; da das ständige Gespräch zwischen Menschen die Medienbotschaften sofort weiterträgt, so daß man am Ort des Empfanges und weit entfernt davon schon kurze Zeit nach der Botschaft keinen Unterschied mehr wahrnehmen kann; da diese Wirkung den Menschen überwiegend unbewußt ist, so daß sie keine Auskunft darüber geben können, ganz im Gegenteil, wie Walter Lippmann zeigte, die Neigung haben, eigene Wahrnehmungen und Wahrnehmungen durch die Augen der Medien untrennbar zu vermischen, als seien es alles ihre eigenen Erfahrungen und Gedanken; da diese Wirkung zum großen Teil indirekt läuft, »über die Bande«, indem der einzelne mit den Augen der Medien seine Umweltbeobachtung anstellt und danach sein Verhalten einrichtet: alle diese Umstände lassen ein systematisches Verfahren, um Medienwirkung aufzusuchen, besonders notwendig erscheinen. Was von amerikanischen Soziologen[4] pluralistic ignorance genannt wurde, die Bevölkerung täuscht sich über die Bevölkerung, wird zu einer Art Wegweiser, um Wirkungen der Massenmedien aufzuspüren.

Man kann auch noch an eine andere Beobachtung denken, die in einem früheren Abschnitt unserer Untersuchungen zur öffentlichen Meinung berichtet wurde. Es ging um den mißglückten Test, ein Testbild, mehrere Menschen freundlich beieinander, einer abgesondert, vereinzelt, isoliert[5]. Wir wollten herausfinden, ob bei der Bevölkerung der Zusammenhang zwischen »eine Minderheitsmeinung vertreten« und »isoliert werden« bewußt ist, so bewußt, daß man mühelos eine ausgeprägte Minderheitsmeinung einer Person, die sichtbar isoliert ist, zuordnet.

Als Minderheitsmeinung wurde beim Test benutzt: »Auch ein DKP-Mitglied soll bei uns Richter sein können.« Dies forderten zur Zeit des Tests, im April 1976, nur 18 Prozent, 60 Prozent waren dagegen. Nur 2 Prozent stellten sich vor, die Mehrheit der Bevölkerung sei dafür, 80 Prozent nahmen an, die Mehrheit sei dagegen. Aber der Test, wie gesagt, klappte nicht. Die isolierte Person wurde von praktisch gleich großen Gruppen einmal als Befürworter und einmal als Gegner des Gedankens, ein DKP-Mitglied zum Richter zu ernennen, gesehen. War dies ein Indikator von doppeltem Meinungsklima? Schieben die einen der isolierten Person die Ansicht zu, die in der Bevölkerung abgelehnt wird, während andere die isolierte Person mit den Augen der Medien sahen, ihr also die Meinung zulegten, die nicht selten zu dieser Zeit in den Medien als stockkonservativ, unverbesserlich antiliberal dargestellt wurde?

XXIII. Die Artikulationsfunktion: Wer seinen Standpunkt in den Medien kaum vertreten findet, ist mundtot

Ich muß zugeben, daß man als Wissenschaftler sehr schreckhaft ist. Als ich zum ersten Mal die Ergebnisse des Eisenbahntests sah mit der Frage, ob DKP-Mitglieder als Richter eingestellt werden sollten, rieb ich mir die Augen. Es sah aus wie eine glatte Widerlegung der Schweigespirale. Die Anhänger der Mehrheitsmeinung, in vollem Bewußtsein, die Mehrheit hinter sich zu haben, wollten schweigen. Die Anhänger der Minderheitsmeinung waren freudig, zu mehr als 50 Prozent, zum Gespräch bereit *(Tabelle 25)*.

Der harte Kern

Nun hatte sich schon bei den frühesten Tests der Schweigespirale, 1972, gezeigt, daß es Ausnahmen von der Regel gibt. Ein wichtiger Teil der empirischen Überprüfung von Theorien besteht ja darin, daß man die Grenzen der Theorie feststellt, die Fälle findet, in denen sie nicht bestätigt wird, und danach die Theorie differenziert. Gleich bei den ersten Tests hatte sich gezeigt, daß die Minderheit, die Anfang der siebziger Jahre auf Franz Josef Strauß setzte, im Eisenbahntest weit redefreudiger war als die erdrückende Mehrheit der Strauß-Gegner *(Tabelle 26)*[1].

Damals waren wir zum ersten Mal dem »harten Kern« be-

TABELLE 25: **Die Mehrheit, die auch weiß, daß sie Mehrheit ist, ist wie mundtot. Die Minderheit, die auch weiß, daß sie Minderheit ist, ist sehr beredt. Fehlen der Mehrheit die Argumente, weil sie in den Medien wenig formuliert werden?**

	Die Mehrheit: Personen, die selbst *gegen* die Einstellung von DKP-Mitgliedern als Richter sind und im Eisenbahnabteil auf jemand treffen, der –	
	anders denkt als sie, dafür ist %	ihre Meinung teilt, auch dagegen ist %
Bei einer Eisenbahnfahrt wollen sich an einem Gespräch über die Einstellung von DKP-Mitgliedern als Richter –		
gern beteiligen	27	25
nicht beteiligen	57	67
Kein Urteil	16	8
	100	100
n =	169	217

	Die Minderheit: Personen, die selbst *für* die Einstellung von DKP-Mitgliedern als Richter sind und im Eisenbahnabteil auf jemand treffen, der –	
	ihre Meinung teilt, auch dafür ist %	anders denkt, dagegen ist %
Bei einer Eisenbahnfahrt wollen sich an einem Gespräch über die Einstellung von DKP-Mitgliedern als Richter –		
gern beteiligen	52	52
nicht beteiligen	40	42
Kein Urteil	8	6
	100	100
n =	48	54

Quelle: Allensbacher Archiv, IfD-Umfrage 3028, April 1976

TABELLE 26: **Am Ende eines langen Prozesses der Schweigespirale bleibt ein harter Kern übrig, der bereit ist, sich durch Reden zu isolieren**

Frage: »Angenommen, Sie hätten eine fünfstündige Eisenbahnfahrt vor sich, und jemand in Ihrem Abteil fängt an, ganz *dafür* (in jedem 2. Interview: *dagegen*) zu sprechen, daß Franz Josef Strauß mehr Einfluß auf die Politik bei uns bekommt. Würden Sie sich gern mit diesem Menschen unterhalten, oder würden Sie keinen großen Wert darauf legen?«

	1972	
	Mehrheit: Strauß-Gegner %	Minderheit: Strauß-Anhänger %
Gern unterhalten	35	49
Keinen großen Wert darauf legen	56	42
Kein Urteil	9	9
	100	100
n =	1136	536

Quelle: Allensbacher Archiv, IfD-Umfrage 2087/I + II, Oktober/November 1972

gegnet, jener Minderheit, die am Ende eines Prozesses der Schweigespirale übrigbleibt, die allen Isolationsdrohungen die Stirn bietet. Der »harte Kern«, in gewisser Weise den Avantgardisten verwandt, nimmt die Isolation in Kauf. Anders als die Avantgardisten kann ein harter Kern der Öffentlichkeit den Rücken zukehren, gegenüber Unbekannten, in der Öffentlichkeit völlig verschlossen, sich sektenhaft abkapseln, der Vergangenheit oder einer äußerst fernen Zukunft zugewandt. Die andere Möglichkeit ist, daß sich der harte Kern zugleich als Avantgarde fühlt, erkennbar an seiner Redebereitschaft, die der Avantgarde mindestens ebenbürtig ist. Ermutigt wird dieser auf Zukunft zählende harte Kern durch einen Umstand, den der amerikanische Sozialpsychologe Gary I. Schulman[2] empirisch nachgewiesen hat: Die Anhänger der Mehrheitsmeinung werden, wenn die Mehrheit nur groß genug ist, mit der Zeit argumentationsunfähig, weil sie niemanden mehr treffen, der eine andere Meinung hat als sie. Völlig verunsichert fand Schulman Anhänger der Ansicht, man solle sich täglich die Zähne putzen, als sie plötzlich mit einer Gegenmeinung konfrontiert waren.

Die Anhänger von Strauß jedenfalls kehrten der Öffentlichkeit keineswegs den Rücken zu, keineswegs igelten sie sich ein zur Sekte, keineswegs hatten sie die Möglichkeit, in naher Zukunft wieder Boden zu gewinnen, abgeschrieben, sie waren harter Kern, der sich als Avantgarde sah und darum trotz Vertretens der Minderheitsmeinung rückhaltlos redebereit.

Wenn sie nicht von den Massenmedien kommen, fehlen die Worte

Aber mit dem Fall: DKP-Mitglied als Richter war es etwas anderes. Die Befürworter waren kein harter Kern, und die große Mehrheit der Gegner war auf ihrer Gegnerschaft nicht etwa eingeschlafen, sondern die Furcht vor einem Vorrücken des Kommunismus war virulent. Wenn sie im Eisenbahntest schwiegen, sowohl bei Gesinnungsgenossen wie bei Gegnern, und das in auffallend großer Zahl, dann mußte das eine Ursache haben, die noch nicht erkannt war. Konnte es sein, daß ihnen die Worte fehlten, weil sie ihre Gegnerschaft gegen ein DKP-Mitglied als Richter in den Massenmedien, insbesondere im Fernsehen, kaum artikuliert fanden?

Zu den verschiedenen Weisen der Wirkung der Massenmedien träte nach dieser Hypothese eine weitere: die Artikulationsfunktion der Medien, die Medien verleihen den Menschen die Worte, die Wendungen, mit denen sie einen Standpunkt verteidigen können. Wenn sie für ihren Standpunkt keine einigermaßen geläufige, keine einigermaßen häufige Artikulation finden, verfallen sie in Schweigen, sind »mundtot«.

1898 schrieb Gabriel Tarde ein Essay: »Le public et la foule«[3]. Wir schließen die Abhandlung über öffentliche Meinung und die Wirkung der Massenmedien mit den Schlußbetrachtungen von Tarde. »Ein privates Telegramm, an einen Chefredakteur gerichtet, löst eine sensationelle Meldung von intensivster Direktheit aus, die sofort in allen Großstädten des Kontinents Massen alarmiert; aus dieser dispersen Masse, Menschen, die nicht beieinander sind und doch in der Intimität eines Kontakts, der durch das Bewußtsein von der Gleichzeitigkeit und der Gemeinsamkeit in ihren Reaktionen auf das Ereignis der Meldung hervorgerufen wird, schafft die Zeitung eine riesenhafte, abstrakte, souveräne Masse, die ›Meinung‹ getauft wird. Die Zeitung hat damit ein uraltes Werk vollendet, das anfing mit dem Gespräch und fortgeführt wurde mit dem Briefwechsel, das aber immer in einem Zustand leichter, nur punktierter, nur angedeuteter Umrisse verharrte – persönliche Meinungen umzuwenden in lokale Meinungen und weiter in nationale Meinungen und in Weltmeinung, die grandiose Schöpfung eines einheitlichen öffentlichen Bewußtseins, eines öffentlichen Geistes ... Hier ist nun eine ungeheure Macht entstanden, eine Macht, die nur noch zunehmen kann, weil das Bedürfnis, mit der Öffentlichkeit, von der man selbst ein Teil ist, zu harmonieren, ebenso wie die allgemeine Meinung zu denken und zu handeln, immer stärker und unwiderstehlicher wird, je größer diese Öffentlichkeit ihrer Zahl nach wird, je zwingender diese allgemeine Meinung aufgerichtet wird und je öfter das Bedürfnis mitzuschwingen befriedigt wird. Man sollte sich nicht wundern, unsere Zeitgenossen so gefügig zu sehen gegenüber einem Wind vorbeistreichender Meinungen, und man sollte auch nicht gleich schließen, daß die Charaktere eben schwächer geworden seien. Wenn Pappeln und Eichen vom Sturm umgeworfen werden, dann nicht, weil sie schwächer gewachsen sind, sondern weil der Sturm stärker wurde.«[4]

Was hätte Tarde zum Zeitalter des Fernsehens gesagt?

XXIV. Vox populi – vox Dei

»Elisabeth«, sagte meine Freundin spöttisch zu ihren Gästen, »geht jetzt von Haustür zu Haustür und fragt: ›Sind Sie mit Adenauer einverstanden oder nicht einverstanden?‹«

Ich war zufällig in diese Party von Intellektuellen geraten, München, Winter 1951/52. »Komm doch vorbei«, sagte sie am Telefon. Wir waren Schulfreundinnen gewesen. Wann hatten wir uns das letzte Mal gesehen? 1943 oder 1944 in der Limonenstraße in Berlin-Dahlem, am Botanischen Garten, im Südwesten der Stadt, da, wo die Einflugschneise der Bombenflugzeuge, die von Westen kamen, verlief. Ein heruntergekommenes Haus, Risse in den Mauern, die Zimmer halb ausgeräumt, Möbel, Teppiche und Bilder waren ausgelagert.

Erforschung der öffentlichen Meinung: Was waren denn solche Meinungen wert? Es war unmöglich, das diesem Zirkel von Literaten und Künstlern und Wissenschaftlern zu erklären, auch wenn es noch nicht so spät gewesen wäre, auch wenn alle noch nicht soviel getrunken gehabt hätten, wenn der Raum nicht so dunkel und so schwer von Rauch gewesen wäre.

Ja, genau mit dieser Frage: »Sind Sie im großen und ganzen mit der Politik Adenauers einverstanden oder nicht einverstanden?« war mir im Winter 1951 zum ersten Mal die Gewalt begegnet von dem, was ich allmählich als Öffentlichkeit und öffentliche Meinung zu verstehen lernte. Ich testete damals in

Allensbach regelmäßig unsere Fragebogen, bevor sie an Hunderte von Interviewern im ganzen Bundesgebiet ausgesandt wurden. Häufig schon hatte ich eine junge Bahnwärtersfrau befragt; bei Fragen, die sich wiederholten, kannte ich schon ihre Antworten, schon mindestens achtmal hatte ich von ihr gehört, daß sie mit Adenauer nicht einverstanden war. Aber gewissenhaft und streng nach der Regel – man mußte das ganze Interview testen, um auch die Länge festzustellen – las ich abermals vor: »Sind Sie ... mit Adenauer einverstanden oder nicht einverstanden?« – »Einverstanden«, sagte sie. Ich versuchte, meine Überraschung zu verbergen, man soll als Interviewer keine Überraschung zeigen. Dann, etwa vier Wochen später, lagen vor mir auf dem Schreibtisch die neuen Umfrageergebnisse, innerhalb eines Monats, von November auf Dezember, war im Bundesgebiet das Einverständnis mit Adenauer um 8 Prozent in die Höhe gesprungen, auf 31 Prozent, nachdem es lange Zeit bei 24 und 23 Prozent verharrt hatte. Von dann an stieg es weiter bis auf 57 Prozent »Einverstanden« im Bundestagswahljahr 1953[1], »a tidal volume and sweep«, wie Ross es genannt hatte[2]. Wie, auf welche Weise hatte die Druckwelle in der Bundesrepublik meine Bahnwärtersfrau erreicht? Und was war eine solche Meinung wert?

Nicht Vernunft, sondern Schicksal

Vox populi – vox Dei? Wenn man die Spur dieses Satzes rückwärts verfolgt, so findet man ihn schon 1329 als »Sprichwort« bezeichnet[3]. 798 bezieht sich der angelsächsische Gelehrte Alkuin in einem Brief an Karl den Großen auf ihn wie auf eine allgemein bekannte Redensart; man gelangt schließlich zurück bis in das 8. Jahrhundert vor Christo zum Propheten Jesaja[4], der ankündigt: »... Vox populi de civitate vox de templo. Vox domini reddentis retributionem inimicis suis.« – »... Man wird hören eine Stimme des Getümmels in der Stadt, eine Stimme vom Tempel, eine Stimme des Herrn, der seinen Feinden bezahlt.«

Und durch die Jahrtausende hindurch schwingt einmal Verachtung und dann wieder so etwas wie Ehrfurcht in den Stimmen, die an dieser Formel herumrätseln. Hofstätter in seiner »Psychologie der öffentlichen Meinung« (1949) meint: »›Volkes-Stimme – Gottes-Stimme‹ – eine ›Blasphemie‹«[5]. Der deutsche Reichskanzler von Bethmann Hollweg meinte, richtiger müsse es heißen: »Vox populi – vox Rindvieh« und kopierte damit doch nur, was 1601 der Schüler Montaignes, Pierre Charron, als passendere Fassung für »Vox populi – vox Dei« vorgeschlagen hatte: »Vox populi, vox stultorum«. Die Quelle, aus der Charron schöpfte, findet sich in Montaignes Essay über den Ruhm, in dem er von der Unfähigkeit der Menge, große Leistungen, große Männer und ihren Charakter zu würdigen, spricht: »Ist das vielleicht vernünftig, daß das Leben eines weisen Mannes abhängen soll vom Urteil von Narren? ›Kann man sich etwas Dümmeres denken, als daß alle zusammen ein Urteil haben sollten, wenn man doch jeden einzelnen für ein Nichts halten muß?‹ Wer immer ihnen gefallen will, wird nichts erreichen ... Keine Kunst, keine Nachgiebigkeit sollten uns dahin bringen, einem so unsicheren und wirren Führer zu folgen. In diesem Durcheinander von stumpfen Gemütern, in diesem Chaos von Rederei und primitiven Meinungen, die uns dennoch vorantreiben, kann überhaupt nichts Gutes entstehen. Lassen wir uns nicht auf ein so unstetes Wesen ein. Wir wollen beharrlich der Vernunft folgen. Möge uns die gemeine Meinung mit ihrer Zustimmung auf diesem Weg folgen, wenn sie will.«[6]

Im gleichen Geist schreibt Alkuin in seiner Aufzeichnung von 798 für Karl den Großen: »Man soll denen kein Ohr leihen, die zu sagen pflegen, Volkes Stimme ist Gottes Stimme. Denn das Geschrei der Menge grenzt an Irrsinn.«[7]

So also äußern sich durch die Jahrhunderte und Jahrtausende hindurch alle, die »vox Dei« übersetzen mit »Stimme der

Vernunft«, und die in der öffentlichen Meinung, in »Volkes Stimme« vergeblich die Stimme der Vernunft suchen.

Daneben aber läuft ein zweites, ganz anderes Motiv. »Man wird hören eine Stimme des Getümmels in der Stadt, ... eine Stimme des Herrn, der seinen Feinden bezahlt«, sagt der Prophet Jesaja. Hesiod, um 700 v. Chr., beschreibt, wenn auch ohne die späteren Worte, öffentliche Meinung als moralische Urteilsinstanz, als soziale Kontrolle und wie sie zum Schicksal werden kann: »... Also handle und meide der Menschen häßlichen Leumund. Häßlicher Leumund ist schlimm, denn leicht und ohne dein Zutun naht er, doch ihn ertragen, ist hart und schwer, ihn dann abzutun. Schlechter Leumund vergeht nie ganz, wenn mancherlei Leute Leumund verbreiten. Er wird darum auch Gottheit geheißen.«[8]

Ehrfürchtig heißt es bei dem römischen Philosophen Seneca: »Glaube mir, die Stimme des Volkes ist heilig.«[9] Und etwa anderthalb Jahrtausend später bei Machiavelli: »Nicht ohne Grund wird die Stimme des Volkes die Stimme Gottes genannt, weil una opinione universale Ereignisse in einer so wunderbaren Weise vorhersagt, daß man an eine verborgene Kraft, Gutes und Übeles vorherzusagen, glauben könnte.«[10]

Nicht die Vernunft also macht die öffentliche Meinung bemerkenswert, sondern gerade umgekehrt das irrationale Element, das ihr anhaftet, das Element von Zukunft, von Schicksal. Noch einmal Machiavelli: »Quale fama, o voce, o opinione fa, che il popolo comincia a favorire un cittadino?«[11] – »Welcher Ruf, welche Stimme, welche Bewegung von Meinung bewirkt es, daß das Volk sich einem Bürger zuzuwenden beginnt?« Man findet dieses Zitat in einem Aufsatz, den Lothar Bucher 1887 in der »Deutschen Revue« unter dem Titel »Über politische Kunstausdrücke« veröffentlichte[12]. Er fügt hinzu: »Dieser Bahnbrecher Machiavelli war nahe daran, den Ausdruck »öffentliche Meinung« zu finden.«

Einen Beitrag zur Interpretation »Volkes Stimme – Schicksals Stimme« hat Karl Steinbuch geleistet, als er die Ergebnis-

HOFFNUNGEN VOR BEGINN EINES NEUEN JAHRES LAUFEN DER WIRTSCHAFTSENTWICKLUNG VORAUS

Schaubild 23

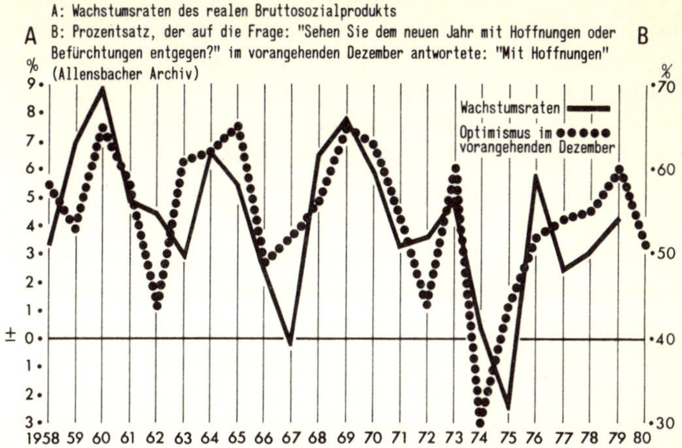

Quelle: Steinbuch, Karl, 1979: "Über die Tragkraft der Voraussagen." Vortrag bei der Jahresveranstaltung der Deutschen Verkehrswissenschaftlichen Gesellschaft e.V. in Hamburg am 14. Juni 1979

se der alljährlich zum Jahresende gestellten Allensbacher Frage: »Sehen Sie dem neuen Jahr mit Hoffnungen oder Befürchtungen entgegen?« mit einer wirtschaftlichen Indexzahl des folgenden Jahres kombinierte, der Entwicklung des Bruttosozialprodukts. Nicht die Hoch- oder Tieflage der Hoffnungen am *Ende* des Jahres korrespondierten mit mehr oder weniger wirtschaftlichem Wachstum, sondern Hoch- und Tieflagen *vor* Beginn eines Jahres korrespondierten mit der dann anschließenden Entwicklung.

Zwischen den beiden Lagern – »Vox populi, vox Rindvieh« und »Die Stimme des Volkes ist heilig« – bewegt sich Hegel mit seiner Betrachtung über öffentliche Meinung[13]: »Die öffentliche Meinung verdient daher eben so *geachtet* als *verachtet* zu werden, dieses nach ihrem konkreten Bewußtseyn und Aeußerung, jenes nach ihrer wesentlichen Grundlage, die, mehr oder weniger getrübt, in jenes Konkrete nur scheint. Da sie in ihr nicht den Maßstab der Unterscheidung noch die Fähigkeit hat, die substantielle Seite zum bestimmten Wissen in sich heraufzuheben, so ist die Unabhängigkeit von ihr die erste formelle Bedingung zu etwas Großem und Vernünftigem (in der Wirklichkeit wie in der Wissenschaft). Dieses kann seiner Seits sicher seyn, daß sie es sich in der Folge gefallen lassen, anerkennen und es zu einem ihrer Vorurtheile machen werde. *Zusatz*. In der öffentlichen Meinung ist alles Falsche und Wahre, aber das Wahre in ihr zu finden ist die Sache des großen Mannes. Wer, was seine Zeit will und ausspricht, ihr sagt und vollbringt, ist der große Mann der Zeit. Er thut, was das Innere und Wesen der Zeit ist, verwirklicht sie, und wer die öffentliche Meinung, wie er sie hier und da hört, nicht zu verachten versteht, wird es nie zu Großem bringen.«

Gegen Ende des 18. Jahrhunderts macht Wieland den Ausdruck öffentliche Meinung im Deutschen populär. In einem seiner »Gespräche unter vier Augen«, und zwar im 9. Gespräch »Über die öffentliche Meinung« (1798), läßt er die beiden Gesprächspartner ihren Dialog so schließen:

Egbert:	Jeder Ausspruch der Vernunft hat die Kraft eines Gesetzes und bedarf dazu nicht erst, öffentliche Meinung zu werden.
Sinibald:	Sagen Sie lieber, sollte die Kraft eines Gesetzes haben und wird sie auch sicher erhalten, sobald er sich als die Meinung der Majorität ankündigt.
Egbert:	Das wird sich im 19. Jahrhundert ausweisen.

Lothar Bucher, der diesen Wieland-Dialog zitiert[14], endet seine Abhandlung: »Sinibald und Egbert haben die Erörterung darüber, wie die Vernunft und öffentliche Meinung sich zu einander verhalten, auf das 19. Jahrhundert vertagt; überlassen wir es dem 20. Jahrhundert, diese Erörterung abzuschließen.«[15] Werden wir sie jetzt dem 21. Jahrhundert übertragen?

Definitionen, die empirischen Untersuchungen der öffentlichen Meinung zugrunde gelegt werden können

Wenn man bedenkt, wieviel Mühe seit langer Zeit auf Definitionen von öffentlicher Meinung verwendet worden ist, so muß erklärt werden, warum im vorliegenden Buch das Angebot an Definitionen vorsätzlich mager gehalten worden ist. Die Überfülle, das Dickicht der mehr als fünfzig Definitionen, die Harwood Childs mitteilte – dieses Durcheinander der Beschreibungen von Eigenschaften, Formen, Entstehungsprozessen, Wirkungsweisen, Funktionen, unzähligen Inhalten –, haben mich bewogen, einen neuen Anfang zu suchen mit einer sparsamen definitorischen Aussage, die allerdings anders als das Arsenal der Definitionen, das uns bei Childs so entmutigt, eine empirische Überprüfung erlaubt. Eine operationelle Definition also, mit der man Untersuchungen anlegen und von der man empirisch überprüfbare Sätze ableiten kann. Das ist das Ziel, wenn als Definition angeboten wird: Öffentliche Meinung, das sind Meinungen, Verhaltensweisen, die man in der Öffentlichkeit äußern oder zeigen *muß*, wenn man sich nicht isolieren will; in kontroversen, im Wandel begriffenen Bereichen oder in neu entstandenen Spannungszonen in der Öffentlichkeit äußern *kann* ohne Gefahr, sich zu isolieren. Dies läßt sich mit den Methoden von Repräsentativumfrage und repräsentativ gestreuten Beobachtungen prüfen. Sind alle Gebote, Sitten, Traditionen in unserer Zeit so erschüttert, daß es in diesem Sinn öffentliche Meinung gar nicht mehr gibt, daß man alles sagen oder tun kann, ohne sich zu isolieren? In einem Seminar in der Mainzer Universität diskutierten wir darüber. Man brauchte nur in einem roten Anzug zu einer Beerdigung zu gehen, und man würde belehrt, daß es in diesem Sinn auch heute öffentliche Meinung gibt, sagte ein Seminarteilnehmer. Man kann auch in einem demoskopischen Interview Verhaltensweisen oder Meinungen beschreiben und fragen, welche dieser Verhaltensweisen und Meinungen einen bei einem Mitmenschen so stören würden, daß man mit ihm nicht im selben Haus wohnen, ihn nicht auf einer Einladung treffen, mit ihm nicht am selben Arbeitsplatz arbeiten möchte. Es gibt reichlich Verhaltensweisen und Meinungen, mit denen man sich isolieren kann, das zeigt dieser demoskopische Test.

Es gibt noch einen zweiten Ansatz für eine Definition, mit der man empirisch arbeiten kann und von der sich überprüfbare Sätze ableiten lassen: »Öffentliche Meinung ist ein Einverständnis von Menschen einer Lebensgemeinschaft in einer affektbesetzten, also wertbesetzten Frage, das sowohl der einzelne wie die Regierung unter Androhung der Sanktion der Ausstoßung oder des Sturzes mindestens durch einen Kompromiß im öffentlich sichtbaren Verhalten zu respektieren hat.« Bei dieser zweiten Definition wird mehr das Korrelat zur Isolationsfurcht, das gesellschaftliche Einverständnis betont.

Aus der einen oder anderen Definition werden die Sätze abgeleitet über die Bedeutung von Reden und Schweigen, über ein quasistatistisches Beobachtungsvermögen der Menschen und die dazugehörige Signalsprache, die erst systematisch (intuitiv können wir es schon) entschlüsselt werden muß; und wie dieses quasistatistische Organ eingeschläfert ist in Zeiten der Stabilität und hochwachsam in wechselhaften Zeiten; oder wie der Biß, die Schärfe der Isolationsdrohung zunimmt mit der Gefahr, unter der eine Gesellschaft sich behaupten muß. Es werden Sätze abgeleitet über die Wirkung der Massenmedien, die Öffentlichkeit verleihen und den Argumenten Worte geben oder sie ihnen verweigern, so daß die Münze fehlt zur Ausbreitung und zum Einbringen eines Themas in die Tagesordnung. Es werden Sätze abgeleitet über die zwei Quellen öffentlicher Meinung und wie sich daraus ein »doppeltes Meinungsklima« ergeben kann; es werden anhand dieser Definitionen Instrumente, insbesondere demoskopische Fragen entwickelt, um Isolation zu messen oder Affektbesetzung oder Zustimmung und Ablehnung oder Signale für öffentliche Bekenntnisbereitschaft und Schweigetendenz oder Kennziffern für Polarisierung.

Des Kaisers neue Kleider. Zur Ort- und Zeitgebundenheit von öffentlicher Meinung

Als das Dickicht der Definitionen von öffentlicher Meinung zu undurchdringlich geworden war, mehrten sich, wie eingangs beschrieben, die Stimmen, der Begriff habe sich überlebt und sollte aufgegeben werden. Mit solchen Forderungen aber war nichts getan, nicht weniger, nein, immer mehr werde der Begriff trotz aller Unklarheit gebraucht, wunderte sich W. Phillips Davison in seinem Artikel über öffentliche Meinung für die International Encyclopedia of the Social Sciences 1968.

Die Antrittsvorlesung an der Universität Mainz, deren Titel »Öffentliche Meinung und Soziale Kontrolle« mir plötzlich an einem Sonntag im Frühsommer 1964 in Berlin vor Augen gestanden hatte, begann ich im Dezember 1965: »Öffentliche Meinung – der Begriff hat auf geheimnisvolle Weise seine Spannung bewahrt. Dabei ist es das Schicksal der literarischen oder gelehrten Abhandlungen, die sich an den Begriff Öffentliche Meinung heranwagen, den Leser oder Zuhörer zu enttäuschen. Wenn sie nachweisen, daß es ›die öffentliche Meinung‹ nicht gibt, daß es sich um eine Fiktion handelt, können sie nicht überzeugen. ›Der Begriff ist einfach nicht totzuschlagen‹, klagt Dovifat ...

Was bedeutet denn diese Hartnäckigkeit, mit der am Begriff festgehalten wird, und diese Empfindung der Enttäuschung, wenn man sich mit den Begriffsbestimmungen auseinandergesetzt hat? Es bedeutet, daß der Begriff Öffentliche Meinung einer Wirklichkeit entspricht und daß die Begriffsbestimmungen diese Wirklichkeit noch nicht getroffen haben.«[16]

Einer Wirklichkeit entspricht – darum nützt es uns nichts, wir müssen die Wirklichkeit bestimmen. Dann sehen wir plötzlich, wie die Spuren dieser Wirklichkeit überall in der Sprache verstreut sind, lauter Worte, die keinen Sinn hätten, wenn wir uns nicht – mühsam unser Vernunft-Ich-Ideal zurückdrängend – zunehmend Rechenschaft geben von der Empfindlichkeit unserer sozialen Haut. Gesicht verlieren, Öffentlichkeit als die Sphäre, in der man Gesicht verlieren kann, sich blamieren, einen Fauxpas begehen, etwas als peinlich empfinden, jemanden schmähen, jemanden abstempeln. Wie könnten wir, wenn wir nicht diese Wirklichkeit aufdecken, verstehen, was der Dichter Max Frisch meint mit seiner Formel in einer Eröffnungsrede bei der Frankfurter Buchmesse: »Öffentlichkeit – das ist Einsamkeit außen«[17]? Da ist der einzelne, und da sind die vielen in der Tarnkappe von Anonymität und urteilen über ihn – so hatte es Rousseau beschrieben und öffentliche Meinung genannt.

Wir müssen diese Wirklichkeit von öffentlicher Meinung erfassen, dieses Gebilde gebunden an einen Raum, gebunden an eine Zeit. Sonst werden wir uns einbilden, wir hätten nicht geschwiegen wie alle anderen am Platze, als der Kaiser in seinen neuen Kleidern auftrat. Das Andersen-Märchen ist ein Märchen über öffentliche Meinung an einem Ort. Ein Fremder, der hinzugekommen wäre, hätte sich kaum halten können vor Überraschung.

Und was die Zeit betrifft: Als später Lebende werden wir ungerecht urteilen, so ahnungslos und barbarisch, wie man im Mittelalter über die Ursachen von Krankheiten urteilte. Wir werden Worte und Taten richten, als seien sie zu unserer Zeit gesprochen oder geschehen, Ignoranten werden wir sein, die nichts von der Inbrunst des Zeitgeistes wissen. In Schweden sagte ein Pressesprecher des Kultusministers: »Wir wollen, daß das Schulwesen wie eine wohlgemähte Rasenfläche aussieht. Wir wollen nicht, daß einige einzelne Blumen hier und da hervorragen, sondern alles soll eine einzige wohlgemähte

Rasenfläche sein.«[18] Das ist Zeitgeist, in einer Formel verdichtet, wie es Lippmann beschrieb, und er hat auch beschrieben, wie zu späterer Zeit die Formeln zerfallen und den Nachfahren unbegreiflich werden. So wird dieser Satz von der wohlgemähten Rasenfläche einmal unbegreiflich klingen, wahrscheinlich.

Das Zeitgefühl schärfen, das wäre ein Ziel, zugleich mit dem Verständnis von öffentlicher Meinung zu erreichen und einzuüben. Was »Zeitgenosse sein« bedeutet, was »Rechtzeitigkeit« meint, warum Hegel so eindrücklich auf das Zeitelement hinweist: »Wer, was seine Zeit will und ausspricht, ihr sagt und vollbringt, ist der große Mann der Zeit.« Was Tucholsky beschrieb, als er sagte: »Nichts ist schwerer und nichts erfordert mehr Charakter, als sich in offenem Gegensatz zu seiner Zeit zu befinden und laut zu sagen: Nein.«[19] Und was Jonathan Swift karikierte, als er im Oktober 1706 den Aphorismus aufschrieb[20]: »Wenn wir vergangene Dinge, wie Kriege, Unterhandlungen, Parteiungen usw. betrachten, ist uns das alles so gleichgültig, daß wir uns wundern, wie nur Menschen so eifrig vergänglichen Dingen sich hingeben konnten; und wenn wir die Gegenwart betrachten, finden wir die gleiche Neigung, und wundern uns doch gar nicht.« Und: »Kein Prediger wird gehört, als die Zeit, die uns eben den Gang und eben die Richtung der Gedanken gibt, die uns in den Kopf zu setzen, ältere Menschen vorher vergeblich versucht haben.«

Als im Oktober 1979 ein Satz der Nobelpreisträgerin Mutter Teresa sogleich weltberühmt wurde, fragte ich mich, ob unsere Zeit die empfindliche soziale Natur des Menschen wahrzunehmen und zu achten beginnt. Der Satz lautete: »Die schlimmste Krankheit ist nicht die Lepra oder die Tuberkulose, sondern das Gefühl, von niemandem angesehen zu werden, ungeliebt zu sein, verlassen von jedermann.« Vielleicht wird man schon nach kurzer Zeit nicht mehr verstehen, warum ein so selbstverständlicher Satz so viel Aufmerksamkeit erregte.

Öffentliche Meinung – unsere soziale Haut

Mißachtet zu sein, verstoßen zu sein – es ist das Thema des Aussätzigen. Aussätzig zu sein, das kann ein Mensch auf vielerlei Weise, körperlich, seelisch als einzelner in seiner Beziehung zu anderen einzelnen und sozial. Wenn man öffentliche Meinung allmählich besser versteht, versteht man auch immer mehr von der sozialen Natur des Menschen. Man wird von demjenigen, der sich davor fürchtet, sozial aussätzig zu werden, nicht rigoros fordern, er müsse allem Konformismus, allem Mitläufertum widerstehen. Vielleicht wird man eher mit der Sozialpsychologin Marie Jahoda fragen[21]: Wie unabhängig soll ein Mensch sein? Wie unabhängig wünschen wir uns den guten Bürger wirklich? Soll er sich gar nicht um das Urteil der anderen kümmern, wäre das das beste für die Gesellschaft? Bei einem völlig unabhängig sich verhaltenden Menschen, einem radikalen Nonkonformisten, fragt sie argwöhnisch: Ist er überhaupt normal, oder müssen wir vermuten, daß er geisteskrank ist? Sie geht so weit, unabhängiges, nonkonformistisches Verhalten erst als bürgerliche Tugend anzuerkennen, wenn der Betreffende gezeigt hat, daß er zum Konformismus fähig ist. Man wird auch eine Gesellschaft nicht einfach als intolerant, als unliberal verurteilen, die die Geltung gemeinsamer Überzeugungen mit Isolationsdrohungen gegen das abweichende Individuum schützt.

Diese beiden Seiten sind bezeichnet mit der Beschreibung: Öffentliche Meinung – unsere soziale Haut. Unsere – das meint einmal: unsere Gesellschaft, öffentliche Meinung schützt sie wie eine Haut, hält sie zusammen. Unsere – das meint auch den einzelnen, wer an der öffentlichen Meinung leidet, leidet an der Empfindlichkeit seiner sozialen Haut. So hat Jean-Jacques Rousseau doch das Wichtigste über sie ausgesagt, als er sie beschrieb als Feind des Individuums und Schutz der Gesellschaft?

XXV. Nachwort 1980

Ich nehme ungern Abschied vom Leser, ich hoffe, ihn wiederzutreffen, wenn einmal die Beziehungen zwischen öffentlicher Meinung und Politik, öffentlicher Meinung und Wirtschaft, öffentlicher Meinung und Kunst, Wissenschaft, Religion untersucht werden, und wenn gezeigt wird, daß sich öffentliche Meinung mit dem in diesem Buch beschriebenen Verständnis besser als bisher diagnostizieren und auch voraussagen läßt.

Wie viel, was mich seit langer Zeit begleitet hat, gehört jetzt nicht mehr mir. Wie ein Park, in dem ich allein spazierengehe, mutete mich manchmal mein Thema an. Und dennoch nicht wirklich allein. Unter denjenigen, die mir halfen, möchte ich vor allem danken Helmtrud Seaton im Allensbacher Institut, die die Aufgabe von wissenschaftlichem Assistenten und Sekretärin zugleich wahrnahm, ich glaube nicht, daß ich ohne sie das Buch hätte schreiben können.

Viele Mitarbeiter des Instituts für Demoskopie Allensbach haben mir geholfen, oft mit wirklicher Begeisterung, auch wenn mitten im Pflichtprogramm der Auftragsforschung des Instituts zunächst ganz skurril wirkende Fragebogenwünsche oder Zählprogramme – zum Beispiel im Zusammenhang mit dem Eisenbahntest – von mir kamen. Als besonders an der Arbeit beteiligt möchte ich den Leiter des Archivs und der Bibliothek des Instituts, Werner Süßlin, nennen und, gleichsam als Lektorin für französische Texte fungierend, aber auch als anregende Kommentatorin, Gertrud Vallon. Ihr verdanke ich den ersten Nachweis des Begriffs »öffentliche Meinung« bei Rousseau in der Korrespondenz aus Venedig 1744.

Weitere Hilfe habe ich erhalten im Institut für Publizistik der Johannes Gutenberg-Universität Mainz durch die Magisterarbeiten von Christine Gerber über Rousseau, Angelika Tischer geb. Balven über Tocqueville und Dieter Petzolt über »Öffentlichkeit als Bewußtsein«, deren Abschnitte über Luther für mich besonders wichtig waren, außerdem von der University of Chicago durch Frank Rusciano mit seiner Magisterarbeit über Machiavelli.

Professor Jean Stoetzel von der Université de Paris V – René Descartes möchte ich danken, daß er mir seine unveröffentlichten Aufzeichnungen für eine Vorlesung über öffentliche Meinung überließ und die Verbindung herstellte zu seiner Doktorandin Colette Ganochaud, die ihre Dissertation über den Begriff der öffentlichen Meinung bei Rousseau schrieb.

Meinem Mainzer Kollegen Hans Mathias Kepplinger danke ich für seine stets fröhliche und anregende Diskussionsbereitschaft zu meinem Thema. Und ich danke Imogen Seger-Coulborn, die als einzige das Manuskript kapitelweise las, während es entstand; dies zeigt wohl deutlich, wie hoch ich ihre kritische Kommentierung geschätzt habe. Jahrelang hat sie bei ihrer sozialwissenschaftlichen Arbeit mein Interesse für die öffentliche Meinung gegenwärtig gehabt und mir dazu Botschaften geschickt. Indem ich ihr danke, danke ich auch den vielen Freunden und Kollegen, die mir mit Hinweisen geholfen haben. Imogens Zettel enthielten oft nur wenige Zeilen, aber stets dabei eine gewissenhafte Quellenangabe, zum Beispiel: Henry David Thoreau in seinem »Journal« von 1840, als er 23 war. Und Thoreaus Eintragung: »Es ist immer leicht, das Gesetz zu brechen, aber selbst die Beduinen in der Wüste finden es unmöglich, Widerstand zu leisten gegen die öffentliche Meinung.«

An der Jahreswende 1979/80 E. N. N.

XXVI. Neue Entdeckungen

Hat Erasmus von Rotterdam Machiavelli gekannt? Im Stichwortverzeichnis der ersten Ausgabe der »Schweigespirale« von 1980 kommt der Name des Erasmus nicht vor. Aber im Frühjahr 1989, bei der Vorbereitung meiner Vorlesung für Chicago, begann ich, dieser Frage, ob Erasmus Machiavelli gekannt hat, nachzuforschen wie ein Detektiv.

Der Zeithorizont dehnt sich in die Vergangenheit

Ich muß etwas ausholen, um das zu erklären. Man sagt, daß ein Wissenschaftler, um neue Erkenntnis zu finden, neben seinem Verdienst auch Glück braucht. Glück habe ich wirklich in den ersten Jahren der Arbeit an der Theorie der öffentlichen Meinung gehabt. Daß ich in einem Tocqueville-Zitat bei Tönnies eine fast botanisch genaue Beschreibung der Schweigespirale fand, war Glück.[1] Daß Kurt Reumann, der damals als wissenschaftlicher Assistent in Allensbach arbeitete, mir das in der Fachwelt wenig beachtete Kapitel 28 »On other relations« aus dem zweiten Buch von John Locke »Essay Concerning Human Understanding« brachte mit der Beschreibung des Gesetzes der Meinung, der Reputation, der Mode – das war Glück. Aber so sollte es nun nicht weitergehen. Die Suche nach wichtigen Texten sollte systematisiert werden.

Im Institut für Publizistik der Universität Mainz entwarfen wir einen Fragebogen. Fragebogen zu machen, das ist mein Beruf. Aber dieser Fragebogen war nicht an Menschen gerichtet, sondern an Bücher. Die Studenten im Seminar benutzten ihn, um Bücher zu befragen: ob in einem bestimmten Buch öffentliche Meinung überhaupt erwähnt wurde, wörtlich oder mit einem Synonym, in welchem Zusammenhang, unter Berufung auf welche Autoren usf. 21 Fragen enthielt dieser Fragebogen, und rund 250 Autoren wurden damit in den folgenden Jahren in Mainzer Seminaren untersucht, um alles zu finden, was wir von ihnen über öffentliche Meinung lernen könnten.[2] So erfuhren wir zum Beispiel mehrere Jahre nach der Formulierung des Untertitels vom Buch »Die Schweigespirale« 1980: »Öffentliche Meinung – unsere soziale Haut«, daß Ernst Jünger 1951 von der öffentlichen Meinung als der »Haut der Zeit« geschrieben hatte.[3] Oder daß Max Frisch in einer Rede zur Eröffnung der Buchmesse in Frankfurt 1958 gesagt hatte: »Öffentlichkeit ist Einsamkeit außen.«[4] Das war wie ein Schlüssel zu der Isolationsfurcht, die den Menschen in der Öffentlichkeit überfallen kann. Erst als Jahre später Michael Hallemann anfing, die menschliche Empfindung der Peinlichkeit zu untersuchen, und nachwies, daß dieses Empfinden zunimmt mit der Größe der Öffentlichkeit, in der wir uns befinden, da dachte ich wieder an Max Frisch und wie die Dichter mit ihren Bildern aller Wissenschaft vorauslaufen.

Aber zurück zu Erasmus. Erst im Sommersemester 1988 bearbeitete Ursula Kiermeier mit dem Fragebogen zur öffentlichen Meinung drei Texte des Erasmus, darunter auch »Die Erziehung eines christlichen Fürsten«, geschrieben 1516 als Ratgeber für den damals 17 Jahre alten Karl von Burgund, den späteren Kaiser Karl V.

Beim Lesen der Antworten, die Ursula Kiermeier aus den Texten des Erasmus zusammengetragen hatte, mußte mir die Ähnlichkeit mit den Texten von Machiavelli auffallen. Machiavelli war mit dem gleichen Fragebogen von Werner Eckert in einer Magisterarbeit analysiert worden.[5] Beide – Machiavelli und Erasmus – belehrten ihre fürstlichen Adressaten, gegen die öffentliche Meinung könnten sie nicht regieren. Als ich in der »Schweigespirale« von 1980 beschrieb, wie König Heinrich IV. bei Shakespeare einfach wußte, daß man mit der öffentlichen Meinung nicht spaßen könne: »Opinion that did help me to the crown«[6], da dachte ich noch, das könne nur auf den Einfluß von Machiavelli zurückgehen. Aber nun las ich bei Erasmus, die Macht des Regenten stütze sich vor allem auf den »consensus populi«. Die Zustimmung des Volkes mache den König. »Glaube mir: Wer die Gunst des Volkes einbüßt, geht eines bedeutenden Bundesgenossen verlustig.«[7] Auf das eigentümlichste glichen sich die Texte von Machiavelli und Erasmus bis in die Einzelheiten. Bei der Aufzählung der Gefahren, die dem Regenten drohten, war sogar die Reihenfolge die gleiche: Zuerst nannten sie den Haß der Untertanen, den man vermeiden müsse, dann die Verachtung.

Beide betonten, es komme für den Herrscher vor allem darauf an, groß und tugendhaft zu *scheinen*. Allerdings unterschieden sie sich dabei in einem wichtigen Punkt: Machiavelli meinte, der Fürst brauche nicht alle diese Tugenden zu besitzen, es reiche, wenn er sie zu besitzen scheine. Erasmus, überzeugter Christ, sah es umgekehrt. Wenn der Fürst auch alle diese großen Tugenden besitze und auch von allen Verbrechen rein sei, die Wirklichkeit reiche nicht, er müsse auch seinen Untergebenen so erscheinen.[8]

Haben sich Machivaelli und Erasmus gekannt, oder kannten sie gegenseitig ihre Schriften? Ich begann zu recherchieren. Sie waren etwa gleichzeitig geboren, Erasmus in Rotterdam 1466 oder 1469, Machiavelli 1469 in der Nähe von Florenz.

Aber ihre Lebensumstände waren so verschieden wie möglich. Erasmus litt sein Leben lang an der – nach der Auffassung seiner Zeit – unehrenhaften Geburt, er war der Sohn eines Priesters und einer Arzttochter. Er machte nach dem frühen Tod seiner Eltern und seinem Eintritt in ein Kloster als junger Mann rasch Karriere als Sekretär eines Bischofs, dann als Wissenschaftler an der Sorbonne. Aber an einer Universität nach der anderen konnte er wegen seiner unehelichen Geburt nicht den Doktorgrad erwerben. Schließlich in Oberitalien, nicht so weit entfernt vom Florenz des Machiavelli, wurde er an der Universität von Turin promoviert.

Soziale Isolation haben alle Wissenschaftler, die sich mit der Bedrohung durch öffentliche Meinung beschäftigt haben, in ihrem Leben erfahren. Es ist, als ob erst durch solche Erlebnisse der Druck der öffentlichen Meinung zum Bewußtsein kommt. Erasmus, der »König der Humanisten«, der in ganz Europa zu Hause war, hatte sich darin geübt, Isolation ertragen zu lernen. In einem Pamphlet wurde er angegriffen, er sei ein »homo pro se«, ein Mensch, der sich selbst genug ist, der keine anderen Menschen braucht.

Machiavelli war von mächtiger Ratsherrenposition in Florenz in die Tiefe gestürzt, des Verrats verdächtig gefoltert und dann auf sein armseliges Landgut in der Nähe von Florenz verbannt worden.

Welcher Text wurde zuerst geschrieben? »Der Fürst« des Machiavelli oder »Die Erziehung eines christlichen Fürsten« des Erasmus? Das Manuskript von Machiavelli war zuerst geschrieben (1513/14). Aber veröffentlicht wurde es erst 1532. Erasmus schrieb seinen Fürstenspiegel 1516, veröffentlichte ihn aber gleich nach der Übergabe an Karl von Burgund.

Das Rätsel löste sich auf. Beide, Machiavelli und Erasmus, hatten eine gemeinsame Quelle, beide hatten nach dem Text der »Politik« des Aristoteles gearbeitet.[9] Persönlich begegnet sind sie sich wahrscheinlich nie. Das ist zumindest der Schluß einer kleinen Zahl von Autoren, die schon einmal auf die eigentümliche Nähe von Erasmus und Machiavelli gestoßen waren[10], und die ich jetzt bei meinen Recherchen entdeckte, wie ein Reisender, der an einem abgelegenen Ort unerwartet Zeichen früherer Besucher findet.

Nun war ich auch nicht mehr so erstaunt, als ich von Johannes von Salisbury erfuhr, einem englischen Scholastiker, der in seiner Schrift »Policraticus« von 1159 zweimal lateinisch den Ausdruck »publica opinio« und »opinio publica« gebrauchte. Allerdings hebt der englische Bearbeiter, der die Texte 1927 neu herausgab, jedesmal in einer Fußnote bewundernd hervor, daß der Gebrauch dieses Ausdrucks in einer Schrift des 12. Jahrhunderts sehr bemerkenswert sei.[11] Ich war nicht mehr überrascht, weil eben auch Johannes von Salisbury in der Frühzeit des Humanismus die Klassiker der Antike gelesen und dort schon die Idee von der Macht, die die »opinio publica« besitzt, aufgenommen hatte. Das bedeutet: Unser Thema, die öffentliche Meinung, gehört zum Bestand des abendländischen Denkens, solange wir es überhaupt zurückverfolgen können, seit Beginn der Schrift, der Aufzeichnung von Texten.

Der große Staatsmann kennt die öffentliche Meinung

In der Bibel, im Alten Testament kommt der Begriff »öffentliche Meinung« nicht vor. Aber mit der Intuition, mit der manche Dichter über das Wesen der öffentlichen Meinung Bescheid wissen, so war nach der Erzählung der Bibel dem König David der richtige Umgang mit der öffentlichen Meinung wie angeboren. Das Zerreißen der Kleider, das Fasten bis zum Sonnenuntergang, um seine Trauer über die Ermordung eines mächtigen Gegenspielers zu zeigen, wo es naheliegend genug gewesen wäre zu vermuten, er habe diesen Mord angestiftet oder gebilligt, gehörten zu den symbolischen Handlungen, die wirksamer als alle Worte die öffentliche Meinung gewinnen.

Das große Schauspiel, mit dem König David das lange Zeit vernachlässigte Stämmeheiligtum der Lade »mit Jubel und Posaunenschall« nach Jerusalem überführen ließ, »unter Liedern mit Zithern und Harfen, Pauken, Schellen und Zimbeln«, um das gemeinsame sakrale Zentrum der beiden von ihm regierten Reiche Israel und Juda zu betonen, war ein meisterhafter Akt der Integration. Aber erst die Rolle, die er selber dabei spielte, wie er selbst an der Prozession teilnahm, springend und tanzend, nur mit einem Lendenschurz umgürtet, und sich vor aller Augen vor Jahwe erniedrigte, zeigt, wie er im Umgang mit der öffentlichen Meinung weit hinausging über ein prunkvolles Ritual. Davids Frau, die Königstochter Michal, höhnte: »Wie ehrenhaft hat sich doch heute der König Israels benommen, als er heute vor den Augen der Mägde seiner Diener sich entblößte, wie nur irgendeiner aus dem Gesindel sich zu entblößen pflegt.« Und König Davids Antwort an die Tochter des Saul: »Ich will mich sogar noch tiefer verdemütigen als diesmal, auch wenn ich verächtlich bin in deinen Augen. Aber bei den Mägden, von denen Du sprachst, bei denen will ich mir Ehre einlegen.« Mit anderen Stilmitteln gewiß, aber doch ähnlich genug nimmt der politische Führer unserer Zeit ein »Bad in der Menge«.

Erst die Antwort, die David seiner Frau gibt, macht ganz klar, daß er wußte, was er tat, was er wollte. Auch die Geschichte von den zwei Abgesandten, die David nach Ammon schickte, um seine Trauer über den Tod des Ammoniterkönigs zu bezeugen, haben frühere Interpreten kaum dem Thema Umgang mit der öffentlichen Meinung zugeordnet. Aber eben darum handelte es sich. Der neue König Hanun argwöhnte, die beiden Abgesandten seien in Wirklichkeit Spitzel, »ließ ihnen den Bart auf einer Seite scheren und die Kleider halb, nämlich bis zum Gesäß, abschneiden und schickte sie dann fort.« Die Erzählung der Bibel fährt fort: »Als man es David meldete, sandte er ihnen entgegen, denn die Männer waren über die Maßen beschimpft, und der König ließ ihnen ausrichten: ›Bleibt in Jericho, bis euch der Bart wieder gewachsen ist; dann kehrt zurück!‹« Was es bedeutet hätte, wenn seine Abgesandten sich unter Hohn und Spott nach Hause durchgeschlagen hätten, durch Lächerlichkeit in der Öffentlichkeit isoliert, wie diese Wirkung gewesen wäre, wußte David offenkundig genau, und daß dies nicht nur die Boten trifft, sondern auch das Ansehen des Königs, der sie ausgesandt hat.[12]

Erich Lamp, der Erscheinungsweisen von Öffentlichkeit und öffentlicher Meinung im Alten Testament analysiert hat[13], bemerkt an verschiedenen Stellen, in der Fachliteratur sei man sich uneinig, was bestimmte Vorgänge, die in der Bibel berichtet werden, zu bedeuten hätten. Gewiß, wenn eine geklärte Theorie der öffentlichen Meinung überhaupt einen Nutzen hat, dann müßte man ihn darin erkennen, daß man Vorfälle in einem neuen Licht sehen und besser verstehen kann. Es ist auffallend, wieviel sicherer David mit der öffentlichen Meinung umgeht als sein Vorgänger, der König Saul, und sein Nachfolger, der König Salomo – von dessen unglücklichem Nachfolger Rechabeam gar nicht zu reden. Lohnt es vielleicht, erfolgreiche Staatsführer und Politiker ausdrücklich daraufhin zu studieren, wie sicher ihr Urteil über die öffentliche Meinung ist?

Es ist interessant, was der vorhin schon erwähnte englische Scholastiker Johannes von Salisbury über Alexander den Großen sagt: Nichts habe ihn so sehr überzeugt, daß Alexander wirklich ein großer Staatsmann gewesen sei, als wie er sich verhalten habe, als in einem Streitfall ein Militärgericht gegen ihn entschied. Er dankte den Richtern, weil ihnen ihre Rechtsüberzeugung wichtiger gewesen sei als die Macht des Klägers, seine Macht.[14]

Derselbe Salisbury, der schon so selbstverständlich mit dem Begriff »opinio publica« umging, begründete, warum er Trajan von allen heidnischen römischen Kaisern für den größten ansah: Als man Trajan vorwarf, er halte gegenüber dem Volk zuwenig auf Abstand, habe er geantwortet, er wolle gegenüber den Privatpersonen ein solcher Kaiser sein, wie er sich, als er noch Privatperson war, den Kaiser über sich gewünscht habe.[15] Offenbar vermischen sich zwei gegensätzliche Elemente in der Beziehung der öffentlichen Meinung zu einem großen Herrscher: Charisma und zugleich Nähe.

In der Studie von Zvi Yavetz über Julius Cäsar und die öffentliche Meinung wird beschrieben, wie wohl sich Cäsar im Umgang mit der breiten Masse des Volkes fühlte. Gereizt war sein Verhältnis zu den Senatoren. Die moderne Geschichtsforschung vernachlässige die Bedeutung der »existimatio«, schreibt Zvi Yavetz. »Existimatio« – nach dem Lexikon »Ruf«, »Einschätzung« – ist nach Yavetz der Begriff, den die Römer vor allem verwendeten, wenn von dem die Rede war, was heute öffentliche Meinung heißt.[16] Existimatio – das erinnert auch an statistische Schätzung, eine ferne Verbindung zum Gedanken des quasi-statistischen Sinns in der Theorie der Schweigespirale stellt sich her.

Aus meiner Berufserfahrung würde ich sagen, daß erfolgreiche Politiker eine bemerkenswert gute Fähigkeit haben, die öffentliche Meinung einzuschätzen, ohne alle Demoskopie. Das legt den Gedanken nahe, Geschichte auch aus dieser Perspektive zu schreiben, Porträts von Staatsmännern unter dem Gesichtspunkt ihres Verhältnisses zur öffentlichen Meinung.

Wir begannen im Mainzer Seminar, den Fragebogen zur Literaturanalyse von öffentlicher Meinung an Staatsmännern auszuprobieren. An Richelieu zum Beispiel. In seinem »Politischen Testament« für seinen König Ludwig XIII. beschreibt Richelieu (1585–1642) die Macht des Herrschers als einen Baum mit vier Ästen – dem Heer, den laufenden Einnahmen, den Kapitalrücklagen und der Reputation. Dieser vierte Ast, die Reputation sei wichtiger als die anderen drei; denn der Fürst, von dem man eine gute Meinung hat, richte durch seinen bloßen Namen mehr aus als andere, die nicht geachtet werden, mit ihren Armeen. Er macht klar, daß er damit an die gute Meinung beim Volk denkt. Die Wurzel der Macht des Herrschers, die Wurzel des Baumes bildet »der Schatz der Herzen« (»le tresor des cœurs«) seiner Untertanen. Aber auch von Weltöffentlichkeit ist bei Richelieu die Rede und vom

»Gelächter der Welt« (»la risée du monde«), das man nicht auf sich ziehen dürfe. Bei politischen Entscheidungen – das Verbot des Duells endlich durchzusetzen oder die Käuflichkeit der Ämter wieder abzuschaffen – erörtert Richelieu das Für und Wider dieser Maßnahmen im Blick auf die öffentliche Meinung. Auf rationale Erwägungen komme es dabei weniger an, macht er klar, es sei eine Frage der moralischen Wirkung – aber eben auch des »Gelächters der Welt«.[17] Die gerade erst entstandene publizistische Waffe – die ersten Zeitungen erschienen 1609 – wurde sogleich von Richelieu ergriffen. Im »Mércure Français« bekämpfte er seine Gegner und gründete später eine eigene Zeitung: »La Gazette de France«. Begierig schloß Bernd Niedermann sein Referat über Richelieu im Mainzer Seminar mit dem Verlangen: »Wir müssen Napoleon, den Fürsten Metternich, wir müssen Bismarck mit unserem Fragebogen untersuchen!«

Wer die öffentliche Meinung verliert, ist kein König mehr (Aristoteles)

Es kann übrigens sein, daß Cäsar gar nicht ermordet worden wäre, wenn er sein Gefühl für öffentliche Meinung behalten hätte. Warum, fragt Zvi Yavetz mehrfach, schaffte er nur seine spanische Leibwache ab? Wenn er von ihr geschützt in den Senat gekommen wäre, hätten seine Mörder kaum gewagt, ihn anzugreifen. War Cäsar zuviel im Ausland? Hatte er dadurch das Gefühl für die öffentliche Meinung verloren? Gerade drei Tage nach dem Mordtag, den Iden des März, wollte er wieder aufbrechen zum Krieg gegen die Parther. Man denkt an Aristoteles, und man denkt an Erasmus: Erasmus mahnt den Fürsten, er solle sich nicht zuviel im Ausland aufhalten, er verliere sonst – man könnte sagen – die Tuchfühlung für die öffentliche Meinung. Er werde auch seinem Volk zu unähnlich, wenn er viel im Ausland sei. Erfolgreiche Herrschaft sei auf das Gefühl einer Art von Familienähnlichkeit zwischen dem Herrscher und seinem Volk gegründet. Erasmus warnt sogar vor der zu seiner Zeit üblichen dynastischen Heiratspolitik. Man schaffe mit einer Frau aus fremdem Herrscherhaus einen Abstand zu seinem eigenen Volk.

Wäre irgend etwas an der Französischen Revolution anders gelaufen, wenn Ludwig XVI. nicht die Österreicherin Marie Antoinette geheiratet hätte? Sie, die anfangs von den Leuten auf der Straße jubelnd begrüßt wurde, wenn ihr Wagen erschien, und die später erlebte, daß sich die Leute auf der Straße, wenn sie ihren Wagen sahen, wegdrehten und ihr den Rücken zukehrten?

Es vergingen mindestens vier Jahre der Recherche in Mainz über die Frage, wie das eigentlich wirklich gewesen war mit dem hartherzigen Ausspruch der Marie Antoinette: »Wenn die Leute kein Brot haben, warum essen sie nicht Kuchen?« Ich sagte immer wieder, daß ich nicht glauben könnte, daß sich die Sache so wie behauptet zugetragen hatte. Eines Abends in Mainz kam Wiltrud Ziegler zu mir und sagte, sie habe den historischen Vorgang gefunden. Es war ein Abendessen in einem jener Hungerjahre, wie Frankreich sie in den achtziger Jahren mehrfach erlebte. Unten, auf dem Platz vor dem Schloß gab es einen Auflauf von Menschen, die zu den Fenstern hoch um Brot riefen. Marie Antoinette sah sich im Eßzimmer suchend um, sah aber kein Brot und fragte, auf einen Tisch mit Kuchen weisend: »Wenn es kein Brot gibt, warum geben wir den armen Menschen nicht den Kuchen?«[18]

Die Umdrehung dieses Ausspruchs gegen Marie Antoinette war meisterhaft. Ich hätte wohl nie bezweifelt, daß der kolportierte Ausspruch authentisch war, wenn nicht die ständige Beschäftigung mit öffentlicher Meinung mich empfindlich gemacht hätte. Wenn öffentliche Meinung erst einmal so feindselig geworden ist, was läßt sich dann noch tun? Dann ist es leicht, jeden Schritt, jeden Ausspruch in eine Waffe zu verwandeln.

Homerisches Gelächter

Man könnte sagen, mein Bericht sei etwas sprunghaft. Es ist wahr, er ist nicht chronologisch geordnet. Die Ordnung besteht darin, daß das Phänomen öffentliche Meinung von allen Seiten betrachtet wird. Aber nun kehre ich doch, nach den Ausführungen zum Alten Testament, zurück zu den frühesten Schriftwerken. Als ältester literarischer Text des Abendlandes gelten heute Ilias und Odyssee. Als Sagen wurden sie schon seit langem mündlich weitergegeben, bevor sie von Homer im 8. Jahrhundert v. Chr. aufgezeichnet wurden. Tassilo Zimmermann bearbeitete mit dem Mainzer Fragebogen zur öffentlichen Meinung die Ilias. Ich folge seiner Magisterarbeit.

Er entwirft eine Strandszene. Im zweiten Buch der Ilias beschreibt Homer, wie Agamemnon eine Heeresversammlung der Achaier einberuft und mit einer Rede ihre Kampfmoral testen will. Er provoziert sie und fängt an, alle Argumente aufzuzählen, die dafür sprechen, den lange, schon fast neun Jahre dauernden Krieg, die Belagerung von Troja, abzubrechen und endlich wieder nach Hause zurückzukehren. Da geschieht etwas, was so eigentlich nur Konrad Lorenz beschrieben hat in seiner Schilderung des Dohlenschwarms, der mit lauten »Djak«- und »Djok«-Rufen: »Auf in den Wald!« – »Auf hinaus ins Feld!« hin und her zuckt in der Richtung, bis schließlich ein Lager die Oberhand gewinnt und alle gemeinsam eine Richtung einschlagen.[19]

Die Soldaten sprangen auf. Ein Teil ruft: »Zu den Schiffen! Nach Hause!«, ein anderer Teil, vor allem die Heerführer, die Geronten: »Halt! Hierbleiben! Niedersetzen!« Es entsteht ein heilloses Durcheinander, schon kommen die ersten Soldaten bei den Schiffen an, um sie ins Wasser zu ziehen. Es gelingt Odysseus, die Hauptschreier, die die Bewegung »Nach Hause!« anführen, zu stellen und mit gewaltigen Prügeln aufzuhalten. Es gelingt ihm, einen der Rädelsführer der Aufbruchstimmung zu isolieren, auf ihn alle Wut zu lenken: Thersites. Ideal ist Thersites als Sündenbock geeignet: »der häßlichste Mann . . .: Krummbeinig war er und hinkend auf einem Fuß, und die beiden Schultern waren ihm bucklig, gegen die Brust zusammengebogen, und darüber zugespitzt war er am Kopf, und spärlich sproßte darauf die Wolle.«[20]

Was Thersites schreit und schimpft, denken die meisten. Aber jetzt beginnt ihn Odysseus zu verhöhnen, homerisches Gelächter breitet sich unter den Soldaten aus, Thersites sieht sich allein, das Heer der Achaier hat sich wieder niedergesetzt, der Beschluß, die Belagerung fortzusetzen, wird gefaßt.

Homer sagt kein Wort über öffentliche Meinung. Aber er beschreibt die Rolle des Lachens als Isolationsdrohung, die einen Prozeß der öffentlichen Meinung entscheidet. Der französische Mediävist Jacques Le Goff, der das Lachen zu seinem wissenschaftlichen Thema gemacht hat, sagt, das Hebräische und auch das Griechische hätten noch zwei verschiedene Worte für das positive, freundliche, Gemeinschaft stiftende Lachen und das negative, böse, jemanden aussondernde Lachen, das Auslachen gehabt. Erst bei den sprachlich ärmeren Römern seien beide Arten dann zu einem Wort »Lachen« zusammengewachsen.[21]

Wir fingen in Mainz an, nach den Mitteln der Isolationsdrohung zu suchen. Wie erkennt der einzelne, daß er sich vom Konsens der öffentlichen Meinung entfernt hat und besser zurückkehren sollte, wenn er nicht isoliert, ausgestoßen werden will aus der freundlichen Gemeinsamkeit? Es gibt viele Signale, aber eine besondere Rolle spielt das Lachen. Wir müssen zu diesem Punkt noch einmal zurückkehren, wenn im letzten Kapitel über neueste Arbeiten zur Theorie der öffentlichen Meinung berichtet wird.

Ungeschriebene Gesetze

Den Griechen war die Wirksamkeit der öffentlichen Meinung offenbar ganz selbstverständlich. Sie hätten sonst nicht dieses unbefangene Verhältnis zu den ungeschriebenen Gesetzen gehabt. Ich folge hier der Magisterarbeit von Anne Jäckel »Ungeschriebene Gesetze im Lichte der sozialpsychologischen Theorie öffentlicher Meinung«, Kapitel 2.

Die erste bisher gefundene Stelle, wo von den ungeschriebenen Gesetzen die Rede ist, befindet sich in dem Buch des Thukydides (460–400 v. Chr.) über den Peloponnesischen Krieg. Es ist die Rede des Perikles im ersten Jahr dieses Krieges (431/430 v. Chr.), der zum Untergang von Athen führen wird. Thukydides legt diese Rede dem Perikles in den Mund, um noch einmal die ganze Größe von Athen zu zeigen, Athen auf der Höhe seiner Macht. Die Passage hat folgenden Wortlaut:

»Bei soviel Nachsicht im Umgang von Mensch zu Mensch erlauben wir uns doch im Staat, schon aus Furcht, keine Rechtsverletzung, im Gehorsam gegen die jährlichen Beamten und gegen die Gesetze, vornehmlich die, welche zu Nutz und Frommen der Verfolgten bestehen, und gegen die ungeschriebenen, die nach allgemeinem Urteil Schande bringen.«[22]

Es ist noch an vielen anderen späteren Stellen bei griechischen Autoren die Rede von den »ungeschriebenen Gesetzen«.[23] Aber alles, was hier zu sagen ist, liegt schon in den Worten des Perikles. Ungeschriebene Gesetze, das sind Gesetze, denen keine Schriftform gegeben worden ist. Aber sie sind dadurch nicht weniger zwingend als die geschriebenen Gesetze, sondern eher umgekehrt, sie sind stärker, ganz wie es John Locke mit seiner Schilderung der drei Arten von Gesetzen später beschrieben hat.[24]

Die ungeschriebenen Gesetze, das ist nicht einfach das Gewohnheitsrecht. Einfach, weil etwas Gewohnheit ist, kann es nicht so kraftvoll auf den einzelnen einwirken, ihn zur Befolgung zwingen. Das geschieht nur da – wieder erinnern wir uns an John Locke –, wo schmerzhafte Strafen der Übertretung des Gesetzes folgen. Die Strafen sind aber nirgendwo in einem Gesetzestext aufgeschrieben. Wer daraus schließt, sie seien nicht wirklich fühlbar, der kennt die menschliche Natur nicht, sagt John Locke. Die Schande, von der Perikles spricht, der Verlust der Ehre, des Ansehens unter den Mitbürgern, die mit der Kraft ihrer gemeinsamen Meinung diese Strafe verhängen, das ist sogar das schlimmste, was einem Menschen zustoßen kann.

Die ungeschriebenen Gesetze enthalten moralische Normen, der Verstoß gegen sie führt zu moralisch geladener öffentlicher Verachtung. Platon erklärt, das Verhältnis zwischen ungeschriebenen und geschriebenen Gesetzen müßte man vergleichen dem Verhältnis von Seele und Körper. Die ungeschriebenen Gesetze seien nicht einfach nur eine Ergänzung der geschriebenen Gesetze, sie seien das Fundament der Gesetze selbst.

Der Verstoß gegen die ungeschriebenen Gesetze bringt nach dem allgemeinen Urteil Schande, sagt Perikles. »Allgemeines Urteil«, meint Anne Jäckel, treffe nicht die Bedeutung des griechischen Textes, hier hätte man »öffentliche Meinung« übersetzen müssen. Im ganzen Satzzusammenhang heißt es dort in der deutschen Übertragung, »daß das allgemeine Urteil eine merkwürdige Gestalt besitzt«.[25] Aber tatsächlich steht da im Originaltext bei Platon, es besitze »dynamis« (δύναμις), also Einfluß, Macht, Wirksamkeit. Darum ist in einer englischen Übersetzung auch zu lesen: »... public opinion has an surprising influence ...«[26]

Im Kapitel, das ich hier zitiere, verarbeitet Anne Jäckel die ausführliche Diskussion der Altphilologen um den Begriff »ungeschriebene Gesetze«. Aber sie geht zurück bis zu den griechischen Texten. Nur darum kann man sich auch ganz sicher fühlen, daß der Zusammenhang zwischen öffentlicher Meinung und dem Schweigen von Platon wirklich ausgesprochen und nicht nur später hineingelegt worden ist. »Platon weist in dieser Passage nicht nur darauf hin, daß der Einfluß der öffentlichen Meinung die ungeschriebenen Gesetze hervorbringt und sichert, sondern er spezifiziert noch genauer, wie der Einfluß der öffentlichen Meinung wirkt: Die öffentliche Meinung bringt die mit ihr nicht konformen Meinungen zum Schweigen, denn niemand wagt, irgendeine gegen ein ungeschriebenes Gesetz gerichtete Ansicht auch nur ›auszuatmen‹, ›auszuhauchen‹.«[27]

Das öffentliche und das private Leben: Michel de Montaigne

Hartnäckig kamen die Studenten im Seminar darauf zurück: öffentliche Meinung – das sei in früheren Jahrhunderten eine Sache einer ganz kleinen Elite, eine Sache der Oberschicht gewesen. Aber schon in den »Essais« von Montaigne in der Ausgabe von 1588 konnten sie lesen, daß das so nicht zutraf.

Diese »Essais« waren sowieso empfehlenswert, weil sie eine Antwort auf die Frage enthielten, die die meisten Studenten viel mehr beschäftigte als eine Theorie der öffentlichen Meinung auszuarbeiten: Wie kann man öffentliche Meinung verändern?

Dazu hatte Montaigne einen Ratschlag gegeben. Oder genauer gesagt, er hatte dazu eine Anweisung von Platon zitiert, und dabei sogar im Französischen den Ausdruck »l'opinion publique« verwendet. Das war am Ende des 16. Jahrhunderts so einmalig, daß wir sogar mehrere Jahre lang glaubten, Michael Raffel, der Montaigne für seine Magisterarbeit – und spätere Dissertation – mit dem Fragebogen zur öffentlichen Meinung bearbeitete, habe bei Montaigne den ersten Begriff öffentliche Meinung überhaupt gefunden.[28] Nur traurig trennte sich Raffel später, als wir frühere Fälle von öffentlicher Meinung im Singular entdeckten, von dieser Annahme.

Man kann sich vielleicht wundern, warum wir dem ersten Erscheinen des Begriffs eine so große Bedeutung beimaßen. Sicher nicht aus Pedanterie. Wir glaubten, um vorzudringen zur Bedeutung von öffentlicher Meinung, sei es wichtig zu sehen, wie der Begriff zuerst gebraucht worden sei, in welchen Zusammenhängen, mit welchen Beobachtungen: So wie man von einer Pflanze mehr weiß, wenn man ihren Standort untersucht.

Und das hat sich auch bestätigt. Zweimal hat Montaigne in seinen »Essais« von 1588 den Kollektiv-Singular »l'opinion publique« gebraucht. Einmal erklärt er, warum er so viele Zitate antiker Schriftsteller in seinen Text eingestreut habe: »Wirklich habe ich es der öffentlichen Meinung zu Gefallen getan, daß ich mit diesem geborgten Schmuck hervortrete.«[29] Das zweite Mal – und das läßt nun wichtige Folgerungen zu – verwendet er den Ausdruck öffentliche Meinung bei der Abhandlung der Frage, wie man Sitten und moralische Vorstellungen ändern kann. Platon, sagt er, habe die Knabenliebe für eine verhängnisvolle Leidenschaft gehalten. Um dagegen anzugehen, habe er empfohlen, sie durch die öffentliche Meinung verurteilen zu lassen. Die Dichter, habe er gefordert, sollten dieses Laster in ihren Schriften als negativ und verdammenswert darstellen und so eine öffentliche Meinung schaffen. In der Anfangsphase werde das zwar noch im Widerspruch zur Mehrheitsmeinung der Bevölkerung stehen, in einem zweiten Schritt werde dann aber diese als herrschend dargestellte Meinung sich als gleichermaßen gültig bei Sklaven und Freien, Kindern und Frauen und der gesamten Bürgerschaft ausbreiten.[30] Zuerst entnehmen wir aus diesem Gedankengang von Platon, daß man öffentliche Meinung nur ändern kann, wenn überragende Menschen damit den Anfang machen, am besten Dichter, Künstler. Natürlich müssen dann viele andere folgen. So stark muß ihre Stimme sein, daß man die neue Meinung für die Meinung der Mehrheit hält oder jedenfalls die Meinung, die bald die Mehrheit auf ihrer Seite haben werde. Aber dann sagt Platon außerdem: Diese Meinung, wenn sie nur von den wirklichen Wortführern der Menschheit, also eben den Künstlern in Gang gebracht worden sei, werde sich ausbreiten bei Sklaven und Freien, Kindern und Frauen und der gesamten Bürgerschaft.

Platon wußte also, daß Sitte, Wert, Anstand, wenn sie wirklich Wurzeln in der allgemeinen Anerkennung haben sollen – so daß man nicht mehr davon abweichen kann, ohne sich der Gefahr der Isolation auszusetzen –, keine Grenzen haben dürfen, beschränkt auf kleine Bildungskreise, elitäre Zirkel. Nur Zeit und Ort dürfen ihre Grenzen bilden. An einem bestimmten Ort zu einer bestimmten Zeit müssen sie unbeschränkt gelten, für alle.

Es hatte einen guten Grund, warum dieses Platon-Zitat auf Montaigne so großen Eindruck gemacht hatte. Von eigenen Erfahrungen mit der Gewalt der öffentlichen Meinung war Montaigne (1533–1592) dreifach betroffen.

Zunächst durch Erfahrungen in seiner Familie. Das das Mittelalter hindurch feste Gefüge der Ständegesellschaft war in Bewegung gekommen, indem eine neu formierte Gruppe von reichen, aber unadligen Bürgern drängte, als gleichberechtigt von der Aristokratie anerkannt zu werden. Es war ein Kampf um Kleiderordnungen, Statusabzeichen – welchen Pelz, welchen Schmuck, welche Art von Stoff man dem eigenen Range nach zu tragen berechtigt war –, ein Kampf um öffentlich sichtbare Lebensverhältnisse. Montaigne erlebte diese Auseinandersetzung aus der Nähe mit. Sein Vater war ein durch Farbhandel und Weinhandel reich gewordener Mann, der sich das Schloß Montaigne kaufte und daher dem Familiennamen das »de Montaigne« hinzufügte. Die scharfe Aufmerksamkeit für Abzeichen, Symbole, neue Verhaltensweisen, die mit vielen Bemerkungen in den »Essais« belegt ist, war ihm im Elternhaus anerzogen worden.

Viel mächtiger noch war die Erfahrung des Wandels im Glauben, der Religionskämpfe zwischen Katholiken und Protestanten, die durch Luthers Thesenanschlag 1517 ausgelöst worden waren und in Frankreich in den Hugenottenkriegen (1562–1598) ausgetragen wurden. Montaigne klagt, seine Heimatstadt Bordeaux, in der er Parlamentsmitglied war, sei ein ganz besonders unruhiger, von scharfen Gegensätzen beherrschter Platz gewesen. Da empfahl es sich schon, sorgfältig die Umwelt und die Stärke der Lager zu beobachten und sein Verhalten darauf einzurichten. Immerhin wurden in der berühmten Bartholomäusnacht vom 23. auf den 24. August 1572 in Paris 3000 bis 4000 Protestanten ermordet und im übrigen Frankreich weitere 12 000.

Es sind sicher diese Verhältnisse gewesen, die Montaigne bewogen haben, sich an seinem 38. Geburtstag, am 28. Februar 1571, aus der Öffentlichkeit zurückzuziehen. Über dem Eingang zu seiner Bibliothek im Turm des Schlosses Montaigne ließ er eine Inschrift anbringen, hier wolle er in Ruhe und Abgeschiedenheit die Tage zubringen, die ihm zu leben blieben. Dort hat er die berühmten »Essais« geschrieben, ist aber doch auch wieder in die Öffentlichkeit zurückgekehrt; er wurde 1581 Bürgermeister von Bordeaux und war in diplomatischen Missionen vielfach in Europa unterwegs. Der Kontrast zwischen der öffentlichen und der privaten Existenz kam ihm damit besonders zum Bewußtsein, ebenso wie die unterschiedlichen Überzeugungen in verschiedenen Ländern, die jeweils mit verbindlichem Wahrheitsanspruch vertreten wurden. »Was ist das für eine Wahrheit«, fragt er, »welcher Berge Grenzen setzen und welche jenseits derselben zur Lüge wird?«[31] So ergibt sich für Montaigne eine an Ort und Zeit gebundene Herrschaftsmeinung, die als für eine bestimmte Zeitspanne gültige soziale Realität beachtet wird. Ihre einzige Legitimation erhält sie aus der Tatsache, daß sie sich als alternativenlos und verbindlich darstellt: »›. . . wie wir dann wirklich auch keinen anderen Maßstab für Wahrheit und Vernunft haben als Beispiele und Ideen von den Meinungen und Gewohnheiten, die wir täglich um uns sehen . . .‹.«[32]

Indem Montaigne zwischen überwiegend öffentlichen und überwiegend zurückgezogenen privaten Phasen in seinem Leben hin und her wechselt, wird er in seinem Werk der große Entdecker von »Öffentlichkeit«, von »Einsamkeit außen«, dem Tribunal, von dem der einzelne, sobald er sich in die Öffentlichkeit begibt, beurteilt wird. Bewußt spaltet er seine Existenz, wenn er notiert, »... daß der Weise zwar innerlich seine Seele aus dem Gedränge herausführen und sie zur freien Beurteilung der Dinge frei und fähig erhalten soll, daß er aber, was das Äußere anbetrifft, sich den gebräuchlichen Formen und Manieren gänzlich anbequemen muß.«[33]

Die Öffentlichkeit ist für Montaigne ein Raum, der von einem individualitätsfeindlichen Konsens dominiert wird. »Unter unseren gewöhnlichen Handlungen ist nicht eine unter tausend, die uns selbst angehe.«[34]

Für die von ihm so stark empfundene Dimension Öffentlichkeit erfindet Montaigne eine Fülle neuer Begriffe. Er prägt – soweit wir bisher wissen – das Wort »le public«, und neben dem Begriff »l'opinion publique«, von dem wir nicht wissen, ob er ihn bei Cicero[35], bei dem spanischen Ketzerbischof Priscillianus[36], bei Johannes von Salisbury gelesen hat, spricht er von »l'opinion commune«, »l'approbation publique« und »reverence publique«[37].

Warum hat sich der Begriff »l'opinion publique«, nachdem ihn Montaigne mehrfach benutzte, nicht durchgesetzt, so daß er uns erst eineinhalb Jahrhunderte später bei Rousseau wieder begegnet? Michael Raffel schreibt dazu: »Vielleicht hilft hier ein Brief Etienne Pasquiers weiter ...«: Pasquier klagt, daß sich Montaigne des öfteren erlaube, ungebräuchliche Worte zu benutzen, »die er, wenn ich mich nicht täusche, nicht leicht in Mode bringen wird.«[38] Tatsächlich dauerte es bis zur Mitte des 18. Jahrhunderts, bis der Begriff »l'opinion publique« vor der Französischen Revolution Mode wurde.

Verloren ging er seitdem nicht mehr. Aber in den nächsten 200 Jahren wurde er zu einer Art von herrenloser Beute, bis schließlich Harwood Childs in seinem Band »Public Opinion« von 1965 50 Definitionen von öffentlicher Meinung zusammenstellte. Keine einzige dieser Definitionen betonte, was doch schon die Griechen gewußt hatten, daß es sich um eine Gewalt handelt, die niemand ungestraft verletzt.

Öffentliche Meinung im Nibelungenlied

Wie man ein Waldstück durchkämmt, so kämmten wir im Mainzer Seminar mit dem Fragebogen zur öffentlichen Meinung die Texte durch. Nicht nur bei den fernen Griechen fanden wir die Wirkungsweise von öffentlicher Meinung beschrieben, sondern auch bei dem fast 2000 Jahre nach Homer in schriftliche Form gebrachten Nibelungenlied.

Nur ein einziges Mal findet sich im Nibelungenlied das Wort »öffentlich«. Aber dieses eine Mal betrifft es die Szene, die zum Ausgangspunkt der ganzen unerhörten Tragödie wird. Es ist das »14. Abenteuer«, der Streit der Königinnen Kriemhild und Brünhild am Kirchenportal um den Vortritt. Die Szene spielt auf einem überfüllten Kirchplatz, wie er auch heute überfüllt wäre, wenn zwei Königinnen zu sehen sind. Und dann der Wortwechsel, die Beleidigung der Königin Brünhild, nicht ihr Mann Gunther, sondern Siegfried sei in der Hochzeitsnacht bei ihr gewesen. »Vor allem Volke« sei diese Behauptung der Königin Kriemhild gefallen, heißt es im Nibelungenlied. Öffentlich.[39] Wer möchte behaupten, Reputation, öffentliche Meinung, das sei in früherer Zeit nur eine Sache der Oberschicht gewesen?

Eine Karikatur von 1641

David Hume hat es mit seinem Satz »Regierung ist auf nichts anderem gegründet als auf die Meinung« besonders schön ausgedrückt. Aber tatsächlich wiederholte er nur, was 2000 Jahre zuvor Aristoteles gesagt hatte, und dann diejenigen, die die »Politik« des Aristoteles studiert hatten, wie Machiavelli und Erasmus.

Für David Hume muß der Gedanke von der Herrschaft der öffentlichen Meinung ganz selbstverständlich gewesen sein nach allem, was sich in den zwei englischen Revolutionen des 17. Jahrhunderts zugetragen hatte. Aus dem Jahr 1641, acht Jahre vor der Enthauptung des Stuart-Königs Karl I., stammt eine englische Karikatur mit dem Titel »The World is Ruled and Governed by Opinion«.[40] Aus dieser Karikatur erfährt man wie aus einer Landkarte, wieviel damals schon vom Wesen der öffentlichen Meinung entdeckt war.

»Was bedeutet denn das Chamäleon zu deinen Füßen, das jede Farbe außer Weiß annehmen kann?« fragte der Junker die öffentliche Meinung in der Baumkrone. »So kann sich die Meinung in alle Richtungen verändern, nur nicht in die Wahrheit«, lautete die Antwort.

»Was bedeuten denn die vielen Triebe, die da aus deinen Wurzeln sprießen?« fragte der Junker. »Aus einer Meinung werden viele und propagieren sich, bis sich die Meinung in die Unendlichkeit ausgedehnt hat«, wird er belehrt.

»Was bedeuten denn die Früchte, die da aus deiner Baumkrone bei jedem Windstoß herabgeweht werden, diese Zeitungen und Bücher – wenn du noch außerdem verbundene Augen zu haben scheinst, blind bist?«

Die Antwort betrifft den Punkt, zu dem sich schon Platon äußerte, wenn er die öffentliche Meinung alle umfassen sieht, die Sklaven und die Freien, die Kinder und Frauen und die gesamte Bürgerschaft. Diese Früchte der öffentlichen Meinung, die Zeitungen und Bücher sind eben nicht eine Sache

Entnommen: William Haller: Tracts on Liberty in the Puritan Revolution 1638–1647. Vol. 1. Commentary. New York: Octagon Books Inc. 1965

THE WORLD IS RULED & GOVERNED BY OPINION

Engraved by Wenceslas Hollar, 1641

British Museum Catalogue of Satirical Prints, 272.

der Oberschicht. Man findet sie auf allen Straßen, in allen Auslagen. Und dann wird noch einmal in den letzten zwei Zeilen des Dialogs betont: In jedem Haus findet man sie, in jeder Straße und überall.

Warum wird nur eine so weitreichende Sache wie die öffentliche Meinung von einem »sillie Foole« begossen? Ja, erst der Narr gibt ihr das richtige Leben. Es bleibt unserer Phantasie überlassen, wie man sich die Narren von heute, die die öffentliche Meinung begießen, vorstellt.

Lange fehlte den unpolitischen Deutschen der Begriff

Die deutsche politische Kultur hat keine besondere Aufmerksamkeit für die öffentliche Meinung entwickelt. Viel später als im Englischen, Französischen, Italienischen erscheint zum ersten Mal der Begriff und dann auch nur als direkte Übersetzung aus dem Französischen: Öffentliche Meinung. Eine Zeitlang dachten wir, Klopstock mit seiner Ode »An die öffentliche Meinung« von 1798 sei der erste gewesen. Beim Abschluß der Ausgabe der »Schweigespirale« von 1980 hatten wir als früheste Fundstelle eines der »Gespräche unter vier Augen« von Wieland: »Über die öffentliche Meinung« von 1798 ausgemacht. Danach erst entdeckten wir den Schweizer Johannes von Müller, der 1777 zum ersten Mal den Ausdruck »öffentliche Meinung« auf deutsch gebrauchte.[41]

Johannes von Müller, Historiker und Staatswissenschaftler von Beruf – heute würden wir sagen: Politologe und Publizist –, war ein begehrter Redner, der an vielen Orten Deutschlands Vorlesungen hielt und als politischer Berater eingeladen wurde. Er wird den Begriff öffentliche Meinung wahrscheinlich überall hingetragen haben.

Vor aller Augen, vor aller Ohren

Schwierigkeiten mit der Übersetzung der Begriffe gibt es noch heute, gab es noch bei der Übersetzung der »Schweigespirale« von 1980 ins Englische, zum Beispiel mit dem Begriff »Öffentlichkeit« im sozialpsychologischen Sinn, also Öffentlichkeit als Zustand, wo der einzelne von allen gesehen und beurteilt wird, wo sein Ruf und seine Beliebtheit auf dem Spiele stehen, Öffentlichkeit als Tribunal. Die sozialpsychologische Bedeutung von Öffentlichkeit läßt sich sprachlich identifizieren. Die Wendung »in *aller* Öffentlichkeit ...« sei das oder jenes geschehen, verrät uns, worum es sich handelt. Niemand wird sagen, ein Konzert habe »in aller Öffentlichkeit« stattgefunden. Schon im Lateinischen gab es mit gleichem Unterton die Wendung »coram publico«.

Der französische Humanist und Romanautor François Rabelais, Zeitgenosse des Erasmus, den wir im Mainzer Seminar mit unserem Fragebogen studierten, sprach mit großer Selbstverständlichkeit von »vor allen Leuten«, »vor aller Welt« und benutzte dabei auch den Begriff »publicquement«.[42] Welche Überraschung war es, nun im 20. Jahrhundert zu finden, daß sich gerade dieses »in aller Öffentlichkeit«, »publicquement« nicht ins Englische übersetzen ließ. Wochenlang versuchte ich im Gespräch mit Kollegen und Studenten in Chicago, die Lösung zu finden. Vergeblich. Eines Tages fuhr ich in New York im Taxi. Der Fahrer hatte die Nachrichten angestellt. Ich hörte kaum hin. Der Sprecher beendete eine Nachricht, sagte: »The public eye has its price.« Ich fuhr auf. Plötzlich war sie da, die Übersetzung. In aller Öffentlichkeit – the public eye. Da war genau die sozialpsychologische Bedeutung des deutschen Begriffs »Öffentlichkeit« getroffen: Jeder kann es sehen.

Gunnar Schanno im Mainzer Seminar fand die Wurzel bei Edmund Burke 1791.[43] Burke sprach nicht nur von »public eye«, sondern auch von »public ear«, wir übersetzten: »vor aller Ohren«. Das eine war so treffend wie das andere. Auch der Zusammenhang, in dem Burke diese Ausdrücke gebrauchte, war interessant. Er sprach davon, was den natürlichen Aristokraten kennzeichne, zum Beispiel, von früh an daran gewöhnt zu werden, sich dem kritischen Urteil der Öffentlichkeit auszusetzen: The public eye. Burke fuhr fort: »to look early to public opinion.« Das hatten schon Erasmus und Machiavelli die Fürsten gelehrt: Vor der Öffentlichkeit dürften sie sich nicht verbergen, sichtbar müßten sie sein.[44]

Nietzsche als Anreger von Walter Lippmann

Was deutsche Autoren des 19. Jahrhunderts über öffentliche Meinung geschrieben und von der sozialen Natur des Menschen geschildert haben, ist wahrscheinlich zum größten Teil noch nicht entdeckt. Es war ja beinahe ein Zufall, daß Kurt Braatz bei Harwood Childs einen Hinweis auf einen deutschen Autor von der Mitte des 19. Jahrhunderts fand, der in Deutschland selbst offenbar ganz vergessen worden war; denn weder der führende Theoretiker der öffentlichen Meinung aus der ersten Hälfte des 20. Jahrhunderts, Ferdinand Tönnies, noch der führende Historiker, Wilhelm Bauer, erwähnten ihn.

Es handelte sich um eine 1846 veröffentlichte Schrift von Carl Ernst August Freiherr von Gersdorff, lebenslängliches Mitglied des Preußischen Herrenhauses, Doktor der Philosophie, mit dem Titel »Ueber den Begriff und das Wesen der oeffentlichen Meinung. Ein Versuch«. Childs hat sie wahrscheinlich während seines Studiums in Deutschland in den dreißiger Jahren kennengelernt, aber dann erst in der Mitte der sechziger Jahre in seinem Buch »Public Opinion« erwähnt. Nur weil sich Braatz besonders für Nietzsche interessierte, fiel ihm die Namensgleichheit mit Nietzsches Freund und Sekretär Carl von Gersdorff auf.

Seine Recherchen ergaben, daß der junge Mann, der Nietzsche vor allem bei den Arbeiten zu den »Unzeitgemäßen Betrachtungen« 1872/73 zur Hand ging, der Sohn des Autors der Schrift über die öffentliche Meinung war. Und wenn auch Nietzsche diese Schrift und den Namen des Vaters nie erwähnt, so ist doch auffallend, wie Nietzsche in diesen Jahren anfing, sich für die öffentliche Meinung zu interessieren, sie auch in seinen Schriften häufig erwähnte. Um sich zu vergewissern, daß Nietzsche ein besonderes Interesse an dem Phänomen öffentliche Meinung hatte, schrieb Braatz an das Weimarer Nietzsche-Archiv, in dem Nietzsches Privatbibliothek aufbewahrt wird, und bat zu prüfen, ob wichtige Stellen zum Thema öffentliche Meinung bei bestimmten Autoren in den Büchern angestrichen seien oder ob es Randbemerkungen gäbe. Dies wurde ihm aus Weimar bestätigt. Bei der systematischen Untersuchung der Schrift des älteren von Gersdorff und im Vergleich mit Nietzsches Äußerungen über öffentliche Meinung konnte Braatz schließlich zeigen, daß viele der sozialpsychologisch sensiblen Ideen von Gersdorffs von Nietzsche übernommen worden waren.[45] Von Gersdorff beschreibt öffentliche Meinung, wie wir sie heute sehen: »Eine öffentliche Meinung, wie ich sie auffasse, muß es im geistigen Menschenleben immer geben, . . . so lange Menschen ein geselliges Leben führen; (. . .) Sie kann also schon ihrem Begriffe nach weder fehlen, noch ausfallen, noch vernichtet werden, *sie ist überall und immer.*« Sie unterliegt keiner thematischen Eingrenzung, und man kann sie ». . . am passendsten bezeichnen als: ›die in Sitten und Geschichte gegründete, im Conflikte des Lebens sich bildende, erhaltende und verwandelnde Gemeinsamkeit der Werthgebungen eines Volkes an die socialen Objekte seiner Gegenwart‹«. »Ferner steht es von der öffentlichen Meinung fest, daß sie das gemeinsame Eigenthum eines ganzen Volkes ist.«[46]

Nach allen Richtungen hin legte Braatz bei seinen Untersuchungen der Gedanken Nietzsches zum Thema öffentliche

Meinung Verbindungen frei, die bei der Abfassung der »Schweigespirale« von 1980 noch nicht bekannt waren. Er entdeckt den ersten Gebrauch des Begriffs »soziale Kontrolle« bei Herbert Spencer 1879[47], eine Wortprägung, die dann durch Edward Ross eine große wissenschaftliche Karriere machte.

Es verringert auch nicht die Bewunderung für den großen Wurf des Buches »Öffentliche Meinung« von Walter Lippmann 1922, wenn sich jetzt erkennen läßt, daß er in vielen Gedanken von Nietzsche inspiriert wurde. Das gilt für die Rolle des Stereotyps als Vehikel für öffentliche Meinung, das gilt für seinen Leitsatz, wie sehr alle Beobachtungen durch den Standpunkt des Beobachters bestimmt werden. Nietzsche faßt das in den Satz: »Es giebt *nur* ein perspektivisches Sehen, *nur* ein perspektivisches ›Erkennen‹.«[48] Aber auch die Skurrilität, zwischen »Öffentlicher Meinung« mit groß geschriebenem Anfangsbuchstaben und »öffentlicher Meinung« mit klein geschriebenem Anfangsbuchstaben zu unterscheiden, hat Lippmann sich nicht selbst ausgedacht, sondern von Nietzsche übernommen.

XXVII. Auf dem Weg zu einer Theorie der öffentlichen Meinung

Hochgespannt waren die Erwartungen, als in der Mitte der dreißiger Jahre die Methode der repräsentativen Bevölkerungsumfragen ihre Bewährungsprobe bei den Voraussagen zur amerikanischen Präsidentschaftswahl 1936 bestanden hatte. Schon wenige Monate später erschien das erste Heft der neugegründeten Vierteljahreszeitschrift »Public Opinion Quarterly« mit einem Eröffnungsartikel von Floyd H. Allport: »Auf dem Weg zu einer Wissenschaft von der öffentlichen Meinung.« Im gleichen zuversichtlichen Ton schrieb Herbert H. Hyman in »Public Opinion Quarterly« 20 Jahre später, 1957: »Auf dem Weg zu einer Theorie der öffentlichen Meinung.«

Beim nächsten Mal, als das Stichwort wieder in »Public Opinion Quarterly« erschien, 1970, spürte man eine deutliche Ungeduld. Es handelte sich um ein Konferenzprotokoll der 25. Jahreskonferenz der American Association for Public Opinion Research mit einem Bericht über die Sitzung »Auf dem Weg zu einer Theorie der öffentlichen Meinung«. Zwei Professoren von der University of Chicago, der Psychologe Brewster Smith und der Politologe Sidney Verba, waren die Hauptredner. Der Psychologe erklärte: Die Forschung hat sich »der Frage, wie Individuen ihre Meinungen ausdrücken, um soziale und politische Folgen herbeizuführen, noch nicht zugewandt. Das Problem der Artikulation, Teil eines jeden

Konzepts von öffentlicher Meinung . . ., ist für die politische Wissenschaft und die Soziologie von vordringlicher Bedeutung«. Der Politikwissenschaftler erklärte: »Ein Großteil politischer Meinungsforschung ist für die Entwicklung einer makro-politischen Theorie, die sich mit dem Verhältnis zwischen Masseneinstellungen und -verhalten und wichtigen politischen Ergebnissen befaßt, bedeutungslos. Dies liegt hauptsächlich daran, daß die Umfrageforschung sich zumeist auf das Individuum als Analyseeinheit konzentriert . . .«[1]

Im Grunde forderten beide Antwort auf die gleiche Frage: Wie verwandelt sich eigentlich die Summe individueller Meinungen, die von der empirischen Sozialforschung festgestellt werden, in die gewaltige politische Macht, genannt »öffentliche Meinung«?

Kein Gefühl für öffentliche Meinung

Die Antwort wurde so lange Zeit nicht gefunden, weil niemand nach einer gewaltigen politischen Macht suchte. Unter den 50 Definitionen von öffentlicher Meinung, die Harwood Childs im berühmten zweiten Kapitel seines Buches »Public Opinion« zusammengestellt hatte, gab es mehrere, bei denen sozusagen das Barometer mit dem Wetter verwechselt wurde:

»Öffentliche Meinung besteht aus den Reaktionen der Leute auf Aussagen oder Fragen in festgelegtem Wortlaut unter den Bedingungen eines Interviews.«[2]

Oder: »Öffentliche Meinung ist nicht die Bezeichnung für irgend etwas, sondern eine Klassifikation einer ganzen Reihe von ›irgend etwas‹, die bei statistischer Anordnung nach Häufigkeitsverteilungen Zustände oder Größenverhältnisse zeigen, die Aufmerksamkeit und Interesse erregen.«[3]

Häufigkeitsverteilungen nach statistischer Anordnung: Wie sollten denn die eine Regierung stürzen oder dem einzelnen Furcht einjagen?

Die Schweigespirale verträgt sich nicht mit dem Demokratieideal

Es war sehr verständlich, daß die Theorie der Schweigespirale, als sie 1972 zuerst auf dem Internationalen Psychologen-Kongreß in Tokio vorgestellt wurde, nicht freudig als Fortschritt auf dem Weg zu einer Theorie der öffentlichen Meinung begrüßt wurde, und auch nicht 1980, als die deutsche, und 1984, als die amerikanische Buchfassung erschienen. Der mündige Bürger, dieses politische Ideal der Demokratietheorie, war darin nicht wiederzuerkennen. Die Furcht vor der öffentlichen Meinung – die Furcht der Regierung und die Furcht des einzelnen – war in der klassischen Demokratietheorie nicht vorgesehen. Die soziale Natur des Menschen, Sozialpsychologie und die Frage, wie menschliche Gesellschaften zusammengehalten werden, das waren keine Themen, mit denen sich die Demokratietheorie auseinandersetzte.

Das deutsch-amerikanische Forscherteam Wolfgang Donsbach, Universität Mainz, und Robert L. Stevenson, University of North Carolina, Chapel Hill, testete die Hypothesen der Schweigespirale in Umfragen des North Carolina Polls des Instituts für Kommunikationsforschung der Universität. Sie fanden die Schweigetendenz eines Lagers in der kontroversen Frage der Abtreibungsgesetzgebung bestätigt; aber sie kamen zugleich zu einer ganz pessimistischen Auffassung, wie man die Schweigespirale je wissenschaftlich verteidigen könne. Die Theorie bestehe, schrieben sie, aus einer langen Kette von Thesen, einer Kette von Kausalverknüpfungen. »Die Kette nimmt ihren Anfang bei der sozialpsychologischen Variable der Isolationsfurcht und endet mikrosoziologisch bei der Rede- und Schweigetendenz, makrosoziologisch bei der Integration des Gesellschaftssystems.«[4] An jedem Glied der Kette böten sich Angriffspunkte. Außerdem verknüpfe die Theorie Thesen aus ganz verschiedenen Wissenschaftsgebieten, die in der herkömmlichen Wissenschaft getrennt betrachtet werden, nämlich Hypothesen über Verhaltens- und Einstellungstheorie, Hypothesen aus dem Bereich der Kommunikationstheorie und Hypothesen aus dem Bereich der Gesellschaftstheorie.[5] Vielleicht hatten sie wirklich recht, daß es ein Handikap für die Theorie der Schweigespirale ist, daß sie Reviergrenzen nicht respektiert. Sehr oft legen ja Wissenschaftler keinen Wert auf einen Dialog mit benachbarten Disziplinen.

Was man wissen muß, um öffentliche Meinung zu analysieren

Man kann nicht erwarten, auf dem Weg zu einer Theorie der öffentlichen Meinung zu sein, wenn man sich nicht ganz klar geworden ist, was öffentliche Meinung bedeutet, und für die empirischen Studien die Bedingungen von öffentlicher Meinung herstellt.

Um das zu erleichtern, wurde ein Katalog aufgestellt[6], welche Fragen mindestens erforderlich sind, um die Theorie der öffentlichen Meinung, die unter dem Stichwort Schweigespirale läuft, zu testen:

1. Man muß in der Art einer normalen Umfrage ermitteln, wie sich die Meinungen der Bevölkerung zu einem ausgewählten Thema verteilen.
2. Man muß fragen, wie das Meinungsklima eingeschätzt wird: »Wie denken die meisten darüber?« Oft führt das zu einem ganz neuen Bild.
3. Man muß erkunden, wie die weitere Entwicklung in einer Kontroverse gesehen wird: Welche Seite gewinnt, welche Seite wird zunehmend schwächer werden?
4. Man muß Redebereitschaft und Schweigetendenz insbesondere in öffentlichen Situationen in dieser Frage messen.
5. Man muß prüfen, ob das Thema emotionalisiert ist, aufgeladen mit moralischen Urteilen. Ohne Wertgeladenheit

entsteht kein Druck der öffentlichen Meinung, also auch keine Schweigespirale.

6. Man muß den Medientenor in dieser Frage bestimmen. Welche Seite unterstützen die einflußreichen Medien? Die Medien bilden eine der zwei Quellen, aus denen die Menschen sich ihr Urteil über das Meinungsklima bilden. Außerdem verleihen die einflußreichen Medien anderen Journalisten und den Anhängern der Seite, die sie unterstützen, die Worte und Argumente und beeinflussen damit den Prozeß der öffentlichen Meinung, das Reden und Schweigen.

Die schweigende Mehrheit widerlegt die Schweigespirale nicht

Manche Forscher, die die Schweigespirale testeten, haben vorgeschlagen, man solle doch wenigstens für den Anfang von den Medien absehen, um die Untersuchungen zu vereinfachen.[7] Aber wenn man das täte, würde man in allen Fragen, in denen der Medientenor und die Meinung der Bevölkerung weit auseinandergehen, die Thesen der Schweigespirale widerlegt sehen. Eine Schweigespirale gegen den Medientenor haben wir bisher nie gefunden. Zur Redebereitschaft gehört eben auch, daß man die Medienunterstützung hinter sich spürt. Man braucht sich nur an das Beispiel zu erinnern, ob ein Mitglied einer kommunistischen Partei als Richter zugelassen werden soll.[8]

Die Minderheit, die das unterstützte, war klein genug, und sie wußte, daß sie eine Minderheit war und übertraf doch an Redebereitschaft bei weitem die Mehrheit. Die Mehrheit, die spürte, daß sie keine Unterstützung der Medien hatte, wurde zur schweigenden Mehrheit. Der englische Karikaturist von 1641 wußte schon, warum er den Baum der öffentlichen Meinung voll hing mit Zeitungen und Büchern.[9] Ein Beispiel wie das vom kommunistischen Richter läßt sich ein oder zwei Jahrzehnte später kaum mehr verstehen. Wie Gewitterwolken löst sich der Druck der öffentlichen Meinung ganz auf. Selbst wenn man sich in vergilbte Zeitungen der damaligen Jahre vertiefen würde, den Medientenor gegen den sogenannten »Radikalenerlaß«, mit dem die Einstellung von Beamten, die sich zum Kommunismus bekannten, untersagt wurde, wird man kaum mehr nachempfinden können.

Ein Prozeß der öffentlichen Meinung: die Kernenergie

Mit den sechs Fragen des Katalogs lassen sich Fallstudien anstellen und Prognosen machen. Bei einer Frage, die die Bevölkerung erregt, wie zum Beispiel der Frage der Kernenergie mit ihrer moralischen Komponente, der Gefährdung der Sicherheit kommender Generationen, und einem klaren Medientenor[10] wird man erwarten, daß die Gegner der Kernenergie in öffentlicher Situation redebereit sind, die Befürworter der Kernenergie lieber schweigen, und daß im Meinungsklima die Gegner der Kernenergie weit stärker erscheinen, als sie wirklich sind – eine Annahme, die Sabine Mathes in ihrer Mainzer Magisterarbeit bestätigte.[11] Erst wenn die Anhänger auf einen harten Kern – hard core[11a] – geschrumpft sind, kann man erwarten, daß sie stärker, redebereiter in der Öffentlichkeit hervortreten als die Gegner.

Auf welche Annahmen sich die Theorie stützt

Welche Theorie steht hinter der Analyse einer solchen Fallstudie? Sie soll hier noch einmal zusammengefaßt werden.

Die Theorie der Schweigespirale geht davon aus, daß die Gesellschaft – nicht nur Gruppen, die sich kennen – vom Konsensus abweichende Individuen mit Isolation, mit Ausstoßen bedroht und daß andererseits die Individuen eine meist unbewußte, wahrscheinlich genetisch verankerte Isolationsfurcht haben. Diese Isolationsfurcht veranlaßt sie, sich ständig zu vergewissern, was an Meinungen und Verhaltensweisen in der Umwelt gebilligt und was mißbilligt wird, und welche Meinungen und Verhaltensweisen zunehmen und welche abnehmen. Die Theorie spricht von einem quasi-statistischen Sinn, mit dem die Menschen diese Abschätzung vornehmen. Das Ergebnis dieser Einschätzung beeinflußt ihr Reden und Verhalten. Wenn sie glauben, in Übereinstimmung mit dem Konsensus der öffentlichen Meinung zu stehen, beteiligen sie sich selbstsicher am Gespräch, privat und in der Öffentlichkeit, und zeigen ihre Überzeugung zum Beispiel mit Abzeichen und Autostickern, aber auch mit Kleidung und anderen öffentlich sichtbaren Symbolen. Wenn sie glauben, in der Minderheit zu sein, werden sie vorsichtig und schweigsam und verstärken gerade damit in der Öffentlichkeit noch weiter den Eindruck von der Schwäche dieses Lagers, bis dieses Lager ganz untergegangen ist bis auf einen kleinen harten Kern, der an den vergangenen Werten festhält, oder bis zur Verhängung eines Tabus.

Das Testen der Theorie ist kompliziert, weil sie auf vier einzelnen Annahmen beruht und auf einer fünften, die die Verknüpfung dieser vier betrifft.

Die vier Annahmen sind:

1. Die Gesellschaft gebraucht gegenüber abweichenden Individuen Isolationsdrohungen.
2. Die Individuen empfinden ständig Isolationsfurcht.
3. Aus Isolationsfurcht versuchen die Individuen ständig, das Meinungsklima einzuschätzen.
4. Das Ergebnis der Einschätzung beeinflußt ihr Verhalten vor allem in der Öffentlichkeit und insbesondere durch Zeigen oder Verbergen von Meinungen, zum Beispiel Reden und Schweigen.

Die fünfte Annahme verknüpft die vier Annahmen und erklärt daraus Bildung, Verteidigung und Veränderung der öffentlichen Meinung.

Um diese Annahmen empirisch zu testen, mußten sie übersetzt werden in beobachtbare Indikatoren, in Situationen, die man im demoskopischen Interview abfragen kann.

Das Testen der Isolationsdrohung

Geht von der öffentlichen Meinung eine Isolationsdrohung aus? Verteidigt sich die öffentliche Meinung durch Isolationsdrohung gegen Andersdenkende? Wird neue öffentliche Meinung mit Isolationsdrohung durchgesetzt?

Nach unserem Selbstverständnis sind wir eine liberale Gesellschaft. »Liberal« klingt sympathisch, das sagen 52 Prozent[12], »Toleranz«, das ist es, was moderne Eltern ihren Kindern zu 64 Prozent beibringen möchten.[13]

Jemanden, der anders denkt als die öffentliche Meinung, mit Isolation zu bedrohen, ist sicher intolerant. Darum kann man im demoskopischen Interview schwer danach fragen. Immerhin: einige Formen von Isolationsdrohung waren schon in der Fassung der »Schweigespirale« von 1980 beschrieben, zum Beispiel das Aufschneiden von Reifen eines Autos, das einen Aufkleber einer abgelehnten Partei trug.[14] In der Wahlforschung benutzen wir eine Frage, bei der einem Autofahrer, der fremd in einer Stadt ist, eine Auskunft verweigert wird. »Dazu sagen muß ich noch, der Autofahrer trug eine Plakette von einer Partei an seiner Jacke. Was glauben Sie, von welcher Partei diese Plakette war ...?« so endete diese Testfrage.[15] Wir stellten eine Frage, Plakate welcher Parteien besonders oft beschmiert oder abgerissen wurden, und betrachteten das als eine öffentliche Isolationsdrohung der Anhänger dieser Partei.[16]

Aber wir erlitten auch Fehlschläge. In der Fassung der »Schweigespirale« von 1980 wurde einer davon ausführlich beschrieben.[17]

Wir fingen in Mainz an, das Thema ernsthaft zu bearbeiten

Sabine Holicki schrieb ihre Magisterarbeit über »Isolationsdrohung – Sozialpsychologische Aspekte eines publizistikwissenschaftlichen Konzepts«.[18] Angelika Albrecht untersuchte in ihrer Magisterarbeit »Lachen und Lächeln – Isolation oder Integration?«[19]

Wir erinnerten uns an die akustischen Signale, die der einfallsreiche Stanley Milgram als Isolationsdrohung verwendet hatte[20], höhnisches Pfeifen, Ausbuhen, Auslachen. Aber wie lange hat es noch gedauert, bis mir schließlich 1989 der Test einfiel, den wir gesucht hatten. Und dabei war es ganz einfach. Wir mußten uns nur an die Signale halten, die in der Fachliteratur zum konformen Verhalten und in der Sozialpsychologie zum Thema Lachen abgehandelt wurden.[21] Nur, daß da nirgends etwas von öffentlicher Meinung stand.

Wir erprobten den Test sofort am Thema Kernenergie, zuerst mit Auspfeifen, dann, bei wechselnden Themen, mit Ausbuhen und mit Auslachen. Bei der Premiere lautete die Frage im demoskopischen Interview: »Ich möchte Ihnen nun von einem Vorfall erzählen, der sich kürzlich bei einer großen öffentlichen Diskussion über Kernenergie ereignet hat. Zwei Hauptredner waren zu hören: Einer sprach sich für die Kernenergie aus, der andere war dagegen. Einer der beiden Redner wurde vom Publikum ausgepfiffen. Was glauben Sie, welcher von den beiden wurde ausgepfiffen: Derjenige, der für die Kernenergie war, oder derjenige, der dagegen war?« Eine Mehrheit von 72 Prozent der Befragten war der Meinung, daß der Redner, der sich *für* die Kernenergie ausgesprochen hatte, ausgepfiffen worden war; 11 Prozent nahmen an, der Gegner der Kernenergie sei ausgepfiffen worden. Weniger als ein Fünftel der Bevölkerung blieb unentschieden.[22]

Kein Zweifel, daß es so etwas wie Isolationsdrohung gibt, und daß die Bevölkerung auch weiß, mit welchen Einstellungen man sich, wenn man sie öffentlich äußert, in die Gefahr der Isolation begibt. Nur wenige Wochen später war der Test schon in England angekommen. Unser Kollege Robert

TABELLE 27: **Ein Test für Isolationsdrohung in Deutschland und England**
Beispiel: Kernenergie

Frage: »Ich möchte Ihnen nun von einem Vorfall erzählen, der sich kürzlich bei einer großen öffentlichen Diskussion über Kernenergie ereignet hat. Zwei Hauptredner waren zu hören: Einer sprach sich für die Kernenergie aus, der andere war dagegen. Einer der beiden Redner wurde vom Publikum ausgepfiffen. Was glauben Sie, welcher von den beiden wurde ausgepfiffen: Derjenige, der für die Kernenergie war, oder derjenige, der dagegen war?«

	Februar 1989 Bundesrepublik Deutschland %	März 1989 Großbritannien %
Derjenige, der dafür war	72	62
Derjenige, der dagegen war	11	25
Unentschieden	17	13
	100	100

Quellen: Deutschland: Institut für Demoskopie Allensbach, IfD-Umfrage 5016, Frage 38. 2213 Befragte.
Großbritannien: Social Surveys (Gallup Poll) Limited, rund 1000 Befragte.

J. Wybrow vom britischen Gallup-Institut schloß ihn in eine Omnibus-Umfrage mit 1000 Interviews ein und meldete kurz darauf, was er gefunden hatte. Auch in England war der Anhänger der Kernenergie im Meinungsklima klar unterlegen, nur nicht ganz so extrem. Daß sich ein solches feindseliges Meinungsklima auf die Neigung, sich öffentlich zu äußern, zu reden oder zu schweigen, auswirken wird, wird man wohl nicht bezweifeln. Aber wichtig war auch, daß die Engländer die Frage akzeptierten. Eine Theorie der öffentlichen Meinung muß Grenzen überschreiten können. Sie darf nationale Besonderheiten enthalten, aber im Kern muß sie sich, wenn wir uns auf unsere historischen Studien verlassen wollen, überall bestätigen.

Darum müssen auch die Tests in verschiedenen Kulturen anwendbar sein. Ich dachte an den zivilisierten Stil des sozialen Umgehens miteinander in Japan und hatte Zweifel, ob der neue Test zur Isolationsdrohung da geeignet sei. Sogar amerikanische Studenten hatten sich ja verletzt gefühlt, als ich ihnen von dem Test mit dem aufgeschnittenen Reifen eines Autos mit dem Aufkleber einer abgelehnten Partei berichtete.

Ich diskutierte die Frage mit einem japanischen Studenten im Seminar an der University of Chicago. Hiroaki Minato wies die Möglichkeit, unseren Buh-Test in Japan als Frage zu stellen, weit von sich. Wir versuchten alles mögliche, nach ungefähr zwei Stunden sagte er: »So würde es bei uns gehen.« Die neue Frage lautete: »Bei einem Nachbarschaftstreffen wurde über Kernenergie diskutiert. Einer der Anwesenden sprach sich für, ein anderer gegen die Kernenergie aus. Einer der beiden hörte später, daß es hinter seinem Rücken Gerede gegeben habe, daß man ihn verurteilt habe. Was meinen Sie: Wer von den beiden wurde hinter seinem Rücken verurteilt?«

Test der Isolationsfurcht

Gibt es Isolationsfurcht? Die Experimente von Asch und Milgram[23] wurden von vielen Amerikanern als peinlich empfunden. Milgram wiederholte – mit abgewandelter Untersuchungsanlage – seine Experimente in Frankreich und Norwegen, weil er wissen wollte, ob europäische Nationen auch so konformistisch seien oder nur die Amerikaner.

Daß Amerikaner Isolationsfurcht haben könnten, verletzte einmal bei einem Vortrag an der University of Chicago die Studenten so sehr, daß viele den Hörsaal verließen. Klar war, daß man im Interview nicht fragen könnte: »Haben Sie Isolationsfurcht?« obgleich beim Testen der Schweigespirale in Amerika auch das einmal gemacht wurde. Oft wurde die Ansicht vertreten, ich betonte mit der Schweigespirale zu sehr das Irrationale, das emotionale Motiv im Konformismus; ich unterschätzte, wie gute rationale Gründe es für den Konformismus gebe. Natürlich ist das ein alter Streit zwischen europäischen und amerikanischen Sozialwissenschaftlern. Die Amerikaner haben eine lange Tradition, rationale Erklärungen des menschlichen Verhaltens zu bevorzugen.

Wie sollte man Isolationsfurcht testen? Eine Möglichkeit war in der Ausgabe der »Schweigespirale« von 1980 beschrieben, und zwar in dem Kapitel über das Rauchen in der Gegenwart von Nichtrauchern.[24] Der »Drohtest«, die Konfrontation der Raucher mit einem Bildblatt, wo jemand wütend sagt: »Ich finde, daß die Raucher rücksichtslos sind. Sie zwingen andere, den schädlichen Rauch mit einzuatmen«, schüchterte die Raucher deutlich ein. Aber von dem, was unsere amerikanischen Kollegen forderten, die Isolationsfurcht richtig meßbar zu machen[25], waren wir noch weit entfernt.

Was uns zu Hilfe kam, waren schließlich Forschungsarbeiten, die bis in die Mitte des 19. Jahrhunderts, nämlich zu Charles Darwin, zurückreichten und die, aus anderer Wurzel, in den vierziger, fünfziger Jahren eine Blüte eines Forschungszweiges, genannt Gruppendynamik, herbeigeführt hatten.[26] Es interessierte hier beispielsweise die Frage, wie menschliche Gruppen zusammengehalten werden: Was sichert ihren Bestand? Was tun sie, wenn einzelne Gruppenmitglieder gegen die Regeln verstoßen und damit die Gruppe zu zerstören drohen? Bei der Spurensuche zum Thema Isolationsdrohung und Isolationsfurcht war Sabine Holicki auf diese Arbeiten gestoßen.[27]

Sie fand, daß die Gruppendynamik in ihren Experimenten einen Drei-Phasen-Prozeß feststellte: In einer ersten Phase versucht die Gruppe, das abweichende, gegen die Regeln verstoßende Mitglied mit Überredung und Freundlichkeit zurückzugewinnen. Wenn das nicht gelingt, wird in einer zweiten Phase das abweichende Mitglied mit Ausschluß aus der Gruppe bedroht. In einer dritten Phase, wenn alles nichts geholfen hat, kommt es zum Ende. Die Gruppendynamiker umschreiben es: »Die Gruppe definiert ihre Grenzen neu«, das heißt, sie schließt das abweichende Mitglied aus.[28]

Das erinnert sehr an Edward Ross: bis das Individuum »tot aus der Gesellschaft fällt«.[29] Es ist nur merkwürdig: Die Gruppendynamiker untersuchten, wie eine Gruppe zusammenhält. Warum gingen sie nicht einen Schritt weiter und fragten, wie eine Gesellschaft zusammenhält? Dann hätten sie auf das Phänomen der öffentlichen Meinung im Sinne von sozialer Kontrolle stoßen müssen.

Aber das Stichwort »öffentliche Meinung« erscheint nirgends. Auch nicht bei Erving Goffman, der in den fünfziger und sechziger Jahren mit systematischer sozialwissenschaftlicher Arbeit den Punkt erreichte, an dem rund 350 Jahre früher Michel de Montaigne gestanden hatte, als er in der privaten Zurückgezogenheit seiner Bibliothek die 1588 veröffentlichten »Essais« schrieb und schilderte, wie vorsichtig sich der Mensch in der Öffentlichkeit bewegen muß. Sobald der Mensch nicht allein ist, schrieb Goffman, sobald nur ein anderer Mensch dabei ist, aber erst recht, wenn es viele sind, verwandelt er sich und berücksichtigt, daß sich die anderen Menschen ein Urteil über ihn bilden.

Die wissenschaftliche Blindheit, die bis dahin gegenüber der sozialpsychologisch verstandenen Öffentlichkeit bestand, durchbricht Goffman; der lapidare Titel einer seiner bahnbrechenden Arbeiten heißt: »Behavior in Public Places«.[30] Jeder Titel der Arbeiten von Goffman, die zwischen 1955 und 1971 veröffentlicht werden, zeigt an, wie er die soziale Natur des Menschen wissenschaftlich erfaßt, das Leiden an der sozialen Natur.[31] Bei Charles Darwin entdeckt Goffman im Zuge seiner Studien zur Peinlichkeit die Beschreibung der vielen körperlichen Zeichen der sozialen Natur des Menschen. Es ist auch für uns, da wir Belege für Isolationsfurcht vorweisen müssen, ein Glück, uns auf Darwin und sein Buch: »The Expression of the Emotions in Man and Animals« (1873) berufen zu können. Im 13. Kapitel beschäftigt sich Darwin mit dem Thema Peinlichkeit und beschreibt die körperlichen Anzeichen, das Erröten, Blaßwerden, Schwitzen, Stottern, nervöse Bewegungen, ein Zittern der Hände, eine gepreßte, eine brechende, eine unnatürlich hohe oder tiefe Stimme, ein unnatürliches Grinsen, Wegsehen – wozu Darwin bemerkt: indem man den Augenkontakt verringere, vermeide man zu bemerken, daß man von anderen beobachtet wird.[32]

Darwin arbeitet die Schwelle zwischen dem nach innen gewandten und nach außen gewandten Individuum heraus: Das nach außen gewandte Individuum folgt seiner sozialen Natur, ein objektives Zeichen wie das Erröten – das es bei Tieren nicht gibt – bestätigt uns die soziale Natur des Menschen. Darwin grenzt ab Schuldgefühle, Scham und Peinlichkeit: Jemand kann sich wegen einer kleinen Lüge gründlich schämen, ohne zu erröten, aber sobald er den Eindruck hat, daß jemand die Lüge entdeckt hat, wird er rot werden. Schüchternheit, sagt Darwin, führt zu Erröten. Aber Schüchternheit ist nichts anderes als eine Empfindlichkeit für die Vorstellung, was *andere* von mir denken.

Darwin gebraucht nie den Begriff »öffentliche Meinung«. Er spricht nicht von Isolationsfurcht, aber es ist klar, daß seine Beobachtungen zu dem Schluß führen, daß der Mensch eine soziale Natur hat, das Urteil anderer Menschen bedenkt, sich vorstellt, wie er von außen, von anderen gesehen wird, und hofft, daß niemand in Gedanken oder womöglich in der Wirklichkeit mit dem Finger auf ihn weise. Selbst wenn es eine gute Tat ist, die die allgemeine Aufmerksamkeit auf sich zieht, ist das noch vielen Menschen peinlich.

Das hat Erving Goffman nicht gedacht. Er hat noch angenommen, das menschliche Empfinden von Peinlichkeit sei eine milde Strafe, mit der Menschen zu ordentlichem Verhalten in der Öffentlichkeit gebracht werden.[33] Daß Peinlichkeit nicht einfach eine »milde Strafe« ist, sondern eine Reaktion auf Lagen, in denen sich der Mensch isoliert fühlt – und sei es auch als Held, zum Beispiel wenn alle auf ihn sehen, weil er ein Kind vor dem Ertrinken gerettet hat –, das hat in seiner Mainzer Dissertation Michael Hallemann gezeigt.[34]

Es fing an mit der Entdeckung der Selbst-Experimente, die Sabine Holicki in ihrer Magisterarbeit beschrieb. Durch einen entlegenen Konferenzvortrag von van Zuuren[35] erfuhr sie von einer holländischen Gruppe von jungen Wissenschaftlern, die mit der Selbsterfahrung von Peinlichkeit experimentierten. Sie blieben etwa mitten in einem Fußgängerstrom in einer stark belebten Straße stehen, um zu erfahren, wie ihnen zumute ist, wenn sie mit bösen Blicken auf allen Seiten von den Vorübergehenden betrachtet wurden. Sie setzten sich in einem halbleeren Café an einen Tisch, an dem schon ein Paar saß, und beobachteten ihre eigenen Empfindungen beim Regelverstoß. Sie kauften zweimal in kurzen Abständen in einem Geschäft die gleiche Sache ein. Eine Aufgabe lautete, in einem fremden Hochhaus bis zum obersten Stockwerk zu fahren und sich dort umzusehen. Eine Versuchsteilnehmerin sagte, daß sie sich schon, bevor sie überhaupt das Hochhaus betrat, gefürchtet habe, was sie denn sagen solle, wenn sie jemand dort oben fragen würde, was sie da suche. »Plötzlich wurde mir klar, wie grotesk ich aussah mit meinen rosa Hosen und der rosa Bluse.«

Die Selbstversuche zeigten, daß es vor aller sozialen Kontrolle schon so etwas wie eine interne persönliche Kontrolle gibt. Die Isolationsdrohung von außen wird in der Vorstellung vorweggenommen. So bedrückend ist schon der Gedanke, wie unangenehm eine Situation sein *wird*, daß das Individuum bereits sein Verhalten der Regelverletzung oder des Verstoßes gegen die öffentliche Meinung korrigiert, bevor das Kollektiv, die soziale Kontrolle von außen tätig geworden ist, ja bevor das Kollektiv von der Absicht des Regelverstoßes erfährt.

Viele Teilnehmer an den holländischen Selbstversuchen berichteten, sie hätten die beabsichtigte Handlung schon vor der Ausführung wieder aufgegeben. Dies ist das Feld, auf dem George Herbert Mead an der University of Chicago sein wissenschaftliches Werk zum »symbolischen Interaktionismus« errichtete. Die »symbolische Interaktion«, die Vorstellung, was andere denken, wie andere reagieren würden, beeinflußt das Individuum, als sei es schon die Wirklichkeit. Aber so fremd war den Sozialwissenschaftlern seiner Zeit diese Welt des lautlosen inneren Gesprächs der Menschen und der Ängstlichkeit ihrer sozialen Natur, daß Mead nach seinem ersten Buch zu seinen Lebzeiten kein weiteres veröffentlichte. Das Hauptwerk, das wir heute von ihm lesen und im Mainzer Seminar zum Thema öffentliche Meinung bearbeiteten,[36] haben seine Studenten nach Niederschriften in seinen Vorlesungen zusammengestellt.[37]

Im Empfinden der Peinlichkeit zeigt sich die soziale Natur

In einem Mainzer »Werkstatt-Seminar« arbeiteten wir an den Konzepten der Theorie der Schweigespirale. Wie erkennt das Individuum Isolationsdrohung? Was sind die Signale? Wie erlebt das Individuum Isolationsfurcht? Wie kann man sie messen? Eine Arbeitsgruppe hatte sich einen Selbstversuch vorgenommen. In Mainz ist bekanntlich die »Fassenacht« eine große Sache. Man kann schon von einem Konsensus der Bevölkerung ausgehen. Die Studenten bauten an einer belebten Straße einen Stand auf, hingen ein Spruchband auf, auf dem zum Eintritt in einen neuen Verein aufgefordert wurde – einen Verein, der die Geldverschwendung für die Mainzer Fassenacht bekämpfen wollte. Mit diesem Geld, wurde auf Flugblättern erklärt, solle man besser der dritten Welt helfen. Die Flugblätter lagen in großen Stößen auf dem Stand aus, und die Studenten bemühten sich, sie den Passanten in die Hand zu drücken und um Unterschriften zur Unterstützung der Aktion zu bitten. Aus dem Fenster eines Hauses am Rande der Straße filmte einer von ihnen, was sich zutrug, um später die Verhaltensweisen analysieren zu können.[38]

Selbst die Ladenbesitzer an den angrenzenden Straßen beteiligten sich. Sie versuchten geradezu, die Passanten schon vor dem Erreichen des Standes wegzuwedeln mit unzweideutigen Zeichen, bei diesen Studenten am Stand handle es sich um Irre.

Die Erfahrung, wie es ist, wenn einem Menschen, die man anspricht, stumm den Rücken zukehren oder beim bloßen Anblick von weitem schon einen großen Bogen machen, beeindruckte Michael Hallemann so sehr, daß er daraus das Thema seiner Magisterarbeit und späteren Doktorarbeit machte.[39]

Das Allensbacher Institut half mit. In einer Bevölkerungsumfrage legten wir ein Bildblatt vor – Männern ein Blatt mit einem Mann, Frauen ein Blatt mit einer Frau. Die dargestellte Person sagte gerade zu einer anderen: »Stell dir vor, was ich gestern erlebt habe; eine ganz peinliche Sache, also ich . . .« Der Interviewer fragt: »Hier unterhalten sich zwei. Leider ist der Mann/die Frau im Satz unterbrochen worden. Aber was vermuten Sie, wie könnte dieser Bericht weitergehen, was könnte er/sie zum Beispiel erlebt haben?«

Nach den Antworten von rund 2000 Befragten entwarf Hallemann 30 Situationen. Bei der nächsten Allensbacher Umfrage wurden sie, einzeln auf Karten geschrieben, dem Befragten mit der Frage vorgelegt: »Hier auf diesen Karten sind einige Situationen beschrieben, in die jeder mal kommen kann. Können Sie bitte alle Karten mit den Situationen hier auf diese Liste verteilen, je nachdem, ob Sie die Situation als peinlich oder nicht als peinlich empfinden würden.«[40]

Die Situationsbeschreibungen sind im folgenden abgedruckt, zusammen mit den Ergebnissen aus der Bundesrepublik, Spanien und Korea. Einige Jahre später, im Juni 1989, wurde die Frageserie wiederholt.[41] Was Menschen peinlich ist, ist offenbar sehr festgelegt. Bei der Wiederholung waren die Ergebnisse fast unverändert die gleichen wie beim ersten Mal. Allgemein stellt man sich vor, daß es weitgehend von kultureller Tradition abhängt, wie stark das Peinlichkeitsempfinden entwickelt ist und was als peinlich empfunden wird. Das ist auch so, das zeigen die Vergleiche der Umfrageergebnisse in Deutschland, Spanien und Korea, die auf den folgenden Seiten dargestellt sind. Aber zugleich ist man doch auch überrascht über viele Gemeinsamkeiten. Die soziale Natur der Menschen anderer Kulturen zeigt uns ein Gesicht, das wir zu kennen meinen.

Ermittlung peinlicher Situationen

Bildblatt zum Satzergänzungstest im demoskopischen Interview, das dem Befragten durch Projektion in die dargestellte Person und die Notwendigkeit, den angefangenen Satz zu Ende zu führen, die Assoziation an eine peinliche Situation erleichtert.

TABELLE 28: **Peinliche Situationen in Deutschland, Spanien und Korea im Vergleich**

Frage: »Hier auf diesen Karten sind Situationen beschrieben, in die jeder mal kommen kann. Könnten Sie bitte alle Karten mit den Situationen hier auf diese Liste verteilen, je nachdem, ob Sie die Situation als peinlich oder nicht als peinlich empfinden würden. Die Karten mit Situationen, zu denen Sie keine Meinung haben, legen Sie bitte einfach beiseite.«
(Vorlage eines Kartenspiels und einer Liste mit den Einteilungen: »Wäre mir peinlich«, »Wäre mir **nicht** peinlich«)

Wäre mir peinlich	Bundesrepublik Deutschland %	Spanien %	Südkorea %
In aller Öffentlichkeit werden Sie von jemandem geohrfeigt	79	83	92
Von einem Angestellten im Supermarkt werden Sie zu Unrecht als Ladendieb beschuldigt	78	89	88
In einem Kaufhaus stoßen Sie aus Versehen gegen ein wertvolles Kristallglas, das auf den Boden fällt und zerspringt	76	84	92
Im Restaurant schütten Sie sich Suppe über die Hose	70	73	74
Mit vollem Einkaufswagen stehen Sie im Supermarkt an der Kasse und merken, daß Sie kein Geld dabei haben	69	65	84
Bei einem Theaterbesuch haben Sie Schnupfen und kein Taschentuch dabei	68	66	41
Mit einem Bekannten gehen Sie in ein Konzert. Ihr Bekannter schläft ein und fängt an zu schnarchen	63	59	63
In einer Gruppe, in der Sie stehen, wird über jemanden geredet, der unbeobachtet zuhört und dann hinzutritt	56	51	64
Jemand macht sich vor anderen lustig über Sie	56	68	76
Mitten auf der belebten Straße rutschen Sie plötzlich aus und fallen der Länge nach hin	56	76	75

Wäre mir peinlich	Bundesrepublik Deutschland %	Spanien %	Südkorea %
Im Zug öffnen Sie eine Toilettentür, wo schon jemand dahinter sitzt, der vergessen hat abzuschließen	55	71	88
Sie reden jemanden mit falschem Namen an	52	37	65
Bei Freunden oder Bekannten treten Sie aus Versehen in ein Zimmer, wo sich gerade jemand umzieht	50	73	94
Sie begegnen einem alten Bekannten, den Sie freudig begrüßen wollen, aber er geht, ohne Sie eines Blickes zu würdigen, vorbei	49	46	64
Sie treffen einen alten Bekannten, dessen Name Ihnen nicht einfällt	45	41	66
Wenn Sie nach einer Arbeit das Gefühl haben, verschwitzt zu sein, aber bevor Sie sich waschen können noch zum Einkaufen gehen müssen	44	44	22
Sie möchten mit Bekannten einen gemeinsamen Urlaub verbringen. Bei der Anreise merken Sie, daß es sich um einen Nacktbadeurlaub handelt	43	59	–
In der Eisenbahn kommt der Kontrolleur, und Sie können Ihre Fahrkarte nicht finden	–	–	92
Unter Freunden oder Bekannten erzählen Sie einen Witz, über den niemand lacht	40	41	46
Wenn der Klempner kommt und Ihre Wohnung nicht aufgeräumt ist	36	43	36
Weil Sie zu spät gewaschen haben, hängt bei Ihnen an Ostern (Korea: Neujahr) noch Wäsche zum Trocknen auf der Leine	33	17	28
Sie müssen von einer öffentlichen Telefonzelle aus ein wichtiges Gespräch führen, das etwas länger dauert. Hinter Ihnen warten noch zwei, drei Leute	31	49	69

Wäre mir peinlich	Bundesrepublik Deutschland %	Spanien %	Südkorea %
Auf der Straße werden Sie von einem Fernsehreporter mit laufender Kamera angesprochen	28	39	74
Durch einen glücklichen Zufall konnten Sie ein kleines Kind vor dem Ertrinken retten. Ein Reporter will Sie deshalb unbedingt für die örtliche Zeitung fotografieren	27	37	62
Am Wochenende geht Ihnen Butter und Margarine aus, und Sie müssen zu den Nachbarn gehen, um sich etwas auszuleihen	27	27	40
Um die Mittagszeit merken Sie, daß Sie ungeputzte Schuhe tragen	26	25	11
In einem Hotelzimmer hören Sie durch eine dünne Wand, was im Nebenzimmer geschieht	24	33	35
Sie begegnen auf der Straße jemandem, von dem Sie nicht wissen, ob Sie ihn grüßen sollten	23	37	48
In einem halb besetzten Eisenbahnabteil fängt einer Ihrer Mitreisenden plötzlich an, mit sich selbst zu reden	15	31	23
Sie verwählen sich beim Telefonieren	12	16	26
Sie selbst werden mit falschem Namen angeredet	12	18	28
	1343	1498	1766
n =	2009	1499	352

»–« = nicht erfragt

Quellen: Bundesrepublik Deutschland: Institut für Demoskopie Allensbach, IfD-Umfrage 4031, August 1983. Befragt wurde die Bevölkerung ab 16 Jahre
Spanien: DATA, S. A., Juni 1984. Bevölkerung ab 15 Jahre
Südkorea: Tokinoya, September 1986. Bevölkerung ab 20 Jahre

Goffman hatte schon geschrieben, wenn man mehr über die soziale Natur des Menschen lernen wolle, müsse man studieren, was ihm peinlich sei.[42] Da wir Menschen direkt nach ihrer sozialen Natur kaum befragen können – am liebsten ignorieren wir unsere soziale Natur, die Deutschen sagen mehrheitlich: »Mir ist egal, was andere von mir denken« –, so muß man, wie Emile Durkheim in seinem Buch über »Die Regeln der soziologischen Methode« 1895 erklärt hat, Indikatoren suchen. Indikatoren sind nicht die Sache selbst, die man erforschen will, aber sie geben Aufschluß über die Sache selbst.

Ein Maßstab für Isolationsfurcht

Nach dem Erscheinen der »Schweigespirale« gab es einen Schwarm von Fragen, die schwer zu beantworten waren. Da die Gruppendynamik seit den dreißiger Jahren im Mittelpunkt des Interesses der Sozialforschung gestanden hatte, kam von vielen Seiten die Kritik, wichtiger als eine unbestimmte Öffentlichkeit, von der in der Theorie der »Schweigespirale« so viel die Rede ist, seien doch die Gruppen, in denen sich Menschen bewegen. Was ihre Nachbarn, ihre Arbeitskollegen, ihre Vereinsfreunde, was die Mitglieder ihrer Bezugsgruppen (reference groups) über sie sagten und dächten, das sei doch viel wichtiger für sie als unbekannte Leute, die anonyme Öffentlichkeit.

Donsbach und Stevenson versuchten schon, diesen Einwand zu klären.[43] Die Schweigespirale sei keine deterministische Theorie, die eine bestimmte Ursache – beispielsweise Isolationsfurcht in der Öffentlichkeit – als einzigen Einfluß auf das Verhalten von Menschen betrachte und für alle Menschen in gleicher Weise. Sie betrachte Isolationsfurcht in der Öffentlichkeit als einen Einfluß unter mehreren, der den Prozeß der öffentlichen Meinung bestimme. Der Einfluß der Bezugsgruppen werde damit keineswegs gering veranschlagt. Tatsächlich konnten sie auf eine Untersuchung des holländischen Forschers Harm t'Hart hinweisen, der gezeigt hatte, daß es für Reden und Schweigen in einer kontroversen Frage eine wichtige Rolle spielt, ob Primärgruppen und Druck der öffentlichen Meinung zusammenwirken, sich gegenseitig verstärken, oder ob die Gruppen, in denen sich eine Person bewegt, unterlegene Auffassungen weiter verteidigen.[44]

Nach Jahrzehnten erfolgreicher sozialwissenschaftlicher Arbeit zum Thema »Gruppendynamik« schien es nahezu selbstverständlich, daß der Einfluß der Gruppen auf den Meinungsbildungsprozeß hoch zu veranschlagen ist. Da die Gruppendynamiker vor Goffman einfach haltmachten an den Grenzen der von ihnen studierten Gruppen und das Element Öffentlichkeit sozusagen nicht zur Kenntnis nahmen, so schien es dringend, dafür Verständnis zu wecken. Nur hier liegt der Schlüssel für das Verständnis des Begriffs »öffentliche Meinung«. Wenn man nicht ganz klar sieht, was Öffentlichkeit für die soziale Natur des Menschen bedeutet – Urteilsinstanz, Tribunal –, dann kann man das Phänomen öffentliche Meinung nicht verstehen.

Mit dem von Hallemann entwickelten Indikator Peinlichkeitsempfinden läßt sich die Bedeutung der anonymen Öffentlichkeit nachweisen. Wenn peinliche Erlebnisse spontan beschrieben werden, spielen sie selten im kleinen Kreis von bekannten Personen. 21 Prozent spielen in einer kleineren und 46 Prozent in einer großen anonymen Öffentlichkeit.[45]

Die von ihm entworfenen 30 Testsituationen, die auf Karten den Befragten vorgelegt wurden, ordnete Hallemann nach privatem Milieu sowie kleiner und großer Öffentlichkeit an. Die Ergebnisse zeigten: Je größer, je weiter die Öffentlichkeit ist, desto höher ist der Prozentsatz von Menschen, die diese Situation als besonders peinlich empfinden.[46]

Es klingt ganz logisch: Eine unangenehme Situation unter Bekannten muß peinlicher sein als unter Personen, die man nicht kennt und vielleicht nie wiedersehen wird, eben der anonymen Öffentlichkeit. Aber die Ergebnisse widerlegen die Logik und sicher mit gutem Grund. Denn bei Bekannten kann man daran arbeiten, die Peinlichkeit wieder vergessen zu machen; aber bei einem Stigma, das in der Öffentlichkeit zugefügt wird, gibt es keinen Adressaten, vor dem man sich erklären oder entschuldigen kann. Auf unbegrenzte Zeit ist man in seiner Reputation beschädigt.

Hallemann ist auch der Aufgabe, Isolationsfurcht zu messen, näher gekommen als irgend jemand sonst bisher. Nach der Anzahl von Situationen, die ein Befragter als peinlich bezeichnet, berechnete er einen score: sehr große, große, mittlere, geringe oder sehr geringe Empfindlichkeit der sozialen Natur und entsprechend große, mittlere oder geringe Isolationsfurcht. Als nächstes prüfte er die Rede- und Schweigebereitschaft. Er stellte fest, daß Menschen mit ausgeprägtem Peinlichkeitsempfinden – wir ergänzen: hoher Isolationsfurcht – bei kontroversen Themen deutlich mehr zum Schweigen neigen als die anderen. Aber nicht aus allgemeiner Schüchternheit oder weil sie überhaupt wortkarg sind; bei ungefährlichen Themen, bei denen keine Konflikte drohen, reden sie genauso gern mit wie der Durchschnitt.[47]

Der Test des quasi-statistischen Sinns

Besitzen wir überhaupt einen quasi-statistischen Sinn, wie es in der Theorie der öffentlichen Meinung behauptet wird? Können Menschen das Meinungsklima wahrnehmen?

In allen Ländern, in denen es erprobt wurde, wurde auf Fragen in der Art: »Wie denken die meisten?« »Sind die meisten dafür oder dagegen?« oder sogar: »Wieviel Prozent der Bevölkerung sind dafür? dagegen?« ohne weiteres geantwortet. Eigentlich müßten die Befragten antworten: »Wieso fragen Sie mich? Sie sind doch der Meinungsforscher!« Aber das sagen sie nicht. Die Bereitwilligkeit der Schätzungen wird als Indiz angesehen, daß die Menschen diese Stärkeverhältnisse laufend selbst einzuschätzen versuchen, also ganz unabhängig vom Interview.

Aber oft stimmen die Schätzungen nicht. Einstellungen, die in einflußreichen Medien vertreten werden, werden oft überschätzt. Es hat sich dafür der Ausdruck »pluralistic ignorance« eingebürgert.[48] »Die Bevölkerung täuscht sich über die Bevölkerung.« Über- oder Unterschätzung des eigenen Lagers und die Höhe des Anteils von Menschen, die auf die Frage nach der Stärke ihrer Position antworten: »unentschieden«, »teils, teils« oder »beide gleich«, zeigen ein Ringen um öffentliche Meinung an.[49] Aber die ganze Bevölkerung, unabhängig vom eigenen Standpunkt, bemerkt, demoskopisch nachweislich, welche Meinungen zu- und welche abnehmen[50], so wie man merkt, ob es wärmer oder kälter wird. Wie sollte man das erklären, wenn nicht durch eine menschliche Fähigkeit, Häufigkeitsverteilungen wahrzunehmen? Es ist klar, daß schon von alters her, und nicht erst von Sozialforschern angestoßen, versucht wird, diese Wahrnehmung zu beeinflussen.

Test des Redens und Schweigens

Schade, daß es nicht mehr viele Länder mit gut ausgebauten Eisenbahnnetzen gibt. Von der ersten Veröffentlichung über die Schweigespirale an wurde zum Testen der Rede- und Schweigebereitschaft der »Eisenbahntest« benutzt.[51] Aber als die Theorie die Grenzen überschritt, häuften sich die Klagen, man könne den Test nicht übernehmen, eine Eisenbahnfahrt von fünf Stunden sei eine zu exotische Sache, um sie den Befragten zuzumuten. Wir entwickelten einen Ersatz: »Angenommen, Sie machen eine fünfstündige Busreise, und unterwegs wird auf einem Rastplatz angehalten, und die Reisenden steigen für eine längere Pause aus. In einem Kreis von Mitreisenden kommt es zu einem Gespräch, und jemand fängt an, darüber zu reden, ob wir ... unterstützen sollen oder nicht. Würden Sie sich gern mit diesem Menschen unterhalten, um seinen Standpunkt näher kennenzulernen, oder würden Sie keinen großen Wert darauf legen?« Donsbach und Stevenson erfanden außerdem eine Frage, bei der ein Fernsehreporter auf der Straße um ein Interview zu einem heiklen Thema bittet. Allerdings: Dabei ist die Öffentlichkeit etwas zu groß. Nach den Ergebnissen von Hallemann steigt die Isolationsfurcht mit der Größe der Öffentlichkeit. Das Fernsehen bildet heute ja die größte Öffentlichkeit, die es gibt.

Man muß sich beim Testen der Theorie auch nicht zu sehr an das Reden und Schweigen klammern. Immerhin gibt es viele andere Zeichen öffentlicher Bekenntnisbereitschaft: Frisuren, Bärte, rote oder weiße Bändchen an Autoantennen – als Zeichen, als Bekenntnis sowohl in Amerika wie in Europa benutzt –, lila Kirchentagstücher.

Der harte Kern: eine Antwort aus dem »Don Quijote«

Es gab Mißverständnisse beim Testen der Theorie. Die Kapitel über Ketzer, Avantgardisten[52] und den harten Kern[53] waren in der Buchausgabe von 1980 zu kurz. Über Avantgardisten wissen wir auch heute noch nicht mehr, als Platon schon gesagt hatte, als er die Dichter zum Umwenden der Werte gewinnen wollte.[54]

Vom »harten Kern« haben manche Tester angenommen, es seien einfach Leute, die besonders überzeugt sind, oder auch Leute mit sehr stabilem Wahlverhalten. Dann gab es Kritiker, die meinten, den harten Kern hätte ich nur erfunden, um bei jedem Ergebnis, das nicht die Theorie der Schweigespirale bestätigte, eine Ausrede zu haben.

Aber seit Maria Elisa Chuliá-Rodrigo ihre Mainzer Magisterarbeit über »Die öffentliche Meinung in Cervantes' Roman Don Quijote von der Mancha« geschrieben hat, haben wir sehr viel weniger Schwierigkeiten zu erklären, was der harte Kern bedeutet.

Wenn man Cervantes mit den Augen der Theorie der öffentlichen Meinung liest, dann kann man nicht unberührt bleiben von dieser Tragik. Da ist das Wertesystem der Gesellschaft, wie Don Quijote es durch unmäßige Lektüre von Ritterromanen in sich aufgesogen hat. Und nun brennt er darauf, dafür zu kämpfen und dafür belohnt zu werden, »bei der Welt in Ehre und Achtung zu stehen«. Aber alles, was er tut und wie er gekleidet ist und was für absonderliche Waffen er trägt, all das gehört in eine Zeit, die 200 Jahre zurückliegt. Isoliert findet er sich, ausgelacht, geschlagen, und bleibt doch bis fast zum Ende des Romans den Werten der Ritterlichkeit verschrieben.[55]

Der Avantgardist ist den Werten der Zukunft verpflichtet und damit notwendig isoliert, seiner Zeit voraus. Der »harte Kern« ist den Werten der Vergangenheit verpflichtet, es sind die Übriggebliebenen, die an den alten Werten festhalten und die Isolation in ihrer Zeit ertragen. Natürlich, die Angehörigen des harten Kerns, die wir heute demoskopisch beobachten, reichen mit ihrem Wertesystem nicht so weit zurück wie der Don Quijote. Aber was mit »hartem Kern« gemeint ist, kann man so besser verstehen.

Wie verwandelt sich die Summe individueller Meinungen in öffentliche Meinung?

Bei der Konferenz der American Association for Public Opinion Research von 1970 hatte der Politologe Sidney Verba gemeint, die politische Meinungsforschung mache keine Fortschritte auf dem Weg zu einer Theorie der öffentlichen Meinung, weil sie »sich zumeist auf das Individuum als Analyseeinheit konzentriert«.[56] Aber damit hatte er nicht recht. Nicht daß das Individuum die Analyseeinheit war, behinderte die Entwicklung der Theorie, sondern daß die soziale Natur des Individuums in der Umfrageforschung vernachlässigt wurde. Die Fragen der Meinungsforschung richten sich wie gefangen auf Meinung, Verhalten und Wissen des Individuums: »Sind *Sie* dafür ...?« – »Interessieren *Sie* sich ...?« – »Machen *Sie* sich Sorgen ...?« – »Bevorzugen *Sie* ...?« und so fort.

Fragen nach dem Meinungsklima: »Wie denken die meisten?« – »Was nimmt zu ...?« – »Was ist IN, OUT?« – »Worüber kann man sich selbst mit guten Freunden zerstreiten?« – »Wer wird ausgelacht?« – »Wer wird geschnitten?« – Fragen, die sich auf die Umweltbeobachtung des Individuums richten und also auf seine soziale Natur, sind bis heute nicht systematisch in die Analyse der Meinungsforschung, und speziell der Wahlforschung, einbezogen.

Nicht, daß die soziale Natur des Menschen in der Umfrageforschung ganz in Vergessenheit geraten wäre. Schon Floyd H. Allport hatte in seinem berühmten Aufsatz »Toward a Science of Public Opinion« als Ausdruck von öffentlicher Meinung das Schneefegen auf dem Bürgersteig beschrieben.[57] Peter R. Hofstätter hatte in seiner 1949 erschienenen »Psychologie der öffentlichen Meinung« über die öffentliche Meinung geschrieben: »Zur Öffentlichkeit einer Meinung gehört also noch die auf den ersten Blick merkwürdige Eigenheit, daß ihre Äußerung von einem undeutlichen – möglicherweise sogar falschen – Wissen um die Meinungen der anderen Mitglieder der Gruppe begleitet werde ... Unsere bisherige Definition, die öffentliche Meinung sei das Verteilungsbild der individuellen Meinungen, war unvollständig: Zur Öffentlichkeit gehört, daß die eigene Stellungnahme irgendwie im mutmaßlichen Verteilungsbild der vertretenen Standpunkte lokalisiert werde.«[58] Aber es wurden in der Meinungsforschung daraus keine Folgerungen gezogen. Darum gab es keine Antwort auf die drängende Frage, wie sich aus der Summe individueller Meinungen, die die Meinungsforschung in Prozenten ausweist, das mächtige Gebilde, genannt öffentliche Meinung, entwickelt, das Regierungen in Schrecken versetzt, zum politischen Handeln zwingt, »soziale und politische Folgen herbeiführt«, wie es der Psychologe Brewster M. Smith auf dem Kongreß 1970 ausdrückte. Und das den einzelnen, wenn er die öffentliche Meinung schon nicht teilt, dann zumindest zum Schweigen zwingt, wie James Bryce schrieb.[59]

Diese Umwandlung einer Summe individueller Meinungen in öffentliche Meinung geschieht nach dem gegenwärtigen Stand der Erkenntnis in der Interaktion, die sich unablässig zwischen den Menschen mit ihrer sozialen Natur zuträgt. Isolationsdrohungen, Isolationsfurcht, fortgesetzte Beobachtung des Meinungsklimas und Abschätzung der Stärkeverhältnisse entscheiden über Reden und Schweigen.

All diese von großer Anstrengung begleiteten Prozesse der öffentlichen Meinung, der Entscheidung über die Themen der öffentlichen Diskussion, der Verteidigung von öffentlicher Meinung, Wandlung von öffentlicher Meinung, Umsturz von Wertebildung bis hin zu den spielerischen Varianten der Mode sichern die Integration und die Handlungsfähigkeit der Gesellschaft.

So gesehen, verlieren die 50 Definitionen von öffentlicher Meinung, die Harwood Childs in einem Kapitel zusammengestellt hatte, ihren Schrecken. Abgesehen von den skurrilen Fällen, in denen das Instrument verwechselt wird mit dem, was es messen soll, lassen sich alle diese Definitionen zwei Gruppen zuordnen: Da sind erstens die Definitionen, die öffentliche Meinung als Integration betrachten, eine Übereinstimmung, die alle umfaßt, sich auf eine Mehrheit der Bevölkerung stützt, den notwendigen Zusammenhalt sichert. Da sind zweitens die Definitionen, die öffentliche Meinung als die Meinung der Elite betrachten, die Meinung der führenden Mitglieder der Gesellschaft.

Bei Childs liest sich das so, als ob man sich zwischen der einen und der anderen Art von Definition entscheiden müßte, entweder Integrationskonzept oder Elitekonzept. Aber so ist es nicht. Man wird mit einer Theorie der öffentlichen Meinung keine Fortschritte machen, wenn man nicht auch die Wirksamkeit der Elite im Prozeß der öffentlichen Meinung zu bestimmen vermag. Es wird wohl niemand im Ernst annehmen, daß die Elite nicht den Prozeß der öffentlichen Meinung maßgeblich bestimmt, bei der Bildung der öffentlichen Meinung nicht vorangeht. Aber wir müssen uns trennen von Elitevorstellungen, wie sie sich im 19. und 20. Jahrhundert für die Träger der öffentlichen Meinung zunehmend durchsetzten: verantwortungsbereite, gutinformierte, urteilsfähige Menschen, auf deren Ansichten die Regierungen hören sollen.[60]

Nach allem, was wir aus dem bisherigen Stand der Theorie der öffentlichen Meinung gelernt haben, werden nur diejenigen Mitglieder der Elite auf den Prozeß der öffentlichen Meinung einwirken, die Zugang zur Öffentlichkeit haben und die auch wirklich in die Öffentlichkeit hinaustreten, sich »auf den Platz herausholen« lassen, wie es bei Cervantes ausgedrückt ist.[61] Wir hätten gern, daß es nicht so wäre. Wir wünschten uns, hervorragende Menschen sollten auch aus der Stille, aus der Zurückhaltung heraus auf die öffentliche Meinung wirken, einfach durch sich selbst. Aber aus der empirischen Sozialforschung werden wir belehrt, daß die öffentliche Meinung so nicht zu beeindrucken ist.[62] Früh, schrieb Edmund Burke, müsse der Hervorragende lernen, vor das öffentliche Auge zu treten und ihm standzuhalten.

Nachwort 1989

Dies ist ein Werkstattbericht; der Leser erkennt, daß der Weg fortgesetzt werden soll. Ich möchte herzlich Frau Helmtrud Seaton danken, die mir wie schon bei der ersten »Schweigespirale« 1980 klug und ausdauernd geholfen hat. Ich danke auch Dr. Erich Lamp, der als wissenschaftlicher Assistent in Mainz und Allensbach an den neuen Kapiteln mitwirkte. Erich Lamp und Helmtrud Seaton besorgten auch die Anmerkungen, das Literaturverzeichnis und das Stichwortregister. Die Freundschaft in der Zusammenarbeit mit ihnen war ein außerordentliches Geschenk.

August 1989 E. N. N.

Anhang

Anmerkungen

Zu Kapitel I: Die Schweige-Hypothese wird aufgestellt *(S. 13–22)*

1 Leonhardt, R. W., 1965: »Der Kampf der Meinungsforscher. Elisabeth Noelle-Neumann: ›Ich würde mich gar nicht wundern, wenn die SPD gewänne‹.« Die Zeit, 17. September 1965
2 Davison, W. Phillips, 1968: »Public Opinion, Introduction.« David L. Sills (Hg.): International Encyclopedia of the Social Sciences. New York: The Macmillian Company & The Free Press. Vol. 13, S. 188–197
3 Noelle-Neumann, Elisabeth, 1973: »Return to the Concept of Powerful Mass Media.« Studies of Broadcasting, No. 9, March 1973, S. 67–112
4 Lazarsfeld, Paul F./Bernard Berelson/Hazel Gaudet, 1944, 1948, 1968: The People's Choice. How the Voter Makes up his Mind in a Presidential Campaign. New York, London: Columbia, S. XXXVI f.
5 Ebendort, S. 107–109
6 Hobbes, Thomas, 1889, 1969: The Elements of Law. Natural and Politic. London: Frank Cass & Co. (Ersterscheinung 1650), hier insbes. S. 69
7 Tocqueville, Alexis de, 1856: L'Ancien régime et la révolution. – Deutsch, 1857: Das alte Staatswesen und die Revolution. Leipzig, S. 182

Zu Kapitel II: Prüfung mit demoskopischen Instrumenten *(S. 23–58)*

1 Vgl. Kapitel XXII: Das doppelte Meinungsklima, S. 241–245
2 Allensbacher Archiv, IfD-Umfrage 3010
3 Allensbacher Archiv, IfD-Umfrage 3006
4 Allensbacher Archiv, IfD-Umfrage 3011
5 Noelle-Neumann, Elisabeth, 1977: »Turbulences in the Climate of Opinion: Methodological Applications of the Spiral of Silence Theory.« Public Opinion Quarterly, Vol. 41, S. 143–158, hier insbes. S. 152
6 Noelle-Neumann, Elisabeth, 1979: »Die Führungskrise der CDU im Spiegel einer Wahl. Anlayse eines dramatischen Meinungsumschwungs.« Frankfurter Allgemeine Zeitung, Nr. 72, 26. März 1979, S. 10

Zu Kapitel III: Isolationsfurcht als Motiv *(S. 59–83)*

1 Asch, Solomon E., 1951: »Effects of Group Pressure upon the Modification and Distortion of Judgments.« H. Guetzkow (Hg.): Groups, Leadership, and Men. Pittsburgh: Carnegie – Nachgedruckt: Dorwin Cartwright/Alvin Zander (Hg.): Group Dynamics. Research and Theory. Evanston, III./New York, 1953: Row, Peterson and Comp., S. 151–162
Asch, Solomon E., 1952: »Group Forces in the Modification and Distortion of Judgments.« Social Psychology. New York: Prentice Hall Inc., S. 450–473

2 Tocqueville, Alexis de, 1856: L'Ancien régime et la révolution. – Deutsch, 1857: Das alte Staatswesen und die Revolution. Leipzig, S. 182

3 Tarde, Gabriel, 1890: Les lois de l'imitation, Paris. – Englisch, 1903: The Laws of Imitation, New York: Holt
Tarde, Gabriel, 1969: Communication and Social Influence. Chicago/London: The University of Chicago Press, S. 318

4 Bandura, Albert, 1968: »Imitation.« International Encyclopedia of the Social Sciences. New York: The Macmillan Company & The Free Press, Vol. 7, S. 96–101

5 Milgram, Stanley, 1961: »Nationality and Conformity.« Scientific American, Vol. 205, S. 45–51

6 Siehe dazu die später veröffentlichte Studie: Eckstein, Harry, 1966: Division and Cohesion in Democracy. A Study of Norway. Princeton, N. J.: Princeton University Press

7 Fromm, Erich, 1979: Sigmund Freuds Psychoanalyse – Größe und Grenzen. Stuttgart: Deutsche Verlagsanstalt, S. 42

8 Noelle-Neumann, Elisabeth, 1977: »Turbulences in the Climate of Opinion: Methodological Applications of the Spiral of Silence Theory.« Public Opinion Quarterly, Vol. 41, S. 143–158, hier insbes. S. 154/155

9 Allensbacher Archiv, IfD-Umfrage 3037

10 Vgl. S. 244

11 Ihering, Rudolph von, 1883: Der Zweck im Recht. 2. Band. Leipzig: Breitkopf & Härtel, S. 242, vgl. S. 325

Zu Kapitel IV: Öffentliche Meinung – was ist das? *(Seite 84–95)*

1 Childs, Harwood L., 1965: Public Opinion: Nature, Formation, and Role. Princeton, N. J./Toronto/New York/London: D. van Nostrand Company, Inc., S. 14–26

2 Dovifat, Emil, 1937, 1962^{4}: Zeitungslehre. I. Band. Berlin: Walter de Gruyter & Co. (Sammlung Göschen, Band 1039), S. 108

3 Habermas, Jürgen, 1962: Strukturwandel der Öffentlichkeit. Untersuchungen zu einer Kategorie der bürgerlichen Gesellschaft. Neuwied: Hermann Luchterhand, S. 13

4 Davison, W. Phillips, 1968: »Public Opinion. Introduction.« David L. Sills (Hg.): International Encyclopedia of the Social Sciences, Vol. 13. New York: The Macmillian Company & The Free Press, S. 188–197, hier insbes. S. 188

5 Oncken, Hermann, 1914: »Politik, Geschichtschreibung und öffentliche Meinung« (1904). Historisch-politische Aufsätze und Reden, 1. Band. München/Berlin: R. Oldenbourg, S. 203–243, hier insbes. S. 224 f., 236

6 Ebendort, S. 225

7 Platon, 1578. Ausgabe des Henricus Stephanus. Sämtliche Werke. Heidelberg o. J.: Lambert Schneider, Zweiter Band, S. 202

8 Kant, Immanuel, 1781, 6. rev. Auflage 1923: Kritik der reinen Vernunft. Hg. von Benno Erdmann. Berlin/Leipzig: Walter de Gruyter, S. 589

9 Hume, David, 1739/1740, 1896: A Treatise of Human Nature. Edited with an analytical index by L. A. Selby-Bigge. Oxford: At the Clarendon Press, S. 411

10 Ross, Edward Alsworth, 1901, 1969: Social Control. A Survey of the Foundations of Order. Mit einer Einführung von Julius Weinberg/Gisela J. Hinkle/Roscoe C. Hinkle. Cleveland/London: The Press of Case Western Reserve University, S. 95 (Wiedergabe der Ausgabe von 1929, Erstveröffentlichung durch die Macmillan Company 1901)

11 Tönnies, Ferdinand, 1922: Kritik der öffentlichen Meinung. Berlin: Julius Springer, S. 69, 80

12 Ebendort, S. 137 f.

13 Holtzendorff, Franz von, 1879, 1880: Wesen und Werth der Öffentlichen Meinung. München: M. Rieger'sche Universitäts-Buchhandlung (Gustav Himmer), S. 74

14 Ihering, Rudolph von, 1883: Der Zweck im Recht. 2. Band. Leipzig: Breitkopf & Härtel, S. 340

15 Ebendort, S. 242

16 Habermas, Jürgen, 1962: Strukturwandel der Öffentlichkeit. Untersuchungen zu einer Kategorie der bürgerlichen Gesellschaft. Neuwied: Hermann Luchterhand, S. 117

17 Choderlos de Laclos, 1782: Les liaisons dangereuses. – Deutsch: Gefährliche Liebschaften. München, 1909: Verlag des Hyperion Hans von Weber, S. 109

18 Uraufführung 1597 in London

19 Machiavelli, Niccolò, 1514, 1978: Der Fürst. Übersetzt und hg. von Rudolf Zorn. Stuttgart: Alfred Kröner

20 Machiavelli, Niccolò, 1950: The Prince and the Discourses. New York: Random House Inc., S. 65 f., 64 ff., 56, 67. Übersetzung des Autors nach: Frank L. Rusciano, o. J.: »Passing Brave«: Elite Perspectives on the Machiavellian Tradition. A Masters Thesis, presented to the Department of Political Science of the University of Chicago. Vervielfältigtes Manuskript, S. 35, 40, 33, 25, 37

21 Ebendort, S. 509–511. Übersetzung des Autors nach: Frank L. Rusciano, a.a.O., S. 64

22 Ebendort, S. 1. Übersetzung des Autors nach: Frank L. Rusciano, a.a.O., S. 1

23 Rusciano, Frank L., o. J.: »Passing Brave«: Elite Perspectives on the Machiavellian Tradition. A Masters Thesis, presented to the Department of Political Science of the University of Chicago. Vervielfältigtes Manuskript, S. 49

Zu Kapitel V: Das Gesetz der Meinung: John Locke *(S. 96–102)*

1 Locke, John, 1690, 1976: Über den menschlichen Verstand. Hamburg: Felix Meiner (Philosophische Bibliothek, Bd. 75/76), übersetzt von C. Winkler. 3. Auflage, unveränderter Nachdruck in einem Band, S. 7
2 Ebendort, S. 2
3 Locke, John, 1690, 1894: An Essay Concerning Human Understanding. 1671 entworfen. Hier zitiert nach der von Alexander Campbell Fraser hg. historisch-kritischen Ausgabe. Oxford: At the Clarendon Press, Band 1, 2. Buch, S. 476 (Übersetzung des Autors nach der Fassung der Erstausgabe)
4 Ebendort, Band 1, 2. Buch, S. 479
5 Locke, John, 1976, a.a.O., 2. Buch, S. 450 f.
6 Locke, John, 1894, a.a.O., Band 2, 4. Buch, S. 368
7 Ebendort, Band 1, 2. Buch, S. 477
8 Ebendort, Band 1, 2. Buch, S. 475
9 Ebendort, Band 1, 2. Buch, S. 476
10 Ebendort, Band 1, 2. Buch, S. 476, 478 ff.
11 Locke, John, 1976, a.a.O., 2. Buch, S. 446

Zu Kapitel VI: Regierung beruht auf Meinung: David Hume, James Madison *(S. 103–111)*

1 Hume, David, 1739/1740, 1896: A Treatise of Human Nature, Reprinted from the Original Edition in Three Volumes and edited by L. A. Selby-Bigge. Oxford: At The Clarendon Press – Deutsch: Ein Traktat über die menschliche Natur. Übersetzt von Theodor Lipps, hg. von Reinhard Brandt. Band I und II. Hamburg 1978: Felix Meiner
2 Hume, David, 1741/1742, 1963: Essays Moral, Political, and Literary. London: Oxford University Press, S. 29. Ich danke Professor Dr. Ernst Vollrath, Universität Köln, für eine anregende Korrespondenz zu diesem Thema
3 Hume, David, 1896, a.a.O., S. 316–324
4 Hume, David, 1978, a.a.O., Band II, S. 47 f.
5 Ebendort, S. 48
6 Hume David, 1751, 1962: Untersuchung über die Prinzipien der Moral. Übersetzt, eingeleitet und mit Register versehen von Carl Winckler. Hamburg: Felix Meiner, S. 113 f.
7 Habermas, Jürgen, 1962: Strukturwandel der Öffentlichkeit. Untersuchungen zu einer Kategorie der bürgerlichen Gesellschaft. Neuwied: Hermann Luchterhand, S. 15
8 Ebendort, S. 15 f.
9 Madison, James, 1788, 1961: »The Federalist No. 49, February 2, 1788«. Jacob E. Cooke: The Federalist. Middletown, Conn.: Wesleyan University Press, S. 338–347, hier insbes. S. 340
10 Glanvill, Joseph, 1661: The Vanity of Dogmatizing: or Confidence in Opinions. Manifested in a Discourse of the Shortneß and Uncertainty of our Knowledge, And its Causes: With some Reflexions on Peripateticism; and An Apology for Phi-

losophy. London: E. C. for Henry Eversden at the Grey-Hound in St. Pauls-Church-Yard, S. 227

11 Descartes, René, 1641, 1964: Œuvres, Band 7: Meditationes de Prima Philosophia. Hg. von Charles Adam/Paul Tannery. Paris: Librairie Philosophique J. Vrin, S. 6. Ich danke für diesen Hinweis und die Übersetzung Professor Dr. Dr. Ulrich Hommes, Universität Regensburg

Zu Kapitel VII: Jean-Jacques Rousseau bringt den Begriff »öffentliche Meinung« in Umlauf *(S. 112–123)*

1 Im Plural »opinions publiques« erscheint der Begriff zuerst, soweit bisher feststellbar, bei Montaigne in der 1588 erschienenen Sammlung seiner Essays: 2. Buch, 16. Kapitel, S. 397, und zwar als Synonym zu »opinions vulgueres«; s. a. S. 411 »opinions & publiques & particulieres«.
Montaigne, Michel de, 1588, 1902: Les Essais. Hg. von Fortunat Strowksy. Bordeaux: F. Pech, 2. Buch, 16. Kapitel, S. 397, und 2. Buch, 17. Kapitel, S. 411
Ich danke für diesen Hinweis Alexander Tischer, Institut für Publizistik der Johannes Gutenberg-Universität, Mainz

2 Rousseau, Jean-Jacques, 1744, 1964: »Dépêches de Venise, XCI.« La Pléiade, Band 3. Paris: Gallimard, S. 1184

3 Ganochaud, Colette, 1977–1978: L'opinion publique chez Jean-Jacques Rousseau. Université de Prais V – René Descartes, Sciences Humaines, Sorbonne, Tomes I + II

4 Gerber, Christine, (1975): Der Begriff der öffentlichen Meinung im Werk Rousseaus, Magisterarbeit. Mainz: Johannes-Gutenberg-Universität

5 Rousseau, Jean-Jacques, 1766–1770, o. J.: Bekenntnisse, Band I. Deutsche Übersetzung von Levin Schücking. München, S. 93

6 Rousseau, Jean-Jacques, 1766–1770, o. J.: Bekenntnisse, Band IV. Deutsche Übersetzung von Levin Schücking. München, S. 151

7 Rousseau, Jean-Jacques, 1762, 1963: Der Gesellschaftsvertrag. Deutsche Übersetzung von H. Denhardt. Stuttgart: Reclam, 2. Buch, 12. Kapitel, S. 91

8 Locke, John, 1690, 1844: An Essay Concerning Human Understanding. 1671 entworfen. Hier zitiert nach der von Alexander Campbell Fraser hg. historisch-kritischen Ausgabe. Oxford: At the Clarendon Press, S. 477

9 Rousseau, Jean-Jacques, 1963, a.a.O., 4. Buch, 7. Kapitel, S. 179

10 Ebendort, S. 180

11 Rousseau, Jean-Jacques, 1762, 1978: Emile oder Über die Erziehung. Deutsche Übersetzung von Eleonore Sckommodau. Suttgart: Reclam, 5. Buch, S. 917

12 Rousseau, Jean-Jacques, 1963, a.a.O., 3. Buch, 1. Kapitel, S. 92

13 Rousseau, Jean-Jacques, 1963, a.a.O., 2. Buch, 8. Kapitel, S. 77 f.

14 Rousseau, Jean-Jacques, 1762, 1962: »Du Contrat Social«. Du Contrat Social ou Principes du Droit Politique. Paris: Garnier Frères, 4. Buch, 7. Kapitel, S. 326 (Übersetzung des Verfassers)

15 Rousseau, Jean-Jacques, 1963, a.a.O., 3. Buch, 12. Kapitel, S. 133

16 Hume, David, 1741/1742, 1963: Essays Moral, Political, and Literary. London: Oxford University Press. S. 29

17 Rousseau, Jean-Jacques, 1762, 1967: »Lettre à d'Alembert sur les Spectacles.« Paris: Garnier-Flammariche, S. 154
18 Rousseau, Jean-Jacques, 1762, 1962: »Lettre à M. d'Alembert.« Du Contrat Social ou Principes du Droit Politique. Paris: Garnier Frères, S. 176
19 Rousseau, Jean-Jacques, 1762, 1959: Staat und Gesellschaft. Contrat Social. Deutsche Übersetzung von Kurt Weigand. München: Goldmann, 4. Buch, 7. Kapitel, S. 111
20 Ebendort, S. 110
21 Rousseau, Jean-Jacques, 1750/55, 1978[3]: Schriften zur Kulturkritik. Französisch-deutsche Ausgabe. Deutsche Übersetzung von Kurt Weigand. Hamburg: Felix Meiner, S. 221
22 Ebendort, S. 257
23 Ebendort, S. 265
24 Gerber, Christine (1975), a.a.O., S. 88
25 Rousseau, Jean-Jacques, 1978[3], a.a.O., S. 264 (Übersetzung des Verfassers nach französischem Original)
26 Rousseau, Jean-Jacques, 1978, a.a.O., 3. Buch, S. 354
27 Ebendort, 2. Buch, S. 278
28 Rousseau, Jean-Jacques, 1761, 1859[4]: Julie oder Die neue Hèloïse. Zitiert nach: Wilhelm Hennis, 1957: »Der Begriff der öffentlichen Meinung bei Rousseau.« Archiv für Rechts- und Sozialphilosophie, Band XLIII, S. 111–115, hier: S. 112
29 Rousseau, Jean-Jacques, 1978[3]: a.a.O., S. 255
30 Rousseau, Jean-Jacques, 1978, a.a.O., 5. Buch, S. 804f.
31 Ebendort, S. 768
32 Zitiert nach Harig, Ludwig, 1978: »Rousseau sieht das Weiße im Auge des Königs. Ein literatur-historischer Rückblick. Die Welt, Nr. 71, 25. März 1978
33 Rousseau, Jean-Jacques, 1761, 1859[4]: Julie oder Die neue Hèloïse, Band 1–4. Deutsche Übersetzung von C. Julius. Leipzig, S. 29
34 Rousseau, Jean-Jacques, 1963, a.a.O., 1. Buch, 6. Kapitel, S. 43

Zu Kapitel VIII: Öffentliche Meinung als Tyrannei: Alexis de Tocqueville *(S. 124–131)*

1 Milgram, Stanley, 1961: »Nationality and Conformity.« Scientific American, Vol. 205, S. 45–51
2 Veblen, Thorstein, 1899, 1970: The Theory of the Leisure Class. An Economic Study of Institutions. London: Unwin Books – Deutsch: Theorie der feinen Leute. Köln/Berlin, 1955, 1971: Kiepenheuer & Witsch
3 Tocqueville, Alexis de, 1835/1840, 1959/1962: Über die Demokratie in Amerika. 2 Bände. Deutsche Übersetzung: Hans Zbinden. Stuttgart: Deutsche Verlagsanstalt
4 Tocqueville, Alexis de, 1835, 1959: Über die Demokratie in Amerika. Band 1. Deutsche Übersetzung: Hans Zbinden. Stuttgart: Deutsche Verlagsanstalt, S. 294
5 Tocqueville, Alexis de, 1840, 1962: Über die Demokratie in Amerika. Band 2. Deutsche Übersetzung: Hans Zbinden. Stuttgart: Deutsche Verlagsanstalt, S. 280
6 Tocqueville, Alexis de, 1959, a.a.O., S. 5

7 Tischer, Angelika, 1979: Der Begriff »Öffentliche Meinung« bei Tocqueville. Magisterarbeit. Mainz: Johannes Gutenberg-Universität, S. 18

8 Tocqueville, Alexis de, 1959, a.a.O., S. 8f.

9 Tocqueville, Alexis de, 1935: Autorität und Freiheit. Zürich/Leipzig: Rascher, S. 55

10 Tocqueville, Alexis de, 1967²: Das Zeitalter der Gleichheit (Auswahl aus Werken und Briefen). Deutsche Übersetzung: S. Landshut. Köln/Opladen: Westdeutscher Verlag, S. 52

11 Tocqueville, Alexis de, 1962, a.a.O., S. 280f.

12 Tischer, Angelika, 1979, a.a.O., S. 56

13 Tocqueville, Alexis de, 1959, a.a.O., S. 155

14 Tocqueville, Alexis de, 1935, a.a.O., S. 57

15 Ebendort, S. 58

16 Bryce, James, 1888, 1889: The American Commonwealth. 2 Bände. London: Macmillan, hier: Vol. II, Part IV, Chapt. LXXXV, S. 337–344

17 Bauer, Wilhelm, 1914: Die öffentliche Meinung und ihre geschichtlichen Grundlagen. Tübungen: J. C. B. Mohr (Paul Siebeck)

18 Tönnies, Ferdinand, 1922: Kritik der öffentlichen Meinung. Berlin: Julius Springer

19 Wilson, Francis G., 1939: »James Bryce on Public Opinion: Fifty Years Later.« Public Opinion Quarterly, Vol. 3, No. 3, S. 420–435, hier: S. 426

20 Bryce, James, 1889, a.a.O., hier: Vol. II, Part IV (S. 237–364), darunter: Chapt. LXXXIV, S. 327–336

Zu Kapitel IX: Der Begriff »soziale Kontrolle« breitet sich aus, und der Begriff »öffentliche Meinung« zerbricht: Edward Ross *(S. 132–136)*

1 Speier, Hans, 1950: »Historical Development of Public Opinion.« American Journal of Sociology, Vol. LV, No. 4, January, S. 376–388, hier insbes.: S. 376

2 Bentham, Jeremy, 1838–1843, 1962: »The constitutional Code, Book I, Chapter VIII: Public-Opinion Tribunal.« John Bowring: The Works of Jeremy Bentham, Vol. 9. New York: Russel & Russel, S. 41–46

3 Bryce, James, 1888, 1889: The American Commonwealth. 2 Bände. London: Macmillan, hier: Vol. II, Part IV: Public Opinion, S. 237–264

4 Speier, Hans, 1950, a.a.O.

5 Hennis, Wilhelm, 1957: Meinungsforschung und repräsentative Demokratie. Zur Kritik politischer Umfragen (Recht und Staat in Geschichte und Gegenwart, Heft 200/201). Tübingen: J. C. B. Mohr (Paul Siebeck)

6 Habermas, Jürgen, 1962: Strukturwandel der Öffentlichkeit. Untersuchungen zu einer Kategorie der bürgerlichen Gesellschaft. Neuwied: Hermann Luchterhand

7 Ross, Edward Alsworth, 1901, 1969: Social Control. A Survey of the Foundations of Order. Mit einer Einführung von Julius Weinberg/Gisela J. Hinkle/Roscoe C. Hinkle. Cleveland/London: The Press of Case Western Reserve University (Wiedergabe der Ausgabe von 1929)
Noelle, Elisabeth, 1966: Öffentliche Meinung und Soziale Kontrolle. (Recht und Staat, Heft 329). Tübungen: J. C. B. Mohr (Paul Siebeck)

8 Allport, Floyd H., 1937: »Toward a Science of Public Opinion.« Public Opinion Quarterly, Vol. 1, No. 1, S. 7–23, hier: S. 13
9 Ross, Edward Alsworth, 1969, a.a.O., S. 90
10 Ebendort, S. 105
11 Ebendort, S. 104
12 Spencer, Herbert, 1879, 1966: »The Data of Ethics.« The Works of Herbert Spencer, Vol. 9, The Principles of Ethics, Part 1. Osnabrück: Otto Zeller (Reprint der Ed. 1892), S. 1–303, hier: S. 118
13 LaPiere, Richard T., 1954: A Theory of Social Control. New York/London/Toronto: McGraw-Hill. Chapter 9: The Techniques of Social Control, S. 218–248
14 Ross, Edward Alsworth, 1969, a.a.O., S. 92
15 Ebendort, S. 95 (Übersetzung des Autors)

Zu Kapitel X: Das Chorheulen der Wölfe *(S. 137–143)*

1 Luhmann, Niklas, 1971: »Öffentliche Meinung.« Politische Planung. Aufsätze zur Soziologie von Politik und Verwaltung. Opladen: Westdeutscher Verlag [Erstveröffentlichung: Politische Vierteljahresschrift, 11. Jg., 1970, Heft 1, S. 2–28; wiederabgedruckt in: Wolfgang R. Langenbucher (Hg.): Zur Theorie der politischen Kommunikation. München, 1974: R. Piper & Co., S. 27–54, 311–317; und in: Wolfgang R. Langenbucher (Hg.): Politik und Kommunikation. Über die öffentliche Meinungsbildung. München/Zürich, 1979: R. Piper & Co., S. 29–61], S. 9–34, hier: S. 9
2 Lippmann, Walter, 1922, 1954[14]: Public Opinion. New York: The Macmillan Comp. (Taschenbuchausgabe: New York: The Free Press, 1965; Deutsch: Die öffentliche Meinung. München: Rütten + Loening, 1964)
3 Vgl. Kapitel XVIII
4 Luhmann, Niklas, 1971, a.a.O., S. 11
5 Noelle, Elisabeth, 1966: Öffentliche Meinung und Soziale Kontrolle. (Recht und Staat, Heft 329). Tübingen: J. C. B. Mohr (Paul Siebeck)
6 Zimen, Erik, 1978: Der Wolf. Mythos und Verhalten. Wien/München: Meyster, S. 42
7 Alverdes, Friedrich Wilhelm, 1925: Tiersoziologie; Forschungen zur Völkerpsychologie und -soziologie. Hg.: Richard Thurn, Band 1. Leipzig: Hirschfeld, S. 108 Allerdings findet sich regelmäßiges »Chorheulen« nicht beschrieben bei Jane Van Lawick-Goodall, 1971: In the Shadow of Man. Boston: Houghton Mifflin – Deutsch: Wilde Schimpansen. Reinbek, 1971: Rowohlt
8 Zimen, Erik, 1978, a.a.O., S. 67
9 Murie, Adolph, 1944: The wolves of Mount McKinley. Washington: U. S. Nat. Park. Serv., Fauna Ser. 5
10 Zimen, Erik, 1978, a.a.O., S. 221
11 Zimen, Erik, 1978, a.a.O., S. 71
12 Uexküll, Thure von, 1963, 1964: Grundfragen der psychosomatischen Medizin. Reinbek: Rowohlt (rde-Band 179/180), S. 174
13 Lorenz, Konrad, 1963, 1964[6]: Das sogenannte Böse. Zur Naturgeschichte der Aggression. Wien: Dr. G. Borotha-Schoeler, S. 197–212

14 Ebendort, S. 206 f.
15 Ebendort, S. 208 f.
16 Pribram, Karl, 1979: »Sehen, Hören, Lesen – und die Folgen im Kopf. Informationsverarbeitung im Gehirn.« Vortrag auf der gemeinsamen Fachtagung der Deutschen Lesegesellschaft e. V., der Stiftung in Medias res und der Deutschen Gesellschaft für Publizistik und Kommunikationswissenschaft »Medienökologie – ein Zukunftsproblem unserer Gesellschaft. Auf dem Weg zum vollverkabelten Analphabeten?« am 27. April 1979 in Mainz
17 Richter, Horst E., 1976: Flüchten oder Standhalten. Hamburg: Rowohlt, S. 34
18 Madison, James, 1788, 1961: »The Federalist No. 49, February 2, 1788«. Jacob E. Cooke: The Federalist. Middletown, Conn.: Wesleyan University Press, S. 338–347, hier insbes. S. 340
19 Zitiert nach Reiwald, Paul, 1948[3]: Vom Geist der Massen. Handbuch der Massenpsychologie. Zürich: Pan-Verlag (Band I der Internationalen Bibliothek für Psychologie und Soziologie), S. 59

Zu Kapitel XI: Öffentliche Meinung bei afrikanischen und pazifischen Stämmen *(S. 144–153)*

1 Turnbull, Colin M., 1961: The Forest People. A Study of the Pygmies of the Congo. New York: Simon and Schuster (A Touchstone Book)
2 Turnbull, Colin M., 1961: »The Crime of Cephu, the Bad Hunter.« The Forest People. A Study of the Pygmies of the Congo. New York: Simon and Schuster (A Touchstone Book), S. 94–108
3 Turnbull, Colin M., 1961, a.a.O., S. 112
4 Ebendort, S. 113 f.
5 Mead, Margaret, 1937: »Public Opinion Mechanisms Among Primitive Peoples.« Public Opinion Quarterly, Vol. 1, July 1937, S. 5–16
6 Ebendort, S. 8 f.
7 Ebendort, S. 10–12
8 Ebendort, S. 12–14
9 Ebendort, S. 15 f.

Zu Kapitel XII: Der Sturm auf die Bastille. Öffentliche Meinung und Massenpsychologie *(S. 154–163)*

1 Mead, Margaret, 1937: »Public Opinion Mechanisms Among Primitive Peoples.« Public Opinion Quarterly, Vol. 1, July 1937, S. 5–16, hier: S. 7
2 Wiese, Leopold von, 1924/28, 1955[3]: System der Allgemeinen Soziologie als Lehre von den sozialen Prozessen und den sozialen Gebilden der Menschen (Beziehungslehre). Berlin: Duncker & Humblot, S. 424
3 Taine, H., 1877, 1916: Les origines de la France contemporaine. III. La Révolution l'Anarchie. Tome 1. Paris: Hachette, S. 66–69. Zitiert nach Paul Reiwald, 1948[3]: Vom Geist der Massen. Handbuch der Massenpsychologie. Zürich: Pan-Verlag (Band I der Internationalen Bibliothek für Psychologie und Soziologie), S. 574/575

4 Crespi, Leo: Mündlicher Bericht auf der 24. Jahrestagung der AAPOR in Lake George 1969
5 McDougall, William, 1920, 1921: The Group Mind. Cambridge: At the University Press, Part I, Chapter III, S. 48 ff. (organised group)

Zu Kapitel XIII: Mode ist öffentliche Meinung *(S. 164–171)*

1 McDougall, William, 1920, 1921: The Group Mind. Cambridge: At the University Press, S. 30
2 Vgl. Schaubilder 11–13 auf den Seiten 37–39; siehe auch S. 251 f.
3 McDougall, William, 1921, a.a.O., S. 39 f.
4 Ebendort, S. 24
5 Trotter, Wilfred, 1916: Instincts of the Herd in Peace and War. London: T. Fisher Unwin
6 Malraux, André, 1971: Les chênes qu'on abat ... Paris: Gallimard, S. 182 f.: »Je n'ai jamais tiré au clair ce que je pense des modes ... les siècles pendant lesquels les hommes doivent être barbus, les siècles pendant lesquels ils doivent être rasés ...« – Deutsch, 1972: Eichen, die man fällt. Übersetzt von Carlo Schmid. Frankfurt: S. Fischer, S. 147 f.
7 Platon, 1578: Ausgabe des Henricus Stephanus. Sämtliche Werke. Heidelberg o. J.: Lambert Schneider, Zweiter Band, S. 131, 130
8 Barber, Bernard/Lyle S. Lobel, 1953: »›Fashion‹ in Women's Clothes and the American Social System.« Reinhard Bendix/Seymour Martin Lipset (Hg.): Class, Status and Power. A Reader in Social Stratification. Glencoe, III.: The Free Press, S. 323–332, hier: S. 323
9 Ebendort, S. 323 f.

Zu Kapitel XIV: Der Pranger *(S. 172–177)*

1 Zur eingehenden Darstellung der Prangerstrafe siehe: Nagler, Johannes, 1918, 1970: Die Strafe. Eine juristisch-empirische Untersuchung. Aalen: Scientia (Neudruck der Ausgabe Leipzig 1918)
Bader-Weiß, G./K. S. Bader, 1935: Der Pranger. Ein Strafwerkzeug und Rechtswahrzeichen des Mittelalters. Freiburg: Jos. Waibel'sche Verlagsbuchhandlung
Hentig, Hans von, 1954–1955: Die Strafe. Frühformen und kulturgeschichtliche Zusammenhänge. Berlin/Göttingen/Heidelberg: Springer
2 Bader-Weiß, G./K. S. Bader, 1935, a.a.O., S. 2
3 Vgl. S. 146
4 Locke, John, 1690, 1976: Über den menschlichen Verstand, Hamburg: Felix Meiner (Philosophische Bibliothek, Bd. 75/76), übersetzt von C. Winckler, 3. Auflage, unveränderter Nachdruck in einem Band, 2. Buch, S. 446
5 Fehr, Hans: Folter und Strafe im alten Bern, S. 198. Zitiert nach: Bader-Weiß, G./K. S. Bader, 1935, a.a.O., S. 83
6 Bader-Weiß, G./K. S. Bader, 1935, a.a.O., S. 130
7 Ebendort, S. 122

8 Stross, Brian, 1978: »Gossip in Ethnography.« Reviews in Anthropology, S. 181–188. Besprochen wird das Buch von John Beard Haviland, 1977: Gossip, Reputation, and Knowledge in Zinacantan. Chicago: University of Chicago Press
9 Choderlos de Laclos, 1782: Les liaisons dangereuses. – Deutsch, 1909: Gefährliche Liebschaften. München: Verlag des Hyperion Hans von Weber, S. 109
10 Haviland, John Beard, 1977: Gossip, Reputation, and Knowledge in Zinacantan. Chicago: University of Chicago Press, S. 63
11 Schöne, Walter, 1939: Der Aviso des Jahres 1609. In Faksimiledruck hg. und mit einem Nachwort versehen. Leipzig: Otto Harrossowitz, hier: Nachwort S. 2 f.
12 Neue Juristische Wochenschrift Heft 10, 1979, S. 504

Zu Kapitel XV: Das Recht und die öffentliche Meinung *(S. 178–191)*

1 Frankfurter Allgemeine Zeitung, Nr. 224, 26. September 1979, S. 1, und Nr. 233, 6. Oktober 1979, S. 5
2 Rousseau, Jean-Jacques, 1762, 1962: »Du Contrat Social.« Du Contrat Social ou Principes du Droit Politique. Paris: Garnier Frères, 4. Buch, 8. Kapitel, S. 327
3 Osgood, Charles E./George J. Suci/Percy H. Tannenbaum, 1957, 1964[4]: The Measurement of Meaning. Urbana, III.: University of Illinois Press
4 König, René, 1967: »Das Recht im Zusammenhang der sozialen Normensysteme.« Ernst E. Hirsch/Manfred Rehbinder (Hg.): Studien und Materialien zur Rechtssoziologie. Kölner Zeitschrift für Soziologie und Sozialpsychologie, Sonderheft 11, S. 36–53
5 Zippelius, Reinhold, 1978: »Verlust der Orientierungsgewißheit?« Friedrich Kaulbach/Werner Krawietz (Hg.): Recht und Gesellschaft. Festschrift für Helmut Schelsky zum 65. Geburtstag. Berlin: Duncker & Humblot, S. 778 f.
6 Luhmann, Niklas, 1971: »Öffentliche Meinung.« Politische Planung. Aufsätze zur Soziologie von Politik und Verwaltung. Opladen: Westdeutscher Verlag (Erstveröffentlichung: Politische Vierteljahresschrift, 11. Jg., 1970, Heft 1, S. 2–28; wiederabgedruckt in: Wolfgang R. Langenbucher (Hg.): Zur Theorie der politischen Kommunikation. München, 1974: R. Piper & Co., S. 27–54, 311–317; und in: Wolfgang R. Langenbucher (Hg.): Politik und Kommunikation. Über die öffentliche Meinungsbildung. München/Zürich, 1979: R. Piper & Co., S. 29–61), S. 9–34, hier insbes. S. 19
7 Vgl. S. 66–74
8 Kaiser, Joseph H., 1975: »Sozialauffassung, Lebenserfahrung und Sachverstand in der Rechtsfindung.« Neue Juristische Wochenschrift, Heft 49, S. 2237
9 STERN Nr. 46, 4. November 1971, S. 260
10 Tocqueville, Alexis de, 1840, 1976: Über die Demokratie in Amerika. München: Deutscher Taschenbuchverlag, dtv-TB 6063, S. 753
11 STERN, Heft 24, 3. Juni 1971, S. 16–24
12 Blake, Robert R./Jane Suygley Mouton, 1954: »Present and Future Implications of Social Psychology for Law and Lawyers.« Journal of Public Law, Vol. 3, S. 352–369
13 Dicey, Albert V., 1905: Lectures on the Relation Between Law and Public Opinion in England, During the Nineteenth Century. London: Macmillan

14 Dicey, Albert V., 1905, 1962: Law and Public Opinion in England. London: Macmillan, S. 41. Siehe auch die kurze Kommentierung in: Paul F. Lazarsfeld, 1957: »Public Opinion and the Classical Tradition.« Public Opinion Quarterly, Vol. 21, No. 1, S. 39–53

15 Allensbacher Archiv, IfD-Umfrage 1299, August 1979, n = 843

16 Allensbacher Archiv, IfD-Umfrage 3062, November/Dezember 1978, n = 2033. Zur Diskussion gestellt waren folgende Regelungen: Verbesserung der Lehrlingsausbildung; Steuerreform für 1979; paritätische Mitbestimmung der Arbeitnehmer und Anteilseigner in Großbetrieben; Reform des Scheidungsrechts (Zerrüttungsprinzip statt Schuldprinzip)

17 Rousseau, Jean-Jacques, 1762, 1963: Der Gesellschaftsvertrag. Deutsche Übersetzung von H. Denhardt. Stuttgart: Reclam, 2. Buch, 8. Kapitel, S. 77 f.

18 Rousseau, Jean-Jacques, 1963, a.a.O., 3. Buch, 12. Kapitel, S. 133

19 Rousseau, Jean-Jacques, 1762, 1967: »Lettre à d'Alembert sur les Spectacles.« Paris: Garnier-Flammariche, S. 154

Zu Kapitel XVI: Öffentliche Meinung bewirkt Integration *(S. 192–199)*

1 Landecker, Werner S., 1950: »Types of Integration and Their Measurement.« American Journal of Sociology, Vol. 56, S. 332–340, hier: S. 332. (Übersetzung des Autors) (nachgedruckt in: Paul F. Lazarsfeld/Morris Rosenberg, 1955: The Language of Social Research. A Reader in the Methodology of Social Research. New York/London: The Free Press/Collier-Macmillan Ltd., S. 19–27)

2 Landecker, Werner S., 1950, a.a.O., S. 333–335

3 Landecker, Werner S., 1950, a.a.O., S. 335–336

4 Landecker, Werner S., 1950, a.a.O., S. 336–338

5 Landecker, Werner S., 1950, a.a.O., S. 338–339

6 Smend, Rudolf, 1928: Verfassung und Verfassungsrecht. München: Duncker & Humblot

7 Smend, Rudolf, 1956: »Integrationslehre«. Handwörterbuch der Sozialwissenschaften, Band 5. Stuttgart/Tübingen/Göttingen: Gustav Fischer/J. C. B. Mohr (Paul Siebeck)/Vandenhoeck & Ruprecht, S. 299–302, hier insbes. S. 299–300

8 Ross, Edward Alsworth, 1901, 1969: Social Control. A Survey of the Foundations of Order. Mit einer Einführung von Julius Weinberg/Gisela J. Hinkle/Roscoe C. Hinkle. Cleveland/London: The Press of Case Western Reserve University, S. 294 (Wiedergabe der Ausgabe von 1929. Erstveröffentlichung 1901 durch die Macmillan Company)

9 Goethe, Johann Wolfgang, 1964²: Werke, Briefe und Gespräche, Gedenkausgabe, hg. von Ernst Beutler. Band 14: Schriften zur Literatur, Kapitel: Weltliteratur, Homer noch einmal. Zürich/Stuttgart: Artemis, S. 705

10 Vgl. S. 63

11 Zur Kohäsion in Norwegen s. a. Eckstein, Harry, 1966: Division and Cohesion in Democracy. A Study of Norway. Princeton, N. J.: Princeton University Press

Zu Kapitel XVII: Ketzer, Avantgardisten, Außenseiter: Herausforderer der öffentlichen Meinung *(S. 200–205)*

1 Klapp, Orrin E., 1954: »Heros, Villains, and Fools, as Agents of Social Control.« American Sociological Review. Vol. 19, No. 1, S. 56–62
2 Zitiert nach Harig, Ludwig, 1978: »Rousseau sieht das Weiße im Auge des Königs. Ein literatur-historischer Rückblick.« Die Welt, Nr. 17, 25. März 1978
3 Schlegel, Friedrich, 1799: Lucinde. Berlin: Heinrich Frölich, S. 40f.
4 Die Welt, Nr. 189, 1976, S. 8
5 Limmer, Wolfgang, 1976: »Wem schrei ich um Hilfe?« Der Spiegel, Nr. 41, S. 236–239, hier insbesondere S. 237
6 Die Luther- und Müntzer-Zitate sind entnommen:
Petzolt, Dieter, 1979: Öffentlichkeit als Bewußtseinszustand. Versuch einer Klärung der psychologischen Begabung. Magisterarbeit im Institut für Publizistik der Johannes Gutenberg-Universität, Mainz
7 Streller, Siegfried, 1978³: Hutten – Müntzer – Luther. Werke in zwei Bänden. Band 1. Berlin/Weimar: Aufbau-Verlag, S. 186
8 Dülmen, Richard von, 1977: Reformation als Revolution: Soziale Bewegung und religiöser Radikalismus. München: Deutscher Taschenbuchverlag, dtv-Wissensch. Reihe 4273. Siehe auch die Rezension des Bandes von Martin Brecht in Frankfurter Allgemeine Zeitung, Nr. 177, 3. August 1977, S. 21
9 Ross, Edward Alsworth, 1901, 1969: Social Control. A Survey of the Foundations of Order. Mit einer Einführung von Julius Weinberg/Gisela J. Hinkle/Roscoe C. Hinkle. Cleveland/London: The Press of Case Western Reserve University, S. 104 (Wiedergabe der Ausgabe von 1929. Erstveröffentlichung 1901 durch die Macmillan Company)
10 Luhmann, Niklas, 1971: »Öffentliche Meinung«. Politische Planung. Aufsätze zur Soziologie von Politik und Verwaltung. Opladen: Westdeutscher Verlag [Erstveröffentlichung: Politische Vierteljahresschrift, 11. Jg., 1970, Heft 1, S. 2–28; wiederabgedruckt in: Wolfgang R. Langenbucher (Hg.): Zur Theorie der politischen Kommunikation. München, 1974: R. Piper & Co., S. 27–54, 311–317; und in: Wolfgang R. Langenbucher (Hg.): Politik und Kommunikation. Über die öffentliche Meinungsbildung. München/Zürich, 1979: R. Piper & Co., S. 29–61], S. 9–34, hier: S. 16
11 Carson, Rachel, 1962: Silent Spring. Boston: Houghton Mifflin Co. (wiederabgedruckt in: New York, 1977: Fawcett)
12 Luhmann, Niklas, 1971, a.a.O., S. 17

Zu Kapitel XVIII: Das Stereotyp als Verkehrsmittel der öffentlichen Meinung: Walter Lippmann *(S. 206–217)*

1 Luhmann, Niklas, 1971: »Öffentliche Meinung«. Politische Planung. Aufsätze zur Soziologie von Politik und Verwaltung. Opladen: Westdeutscher Verlag [Erstveröffentlichung: Politische Vierteljahresschrift, 11. Jg. 1970, Heft 1, S. 2–28; wiederabgedruckt in: Wolfgang R. Langenbucher (Hg.): Zur Theorie der politischen Kommunikation. München, 1974: R. Piper & Co., S. 27–54, 311–317; und in: Wolfgang R. Langenbucher (Hg.): Politik und Kommunikation. Über die öffentli-

che Meinungsbildung. München/Zürich 1979: R. Piper & Co., S. 29–61]

2 Lippmann, Walter, 1922, 1954[14]: Public Opinion. New York: The Macmillan Comp. (Taschenbuchausgabe: New York: The Free Press, 1965; Deutsch: Die öffentliche Meinung, München: Rütten + Loening, 1964)

3 Lippmann, Walter, 1965, a.a.O., S. 18 (Übersetzung des Verfassers)

4 Lippmann, Walter, 1964, a.a.O., S. 97 ff., 78

5 Der Spiegel, Nr. 19 und 22 vom 8. und 29. Mai 1978

6 Lippmann, Walter, 1964, a.a.O., S. 146

7 Ihering, Rudolph von, 1883: Der Zweck im Recht. 2. Band. Leipzig: Breitkopf & Härtel, S. 180

8 Lippmann, Walter, 1964, a.a.O., S. 14

9 Lippmann, Walter, 1964, a.a.O., S. 15

10 Lippmann, Walter, 1964, a.a.O., S. 27/28

11 Lippmann, Walter, 1964, a.a.O., S. 18

12 Lewin, Kurt, 1947: »Group Decision and Social Change.« Theodore M. Newcomb/Eugene L. Hartley (Hg.): Readings in Social Psychology. New York: Henry Holt and Company, S. 330–344

13 Lippmann, Walter, 1965, a.a.O., S. 223 (Übersetzung des Verfassers)

14 Lippmann, Walter, 1964, a.a.O., S. 67–69

15 Lippmann, Walter, 1964, a.a.O., S. 46/47

16 Lippmann, Walter, 1964, a.a.O., S. 109 f.

17 Lippmann, Walter, 1965, a.a.O., S. 220. Siehe dazu auch: Schulz, Winfried, 1976: Die Konstruktion von Realität in den Nachrichtenmedien. Eine Analyse der aktuellen Berichterstattung (Alber-Broschur-Kommunikation, Band 4). Freiburg: Karl Alber

18 Lippmann, Walter, 1964, a.a.O., S. 236, 237, 243

19 Lippmann, Walter, 1965, a.a.O., S. 16 (pseudo-environment)

20 Gehlen, Arnold, 1965: Zeit-Bilder. Zur Soziologie und Ästhetik der modernen Malerei. Frankfurt/Bonn: Athenäum, S. 190 f.

21 Lazersfeld, Paul F./Bernard Berelson/Hazel Gaudel, 1944, 1948, 1968: The People's Choice. How the voter makes up his mind in a presidential campaign. New York: Duell, Sloan and Pearce. 3. Aufl. New York, 1968: Columbia University Press. – Deutsch, 1969: Wahlen und Wähler. Soziologie des Wahlverhaltens (Soziologische Texte 49). Neuwied: Luchterhand

Heider, Fritz, 1946: »Attitudes and Cognitive Organization.« The Journal of Psychology, Vol. 21, S. 107–112

Festinger, Leon, 1957: A Theory of Cognitive Dissonance. Evanston, Illinois: Row, Peterson

22 Lippmann, Walter, 1964, a.a.O., S. 92

23 Roegele, Otto B., 1979: »Massenmedien und Regierbarkeit.« Wilhelm Hennis/Peter Graf Kielmansegg/Ulrich Matz (Hg.): Regierbarkeit. Studien zu ihrer Problematisierung, Band II. Stuttgart: Klett-Cotta, S. 177–210, hier insbes. S. 187

24 Neuerdings haben die Richtigkeit dieser Beobachtung nachgewiesen: Sturm, Hertha/Ruth von Haebler/Reinhard Helmreich, 1972: Medienspezifische Lerneffekte. Eine empirische Studie zu Wirkungen von Fernsehen und Rundfunk (Schriftenreihe des Internationalen Zentralinstituts für das Jugend- und Bildungsfernsehen, Heft 5). München: TR-Verlagsunion, S. 42–44

25 Lippmann, Walter, 1965, a.a.O., S. 3
26 Lippmann, Walter, 1964, a.a.O., S. 18
27 Lippmann, Walter, 1964, a.a.O., S. 25
28 Lippmann, Walter, 1964, a.a.O., S. 28
29 Lippmann, Walter, 1964, a.a.O., S. 92

Zu Kapitel XIX: Thematisierung als Leistung öffentlicher Meinung: Niklas Luhmann *(S. 218–221)*

1 Luhmann, Niklas, 1971: »Öffentliche Meinung«. Politische Planung, Aufsätze zur Soziologie von Politik und Verwaltung. Opladen: Westdeutscher Verlag [Erstveröffentlichung: Politische Vierteljahresschrift, 11. Jg., 1970, Heft 1, S. 2–28; wiederabgedruckt in: Wolfgang R. Langenbucher (Hg.): Zur Theorie der politischen Kommunikation. München, 1974: R. Piper & Co., S. 27–54, 311–317; und in: Wolfgang R. Langenbucher (Hg.): Politik und Kommunikation. Über die öffentliche Meinungsbildung. München/Zürich, 1979: R. Piper & Co., S. 29–61], S. 9–34, hier insbes. S. 18
2 Luhmann, Niklas, 1971, a.a.O., S. 15
3 Luhmann, Niklas, 1971, a.a.O., S. 25
4 Luhmann, Niklas, 1971, a.a.O., S. 18
5 Luhmann, Niklas, 1971, a.a.O., S. 24
6 Luhmann, Niklas, 1971, a.a.O., S. 18/19
7 Luhmann, Niklas, 1971, a.a.O., S. 12
8 Luhmann, Niklas, 1971, a.a.O., S. 16
9 Luhmann, Niklas, 1971, a.a.O., S. 13/14
10 Luhmann, Niklas, 1971, a.a.O., S. 14
11 McCombs, M. E./D. L. Shaw, 1972: »The Agenda-Setting Function of Mass Media.« Public Opinion Quarterly, Vol. 36, S. 176–187
Funkhouser, G. R., 1973: »The Issues of the Sixties: An Exploratory Study in the Dynamics of Public Opinion.« Public Opinion Quarterly, Vol. 37, S. 62–73
McLeod, J. M./L. B. Becker/J. E. Byrnes, 1974: »Another Look at the Agenda-Setting Function of the Press.« Communication Research 1, S. 131–166
Beniger, James R., 1978: »Media Content as Social Indicators. The Greenfield Index of Agenda-Setting.« Communication Research 5, S. 437–453
Kepplinger, Hans Mathias/Herbert Roth, 1978: »Kommunikation in der Ölkrise des Winters 1973/74.« Publizistik, Jg. 23, Heft 4, S. 377–428. – Englisch: »Creating a Crisis: German Mass Media and Oil Supply in 1973/74.« Public Opinion Quarterly, Vol. 43, 1979, S. 285–296
Kepplinger, Hans Mathias/Michael Hachenberg, 1979: »The Challenging Minority. A Study in Social Change.« Vortrag auf der Jahreskonferenz der International Communication Association in Philadelphia, Mai 1979
Kepplinger, Hans Mathias, 1980: »Kommunikation im Konflikt. Gesellschaftliche Bedingungen kollektiver Gewalt.« Mainzer Universitätsgespräche, Mainz

Zu Kapitel XX. Das Journalistenprivileg: Verleihung von Öffentlichkeit *(S. 222–226)*

1 Allensbacher Archiv, IfD-Umfragen 2173 (Januar 1976) und 2196 (Februar 1977): »Wenn Sie bitte diese Liste hier einmal durchsehen! Wer von dieser Liste übt Ihrer Meinung nach auf das heutige politische Leben in der Bundesrepublik einen zu großen Einfluß aus?« An dritter Stelle wird jeweils »das Fernsehen« mit 31 bzw. 29 Prozent genannt und an zehnter bzw. neunter Stelle mit 21 bzw. 22 Prozent »die Zeitungen«. 18 Antwortmöglichkeiten waren vorgegeben.

Zu Kapitel XXI: Öffentliche Meinung hat zwei Quellen. Eine bilden die Massenmedien *(S. 227–240)*

1 Noelle-Neumann, Elisabeth, 1977: »Das doppelte Meinungsklima. Der Einfluß des Fernsehens im Wahlkampf 1976.« Politische Vierteljahresschrift, 18. Jg., Heft 2–3, S. 408–451; wiederabgedruckt in: Elisabeth Noelle-Neumann, 1980: Wahlentscheidung in der Fernsehdemokratie. Freiburg/Würzburg: Ploetz, S. 77–115
Noelle-Neumann, Elisabeth, 1978: »Kampf um die öffentliche Meinung. Eine vergleichende sozialpsychologische Analyse der Bundestagswahlen 1972 und 1976.« Dieter Just/Peter Röhrig (Hg.): Entscheidung ohne Klarheit. Anmerkungen und Materialien zur Bundestagswahl 1976 (Schriftenreihe der Bundeszentrale für politische Bildung, Band 127). Bonn, S. 125–167
Kepplinger, Hans Mathias, 1979: »Ausgewogen bis zur Selbstaufgabe? Die Fernsehberichterstattung über die Bundestagswahl 1976 als Fallstudie eines kommunikationspolitischen Problems.« Media Perspektiven, Heft 11, S. 750–755
Kepplinger, Hans Mathias, 1980: »Optische Kommentierung in der Fernsehberichterstattung über den Bundestagswahlkampf 1976.« Thomas Ellwein (Hg.): Politikfeld-Analysen 1979. Opladen: Westdeutscher Verlag, S. 163–179

2 Noelle-Neumann, Elisabeth, 1977, a.a.O.
Noelle-Neumann, Elisabeth, 1978, a.a.O.

3 Kepplinger, Hans Mathias, 1979: »Ausgewogen bis zur Selbstaufgabe? Die Fernsehberichterstattung über die Bundestagswahl 1976 als Fallstudie eines kommunikationspolitischen Problems.«, a.a.O.
Kepplinger, Hans Mathias, 1980: »Optische Kommentierung in der Fernsehberichterstattung über den Bundestagswahlkampf 1976.«, a.a.O.

4 Mreschar, Renate I., 1979: »Schmidt war besser im Bild als Kohl. Universität analysierte Kameraarbeit bei der TV-Berichterstattung vor der Bundestagswahl 76.« Frankfurter Rundschau, Nr. 255, 1. November 1979, S. 26

5 Kepplinger, Hans Mathias, 1987: Darstellungseffekte. Experimentelle Untersuchungen zur Wirkung von Pressefotos und Fernsehfilmen. Freiburg/München: Karl Alber
Kepplinger, Hans Mathias, 1989: »Nonverbale Kommunikation: Darstellungseffekte.« Fischer Lexikon Publizistik – Massenkommunikation, hg. von Elisabeth Noelle-Neumann/Winfried Schulz/Jürgen Wilke. Frankfurt/Main: Fischer Taschenbuch Verlag, S. 241–255

6 Ostertag, Michael, 1986: Nonverbales Verhalten im Fernsehinterview. Entwicklung eines Instruments zur Erfassung und Bewertung nichtsprachlicher Äußerun-

gen von Politikern und Journalisten. Magisterarbeit. Mainz: Johannes Gutenberg-Universität

7 Lersch, Philipp, 1951: Gesicht und Seele. Grundlinien einer mimischen Diagnostik. München/Basel: Reinhardt

8 Molcho, Samy, 1983: Körpersprache. München: Mosaik-Verlag

9 Frey, Siegfried/H.-P. Hirsbrunner/J. Pool/W. Daw, 1981: Das Berner System zur Untersuchung nonverbaler Interaktion. In: Peter Winkler (Hrsg.): Methoden der Analyse von Face-to-Face-Situationen. Stuttgart: Metzler

10 Ostertag, Michael, 1986, a.a.O., S. 72f.

11 Ebendort, S. 121

12 Ebendort, S. 126

Zu Kapitel XXII: Das doppelte Meinungsklima *(S. 241–245)*

1 Conradt, David P., 1978: »The 1976 Campaign and Election: An Overview.« Karl H. Cerny: Germany at the Polls. The Bundestag Election of 1976. Washington, D. C.: American Enterprise Institute for Public Policy Research, S. 29–56

2 Ebendort, S. 41 ff.

3 Noelle-Neumann, Elisabeth, 1977: »Das doppelte Meinungsklima. Der Einfluß des Fernsehens im Wahlkampf 1976.« Politische Vierteljahresschrift, 18. Jg., Heft 2–3, S. 408–451; wiederabgedruckt in: Elisabeth Noelle-Neumann, 1980: Wahlentscheidung in der Fernsehdemokratie. Freiburg/Würzburg: Ploetz, S. 77–115

4 Merton, Robert K., 1949, 1968: Social Theory and Social Structure. Toward the Codification of Theory and Research. New York: The Free Press
Fields, James M./Howard Schuman, 1976: »Public beliefs about the beliefs of the public.« Public Opinion Quarterly, Vol. 40, S. 427–448
O'Gorman, Hubert/Stephen L. Garry, 1976: »Pluralistic ignorance – a replication and extension.« Public Opinion Quarterly, Vol. 40, S. 449–458

5 Vgl. S. 74–79

Zu Kapitel XXIII: Die Artikulationsfunktion: Wer seinen Standpunkt in den Medien kaum vertreten findet, ist mundtot *(S. 246–250)*

1 Noelle-Neumann, Elisabeth, 1974: »Die Schweigespirale. Über die Entstehung der öffentlichen Meinung« Ernst Forsthoff/Reinhard Hörstel (Hg.): Standorte im Zeitstrom. Festschrift für Arnold Gehlen zum 70. Geburtstag am 29. Januar 1974. Frankfurt/Main: Athenäum, S. 299–330. – Wiederabgedruckt in: Elisabeth Noelle-Neumann: Öffentlichkeit als Bedrohung. Beiträge zur empirischen Kommunikationsforschung (Alber-Broschur Kommunikation, Band 6). Freiburg, München 1977, 1979: Karl Alber, S. 169–203, hier insbes. S. 189/190

2 Schulman, Gary I., 1968: »The popularity of viewpoints and resistance to attitude change.« Journalism Quarterly, Vol. 45, S. 86–90

3 Tarde, Gabriel, 1898: »Le public et la foule.« La Revue des Paris, Band 4. Hier zitiert nach: Clark, Terry N., 1969: Gabriel Tarde on Communication and Social Influence. Selected Papers. Chicago, London: The University of Chicago Press, Kapitel 17: Opinion and Conversation

4 Clark, Terry N., 1969, a.a.O., S. 318 (Übersetzung des Verfassers)

Zu Kapitel XXIV: Vox populi – vox Dei *(S. 251–262)*

1 Neumann, Erich Peter/Elisabeth Noelle, 1961: Umfragen über Adenauer. Ein Porträt in Zahlen. Allensbach/Bonn: Verlag für Demoskopie, S. 44f., vgl. auch: Institut für Demoskopie Allensbach, 1952: Die Stimmung im Bundesgebiet. Oktober 1952, Grafik

2 Ross, Edward, Alsworth, 1901, 1969: Social Control. A Survey of the Foundations of Order. Mit einer Einführung von Julis Weinberg/Gisela J. Hinkle/Roscoe C. Hinkle. Cleveland/London: The Press of Case Western Reserve University, S. 104 (Wiedergabe der Ausgabe von 1929. Erstveröffentlichung 1901 durch die Macmillian Company)

3 Boas, George, 1969: Vox Populi: Essays in the History of an Idea. Baltimore: The Johns Hopkins Press, S. 21 – Siehe auch: Gallacher, S. A.: »Vox populi – vox Dei«. Philological Quarterly, Vol. XXIV, January 1945, S. 12–19

4 Vulgata, 66, Vers 6. Es handelt sich hier um die lateinische Übersetzung, die Hieronymus im 4. nachchristlichen Jahrhundert erstellt hat.

5 Hofstätter, Peter R., 1949: Die Psychologie der öffentlichen Meinung. Wien: Wilhelm Braumüller, S. 96

6 Montaigne, Michel de, 1588, 1902: Les Essais. Hg. von Fortunat Strowsky. Bordeaux: F. Pech. 2. Buch, 16. Kapitel, S. 397f. (Übersetzung des Verfassers). Bei dem in einfache Anführungsstriche gesetzten Satz zitiert Montaigne Cicero, Tusculanes, V, 36.

7 Ebendort, S. 9

8 Hesiod, 1936: Sämtliche Werke. Deutsch von Thassilo von Scheffer, Wien: Phaidon: »Werke und Tage, V« 763ff.

9 Seneca: Controversae 1. 1. 10

10 Livius I, 58. Zitiert nach: Bucher, Lothar, 1887: »Über politische Kunstausdrücke.« Deutsche Revue XII, S. 67–80, hier: S. 77

11 Livius III, 34. Zitiert nach: Bucher, Lothar, 1887, a.a.O., S. 77

12 Bucher, Lothar, 1887: »Über politische Kunstausdrücke.« Deutsche Revue XII, S. 67–80

13 Hegel, Georg Wilhelm Friedrich, 1821, 1970: Werke in zwanzig Bänden. Band 7: Grundlinien der Philosophie des Rechts. Frankfurt/M.: Suhrkamp, S. 485f., § 318

14 Bucher, Lothar, 1887, a.a.O., S. 76

15 Ebendort, S. 80

16 Noelle, Elisabeth, 1966: Öffentliche Meinung und Soziale Kontrolle. (Recht und Staat, Heft 329), Tübingen: J. C. B. Mohr (Paul Siebeck) S. 3

17 Frisch, Max (1958): »Öffentlichkeit als Partner.« Max Frisch, 1979[6]: Öffentlichkeit als Partner. Frankfurt/Main: Suhrkamp, S. 56–67, hier: S. 56, vgl. S. 63, 67

18 Die Welt, Nr. 239, vom 12. Oktober 1979, S. 6

19 Tucholsky, Kurt, 1975[4]: Schnipsel. Hg. von Mary Gerold-Tucholsky/Fritz J. Raddatz. Reinbek: Rowohlt, S. 67

20 Swift, Jonathan, 1706, 1965: »Thoughts on Various Subjects.« Prose Works, Vol. 1: A Tale of a Tub. Oxford: Basil Blackwell, S. 241 (Deutsche Übersetzung: Ludwig Goldscheider)

21 Johoda, Marie, 1969, 1973: »Konformität und Unabhängigkeit – Eine psychologische Analyse.« Martin Irle/M. v. Cranach/H. Vetter (Hg.): Texte aus der experimentellen Sozialpsychologie (Soziologische Texte, Band 45). Neuwied: Luchterhand, S. 538–572, hier: S. 548. Erstveröffentlichung englisch: »Conformity and Independence. A Psychological Analysis.« Human Relations 12, 1959, S. 99–120

Zu Kapitel XXVI: Neue Entdeckungen *(S. 266–292)*

1 Vgl. Tönnies, Ferdinand, 1922: Kritik der öffentlichen Meinung: Berlin: Springer, S. 394

2 Literaturstudien zur öffentlichen Meinung. Leitfaden zur Textanalyse. Siehe Anhang S. 352–354

3 Jünger, Ernst, 1962: Der Waldgang. Frankfurt/Main: Klostermann, S. 363

4 Frisch, Max (1958): »Öffentlichkeit als Partner.« Max Frisch, 1979[6]: Öffentlichkeit als Partner. Frankfurt/Main: Suhrkamp, S. 56–67, hier: S. 63, vgl. S. 56, 67

5 Eckert, Werner, 1985: Zur öffentlichen Meinung bei Machiavelli – Mensch, Masse und die Macht der Meinung. Magisterarbeit. Mainz: Johannes Gutenberg-Universität

6 Henri IV, Teil 1, 3. Akt; vgl. in diesem Buch S. 94

7 Erasmus von Rotterdam (1516), 1968: Fürstenerziehung. Institutio Principis Christiani. Die Erziehung eines christlichen Fürsten. Einführung, Übersetzung und Bearbeitung von Anton J. Gail. Paderborn: Schöningh, S. 89, 107, 149, 185, 213 u. ö.; vgl. auch Erasmus von Rotterdam in Selbstzeugnissen und Bilddokumenten dargestellt von Anton J. Gail, 1981[3]. Reinbek: Rowohlt, S. 62 ff.

8 Erasmus von Rotterdam, 1968: Fürstenerziehung, a.a.O., S. 149 ff., 183, 201
Machiavelli, Niccolò (1532), 1978: Der Fürst. Übersetzt und hg. von Rudolf Zorn. Stuttgart: Kröner, Kapt. 18, 19

9 Aristoteles, 1986[6]: Politik. Übersetzt und hg. von Olof Gigon. München: Deutscher Taschenbuch Verlag. Belege zu jenen Stellen, aus denen Machiavelli und Erasmus gleichermaßen geschöpft haben, finden sich in 1312 b 18–20 (S. 192), 1313 a 14–16 (S. 193), 1314 a 38–40 (S. 196), 1314 b 14–19, 38–39 (S. 197)

10 Vgl. etwa Geldner, Ferdinand 1930: »Die Staatsauffassung und Fürstenlehre des Erasmus von Rotterdam.« Historische Studien, Heft 191, Berlin, S. 161; zur Frage, ob Erasmus die Schrift Machiavellis möglicherweise kannte, vgl. beispielsweise Renaudet, Augustin, 1954: Erasme et l'Italie. Genève: Librairie E. Droz, S. 178; Weiland, Jan Sperna, u. a. (Hg.), 1988: Erasmus von Rotterdam. Die Aktualität seines Denkens. Hamburg: Wittig, S. 71

11 The Statesman's Book of John of Salisbury. Being the Fourth, Fifth, and Sixth Books, and Selections from the Seventh and Eights Books, of the Policraticus. Translated into English with an Introduction by John Dickinson (1927), 1963. New York: Russel & Russel, S. 39, 130, vgl. S. XXII

12 2 Samuel 3, 31–37; 6,5.15.20.22; 10,4.5

13 Lamp, Erich, 1988: Öffentliche Meinung im Alten Testament. Eine Untersuchung

der sozialpsychologischen Wirkungsmechanismen öffentlicher Meinung in Texten alttestamentlicher Überlieferung von den Anfängen bis in babylonische Zeit. Diss. phil. Mainz: Johannes Gutenberg-Universität

14 The Statesman's Book of John of Salisbury, 1963, a.a.O., S. 130

15 Ebendort, S. 38

16 Yavetz, Zvi, 1979: Caesar in der öffentlichen Meinung. Düsseldorf: Droste, S. 186 ff. (Schriftenreihe des Instituts für Deutsche Geschichte, Universität Tel Aviv, Bd. 3)

17 Richelieu, Armand du Plessis Cardinal de, 1688, 1947: Testament Politique. Edition critique publiée avec une introduction et des notes par Louis André et une préface de Leon Noel. Paris: Robert Lafont, S. 220, 236 ff., 373 f., 450; der Gedanke an eine »Weltöffentlichkeit« klingt beispielsweise an, wenn von der »réputation du monde« (S. 104) oder der »l'opinion de la plus grande partie du monde« (S. 112) die Rede ist. Vgl. hierzu auch Albertini, Rudolf von, 1951: Das politische Denken in Frankreich zur Zeit Richelieus. Marburg: Simons Verlag, S. 185 (Beihefte zum Archiv für Kulturgeschichte, Heft 1)

18 Ziegler, Wiltrud: Beschreibung im Brief vom 15. August 1989

19 Uexküll, Thure von, 1964: Grundfragen der psychosomatischen Medizin. Reinbek: Rowohlt, S. 174

20 Ilias 2,216 ff., vgl. Zimmermann, Tassilo, 1988: Das Bewußtsein von Öffentlichkeit bei Homer. Magisterarbeit. Mainz: Johannes Gutenberg-Universität, S. 72–83

21 Le Goff, Jacques, 1989: »Kann denn Lachen Sünde sein? Die mittelalterliche Geschichte einer sozialen Verhaltensweise.« Frankfurter Allgemeine Zeitung, Nr. 102, 3. 5.1989, S. N3

22 Thukydides, 1981[3]: Geschichte des Peleponnesischen Krieges. Hg. und übertragen von Georg Peter Landmann. München: Deutscher Taschenbuch-Verlag, S. 140 f.

23 Vgl. in diesem Buch S. 167;
s. auch Noelle-Neumann, Elisabeth, 1982: »Das Bundesverfassungsgericht und die ungeschriebenen Gesetze – Antwort an Ernst Benda.« Die öffentliche Verwaltung 35, Heft 21, S. 883–888

24 Locke, John, 1690, 1894: An Essay Concerning Human Understanding. 1671 entworfen. Historisch-kritische Ausgabe hg. von Alexander Campbell Fraser. Oxford: At the Clarendon Press, Band 1, 2. Buch, S. 476

25 Es handelt sich hierbei um den Megillos-Athener-Dialog in Platons »Gesetzen« (838 a–d), vgl. Platon, 1969[6]: Sämtliche Werke. Hg. von E. Loewenthal. Köln: Olten, Band 3, S. 488 f.

26 Plato, 1961: Laws. Band 2. Mit einer engl. Übersetzung hg. von R. G. Bury. London: W. Heinemann/Cambridge, Mass.: Harvard University Press, S. 159

27 Jäckel, Anne, 1988: Ungeschriebene Gesetze im Lichte der sozialpsychologischen Theorie öffentlicher Meinung. Magisterarbeit. Mainz: Johannes Gutenberg-Universität, S. 31–56, hier: S. 46

28 Raffel, Michael, 1984: »Der Schöpfer des Begriffs ›Öffentliche Meinung‹: Michel de Montaigne.« Publizistik 29, S. 49–62; Ders., 1985: Michel de Montaigne und die Dimension Öffentlichkeit. Ein Beitrag zur Theorie der öffentlichen Meinung. Diss. phil. Mainz: Johannes Gutenberg-Universität

29 Montaigne, Michel de, 1962: »Essais«. Œuvres complètes. Hg. von Maurice Rat/

Albert Thibaut. Paris: Gallimard, S. 1033, in der deutschen Übersetzung zitiert nach: Michel de Montaigne, 1911: Gesammelte Schriften. Hg. von Otto Flake/ Wilhelm Weigand, übersetzt von J. J. Bode. Bd. 6. München/Leipzig, S. 143

30 Montaigne, Michel de, 1962: »Essais«, a.a.O., S. 115

31 Ebendort, S. 563, in der deutschen Übersetzung zitiert nach: Michel de Montaigne, 1915: Gesammelte Schriften, a.a.O., Bd. 4, München/Berlin, S. 41

32 Ebendort, S. 203, dt. ebendort, Bd. 2, München/Leipzig 1908, S. 61

33 Montaigne, Michel de: »Essais«, a.a.O., Livre I, Chapitre XXIII, in der deutschen Übersetzung von Wilhelm Vollgraff zitiert nach: Michel de Montaigne, 1908: Versuche. 1. Buch, Berlin: Wiegandt & Grieben, S. 134

34 Ebendort, S. 235, dt. a.a.O., Bd. 2, S. 120

35 Cicero, 1980³: Atticus-Briefe. Lateinisch und Deutsch. Hg. von H. Kasten. München/Zürich: Artemis, S. 338–351, hier: S. 344 (Cicero at Atticum VI.1, 18,2)

36 Priscillianus, 1889: Opera. Priscilliani quae supersunt. Maximem partem nuper detexit adiectisque commentariis criticis et indicibus primus edidit Georgius Schepss. Pragae, Vindobonae: F. Tempsky/Lipsiae: G. Freytag, S. 92

37 Montaigne, Michel de: »Essais«, a.a.O., S. 174, 1013, 9, u. ö.

38 Pasquier, Etienne: »Lettres XVIII.« Choix des lettres. Hg. von Thickett, S. 42–44, zitiert nach: Donald M. Frame: Montaigne. A Biography. New York 1965, S. 310, in der Übersetzung zitiert nach Michael Raffel, 1984: »Der Schöpfer des Begriffs ›Öffentliche Meinung‹: Michel de Montaigne.« a.a.O., S. 51

39 Das Nibelungenlied, 1965. In der Übersetzung von Felix Genzmer. Stuttgart: Reclam, S. 138

40 Haller, William, 1965: Tracts on Liberty in the Puritan Revolution 1638–1647, Vol. 1, Commentary. New York: Octagon Books. – Ich danke Dieter Reigber, Archivar im Institut für Demoskopie Allensbach, der mich auf diese Karikatur aufmerksam gemacht hat.

41 Müller, Johannes von, 1777: »Zuschrift an alle Eidgenossen.« Ders.: Sämmtliche Werke. Siebenundzwanzigster Theil. (Nachlese kleiner historischer Schriften). Hg. von Johann Georg Müller. Tübingen: J. G. Cotta'sche Buchhandlung 1819, S. 24–50, hier: S. 41

42 Rabelais, François, 1955: Œuvres complètes: Texte établi et annoté par Jacques Boulenger. Ed. rev. et compl. par Lucien Scheler. Paris: Gallimard, S. 206, 260, 267

43 Burke, Edmund, 1791, 1975: »An Appeal from the New to the Old Whigs.« Ders., 1887: The Works. Twelve Volumes in Six, Vol. III/IV. Neudruck: Hildesheim/ New York: Georg Olms Verlag, Vol. IV, S. 61–215, hier: S. 66

44 Erasmus von Rotterdam, 1968: Fürstenerziehung, a.a.O., S. 201; Machiavelli, Niccolò, 1532: Der Fürst, a.a.O., Kap. 18

45 Braatz, Kurt, 1988: Friedrich Nietzsche – Eine Studie zur Theorie der öffentlichen Meinung. Berlin/New York: de Gruyter (Monographien und Texte zur Nietzsche-Forschung, Bd. 18)

46 Gersdorff, Carl (Ernst August) von, 1846: Ueber den Begriff und das Wesen der oeffentlichen Meinung. Ein Versuch. Jena: Verlag von J. G. Schreiber, S. 10, 12, 5

47 Spencer, Herbert, 1879, 1966: »The Data of Ethics.« The Works of Herbert Spencer, Vol. 9, The Principles of Ethics, Part 1. Osnabrück: Otto Zeller (Reprint der Ed. 1892), S. 1–303, hier: S. 118

48 Nietzsche, Friedrich: »Zur Genealogie der Moral. – Dritte Abhandlung: Was bedeuten asketische Ideale?«, § 12. Ders., 1967 ff.: Werke. Kritische Gesamtausgabe. Hg. von Giorgio Colli/Mazzino Montinari. Berlin/New York: de Gruyter, VI, 2, S. 383

Zu Kapitel XXVII: Auf dem Weg zu einer Theorie der öffentlichen Meinung *(S. 293–322)*

1 Public Opinion Quarterly, 1970, Vol. 34, S. 454 f.

2 Warner, Lucien, 1939: »The Reliability of Public Opinion Surveys.« Public Opinion Quarterly, Vol. 3, S. 377

3 Beyle, Herman C., 1931: Identification and Analysis of Attribute-Cluster-Blocs. Chicago: University of Chicago Press, S. 183

4 Donsbach, Wolfgang/Robert L. Stevenson, 1986: »Herausforderungen, Probleme und empirische Evidenzen der Theorie der Schweigespirale.« Publizistik, 31. Jg., S. 7–34, hier: S. 14, vgl. S. 7

5 Ebendort, S. 8 f.; vgl. auch Deisenberg, Anna Maria, 1986: Die Schweigespirale – Die Rezeption des Modells im In- und Ausland. Nachwort: Elisabeth Noelle-Neumann. München: Minerva-Saur

6 Noelle-Neumann, Elisabeth, 1989: »Advances in Spiral of Silence Research.« KEIO Communication Review 10, S. 3–34, vgl. S. 20

7 Vgl. z. B. Glynn, Caroll J./Jack M. McLeod, 1985: »Implications of the Spiral of Silence Theory for Communication and Public Opinion Research. »Keith R. Sanders/Linda Lee Kaid/Dan Nimmo (Hg.): Political Communication Yearbook 1984. Carbondale/Edwardsville: Southern Illinois University Press, S. 43–65, hier: S. 44

8 Vgl. in diesem Buch S. 244 f.

9 Vgl. in diesem Buch S. 286 ff.

10 Vgl. Kepplinger, Hans Mathias, 1989: Künstliche Horizonte. Folgen, Darstellung und Akzeptanz von Technik in der Bundesrepublik Deutschland. Frankfurt/Main: Campus Verlag
Kepplinger, Hans Mathias, 1988: »Die Kernenergie in der Presse. Eine Analyse zum Einfluß subjektiver Faktoren auf die Konstruktion von Realität.« Kölner Zeitschrift für Soziologie und Sozialpsychologie, 40. Jg., S. 659–683

11 Mathes, Sabine, 1989: Die Einschätzung des Meinungsklimas im Konflikt um die Kernenergie durch Personen mit viel und wenig Fernsehnutzung. Magisterarbeit. Mainz: Johannes Gutenberg-Universität

11a Vgl. in diesem Buch S. 318

12 Allensbacher Archiv, IfD-Umfrage 4005, Frage 21, Februar 1982

13 Allensbacher Archiv, IfD-Umfrage 5013, Frage 20B, November 1988

14 Vgl. in diesem Buch S. 79 f.

15 Ebendort, S. 81 f.

16 Ebendort, S. 81 ff.

17 Ebendort, S. 76 ff.

18 Holicki, Sabine, 1984: Isolationsdrohung – Sozialpsychologische Aspekte eines

publizistikwissenschaftlichen Konzepts. Magisterarbeit. Mainz: Johannes Gutenberg-Universität

19 Albrecht, Angelika, 1983: Lachen und Lächeln – Isolation oder Integration? Magisterarbeit. Mainz: Johannes Gutenberg-Universität

20 Vgl. in diesem Buch S. 63

21 Nosanchuk, T. A./Jack Lightstone, 1974: »Canned Laughter and Public and Private Conformity.« Journal of Personality and Social Psychology, Vol. 29, S. 153–156
Berlyne, D. E., 1969: »Laughter, Humor, and Play.« Gardner Lindzey/Elliot Aronson (Hg.): The Handbook of Social Psychology. Second Edition, Vol. 3. Reading, Mass.: Addison-Wesley Publishing Company, S. 795–852

22 Allensbacher Archiv, IfD-Umfrage 5016, Frage 38, Februar 1989

23 Vgl. in diesem Buch S. 59 ff.

24 Ebendort, S. 66 ff.

25 Vgl. z. B. Glynn, Carroll J./Jack M. McLeod, 1985: »Implications of the Spiral of Silence Theory for Communication and Public Opinion Research, a.a.O., S. 47 f., 60

26 Als frühe Arbeiten aus den Anfängen dieses Forschungszweiges in den dreißiger Jahren siehe: Moreno, Jacob L., 1934, 1953: Who Shall Survive? Foundations of Sociometry, Group Psychotherapy and Sociodrama. Rev. & enl. ed. Beacon, N. Y.: Beacon House
Lewin, Kurt, 1935–1946, 1948: Resolving Social Conflicts: Selected Papers on Group Dynamics. Ed. by Gertrud W. Lewin. A publication of the University of Michigan Research Center for Group Dynamics. New York: Harper
Sherif, Muzafer, 1936, 1965: The Psychology of Social Norms. New York: Octagon

27 Holicki, Sabine: 1984: Isolationsdrohung – Sozialpsychologische Aspekte eines publizistikwissenschaftlichen Konzepts, a.a.O., S. 82 ff.

28 Cartwright, Dorwin/Alvin Zander (Hg.), 1953, 1968: Group Dynamics. Research and Theory. Third Edition. New York/Evanston/London: Harper & Row, Kap. 11: Pressures to Uniformity in Groups: Introduction, S. 145

29 Vgl. in diesem Buch S. 135 f.

30 Goffman, Erving, 1963: Behavior in Public Places. Notes on the Social Organization of Gatherings. New York: The Free Press

31 Vgl. z. B. Goffman, Erving, 1956: »Embarrassment and Social Organization.« The American Journal of Sociology, Vol. 62, S. 264–271
Goffman, Erving, 1963: Stigma. Notes on the Management of Spoiled Identity. Englewood Cliffs: Prentice-Hall, Inc.

32 Darwin, Charles, 1873: The Expression of the Emotions in Man and Animals. London: Murray, S. 330

33 Goffman, Erving, 1956: Embarrassment and Social Organization, a.a.O., S. 265, 270 f.

34 Vgl. in diesem Buch Tabelle 28, S. 311 ff.

35 Zuuren, Florence J. van, 1983: »The Experience of Breaking the Rules.« Paper presented at the »Symposium on Qualitative Research in Psychology« in Perugia, Italy, August 1983. Dept. of Psychology, University of Amsterdam. Revesz-Bericht No. 47

36 Schlarb, Armin, 1984/85: Die Beziehung zwischen öffentlicher Meinung und symbolischem Interaktionismus. Seminararbeit. Mainz: Institut für Publizistik der Johannes Gutenberg-Universität
37 Mead, George Herbert, 1934, 1968: Geist, Identität und Gesellschaft aus der Sicht des Sozialbehaviorismus. Frankfurt/Main: Suhrkamp (Titel der Originalausgabe: Mind, Self, and Society. From the standpoint of a social behaviorist. Chicago: University of Chicago Press 1934)
38 Ewen, Wolfgang/Wolfgang Heininger/Sabine Holicki/Axel Hopbach/Elmar Schlüter, 1981/82: Selbstexperiment: Isolationsdrohung. Seminararbeit. Mainz: Institut für Publizistik der Johannes Gutenberg-Universität
39 Hallemann, Michael, 1984: Peinlichkeit als Indikator. Theorie der Peinlichkeit – demoskopische Analyse – Bezüge zur Publizistikwissenschaft unter besonderer Berücksichtigung des Phänomens Öffentlichkeit. Magisterarbeit. Mainz: Johannes Gutenberg-Universität
Hallemann, Michael, 1989: Peinlichkeit. Ein Ansatz zur Operationalisierung von Isolationsfurcht im sozialpsychologischen Konzept öffentlicher Meinung. Diss. phil. Mainz: Johannes Gutenberg-Universität
Vgl. auch: Hallemann, Michael, 1986: »Peinlichkeit und öffentliche Meinung.« Publizistik, 31. Jg., S. 249–261
40 Vgl. Allensbacher Archiv, IfD-Umfrage 4031, August 1983
41 Allensbacher Archiv, IfD-Umfrage 5021, Juni 1989
42 Goffman, Erving, 1956: Embarrassment and Social Organization, a.a.O., S. 270
43 Donsbach, Wolfgang/Robert L. Stevenson, 1986: »Herausforderungen, Probleme und empirische Evidenzen der Theorie der Schweigespirale, a.a.O., S. 10 ff.
44 t'Hart, Harm, 1981: »People's Perceptions of Public Opinions.« Paper presented to the International Society of Political Psychology, Mannheim
45 Hallemann, Michael, 1989: Peinlichkeit. Ein Ansatz zur Operationalisierung von Isolationsfurcht im sozialpsychologischen Konzept öffentlicher Meinung, a.a.O., S. 135, Tabelle 14
46 Ebendort, S. 137, Tabelle 15
47 Ebendort, S. 178 ff.
48 Vgl. Noelle-Neumann, Elisabeth, 1989: »Die Theorie der Schweigespirale als Instrument der Medienwirkungsforschung.« Max Kaase/Winfried Schulz (Hg.): Massenkommunikation. Opladen: Westdeutscher Verlag (Sonderheft 30 der Kölner Zeitschrift für Soziologie und Sozialpsychologie)
Katz, Elihu, 1981: »Publicity and Pluralistic Ignorance: Notes on ›The Spiral of Silence‹.« Horst Baier/Hans Mathias Kepplinger/Kurt Reumann (Hg.): Öffentliche Meinung und sozialer Wandel. Public Opinion an Social Change. Für Elisabeth Noelle-Neumann. Opladen: Westdeutscher Verlag, S. 28–38
49 Vgl. in diesem Buch S. 165, 179 ff., 243 f.
Noelle-Neumann, Elisabeth, 1985: »The Spiral of Silence. A Response.« Keith R. Sanders/Lynda Lee Kaid/Dan Nimmo (Hg.): Political Communication Yearbook 1984, a.a.O., S. 66–94, hier: S. 72 ff.
50 Als Beispiel ebendort S. 73 f. angeführt das Thema Todesstrafe; ein anderes Beispiel stellt etwa das Thema Schwangerschaftsabbruch dar (vgl. Allensbacher Archiv, IfD-Umfragen 2081, 4030, 4099/I + II)
51 Vgl. in diesem Buch S. 33 ff.

52 Ebendort, S. 200 ff.
53 Ebendort, S. 246 ff.
54 Vgl. ebendort S. 280 ff.: Das öffentliche und das private Leben: Michel de Montaigne
55 Chuliá-Rodrigo, Maria Elisa, 1989: Die öffentliche Meinung in Cervantes' Roman »Don Quijote von der Mancha«. Magisterarbeit. Mainz: Johannes Gutenberg-Universität
56 Public Opinion Quarterly, 1970, Vol. 34, S. 455
57 Vgl. in diesem Buch S. 134
58 Hofstätter, Peter Robert, 1949: Die Psychologie der öffentlichen Meinung: Wien: Wilhelm Braumüller, S. 53
59 Vgl. in diesem Buch S. 130 f.
Tönnies, Ferdinand, 1922: Kritik der öffentlichen Meinung. Berlin: Springer, S. 138
60 Vgl. in diesem Buch S. 132 f.
Hennis, Wilhelm, 1957: Meinungsforschung und repräsentative Demokratie. Zur Kritik politischer Umfragen. Tübingen: J. C. B. Mohr (Paul Siebeck), S. 19 ff.
61 Chuliá-Rodrigo, Maria Elisa, 1989: Die öffentliche Meinung in Cervantes' Roman »Don Quijote von der Mancha«, a.a.O., S. 38
62 Kepplinger, Hans Mathias, 1975: Realkultur und Medienkultur. Literarische Karrieren in der Bundesrepublik Deutschland. Freiburg/München: Karl Alber

Literaturstudien zur öffentlichen Meinung

Leitfaden zur Textanalyse

Die Literaturdurchsicht wird gesteuert durch die Absicht, die folgenden Fragen zu beantworten:

1 Enthält das Werk eine oder mehrere Definitionen von öffentlicher Meinung? Falls es sich nicht um ein Sammelreferat über Definitionen handelt: Von welcher Definition oder welchen Definitionen von öffentlicher Meinung geht das Werk aus?

2 Knüpft das Werk an andere Autoren – zeitgenössische, historische – an, nicht nur mit beiläufigem Zitat, sondern im Sinne von Kontinuität? Welche Autoren?

3 Welche klassischen Autoren werden zum Thema öffentliche Meinung zitiert, ausdrücklich oder nur beiläufig?

4 Hat das Werk abschnittweise oder insgesamt sein Schwergewicht in der inhaltlichen Darstellung von öffentlicher Meinung (zu bestimmten Zeiten, zu bestimmten Themen, unterstützt oder bekämpft von bestimmten Gruppen, Institutionen), oder werden Inhalte öffentlicher Meinung nur als Beispiele benutzt, um die Funktionsweise öffentlicher Meinung zu beschreiben?

5a Bildet abschnittweise oder insgesamt die Darstellung der Funktionsweise von öffentlicher Meinung den Schwerpunkt des Werks? Aus welcher Perspektive: sozialpsychologisch, politisch, kulturell, oder aus der Perspektive anderer Bereiche?

5b Oder wird die Funktionsweise von öffentlicher Meinung zwar nicht schwerpunktmäßig, aber dort, wo es sich aus dem Zusammenhang ergibt, beschrieben?

6 Wird öffentliche Meinung behandelt als kritische, intellektuell hochbewertete Urteilskraft (Elitekonzept) oder als Integrationsmittel (Integrationskonzept)?

7 Stellt der Autor öffentliche Meinung als klug oder töricht dar, oder als abwechselnd klug und töricht? Welche Eigenschaften werden der öffentlichen Meinung zugesprochen? Oder wird auf eine Bewertung verzichtet?

8 Wird Konformität im Zusammenhang mit öffentlicher Meinung erwähnt? Wird Isolationsfurcht als Ursache für Konformität genannt? Werden in dem Werk im Zusammenhang mit Konformität der Begriff »soziale Furcht« oder synonyme Begriffe verwendet?

9 Wird die Isolationsfurcht des Individuums als Faktor im Prozeß der öffentlichen Meinung besonders betont?

10 Wie erkennt der einzelne die Billigung oder die Mißbilligung der Umwelt (Signale der Umwelt)?

11 Wird das Prinzip von David Hume: »All government rests on opinion« behandelt oder wird allgemein dazu Stellung genommen, daß jede Regierung die öffentliche Meinung berücksichtigen muß?

12 Kommt in dem Werk explizit oder implizit zum Ausdruck, daß öffentliche Meinung/Meinungsklima eine moralische Ladung hat, mit moralischer Bewertung verbunden ist?

13 Wird von dem Autor explizit oder implizit zwischen moralischen und rationalen Positionen unterschieden? Wie wird das Verhältnis zwischen beiden beschrieben? Werden Phasen unterschieden, in denen moralische Positionen dominieren, andere, in denen rationale Positionen dominieren?

14 Wird in dem Werk explizit oder implizit eine Unterscheidung gemacht zwischen öffentlicher Meinung (spezieller Gegenstand, kurzfristig) und Meinungsklima (eher diffus, langfristig)? Läßt sich aufgrund des Werkes die Möglichkeit erkennen, das Konzept öffentlicher Meinung als Konkretisierung des Meinungsklimas anzuwenden?

15 Enthält die Abhandlung eine Auseinandersetzung mit dem Begriff Öffentlichkeit? Wird Öffentlichkeit rechtlich aufgefaßt, politisch, sozialpsychologisch (Öffentlichkeit als Bewußtsein)?

16 Was wird als Ausdrucksform öffentlicher Meinung beschrieben: Medieninhalte, Wahlergebnisse, Symbole, Rituale (Feste), Institutionen, Mode, Gerüchte, Klatsch, Reaktionen von Menschen auf Verhalten, Redensarten, anderes?

17 Wie wird die Beziehung zwischen Publizistik, Massenmedien und öffentlicher Meinung gesehen?

a) Wird veröffentlichte Meinung und öffentliche Meinung gleichgesetzt oder deutlich voneinander geschieden?

b) Wird den Massenmedien ein starker oder ein geringer Einfluß auf die Bil-

dung der öffentlichen Meinung zugesprochen, oder wird diese Frage nicht behandelt?
c) Werden andere Einflüsse auf die öffentliche Meinung beschrieben? Welche?

18 Wird die Wirkung öffentlicher Meinung auf bestimmte Bereiche behandelt, zum Beispiel Recht, Religion, Wirtschaft, Wissenschaft, Kunst/Ästhetik (popular culture)?

19 Wird in dem Werk eine Unterscheidung gemacht zwischen Umweltwahrnehmung und Isolationsfurcht in bezug auf die verschiedenen sozialen Kreise: Familie, dann Freunde, Bekannte, dann Arbeitskollegen und schließlich die anonyme Öffentlichkeit?

20 Lassen sich aus dem Zeitgeist, der Kultur- und Sozialgeschichte oder den Lebensumständen des Autors Rückschlüsse auf seine persönliche Sichtweise der Phänomene öffentliche Meinung bzw. Öffentlichkeit ziehen?

21 Wo hat der Fragebogen versagt? Wo fanden sich in dem Werk explizite oder implizite Aussagen über öffentliche Meinung oder Öffentlichkeit, die Sie mit dem Fragebogen nicht erfassen konnten?

Literaturverzeichnis

ALBERTINI, RUDOLF VON, 1951: Das politische Denken in Frankreich zur Zeit Richelieus. (Beihefte zum Archiv für Kulturgeschichte, Heft 1) Marburg: Simons Verlag

ALBRECHT, ANGELIKA, 1983: Lachen und Lächeln – Isolation oder Integration? Magisterarbeit. Mainz: Johannes Gutenberg-Universität

ALLPORT, FLOYD H., 1937: »Toward a Science of Public Opinion.« Public Opinion Quarterly, Vol. 1, No. 1, S. 7–23

ALVERDES, FRIEDRICH WILHELM, 1925: Tiersoziologie; Forschungen zur Völkerpsychologie und -soziologie. Hg.: Richard Thurn, Band 1. Leipzig: Hirschfeld

ARISTOTELES, 1986[6]: Politik. Übersetzt und hg. von Olof Gigon. München: Deutscher Taschenbuch Verlag

ASCH, SOLOMON E., 1951: »Effects of Group Pressure upon the Modification and Distortion of Judgments.« H. Guetzkow (Hg.): Groups, Leadership, and Men. Pittsburgh: Carnegie – Nachgedruckt 1953: Dorwin Cartwright/Alvin Zander (Hg.): Group Dynamics. Research and Theory. Evanston, Ill./New York: Row, Peterson and Comp., S. 151–162

ASCH, SOLOMON E., 1952: »Group Forces in the Modification and Distortion of Judgments.« Social Psychology. New York: Prentice Hall Inc., S. 450–473

BADER-WEISS, G./K. S. BADER, 1935: Der Pranger. Ein Strafwerkzeug und Rechtswahrzeichen des Mittelalters. Freiburg: Jos. Waibel'sche Verlagsbuchhandlung

BANDURA, ALBERT, 1968: »Imitation.« International Encyclopedia of the Social Sciences. New York: The Macmillan Company & The Free Press, Vol. 7, S. 96–101

BARBER, BERNARD/LYLE S. LOBEL, 1953: »›Fashion‹ in Women's Clothes and the American Social System.« Reinhard Bendix/Seymour Martin Lipset (Hg.): Class, Status and Power. A Reader in Social Stratification. Glencoe, Ill.: The Free Press, S. 323–332

BAUER, WILHELM, 1914: Die öffentliche Meinung und ihre geschichtlichen Grundlagen. Tübingen: J. C. B. Mohr (Paul Siebeck)

BENIGER, JAMES R., 1978: »Media Content as Social Indicators. The Greenfield Index of Agenda-Setting.« Communication Research 5, S. 437–453

BENTHAM, JEREMY, 1838–1843, 1962: »The constitutional Code, Book I, Chapter VIII: Public-Opinion Tribunal.« John Bowring: The Works of Jeremy Bentham, Vol. 9, New York: Russel & Russel, S. 41–46

Berlyne, D. E., 1969: »Laughter, Humor, and Play.« Gardner Lindzey/Elliot Aronson (Hg.): The Handbook of Social Psychology. Second Edition, Vol. 3. Reading, Mass.: Addison-Wesley Publishing Comp., S. 795–852

Beyle, Herman C., 1931: Identification and Analysis of Attribute-Cluster-Blocs. Chicago: University of Chicago Press

Blake, Robert R./Jane Suygley Mouton, 1954: »Present and Future Implications of Social Psychology for Law and Lawyers.« Journal of Public Law, Vol. 3, S. 352–369

Boas, George, 1969: Vox Populi: Essays in the History of an Idea. Baltimore: The Johns Hopkins Press

Braatz, Kurt, 1988: Friedrich Nietzsche – Eine Studie zur Theorie der öffentlichen Meinung. (Monographien und Texte zur Nietzsche-Forschung, Bd. 18) Berlin/New York: de Gruyter

Bryce, James, 1888, 1889: The American Commonwealth. 2 Bände. London: Macmillian

Bucher, Lothar, 1887: »Über politische Kunstausdrücke.« Deutsche Revue XII, S. 67–80

Burke, Edmund, 1791, 1975: »An Appeal from the New to the Old Whigs.« Edmund Burke, 1887: The Works. Twelve Volumes in Six, Vol. III/IV. Neudruck: Hildesheim/New York: Georg Olms, Vol. IV, S. 61–215

Carson, Rachel, 1962: Silent Spring. Boston: Houghton Mifflin Co. (wiederabgedruckt 1977: New York: Fawcett)

Cartwright, Dorwin/Alvin Zander (Hg.), 1953, 1968: Group Dynamics. Research and Theory. Third Edition. New York/Evanston/London: Harper & Row

Childs, Harwood L., 1965: Public Opinion: Nature. Formation, and Role. Princeton, N. J./Toronto/New York/London: D. van Nostrand Company, Inc.

Choderlos de Laclos, 1782: Les liaisons dangereuses. – Deutsch, 1909: Gefährliche Liebschaften. München: Verlag des Hyperion Hans von Weber

Chulia-Rodrigo, Maria Elisa, 1989: Die öffentliche Meinung in Cervantes' Roman »Don Quijote von der Mancha.« Magisterarbeit. Mainz: Johannes Gutenberg-Universität

Cicero, 1980³: Atticus-Briefe. Lateinisch und Deutsch. Hg. von H. Kasten. München/Zürich: Artemis

Clark, Terry N., 1969: Gabriel Tarde on Communication and Social Influence. Selected Papers. Chicago/London: The University of Chicago Press

Conradt, David P., 1978: »The 1976 Campaign and Election: An Overview.« Karl H. Cerny: Germany at the Polls. The Bundestag Election of 1976. Washington, D. C.: American Enterprise Institute for Public Policy Research, S. 29–56

Darwin, Charles, 1873: The Expression of the Emotions in Man and Animals. London: Murray

Davison, W. Phillips, 1968: »Public Opinion. Introduction.« David L. Sills (Hg.): International Encyclopedia of the Social Sciences. New York: The Macmillan Company & The Free Press, Vol. 13, S. 188–197

Deisenberg, Anna Maria, 1986: Die Schweigespirale – Die Rezeption des Modells im In- und Ausland. Nachwort: Elisabeth Noelle-Neumann. München: Minerva-Saur

DESCARTES, RENÉ, 1641, 1964: Œuvres, Band 7: Meditationes de Prima Philosophia. Hg. von Charles Adam/Paul Tannery. Paris: Librairie Philosophique J. Vrin

DICEY, ALBERT V., 1905: Lectures on the Relation Between Law and Public Opinion in England, During the Nineteenth Century. London: Macmillan

DICEY, ALBERT V., 1905, 1962: Law and Public Opinion in England. London: Macmillan

DONSBACH, WOLFGANG/ROBERT L. STEVENSON, 1986: »Herausforderungen, Probleme und empirische Evidenzen der Theorie der Schweigespirale.« Publizistik, Jg. 31, Heft 1–2, S. 7–34

DOVIFAT, EMIL, 1937, 1962[4]: Zeitungslehre. 1. Band. Berlin: Walter de Gruyter & Co. (Sammlung Göschen, Band 1039)

DÜLMEN, RICHARD VAN, 1977: Reformation als Revolution: Soziale Bewegung und religiöser Radikalismus. München: Deutscher Taschenbuchverlag (dtv-Wissensch. Reihe 4273)

ECKERT, WERNER, 1985: Zur öffentlichen Meinung bei Machiavelli – Mensch, Masse und die Macht der Meinung. Magisterarbeit. Mainz: Johannes Gutenberg-Universität

ECKSTEIN, HARRY, 1966: Division and Cohesion in Democracy. A Study of Norway. Princeton, N. J.: Princeton University Press

ERASMUS VON ROTTERDAM, 1516, 1968: Fürstenerziehung. Institutio Principis Christiani. Die Erziehung eines christlichen Fürsten. Einführung, Übersetzung und Bearbeitung von Anton J. Gail. Paderborn: Schöningh

EWEN, WOLFGANG, WOLFGANG HEININGER, SABINE HOLICKI, AXEL HOPBACH, ELMAR SCHLÜTER, 1981/82: Selbstexperiment: Isolationsdrohung. Seminararbeit. Mainz: Institut für Publizistik der Johannes Gutenberg-Universität

FESTINGER, LEON, 1957: A Theory of Cognitive Dissonance. Evanston, Illinois: Row, Peterson and Comp.

FIELDS, JAMES M./HOWARD SCHUMAN, 1976: »Public beliefs about the beliefs of the public.« Public Opinion Quarterly. Vol. 40, S. 427–448

FRAME, DONALD M., 1965: Montaigne. A Biography. New York: Harcourt, Brace & World

FREY, SIEGFRIED, H.-P. HIRSBRUNNER, J. POOL, W. DAW, 1981: Das Berner System zur Untersuchung nonverbaler Interaktion. Peter Winkler (Hg.): Methoden der Analyse von Face-to-Face-Situationen. Stuttgart: Metzler

FRISCH, MAX, 1958, 1979[6]: »Öffentlichkeit als Partner.« Max Frisch: Öffentlichkeit als Partner. Frankfurt/Main: Suhrkamp

FROMM, ERICH, 1979: Sigmund Freuds Psychoanalyse – Größe und Grenzen. Stuttgart: Deutsche Verlagsanstalt

FUNKHOUSER, G. R., 1973: »The Issues of the Sixties: An Exploratory Study in the Dynamics of Public Opinion.« Public Opinion Quarterly, Vol. 37, S. 62–73

GAIL, ANTON J., 1981[3]: Erasmus von Rotterdam in Selbstzeugnissen und Bilddokumenten. Reinbek: Rowohlt

GALLACHER, S. A., 1945: »Vox populi, vox Dei.« Philological Quarterly, Vol. XXIV, January, S. 12–19

GANOCHAUD, COLETTE, 1977–1978: L'opinion publique chez Jean-Jacques Rousseau. Université de Paris V – René Descartes. Sciences Humaines. Sorbonne, Tomes I + II

GEHLEN, ARNOLD, 1965: Zeit-Bilder. Zur Soziologie und Ästhetik der modernen Malerei: Frankfurt/Bonn: Athenäum

GELDNER, FERDINAND, 1930: »Die Staatsauffassung und Fürstenlehre des Erasmus von Rotterdam.« Historische Studien, Heft 191, Berlin

GERBER, CHRISTINE, 1975: Der Begriff der öffentlichen Meinung im Werk Rousseaus. Magisterarbeit. Mainz: Johannes Gutenberg-Universität

GERSDORFF, CARL (ERNST AUGUST) VON, 1846: Ueber den Begriff und das Wesen der oeffentlichen Meinung. Ein Versuch. Jena: Verlag von J. G. Schreiber

GLANVILL, JOSEPH, 1661: The Vanity of Dogmatizing: or Confidence in Opinions. Manifested in a Discourse of the Shortneß and Uncertainty of our Knowledge. And its Causes: With some Reflexions on Peripateticism; and An Apology for Philosophy. London: E. C. for Henry Eversden at the Grey-Hound in St. Pauls-Church-Yard

GLYNN, CARROLL J./JACK M. MCLEOD, 1985: »Implications of the Spiral of Silence Theory for Communication and Public Opinion Research.« Keith R. Sanders/ Linda Lee Kaid/Dan Nimmo (Hg.): Political Communication Yearbook 1984. Carbondale/Edwardsville: Southern Illinois University Press, S. 43–65

GOETHE, JOHANN WOLFGANG, 1964[2]: Werke, Briefe und Gespräche, Gedenkausgabe, hg. von Ernst Beutler. Band 14: Schriften zur Literatur, Kapitel: Weltliteratur, Homer noch einmal. Zürich/Stuttgart: Artemis

GOFFMAN, ERVING, 1956: »Embarrassment and Social Organization.« The American Journal of Sociology, Vol. 62, No. 3, S. 264–271

GOFFMAN, ERVING, 1963: Stigma. Notes on the Management of Spoiled Identity. Englewood Cliffs: Prentice-Hall, Inc.

GOFFMAN, ERVING, 1963: Behavior in Public Places. Notes on the Social Organization of Gatherings. New York: The Free Press

HABERMAS, JÜRGEN, 1962: Strukturwandel der Öffentlichkeit. Untersuchungen zu einer Kategorie der bürgerlichen Gesellschaft: Neuwied: Hermann Luchterhand

HALLEMANN, MICHAEL, 1984: Peinlichkeit als Indikator. Theorie der Peinlichkeit – demoskopische Analyse – Bezüge zur Publizistikwissenschaft unter besonderer Berücksichtigung des Phänomens Öffentlichkeit. Magisterarbeit. Mainz: Johannes Gutenberg-Universität

HALLEMANN, MICHAEL, 1986: »Peinlichkeit und öffentliche Meinung.« Publizistik, 31. Jg., Heft 3–4, S. 249–261

HALLEMANN, MICHAEL, 1989: Peinlichkeit. Ein Ansatz zur Operationalisierung von Isolationsfurcht im sozialpsychologischen Konzept öffentlicher Meinung. Diss. phil. Mainz: Johannes Gutenberg-Universität

HALLER, WILLIAM, 1965: Tracts on Liberty in the Puritan Revolution 1638–1647, Vol. 1, Commentary. New York: Octagon Books

HARIG, LUDWIG, 1978: »Rousseau sieht das Weiße im Auge des Königs. Ein literaturhistorischer Rückblick.« Die Welt, Nr. 71, 25. März 1978

HAVILAND, JOHN BEARD, 1977: Gossip, Reputation, and Knowledge in Zinacantan. Chicago: University of Chicago Press

HEGEL, GEORG WILHELM FRIEDRICH, 1821, 1970: Werke in zwanzig Bänden. Band 7: Grundlinien der Philosophie des Rechts. Frankfurt/Main: Suhrkamp. S. 485 f., § 318

HEIDER, FRITZ, 1946: »Attitudes and Cognitive Organization.« The Journal of Psychology. Vol. 21, S. 107–112

HENNIS, WILHELM, 1957: Meinungsforschung und repräsentative Demokratie. Zur Kritik politischer Umfragen. Tübingen: J. C. B. Mohr (Paul Siebeck)

HENNIS, WILHELM, 1957: »Der Begriff der öffentlichen Meinung bei Rousseau.« Archiv für Rechts- und Sozialphilosophie, Band XLIII, S. 111–115

HENTIG, HANS VON, 1954–1955: Die Strafe. Frühformen und kulturgeschichtliche Zusammenhänge. Berlin/Göttingen/Heidelberg: Springer

HESIOD, 1936: Sämtliche Werke. Deutsch von Thassilo von Scheffer. Wien: Phaidon: »Werke und Tage, V.«

HOBBES, THOMAS, 1650, 1889, 1969: The Elements of Law. Natural and Politic. London: Frank Cass & Co.

HOFSTÄTTER, PETER ROBERT, 1949: Die Psychologie der öffentlichen Meinung. Wien: Wilhelm Braumüller

HOLICKI, SABINE, 1984: Isolationsdrohung – Sozialpsychologische Aspekte eines publizistikwissenschaftlichen Konzepts. Magisterarbeit. Mainz: Johannes Gutenberg-Universität

HOLTZENDORFF, FRANZ VON, 1879, 1880: Wesen und Werth der öffentlichen Meinung. München: M. Riegersche Universitäts-Buchhandlung (Gustav Himmer)

HUME, DAVID, 1739/1740, 1896: A Treatise of Human Nature. Reprinted from the Original Edition in Three Volumes and edited by L. A. Selby-Bigge. Oxford: At The Clarendon Press – Deutsch 1978: Ein Traktat über die menschliche Natur. Übersetzt von Theodor Lipps, hg. von Reinhard Brandt, Band I und II. Hamburg: Felix Meiner

HUME, DAVID, 1741/1742, 1963: Essays Moral, Political, and Literary. London: Oxford University Press

HUME, DAVID, 1751, 1962: Untersuchung über die Prinzipien der Moral. Übersetzt, eingeleitet und mit Register versehen von Carl Winckler. Hamburg: Felix Meiner

Hyman, Herbert H., 1957: »Toward a Theory of Public Opinion.« Public Opinion Quarterly, Vol. XXI, No. 1, S. 54–60

IHERING, RUDOLPH VON, 1883: Der Zweck im Recht. 2. Band. Leipzig: Breitkopf & Härtel

INSTITUT FÜR DEMOSKOPIE ALLENSBACH, 1952: Die Stimmung im Bundesgebiet. Oktober 1952. Grafik

JÄCKEL, ANNE, 1988: Ungeschriebene Gesetze im Lichte der sozialpsychologischen Theorie öffentlicher Meinung. Magisterarbeit. Mainz: Johannes Gutenberg-Universität

JAHODA, MARIE, 1969, 1973: »Konformität und Unabhängigkeit – Eine psychologische Analyse.« Martin Irle/M. v. Cranach/H. Vetter (Hg.): Texte aus der experimentellen Sozialpsychologie (Soziologische Texte, Band 45). Neuwied: Luchterhand, S. 538–572 – Erstveröffentlichung englisch, 1959: »Conformity and Independence. A Psychological Analysis.« Human Relations 12, S. 99–120

JÜNGER, ERNST, 1962: Der Waldgang. Frankfurt/Main: Klostermann

KAISER, JOSEPH H., 1975: »Sozialauffassung, Lebenserfahrung und Sachverstand in der Rechtsfindung.« Neue Juristische Wochenschrift, Heft 49

KANT, IMMANUEL, 1781, 6. rev. Auflage 1923: Kritik der reinen Vernunft. Hg. von Benno Erdmann. Berlin/Leipzig: Walter de Gruyter

KATZ, ELIHU, 1981: »Publicity and Pluralistic Ignorance: Notes on ›The Spiral of Silence‹.« Horst Baier/Hans Mathias Kepplinger/Kurt Reumann (Hg.): Öffentliche Meinung und sozialer Wandel. Public Opinion and Social Change. Für Elisabeth Noelle-Neumann. Opladen: Westdeutscher Verlag, S. 28–38

KEPPLINGER, HANS MATHIAS, 1975: Realkultur und Medienkultur. Literarische Karrieren in der Bundesrepublik. Freiburg, München: Karl Alber

KEPPLINGER, HANS MATHIAS/HERBERT ROTH, 1978: »Kommunikation in der Ölkrise des Winters 1973/74.« Publizistik, Jg. 23, Heft 4, S. 377–428. – Englisch 1979: »Creating a Crisis: German Mass Media and Oil Supply in 1973/74.« Public Opinion Quarterly, Vol. 43, S. 285–296

KEPPLINGER, HANS MATHIAS/MICHAEL HACHENBERG, 1979: »The Challenging Minority. A Study in Social Change.« Vortrag auf der Jahreskonferenz der International Communication Association in Philadelphia, Mai 1979

KEPPLINGER, HANS MATHIAS, 1979: »Ausgewogen bis zur Selbstaufgabe? Die Fernsehberichterstattung über die Bundestagswahl 1976 als Fallstudie eines kommunikationspolitischen Problems.« Media Perspektiven, Heft 11, S. 750–755

KEPPLINGER, HANS MATHIAS, 1980: »Optische Kommentierung in der Fernsehberichterstattung über den Bundestagswahlkampf 1976.« Thomas Ellwein (Hg.): Politikfeld-Analysen 1979. Opladen: Westdeutscher Verlag, S. 163–179

KEPPLINGER, HANS MATHIAS, 1980: »Kommunikation im Konflikt. Gesellschaftliche Bedingungen kollektiver Gewalt.« Mainzer Universitätsgespräche, Mainz

KEPPLINGER, HANS MATHIAS, 1987: Darstellungseffekte. Experimentelle Untersuchungen zur Wirkung von Pressefotos und Fernsehfilmen. Freiburg, München: Karl Alber

KEPPLINGER, HANS MATHIAS, 1988: »Die Kernenergie in der Presse. Eine Analyse zum Einfluß subjektiver Faktoren auf die Konstruktion von Realität.« Kölner Zeitschrift für Soziologie und Sozialpsychologie, 40. Jg., S. 659–683

KEPPLINGER, HANS MATHIAS, 1989: Künstliche Horizonte. Folgen, Darstellung und Akzeptanz von Technik in der Bundesrepublik Deutschland. Frankfurt/Main: Campus Verlag

KEPPLINGER, HANS MATHIAS, 1989: »Nonverbale Kommunikation: Darstellungseffekte.« Fischer Lexikon Publizistik – Massenkommunikation. Hg. von Elisabeth Noelle-Neumann, Winfried Schulz, Jürgen Wilke. Frankfurt/Main: Fischer Taschenbuch Verlag, S. 241–255

KLAPP, ORRIN E., 1954: »Heros, Villains, and Fools, as Agents of Social Control.« American Sociological Review. Vol. 19, No. 1, S. 56–62

KÖNIG, RENÉ, 1967: »Das Recht im Zusammenhang der sozialen Normensysteme.« Ernst E. Hirsch/Manfred Rehbinder (Hg.): Studien und Materialien zur Rechtssoziologie. Kölner Zeitschrift für Soziologie und Sozialpsychologie, Sonderheft 11, S. 36–53

LAMP, ERICH, 1988: Öffentliche Meinung im Alten Testament. Eine Untersuchung der sozialpsychologischen Wirkungsmechanismen öffentlicher Meinung in Texten alttestamentlicher Überlieferung von den Anfängen bis in babylonische Zeit. Diss. phil. Mainz: Johannes Gutenberg-Universität

LANDECKER, WERNER S., 1950: »Types of Integration and Their Measurement.« American Journal of Sociology, Vol. 56, S. 332–340 (nachgedruckt 1955: Paul F. Lazarsfeld/Morris Rosenberg: The Language of Social Research. A Reader in the Methodology of Social Research. New York/London: The Free Press/Collier-Macmillan, S. 19–27)

LAPIERE, RICHARD T., 1954: A Theory of Social Control. New York/London/Toronto: McGraw-Hill

LAWICK-GOODALL, JANE VAN, 1971: In the Shadow of Man. Boston: Houghton Mifflin – Deutsch 1971: Wilde Schimpansen. Reinbek: Rowohlt

LAZARSFELD, PAUL F./BERNARD BERELSON/HAZEL GAUDET, 1944, 1948, 1968: The People's Choice. How the voter makes up his mind in a presidential campaign. New York: Duell, Sloan and Pearce. 3. Aufl. New York, 1968: Columbia University Press. – Deutsch, 1969: Wahlen und Wähler. Soziologie des Wahlverhaltens (Soziologische Texte). Neuwied: Luchterhand

LAZARSFELD, PAUL F., 1957: »Public Opinion and the Classical Tradition.« Public Opinion Quarterly, Vol. 21, No. 1, S. 39–53

LE GOFF, JACQUES, 1989: »Kann denn Lachen Sünde sein? Die mittelalterliche Geschichte einer sozialen Verhaltensweise.« Frankfurter Allgemeine Zeitung, Nr. 102, 3. Mai 1989, S. N3

LEONHARDT, R. W., 1965: »Der Kampf der Meinungsforscher. Elisabeth Noelle-Neumann: ›Ich würde mich gar nicht wundern, wenn die SPD gewänne‹.« Die Zeit, 17. September 1965

LERSCH, PHILIPP, 1951: Gesicht und Seele. Grundlinien einer mimischen Diagnostik. München, Basel: Reinhardt

LEWIN, KURT, 1935–1946, 1948: Resolving Social Conflicts: Selected Papers on Group Dynamics. Ed. by Gertrud W. Lewin. A Publication of the University of Michigan Research Center for Group Dynamics. New York: Harper

LEWIN, KURT, 1947: »Group Decision and Social Change.« Theodore M. Newcomb/Eugene L. Hartley (Hg.): Readings in Social Psychology. New York: Henry Holt and Company, S. 330–344

LIMMER, WOLFGANG, 1976: »Wem schrei ich um Hilfe?« Der Spiegel, Nr. 41, S. 236–239

LIPPMANN, WALTER, 1922, 1954[14]: Public Opinion. New York: The Macmillan Comp. – Taschenbuchausgabe 1965: New York: The Free Press – Deutsch 1964: Die öffentliche Meinung. München: Rütten + Loening

LOCKE, JOHN, 1690, 1894: An Essay Concerning Human Understanding. 1671 entworfen. Historisch-kritische Ausgabe. Hg. von Alexander Campbell Fraser. Oxford: At the Clarendon Press

LOCKE, JOHN, 1690, 1976: Über den menschlichen Verstand. Hamburg: Felix Meiner (Philosophische Bibliothek, Bd. 75/76), übersetzt von C. Winckler, 3. Auflage, unveränderter Nachdruck in einem Band

LORENZ, KONRAD, 1963, 1964[6]: Das sogenannte Böse. Zur Naturgeschichte der Aggression. Wien: Dr. G. Borotha-Schoeler

LUHMANN, NIKLAS, 1971: »Öffentliche Meinung.« Politische Planung. Aufsätze zur Soziologie von Politik und Verwaltung. Opladen: Westdeutscher Verlag, S. 9–34. Erstveröffentlichung 1970: Politische Vierteljahresschrift, 11. Jg., Heft 1, S. 2–28; wiederabgedruckt 1974 in: Wolfgang R. Langenbucher (Hg.): Zur Theorie der politischen Kommunikation. München: R. Piper & Co., S. 27–54, 311–317; und 1979 in: Wolfgang R. Langenbucher (Hg.): Politik und Kommunikation. Über die öffentliche Meinungsbildung. München/Zürich: R. Piper & Co., S. 29–61

MACHIAVELLI, NICCOLO, 1514, 1978: Der Fürst. Übersetzt und hg. von Rudolf Zorn. Stuttgart: Alfred Kröner

MACHIAVELLI, NICCOLO, 1950: The Prince and the Discourses. New York: Random House Inc.

MCCOMBS, M. E./D. SHAW, 1972: »The Agenda-Setting Function of Mass Media.« Public Opinion Quarterly, Vol. 36. S. 176–187

MCDOUGALL, WILLIAM, 1920, 1921: The Group Mind. Cambridge: At the University Press

MCLEOD, J. M./L. B. BECKER/J. E. BYRNES, 1974: »Another Look at the Agenda-Setting Function of the Press.« Communication Research 1, S. 131–166

MADISON, JAMES, 1788, 1961: »The Federalist No. 49, February 2. 1788.« Jacob E. Cooke: The Federalist. Middletown, Conn.: Wesleyan University Press, S. 338-347

MALRAUX, ANDRÉ, 1971: Les chênes qu'on abat . . . Paris: Gallimard–Deutsch, 1972: Eichen, die man fällt. Übersetzt von Carlo Schmid. Frankfurt: S. Fischer

MATHES, SABINE, 1989: Die Einschätzung des Meinungsklimas im Konflikt um die Kernenergie durch Personen mit viel und wenig Fernsehnutzung. Magisterarbeit. Mainz: Johannes Gutenberg-Universität

MEAD, GEORGE HERBERT, 1934, 1968: Geist, Identität und Gesellschaft aus der Sicht des Sozialbehaviorismus. Frankfurt/Main: Suhrkamp (Titel der Originalausgabe: Mind, Self, and Society. From the standpoint of a social behaviorist. Chicago: University of Chicago Press 1934)

MEAD, MARGARET, 1937: »Public Opinion Mechanisms Among Primitive Peoples.« Public Opinion Quarterly, Vol. 1, July, S. 5–16

MERTON, ROBERT K., 1949, 1968: Social Theory and Social Structure. Toward the Codification of Theory and Research. New York: The Free Press

MILGRAM, STANLEY, 1961: »Nationality and Conformity.« Scientific American, Vol. 205, S. 45–51

MOLCHO, SAMY, 1983: Körpersprache. München: Mosaik-Verlag

MONTAIGNE, MICHEL DE, 1588, 1902: Les Essais. Hg. von Fortunat Strowsky. Bordeaux: F. Pech

MONTAIGNE, MICHEL DE, 1588, 1962: »Essais«. Œuvres complètes. Hg. von Maurice Rat/Albert Thibaut. Paris: Gallimard

MONTAIGNE, MICHEL DE, 1908: Versuche. 1. Buch. Berlin: Wiegandt & Grieben

MONTAIGNE, MICHEL DE, 1908–1915: Gesammelte Schriften. Hg. von Otto Flake/Wilhelm Weigand, übersetzt von J. J. Bode. Band 1–6, München, Leipzig: G. Müller, München, Berlin: G. Müller

MORENO, JACOB L., 1934, 1953: Who Shall Survive? Foundations of Sociometry, Group Psychotherapy and Sociodrama. Rev. & enl. ed. Beacon, N. Y.: Beacon House

MRESCHAR, RENATE I., 1979: »Schmidt war besser im Bild als Kohl. Universität analysierte Kameraarbeit bei der TV-Berichterstattung vor der Bundestagswahl 76.« Frankfurter Rundschau, Nr. 225, 1. November 1979, S. 26

MÜLLER, JOHANNES VON, 1777, 1819: »Zuschrift an alle Eidgenossen.« Johannes von Müller: Sämmtliche Werke. Siebenundzwanzigster Theil. (Nachlese kleiner historischer Schriften). Hg. von Johann Georg Müller. Tübingen: J. G. Cotta'sche Buchhandlung, S. 24–50

MURIE, ADOLPH, 1944: The wolves of Mount McKinley. Washington: U. S. Nat. Park Serv., Fauna Ser. 5

NAGLER, JOHANNES, 1918, 1970: Die Strafe. Eine juristisch-empirische Untersuchung. Aalen: Scientia (Neudruck der Ausgabe Leipzig 1918)

NEUMANN, ERICH PETER/ELISABETH NOELLE, 1961: Umfragen über Adenauer. Ein Porträt in Zahlen. Allensbach/Bonn: Verlag für Demoskopie

NIBELUNGENLIED, DAS, 1965: In der Übersetzung von Felix Genzmer. Stuttgart: Reclam

NIETZSCHE, FRIEDRICH, 1967 ff.: »Zur Genealogie der Moral. – Dritte Abhandlung: was bedeuten asketische Ideale?«, § 12. Friedrich Nietzsche: Werke. Kritische Gesamtausgabe. Hg. von Giorgio Colli/Mazzino Montinari. Berlin/New York: de Gruyter, VI, 2

NOELLE, ELISABETH, 1966: Öffentliche Meinung und Soziale Kontrolle. (Recht und Staat, Heft 329). Tübingen: J. C. B. Mohr (Paul Siebeck)

NOELLE-NEUMANN, ELISABETH, 1973: »Return to the Concept of Powerful Mass Media.« Studies of Broadcasting, No. 9, March 1973, S. 67–112

NOELLE-NEUMANN, ELISABETH, 1973: »Kumulation, Konsonanz und Öffentlichkeitseffekt. Ein neuer Ansatz zur Analyse der Wirkung der Massenmedien.« Publizistik, 18. Jg., Heft 1, S. 26–55; wiederabgedruckt 1977, 1979 in: Elisabeth Noelle-Neumann: Öffentlichkeit als Bedrohung. Beiträge zur empirischen Kommunikationsforschung (Alber-Broschur Kommunikation, Band 6). Freiburg, München: Karl Alber, S. 127–168; 1987 in: Maximilian Gottschlich (Hg.): Massenkommunikationsforschung. Theorieentwicklung und Problemperspektiven. Studienführer zur Publizistik- und Kommunikationswissenschaft. Wien: Braumüller, S. 155–181

NOELLE-NEUMANN, ELISABETH, 1974: »Die Schweigespirale. Über die Entstehung der öffentlichen Meinung.« Ernst Forsthoff/Reinhard Hörstel (Hg.): Standorte im Zeitstrom. Festschrift für Arnold Gehlen zum 70. Geburtstag am 29. Januar 1974. Frankfurt/Main: Athenäum, S. 299–330. – Wiederabgedruckt 1977, 1979 in: Elisabeth Noelle-Neumann: Öffentlichkeit als Bedrohung. Beiträge zur empirischen Kommunikationsforschung (Alber-Broschur Kommunikation, Band 6). Freiburg/München: Karl Alber, S. 169–203

NOELLE-NEUMANN, ELISABETH, 1977: »Turbulences in the Climate of Opinion: Methodological Applications of the Spiral of Silence Theory.« Public Opinion Quarterly, Vol. 41, S. 143–158

NOELLE-NEUMANN, ELISABETH, 1977: »Das doppelte Meinungsklima. Der Einfluß des Fernsehens im Wahlkampf 1976.« Politische Vierteljahresschrift, 18. Jg., Heft 2–3, S. 408–451; wiederabgedruckt in: Elisabeth Noelle-Neumann, 1980: Wahlentscheidung in der Fernsehdemokratie. Freiburg, Würzburg: Ploetz S. 77–115

NOELLE-NEUMANN-ELISABETH, 1978: »Kampf um die öffentliche Meinung. Eine vergleichende sozialpsychologische Analyse der Bundestagswahlen 1972 und 1976.« Dieter Just, Peter Röhrig (Hg.): Entscheidung ohne Klarheit. Anmerkungen und Materialien zur Bundestagswahl 1976 (Schriftenreihe der Bundeszentrale für politische Bildung, Band 127). Bonn, S. 125–167; wiederabgedruckt in: Elisabeth Noelle-Neumann, 1980: Wahlentscheidung in der Fernsehdemokratie. Freiburg, Würzburg: Ploetz, S. 144–190

NOELLE-NEUMANN, ELISABETH, 1979: »Die Führungskrise der CDU im Spiegel einer Wahl. Analyse eines dramatischen Meinungsumschwungs.« Frankfurter Allgemeine Zeitung, Nr. 72, 26. März 1979, S. 10

NOELLE-NEUMANN, ELISABETH, 1981: »Das Bundesverfassungsgericht und die ungeschriebenen Gesetze – Antwort an Ernst Benda.« Die Öffentliche Verwaltung, 35. Jg., Heft 21, S. 883–888

NOELLE-NEUMANN, ELISABETH, 1985: »The Spiral of Silence. A Response.« Keith R. Sanders/Lynda Lee Kaid/Dan Nimmo (Hg.): Political Communication Yearbook 1984. Carbondale/Edwardsville: Southern Illinois University Press, S. 66–94

NOELLE-NEUMANN, ELISABETH, 1989: »Advances in Spiral of Silence Research.« KEIO Communication Review, Vol. 10, S. 3–34

NOELLE-NEUMANN, ELISABETH, 1989: »Die Theorie der Schweigespirale als Instrument der Medienwirkungsforschung.« Max Kaase/Winfried Schulz (Hg.): Massenkommunikation. Opladen: Westdeutscher Verlag (Sonderheft 30 der Kölner Zeitschrift für Soziologie und Sozialpsychologie)

NOSANCHUK, T. A./JACK LIGHTSTONE, 1974: »Canned Laughter and Public and Private Conformity.« Journal of Personality and Social Psychology, Vol. 29, No. 1, S. 153–156

O'GORMAN, HUBERT/STEPHEN L. GARRY, 1976: »Pluralistic ignorance – a replication and extension.« Public Opinion Quarterly. Vol. 40, S. 449–458

ONCKEN, HERMANN, 1914: »Politik, Geschichtschreibung und öffentliche Meinung« (1904). Historisch-politische Aufsätze und Reden. 1. Band. München/Berlin: R. Oldenbourg, S. 203-243

OSGOOD, CHARLES E./GEORGE J. SUCI/PERCY H. TANNENBAUM, 1957, 1964[4]: The Measurement of Meaning. Urbana, III.: University of Illinois Press

OSTERTAG, MICHAEL, 1986: Nonverbales Verhalten im Fernsehinterview. Entwicklung eines Instruments zur Erfassung und Bewertung nichtsprachlicher Äußerungen von Politikern und Journalisten. Magisterarbeit. Mainz: Johannes Gutenberg-Universität

PASQUIER, ETIENNE, 1956: »Lettres XVIII.« Choix des lettres sur la littérature, la langue et la traduction. Hg. von Dorothy Thickett. Genf: Droz, S. 43–52

PETZOLT, DIETER, 1979: Öffentlichkeit als Bewußtseinszustand. Versuch einer Klärung der psychologischen Bedeutung. Magisterarbeit. Mainz: Institut für Publizistik der Johannes Gutenberg-Universität

PLATO, 1961: Laws. Band 2. Mit einer engl. Übersetzung hg. von R. G. Bury. London: W. Heinemann/Cambridge, Mass.: Harvard University Press

PLATON, 1578, o. J.: Ausgabe des Henricus Stephanus. Sämtliche Werke. Heidelberg: Lambert Schneider, Zweiter Band

PLATON, 1969[6]: Gesetze. In der Übersetzung von E. Loewenthal. Platon: Sämtliche Werke. Hg. von E. Loewenthal, Bd. 3, Köln: Olten

PRIBRAM, KARL, 1979: »Sehen, Hören, Lesen – und die Folgen im Kopf. Informationsverarbeitung im Gehirn.« Vortrag auf der gemeinsamen Fachtagung der DEUTSCHEN LESEGESELLSCHAFT E. V., der Stiftung in MEDIAS res und der Deutschen Gesellschaft für Publizistik und Kommunikationswissenschaft »Medienökologie – ein Zukunftsproblem unserer Gesellschaft. Auf dem Weg zum vollverkabelten Analphabeten?« am 27. April 1979 in Mainz

PRISCILLIANUS, 1889: Opera. Priscilliani quae supersunt. Maximem partem nuper detexit adiectisque commentariis criticis et indicibus primus edidit Georgius Schepss. Pragae, Vindobonae: F. Tempsky/Lipsiae: G. Freytag

RABELAIS, FRANÇOIS, 1955: Œuvres complètes: Texte établi et annoté par Jacques Boulenger. Ed. rev. et compl. par Lucien Scheler. Paris: Gallimard

RAFFEL, MICHAEL, 1984: »Der Schöpfer des Begriffes ›Öffentliche Meinung‹: Michel de Montaigne.« Publizistik, Jg. 29, Heft 1, S. 49–62

RAFFEL, MICHAEL, 1985: Michel de Montaigne und die Dimension Öffentlichkeit. Ein Beitrag zur Theorie der öffentlichen Meinung. Diss. phil. Mainz: Johannes Gutenberg-Universität

REIWALD, PAUL, 1948[3]: Vom Geist der Massen. Handbuch der Massenpsychologie. (Band I der Internationalen Bibliothek für Psychologie und Soziologie) Zürich: Pan-Verlag

RENAUDET, AUGUSTIN, 1954: Erasme et l'Italie. Genève: Librairie E. Droz

RICHELIEU, ARMAND DU PLESSIS CARDINAL DE, 1688, 1947: Testament Politique. Edition critique publiée avec une introduction et des notes par Louis André et une préface de Leon Noel. Paris: Robert Lafont

RICHTER, HORST E., 1976: Flüchten oder Standhalten. Hamburg: Rowohlt

ROEGELE, OTTO B., 1979: »Massenmedien und Regierbarkeit.« Wilhelm Hennis/Peter Graf Kielmansegg/Ulrich Matz (Hg.): Regierbarkeit. Studien zu ihrer Problematisierung, Band II. Stuttgart: Klett-Cotta, S. 177–210

ROSS, EDWARD ALSWORTH, 1901, 1929, 1969: Social Control. A Survey of the Foundations of Order. Mit einer Einführung von Julius Weinberg/Gisela J. Hinkle/Roscoe C. Hinkle. Cleveland/London: The Press of Case Western Reserve University (Erstveröffentlichung 1901 durch die Macmillan Company)

ROUSSEAU, JEAN-JACQUES, 1744, 1964: »Dépêches de Venise, XCI.« La Pléiade, Band 3. Paris: Gallimard, S. 1184

ROUSSEAU, JEAN-JACQUES, 1750/55, 1978[3]: Schriften zur Kulturkritik. Französisch-deutsche Ausgabe. Deutsche Übersetzung von Kurt Weigand. Hamburg: Felix Meiner

ROUSSEAU, JEAN-JACQUES, 1761, 1859[4]: Julie oder Die neue Héloïse, Band 1–4. Deutsche Übersetzung von C. Julius, Leipzig

ROUSSEAU, JEAN-JACQUES, 1762, 1959: Staat und Gesellschaft. Contrat Social. Deutsche Übersetzung von Kurt Weigand. München: Goldmann

ROUSSEAU, JEAN-JACQUES, 1762, 1962: »Du Contrat Social.« Du Contrat Social ou Principes du Droit Politique. Paris: Garnier Frères

ROUSSEAU, JEAN-JACQUES, 1762, 1963: Der Gesellschaftsvertrag. Deutsche Übersetzung von H. Denhardt. Stuttgart: Reclam

ROUSSEAU, JEAN-JACQUES, 1792, 1962: »Lettre à M. d'Alembert.« Du Contrat Social ou Principes du Droit Politique. Paris: Garnier Frères, S. 176

ROUSSEAU, JEAN-JACQUES, 1762, 1967: »Lettre à d'Alembert sur les Spectacles.« Paris: Garnier-Flammariche, S. 154

ROUSSEAU, JEAN-JACQUES, 1762, 1978: Emile oder Über die Erziehung. Deutsche Übersetzung von Eleonore Sckommodau. Stuttgart: Reclam

ROUSSEAU, JEAN-JACQUES,1766–1770, o. J.: Bekenntnisse. Deutsche Übersetzung von Levin Schücking, München

RUSCIANO, FRANK L., o. J.: »Passing Brave«: Elite Perspectives on the Machiavellian Tradition. A Masters Thesis, presented to the Department of Political Science of the University of Chicago. Vervielfältigtes Manuskript

(SALISBURY, JOHN) The Statesman's Book of John of Salisbury. Being the Fourth, Fifth, and Sixth Books, and Selections form the Seventh and Eighth Books, of the Policraticus. Translated into English with an Introduction by John Dickinson (1927). New York: Russell & Russel 1963

SHERIF, MUZAFER, 1936, 1965: The Psychology of Social Norms. New York: Octagon

SMEND, RUDOLF, 1928: Verfassung und Verfassungsrecht. München: Duncker & Humblot

SMEND, RUDOLF, 1956: »Integrationslehre.« Handwörterbuch der Sozialwissenschaften, Band 5. Stuttgart/Tübingen/Göttingen: Gustav Fischer/J. C. B. Mohr (Paul Siebeck)/Vandenhoeck & Ruprecht, S. 299–302

SMITH, BREWSTER M., 1970: »Some Psychological Perspectives on the Theory of Public Opinion.« Public Opinion Quarterly, Vol. XXXIV, No. 3, S. 454f.

SPEIER, HANS, 1950: »Historical Development of Public Opinion.« American Journal of Sociology, Vol. LV, No. 4, January, S. 376–388

SPENCER, HERBERT, 1879, 1966: »The Data of Ethics.« The Works of Herbert Spencer, Vol. 9, The Principles of Ethics, Part 1. (Reprint der Ed. 1892) Osnabrück: Otto Zeller, S. 1-303

SWIFT, JONATHAN, 1706, 1965: »Thoughts on Various Subjects.« Prose Works, Vol. 1: A Tale of a Tub. Oxford: Basil Blackwell

SCHLARB, ARMIN, 1984/85: Die Beziehung zwischen öffentlicher Meinung und symbolischem Interaktionismus. Seminararbeit. Mainz: Institut für Publizistik der Johannes Gutenberg-Universität

SCHLEGEL, FRIEDRICH, 1799: Lucinde. Berlin: Heinrich Frölich

SCHNEBERGER, DIETER, 1985: Die Idee des Zeitgeistes bei Ernst Jünger. Magisterarbeit. Mainz: Johannes Gutenberg-Universität

SCHÖNE, WALTER, 1939: Der Aviso des Jahres 1609. In Faksimiledruck hg. und mit einem Nachwort versehen. Leipzig: Otto Harrossowitz

SCHULMAN, GARY I., 1968: »The popularity of viewpoints and resistance to attitude change.« Journalism Quarterly, Vol. 45, S. 86–90

SCHULZ, WINFRIED, 1976: Die Konstruktion von Realität in den Nachrichtenmedien. Eine Analyse der aktuellen Berichterstattung (Alber-Broschur Kommunikation, Band 4). Freiburg: Karl Alber

STRELLER, SIEGFRIED, 1978[3]: Hutten – Müntzer – Luther. Werke in zwei Bänden. Band 1. Berlin/Weimar: Aufbau-Verlag

STROSS, BRIAN, 1978: »Gossip in Ethnography.« Reviews in Anthropology, S. 181–188

STURM, HERTHA/RUTH VON HAEBLER/REINHARD HELMREICH, 1972: Medienspezifische Lerneffekte. Eine empirische Studie zu Wirkungen von Fernsehen und Rundfunk (Schriftenreihe des Internationalen Zentralinstituts für das Jugend- und Bildungsfernsehen, Heft 5). München: TR-Verlagsunion

TAINE, H., 1877, 1916: Les origines de la France contemporaine. III. La Révolution l'Anarchie. Tome 1. Paris: Hachette

TARDE, GABRIEL, 1890: Les lois de l'imitation. Paris. – Englisch, 1903: The Laws of Imitation. New York: Holt

TARDE, GABRIEL, 1898: »Le public et la foule. La Revue de Paris.« Band 4

TARDE, GABRIEL, 1969: Communication and Social Influence. Chicago/London: The University of Chicago Press

T'HART, HARM, 1981: »People's Perceptions of Public Opinions.« Paper presented to the International Society of Political Psychology, Mannheim

THUKYDIDES, 1981³: Geschichte des Peleponnesischen Krieges. Hg. und übertragen von Georg Peter Landmann. München: Deutscher Taschenbuch Verlag

TISCHER, ANGELIKA, 1979: Der Begriff »Öffentliche Meinung« bei Tocqueville. Magisterarbeit. Mainz: Johannes Gutenberg-Universität

TOCQUEVILLE, ALEXIS DE, 1835, 1959: Über die Demokratie in Amerika. Band 1. Deutsche Übersetzung: Hans Zbinden. Stuttgart: Deutsche Verlangsanstalt

TOCQUEVILLE, ALEXIS DE, 1840, 1962: Über die Demokratie in Amerika. Band 2. Deutsche Übersetzung: Hans Zbinden, Stuttgart: Deutsche Verlangsanstalt

TOCQUEVILLE, ALEXIS DE, 1840, 1976: Über die Demokratie in Amerika. München: Deutscher Taschenbuchverlag, dtv-TB 6063

TOCQUEVILLE, ALEXIS DE, 1856: L'Ancien régime et la révolution. – Deutsch, 1857: Das alte Staatswesen und die Revolution. Leipzig

TOCQUEVILLE, ALEXIS DE, 1935: Autorität und Freiheit. Zürich/Leipzig: Rascher

TACQUEVILLE, ALEXIS DE, 1967²: Das Zeitalter der Gleichheit. (Auswahl aus Werken und Briefen). Deutsche Übersetzung: S. Landshut. Köln/Opladen: Westdeutscher Verlag

TÖNNIES, FERDINAND, 1922: Kritik der öffentlichen Meinung. Berlin: Julius Springer

TROTTER, WILFRIED, 1916: Instincts of the Herd in Peace and War. London: T. Fisher Unwin

TUCHOLSKY, KURT, 1975⁴: Schnipsel. Hg. von Mary Gerold-Tucholsky/Fritz J. Raddatz. Reinbek: Rowohlt

TURNBULL, COLIN M., 1961: The Forest People. A Study of the Pygmies of the Congo. New York: Simon and Schuster (A Touchstone Book)

UEXKÜLL, THURE VON, 1963, 1964: Grundfragen der psychosomatischen Medizin. Reinbek: Rowohlt (rde-Band 179/180)

VEBLEN, THORSTEIN, 1899, 1970: The Theory of the Leisure Class. An Economic Study of Institutions. London: Unwin Books – Deutsch 1955, 1971: Theorie der feinen Leute. Köln/Berlin: Kiepenheuer & Witsch

VERBA, SIDNEY, 1970: »The Impact of the Public on Policy.« Public Opinions Quarterly, Vol. XXXIV, No. 3, S. 455

WARNER, LUCIEN, 1939: »The Reliability of Public Opinion Surveys.« Public Opinion Quarterly, Vol. III, No. 3, S. 376–390

WEILAND, JAN SPERNA, u. a. (Hg.), 1988: Erasmus von Rotterdam. Die Aktualität seines Denkens. Hamburg: Wittig

WIESE, LEOPOLD VON, 1924/28, 1955³: System der Allgemeinen Soziologie als Lehre von den sozialen Prozessen und den sozialen Gebilden der Menschen (Beziehungslehre). Berlin: Duncker & Humblot

WILSON, FRANCIS G., 1939: »James Bryce on Public Opinion: Fifty Years Later.« Public Opinion Quarterly, Vol. 3, No. 3, S. 420–435

YAVETZ, ZVI, 1979: Caesar in der öffentlichen Meinung. (Schriftenreihe des Instituts für Deutsche Geschichte, Universität Tel Aviv, Bd. 3) Düsseldorf: Droste

Zimen, Erik, 1978: Der Wolf, Mythos und Verhalten. Wien/München: Meyster

Zimmermann, Tassilo, 1988: Das Bewußtsein von Öffentlichkeit bei Homer. Magisterarbeit. Mainz: Johannes Gutenberg-Universität

Zippelius, Reinhold, 1978: »Verlust der Orientierungsgewißheit?« Friedrich Kaulbach/Werner Krawietz (Hg.): Recht und Gesellschaft. Festschrift für Helmut Schelsky zum 65. Geburtstag. Berlin: Duncker & Humblot, S. 777–789

Zuuren, Florence J. van, 1983: »The Experience of Breaking the Rules.« Paper presented at the »Symposium on Qualitative Research in Psychology« in Perugia, Italy, August 1983. Dept. of Psychology, University of Amsterdam. Revesz-Bericht No. 47

Personen- und Sachregister